会议主席团部分成员

（左起李书锋、周昆叔、赵朝洪、赵武安、陈爱兰、杨焕成、齐岸青、安家瑶、孙新民）

研讨会会场

"纪念裴李岗文化发现30周年暨学术研讨会"会场（一）

研讨会上专家讨论

与会代表合影

“纪念裴李岗文化发现30周年暨学术研讨会”会场（二）

河南省文物局局长陈爱兰在开幕式上讲话

郑州市文化局局长齐岸青主持会议

“纪念裴李岗文化发现30周年暨学术研讨会”开幕式（一）

河南省文物学会会长杨焕成在开幕式上讲话

新郑市委书记赵武安在开幕式上致欢迎词

中国文物学会副会长安家瑶在开幕式上讲话

“纪念裴李岗文化发现30周年暨学术研讨会”开幕式（二）

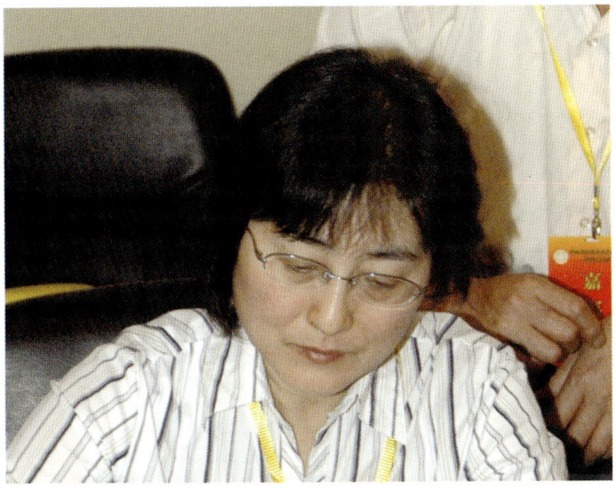

安家瑗

赵朝洪

崔 耕

李友谋

周昆叔

宋豫秦

与会代表进行学术交流（一）

赵世纲

郝本性

杨育彬

杨肇清

张家泰

曹桂岑

与会代表进行学术交流（二）

孙新民

张松林

蔡全法

李绍连

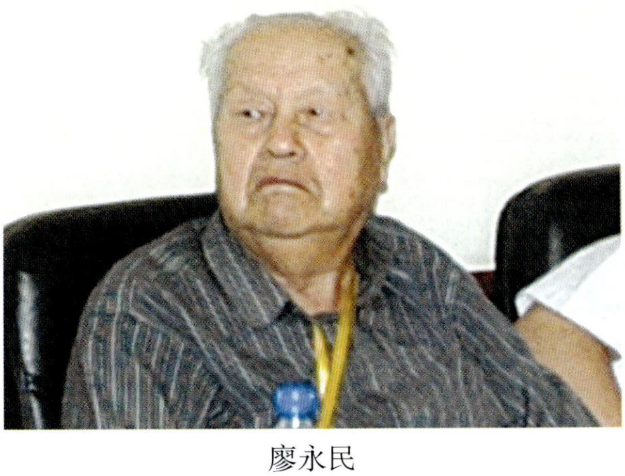

廖永民

郑杰祥

与会代表进行学术交流（三）

秦文生

司治平

寇玉海

李二楷

张俊梅

信应君

与会代表进行学术交流（四）

黄富成

赵子剑

刘文学

冯建营

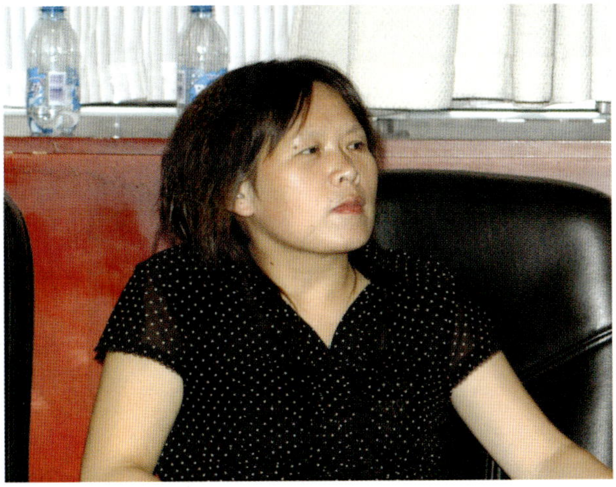

靳宝琴

薛文灿

与会代表进行学术交流（五）

与会代表参观考察唐户遗址裴李岗文化发掘现场（一）

与会代表参观考察唐户遗址裴李岗文化发掘现场和出土遗物（二）

1. 部分代表参观黄帝故里

2. 部分代表参观博物馆

与会代表参观考古遗址

1. 部分代表参观郑王陵博物馆

2. 裴李岗遗址发现发掘部分参与者合影
（左起：薛文灿　李友谋　崔 耕　赵世纲）

与会代表参观考古遗址及裴李岗遗址发掘者合影

桂琴同志：

您好，接到您的电话，我很高兴。我因咽炎不能前来，感到遗憾。但对裴李岗文化三十年来的研究成果和对学界的贡献，我深为敬佩，并请您转达我衷心的祝贺之忱，并祝会议开得很成功，获得丰收。

前仰韶文化是我们文明与文化发展的一个特别重要的阶段，在裴李岗时代我在这个时期出现彩陶，我们祖先发明创造了彩陶，和西亚两河一带的时间差不多一致，都是八千多年。彩陶纹饰实际上是人类记录最早的表意符号，是我们开始有了文字的先河。在前仰韶文化这种意识和符号是明显而丰富的。七十年来发现的论证也讲，中国文明起源的萌芽期阶段，至少在这个时期，农业和村落文化已经出现，是其特征。我希望在会上能引起大家的重视。我们现在讲文明起源，或说文明的形成，它的源头应在前仰韶时期。不知我的这个观点对否。”请向与会朋友致敬和问候，谨此

研祺

石兴邦 敬贺

2007.9.15 於西安

石兴邦先生贺词

曹桂岑先生　並轉

河南省文物考古学會暨新郑市人民政府：

卅年前发現的裴李岗遗址与据此确认的裴李岗文化，开阔史前时代研究的新視野，進一步说明黄淮流域乃至中国新石器时代文化起源的多元性和中国新石器时代文化的多元格局，推动了前仰韶时期考古學研究，值得纪念。卅年来，裴李岗文化研究，硕果累累，意義重大，值得庆贺。

裴李岗文化的研究，仍存在前進的空间。这是我们也应该看到的事实。

值此《纪念裴李岗文化发現30周年暨學术研讨会》召开之际，祝大會成功，祝与會朋友身体健康。我因俗事缠身，不能与會，实为憾事。

在此致歉！

張忠培

〇七年九月十九日

张忠培先生贺词

论裴李岗文化

纪念裴李岗文化发现30周年暨学术研讨会

河南省文物考古学会
郑 州 市 文 物 局
郑州市文物考古研究院
新 郑 市 文 物 局
编

科 学 出 版 社

北 京

内 容 简 介

本书为“纪念裴李岗文化发现30周年暨学术研讨会”的论文集成。它以学术研讨为主，多层面、多角度地对裴李岗文化提出了新的观点和见解。本书共分为五个部分：第一部分为此次学术研讨会及相关活动的照片；第二部分为会议期间有关领导的讲话；第三部分是研讨会征集的论文；第四部分是相关新闻媒体对学术研讨会的报道；第五部分是学术研讨会的补充资料。

本书可供考古学、历史学等研究者和爱好者参考、阅读。

图书在版编目(CIP)数据

论裴李岗文化／河南省文物考古学会等编．—北京：科学出版社，2010.5
ISBN 978-7-03-026483-1

Ⅰ.①论…　Ⅱ.①河…　Ⅲ.①新石器时代文化－研究－新郑市
Ⅳ.①K871.34

中国版本图书馆CIP数据核字（2010）第014712号

责任编辑：张亚娜　郝莎莎／责任校对：包志虹
责任印制：赵德静／封面设计：黄华斌　陈　敬

科学出版社 出版
北京东黄城根北街16号
邮政编码：100717
http://www.sciencep.com

中国科学院印刷厂 印刷

科学出版社发行　各地新华书店经销

*

2010年5月第　一　版　　开本：787×1092　1/16
2010年5月第一次印刷　　印张：19 1/2　插页：8
印数：1—1 600　　字数：451 000

定价：150.00元

《论裴李岗文化》编委会

目　录

新闻聚焦

附　录

纪念裴李岗文化发现30周年暨学术研讨会会议纪要

2007年9月20日，由河南省文物管理局、郑州市人民政府主办，河南省文物考古学会、新郑市人民政府承办的“纪念裴李岗文化发现30周年暨学术研讨会”在新郑市隆重举行。来自中国社会科学院、中国科学院、北京大学、山东大学等单位的相关专家，河南省文物局、河南省文物考古学会、郑州市文化局、郑州市文物局和新郑市的有关学者、领导，以及参与裴李岗遗址发掘的亲历者参加了此次会议。中央电视台、中国文物报、河南日报、河南电视台等多家媒体对此次会议进行了采访报道。

9月20日上午举行开幕仪式。开幕式由郑州市文化局局长、党组书记齐岸青主持，新郑市委书记赵武安致欢迎辞，河南省文物考古学会会长杨焕成、中国文物学会副会长安家瑶、河南省文物局局长陈爱兰在开幕式上讲话，河南省、郑州市文化文物部门领导及新郑市领导出席了此次会议。会上，与会代表们分别对裴李岗文化在中国新石器时代考古学中的重要地位以及在中华文明中的重要作用等做了阐述。

我国著名考古学家张忠培与石兴邦先生给会议发来贺信，他们在贺信中重申了裴李岗文化发现的重要意义。

9月20日下午举行了学术研讨会，研讨会由河南省文物考古研究所所长、河南省文物考古学会执行会长孙新民主持，赵朝洪、栾丰实、周昆叔等专家、学者纷纷发言。会议不但总结了裴李岗文化发现30年来的研究成果，代表们还从裴李岗文化的发现、意义及影响等方面进行积极探讨，认为新郑是中华文明的发源地之一，裴李岗文化在中华文明进程中具有非常重要的作用，它的发现对于探讨农业起源、家畜起源等国际性课题具有重大作用。

1. 关于裴李岗文化发现的重要意义

专家认为裴李岗文化在新石器时代考古学文化中占有非常重要的位置，它的发现证明了早在8000年前，中原地区就已经进入原始农业文明时代；同时彻底击碎了“中国文化西来说”，被国内考古界誉为划时代的考古大发现。裴李岗文化的发现不仅开启了中国新石器考古时代研究方面的一个新领域，并将中国的新石器时代划分为龙山时代、仰韶时代、裴李岗时代、前裴李岗时代四个阶段。与会专家认为，裴李岗文化对历史的影响是巨大的和深远的，它是中原文化的源头。裴李岗文化发现的遗址数量多，面积大，与同时期的其他文化相比有很高的先进性。例如山东早期的新石器文化就源于裴李岗文化，这说明裴李岗文化具有一定的开放性。还有专家从地质学、考古学方面论述了裴李岗文化对中国的经济发展模式和历史发展进程的影响，8000年前裴李岗人抓住了全新世气候变化的有利时机，开创了我国农业发展的先河，奠定了我国农业立国的基础。有的专家对裴李岗文化发现的绿松石文化给予了高度关注，认为绿松石文化逐渐发展成为玉文化，反映了中国人民精神文化领域方面的一个重要内涵。

2. 关于唐户遗址的重要性和价值

会议期间，与会代表参观了唐户遗址裴李岗文化考古发掘工地。

唐户遗址共140万平方米，其中裴李岗文化遗存为30万平方米，遗留有丰富的旧石器时代文化，新石器时代的裴李岗文化、仰韶文化、龙山文化、新砦期文化及夏商周文化时期遗存，是目前全国延续时间最长、规模最大、遗存最丰富的重要大型聚落遗址。

2006～2007年，郑州市文物考古研究院配合南水北调中线工程，对遗址进行了发掘，共发掘面积7000平方米。发现裴李岗时期的房址60座，灰坑200多个，排水沟2条，壕沟1条，并出土了大量的石器、陶器等文物，是裴李岗文化时期面积最大的聚落遗址，其中仅目前发掘出土的房基，即比30年以来裴李岗文化遗址的发现所有考古发掘中所见房基的总和还要多。这些房基共分四组，每组都有一个大房子，围绕大房子周围建有小房子，其中第四组房基周围布满网状的排水沟。这些在裴李岗文化遗址考古中为首次发现，此发现已引起考古学界的广泛关注，国家文物局副局长童明康和著名考古学家黄景略、严文明、李伯谦等专家都曾到工地考察过。

与会专家认为唐户遗址的四个旧石器采集点，为考古工作者在河南寻找裴李岗文化以前更早的古文化遗存提供了线索。唐户遗址裴李岗文化遗存发现的房屋及排水沟、壕沟等遗迹，在中国古代建筑史上占有很重要的地位。专家还对当前考古发掘工作提出了一些建议，如，要采用考古、人类、地质、动植物学等多学科交叉研究的方法对唐户遗址进行研究，对裴李岗文化的社会、经济性质等问题进行分析、研究等。李友谋、刘文学先生还结合历史文献、考古学资料和唐户遗址的考古新发现，提出新郑作为黄帝故里、故都，唐户遗址有可能是少典、黄帝的都邑。

鉴于唐户遗址在考古学上的重要性和南水北调中线干渠工程基本上全部采用挖沟的特点，郑州市文物考古研究院院长张松林呼吁立即采取保护措施，原地保护文物遗迹，并建议南水北调中线工程唐户遗址渠道向西移50～100米。此倡议得到了全体与会专家的一致认同，他们认为在纪念裴李岗文化发现30周年会议的特殊日子里，提出保护这样重要的一处遗址是非常有意义的一件事情，与会专家纷纷响应并在倡议书上签字。

领导讲话

在纪念裴李岗文化发现30周年暨学术研讨会上的讲话

杨焕成

（河南省文物考古学会会长）

尊敬的各位领导、各位专家、同志们、朋友们：

今天，我很高兴来到新郑参加“纪念裴李岗文化发现30周年暨学术研讨会”，这次会议可以说是考古工作的一次盛会。我代表河南省文物考古学会对会议的召开表示热烈的祝贺！并向到会的各位领导和专家表示热烈的欢迎和诚挚的谢意！

30年前原开封地区文化局、郑州大学历史系考古专业和河南省文物工作队下放干部及新郑文物工作者等考古人员，在“文革”刚刚结束，工作和生活环境远不如现在的条件下，怀着一颗忠诚于党和国家文物考古事业的火热之心，克服种种困难，坚持田野调查和发掘工作，发挥坚实的考古专业知识和智慧，阐释了裴李岗文化的内涵，揭示了裴李岗文化与仰韶文化的关系，提出了裴李岗文化距今8000年的年代定位，填补了黄河中下游地区新石器时代早期考古学文化的空白，为考古工作和中国古代文明发展史研究作出了贡献，受到了国内外考古学界的高度关注，并将此类考古文化类型命名为裴李岗文化，进而取得了许多重要的学术研究成果。截至目前在河南40多个县（市）发现了140多处裴李岗文化遗址。发掘了贾湖、莪沟、马良、中山寨、唐户、石固、花窝等裴李岗文化遗址，真可谓是硕果累累。所以我们大家今天在裴李岗文化的故乡——新郑聚会，共同回顾裴李岗文化发掘30年以来的历程，是非常有意义的，可以说是一个珍贵的总结，也是一个新时代的开始，让我们携起手来共同为裴李岗文化的更深入研究作出新的贡献，使之结出更加丰硕的果实。

我们这次纪念会得到了新郑市委、市政府的高度重视和支持，新郑市文物管理局和有关文博单位做了大量会务工作，让我们以热烈的掌声表示衷心的感谢。

预祝大会圆满成功！

谢谢大家！

在纪念裴李岗文化发现30周年暨学术研讨会上的讲话

陈爱兰
（河南省文物局局长）

尊敬的各位领导、专家、女士们、先生们：

我十分高兴来参加“纪念裴李岗文化发现30周年暨学术研讨会”。首先，我代表河南省文物局对与会的领导和专家表示热烈的欢迎和诚挚的问候！并预祝大会圆满成功！

30年前裴李岗文化的发现，填补了我国新石器时代早期文化的空白，它不仅是河南、同时也是我国新石器时代考古的重大突破。从它先后被评为“20世纪河南十项重大考古发现”之一和“中国20世纪100项考古大发现”之一，足以说明它的学术价值和意义。今天，河南省文物局和郑州市人民政府在裴李岗文化的发现地共同主办“纪念裴李岗文化发现30周年暨学术研讨会”，这是贯彻落实中共河南省委提出的由文化资源大省向文化强省跨越，打造“文化河南”的实际行动，也是弘扬优秀民族文化，以文化建设促进经济发展的具体实践。参加这次会议的代表，既有当年发现和发掘裴李岗文化遗址的老专家，也有研究新石器时代考古的中青年学者，省内外老中青专家学者济济一堂，纪念裴李岗文化发现30周年并进行学术研讨，必将有力地推动我省新石器时代考古学研究的发展，也必将有力地推进我省的考古工作。希望河南文物部门的同志们抓住这次难得的机会，多向外省的专家学习，不断提高自己的科研水平。

同志们，裴李岗文化所在地新郑市是全国县级文物大市，文物资源丰富，文化积淀深厚。多年来，在新郑市委、市政府的大力支持下，在新郑市文物局的全体干部职工齐心协力，团结一致，新郑文物工作取得了许多骄人的成绩，先后被国家文物局和河南省文物局授予全国文物保护工作先进县（市）、全国文博系统先进集体、河南省文物工作先进集体等荣誉称号，这些荣誉是新郑市的光荣，也是郑州市和河南省的骄傲。

在今后的工作中，希望新郑市委、市政府继续加大对文物工作的支持力度，使新郑的文物工作能够健康有序地发展，同时也希望新郑的文物部门在新郑市委、市政府的正确领导下，不断开拓创新，与时俱进，贯彻落实好中央提出的文化工作“三贴近”，更好地开发利用好文物资源，使文化产业结构不断优化升级，为提高全民族文化素质，为经济、政治、文化建设和构建和谐社会作出新的贡献！

最后，再次预祝会议取得圆满成功，并祝各位专家学者身体健康，心情愉快，一切顺利！

谢谢大家！

在纪念裴李岗文化发现30周年暨学术研讨会上的讲话

安家瑶

（中国文物学会副会长）

女士们、先生们：

我来到河南很多次，但却是第一次到新郑市，很高兴参加“纪念裴李岗发现30周年暨学术研讨会”，首先，我代表中国文物学会衷心地祝愿大会圆满成功。

其次，在南水北调工程中，我们的唐户遗址取得了丰硕的成果，发现裴李岗文化的很多遗址，我也是来参观这个遗址和学习这个遗址的。南水北调工程得到了胡锦涛总书记和温家宝总理的直接关怀，我们在整个南水北调工程中的文物保护项目的考古发现也是我们向中央和政府提交的一份答卷，所以我们也希望有机会来看看这个遗址。

第三，我和妹妹这次来参加会议，是因为30年前裴李岗文化遗址发现以后，我们的父亲安志敏先生来到这个遗址，对这个遗址非常关注。我们这次来，把我父亲在1978年5月那一趟来河南每天记录的日记抄录下来，作为史料来见证裴李岗文化的发现。当时的条件和现在的条件是不一样的，当时的条件特别的艰苦，但是第一天从北京来到新郑火车站，能够感受到当时的裴李岗工作得到政府的大力支持；以崔耕先生为代表的一批老先生不为名、不为利，为考古学事业做了大量的工作，给我们后辈人开拓了道路。虽然我是搞汉唐考古，裴李岗文化离我研究的方向比较远，但是我很愿意和我妹妹来到父亲当年工作的地方，特别是向这批老同志、老先生们道一声感谢，以表达我们的敬意。

最后我们愿这次会议圆满成功，而且中秋佳节也即将来临，我祝愿大家过一个快乐的中秋节。

（根据录音整理）

学术论文

李花无言谢春风

——安志敏先生关怀裴李岗文化琐忆

崔　耕

（郑州市文化局）

“新中国成立以来，由于考古工作大规模开展，使我们对中原地区新石器文化的内涵、分布、年代分期以及社会发展等方面，都有了相当充分的认识。但是，仰韶文化究竟是怎样起源的？有关早期新石器文化的面貌及其发展过程如何？都是尚未解决的悬案。”这是安志敏先生在其所著《裴李岗、磁山和仰韶——试论中原新石器文化的渊源和发展》一文中的导语（载《考古》1979年第4期）。

安志敏（1924～2005年）生前任中国社会科学院考古研究所副所长兼第一研究室（新石器时代）主任、研究员。他考古一生，是新中国考古事业的重要领导者和组织者之一，也是当代考古学家中研究领域最广、成果最丰富的学者之一，尤其对新石器文化研究造诣更深。上引安先生所著文章导语中的两个“？”是长久萦怀于安先生心中的症结，裴李岗文化的发现，使这个问题得以诠释，因而安先生对裴李岗文化发现以后的工作，给予了非同寻常的关怀和具体的指导和帮助。我当时在开封地区文化局文物科工作，亲身经历了裴李岗文化的发现和一、二次的发掘，因此，与安先生有了十多年的交往，建立了深厚的友情。“每到乘凉处，常怀种树人。”时值裴李岗文化发现30周年之际，自然联想到安先生对裴李岗文化的无比关怀和其后一系列工作的协助，使我深有体会，借此机会，略述二三事，以表对安先生缅怀之情。

1977年春，派赵世纲负责对裴李岗遗址的发掘，据某些业务人员鉴别出土遗物特殊，不同于仰韶、龙山文化，是否早于仰韶？未能肯定，于是我们带了裴李岗遗址试掘简报和出土遗物赴京请专家鉴定。抵京后，几经周折，在中国社会科学院考古研究所巧遇第一研究室主任安志敏先生，我们自报家门，说明来意，安先生热情接待，由此与安先生建立了十多年的交往。裴李岗文化为我国新石器文化考古的一次突破性进展而载入史册。

裴李岗文化的发现，我总认为是时代所赋予的机遇，如农民平整土地，举办文物骨干培训班，各级政府对文物的重视，当然还有文物专业人员的积极工作等，各个方面都做出了不同的贡献。这些都是组织活动，不是个人行为。由此也使我联想到裴李岗文化发现初期，安志敏先生所给予的关怀和支持。

我是做行政工作的，业务上连一知半解也没有。关于发掘报告的修改、发表，安先生都是与业务人员直接联系，有关行政事务工作，难免要我抛头露面。因而那些年与安先生多有交往。给我印象最深的是安先生学识渊博，工作认真，待人诚恳。期间，除几次会面外，多是书信往返，而今检阅陈笺，回忆往事，感慨良多。

慧眼识珠　寄予厚望

1977年春，裴李岗遗址发掘之后，由于出土遗物比较罕见，我们带了几件遗物赴京请专家鉴别。在考古所当安志敏先生看了器物以后，他又立即请来夏鼐所长，他们听了汇报，表现出非同寻常的重视，立即请^{14}C测验人员对所带出土木炭进行测验，对我们所写的发掘简报要求尽快修改发表。他们对裴李岗寄予厚望。后来又见到苏秉琦先生，他看了出土遗物，也认为重要，立即给河南省文化局文物处处长写信，要求重视这一发现（详见崔耕、薛文灿有关裴李岗文化发现的文章）。专家们的重视给我们极大鼓舞。事实证明，裴李岗文化属新石器早期文化，拉开了探索裴李岗文化的序幕。

探索实践　事必躬亲

安志敏先生，在考古方面的学术成就，既是勤奋苦读所得，也是与他事必躬亲的作风密不可分。安先生参加过数十项田野调查、发掘工作，足迹遍及大半个中国，河南的渑池、洛阳、郑州、三门峡、安阳等地，都留下了他的足迹。

1978年，裴李岗第二次发掘，5月初安志敏先生即与郑乃武先生从北京专程来裴李岗工地考察，5日，考察了墓地、出土遗物，6日考察了住宅区的陶窑遗址，并给全体培训班学员做了《裴李岗、磁山和仰韶》的学术报告。安志敏先生对裴李岗文化的性质予以充分肯定，开阔了学员的眼界，也鼓舞了学员的干劲。

当安先生得知开封地区其他几县也发现有裴李岗类型遗址后，又要求到几个县去做些调查。于是我离开工地陪安先生、郑乃武先生到新郑唐户、密县莪沟和青石河、登封唐庄等地察看了遗址和出土器物。每到一地，安先生都认真察看灰层、遗址面貌、范围等，还不时用小铁锤敲敲打打，顺手抓起一把灰土细审。安先生求实的作风，给我留下了深刻印象。

安志敏先生离开裴李岗之后，却把裴李岗的事情萦系于怀。他到外地调查，也要与裴李岗联系起来。5月29日来信中说："同您分手以后，我们在郑停留三天，参观了密县莪沟和淅川下王岗的遗物，……我们在安阳也停留了三天，……这次在我们工作站，看到安阳后冈仰韶文化中出土的一件方形石磨盘（无足），也有磨棒；另外，安阳地区在汤阴白营龙山文化遗址中也采集到一件椭圆形石磨盘（无足）。可能意味着到了仰韶文化、龙山文化，石磨盘还有所残存，不过已没有过去那么精致了。"

1980年5月，安先生带领三个研究生到郑州、西安和洛阳进行考察学习，他在6

月18日来信中说："……在渭南白庙的所谓'老官台文化'遗址中，发现较多的三足钵，深腹三足罐，与裴李岗文化有一定差异，这里也发现一件石磨盘，下边附两只长条形足，可惜标本没有看到，已委托西安半坡博物馆去收这件标本，将来可以同河南境内的相比较。……最后我还到淇县花窝遗址去了一趟，郑乃武同志在那里试掘，很有收获。这里主要是裴李岗文化的遗存，但也包括磁山因素（如直口盂片），细石器也比较普遍，看来有可能解决裴李岗和磁山之间的关系，从而可能断定它们属于一个还是不同的文化系统。"

对安先生来说，仅凭几篇发掘报告或走马观花的调查，是远远不够的，他还需要亲自或由本单位做些发掘工作，为研究取得第一手资料。1978年5月27日函称："我们回所后即将这次河南之行的收获作了汇报，所里对裴李岗一类遗址的情况很重视，夏所长表示将来要在新郑等县进行工作，俟作计划确定以后，将正式向地区和县里联系并希望得到您和有关同志的大力协助。"1979年春，考古所由郑乃武先生主持，对裴李岗墓葬区作了大面积揭露，收获很大（秋季对居住区的发掘，因遗址遭严重破坏，不太理想）。5月初，安志敏先生特陪同考古界前辈裴文中老先生从北京来新郑到裴李岗发掘工地考察。可见考古界对裴李岗文化的重视与关怀。

是年，考古所还对新郑唐户、沙窝李同类型遗址进行了发掘，丰富了裴李岗文化的内涵。

论证立言　广闻宇内

裴李岗文化的发现，使安先生多年的夙愿得偿。凭他渊博的考古学识，在裴李岗、磁山遗址首次发掘之后，即著述了《裴李岗、磁山和仰韶——试论中原新石器文化的渊源及发展》学术论文，他说这两处遗址"表现了特殊的文化面貌，同时它们又同仰韶文化的早期阶段有着一定的联系，这意味着对探索中原早期新石器文化问题上开始取得了突破……"。1978年裴李岗二次发掘时，安先生对培训班学员宣讲了这篇文章的初稿。

一种新文化的发现，考古界有不同观点是正常现象，安先生对不同观点是以理辩论。当时有人认为裴李岗与磁山是相同的，应属一个文化而命名"磁山文化"。安先生在1979年3月1日来信中称"……那篇文章，发表前我没看过（因系《考古》杂志发表，安先生为该杂志主编），这次从杭州回京途中，仔细看了一遍，感到问题很多，其中有些论点甚至是错误的。据我的印象，裴李岗和磁山完全是两套东西，把它们笼统地称为一个文化，至少是不恰当的。因而我在提交考古学会议的文章里建议分别称为裴李岗文化和磁山文化"。经过数年的论证，这个意见为考古界所公认。

裴李岗文化1977年发现以后，在河南相继有多处同类型遗址被发掘，大大丰富了裴李岗文化内涵，考古界专家学者发表多篇探讨研究文章，虽然在命名上有不同意见，但在时代概念上，却一致认为它早于仰韶文化。唯有荆三林先生著文提出疑义，把裴李岗文化归入仰韶文化。他说“裴李岗遗址所表现的是和仰韶文化—龙山文化并存于中原的一个类型”。

1981年9月23日安先生来信称：“荆三林同志发表了一篇《关于‘裴李岗文化’问题》（《社会科学战线》1981年第2期）大发起谬论，不仅全盘否定裴李岗文化，并且说‘就这个“裴李岗文化特征”与恩格斯的“史前文化各阶段”相比，显然有矛盾，这样的规律不只是不符合马列主义的历史唯物主义，即在从来的历史学说（包括资产阶级唯心主义的历史学）中也找不到这样的论点。’好大的帽子！我本不想理他，有人劝我最好澄清一下，我才写了一篇反驳的文章寄到该刊去。”

在1982年初我接到安先生2月24日来函，同时附有1982年第1期《社会科学战线》杂志上裁下的文章单页，即先生所著《关于裴李岗文化的性质和年代》一文。文章对荆三林先生所有论点一一给以辩驳。来信中说：“荆三林同志《关于‘裴李岗文化’问题》一文发表后，却也引起不少混乱。为了澄清起见，我写了《关于裴李岗文化的性质和年代》一文，今已刊出，特寄上一份请予斧正。关于学术问题是可以讨论的，不过荆三林同志那种作法，令人很难接受，我这次的答复也难免有些片面，希望您看后能将意见和听到的反映告诉我，以便设法补救。”对此，在考古界并无异议。

对裴李岗文化的发现，安先生除亲自撰文探讨研究外，还利用各种机会对裴李岗文化发现的意义、性质等进行传播和讲述。考古界对裴李岗文化的探讨、研究，成了一时的热点。

为了对裴李岗文化更广泛、更深入地研究探索，及时为学术界提供相关资料，我们于1979年秋将已经发表或即将发表的有关裴李岗文化的发掘报告、研讨文章汇集成册，书名《裴李岗文化》付印。安先生对此举甚为赞同，并嘱“可以给我留三四十本，以便送人，去日本时也可以作为礼物送一些”。后来他还说“《裴李岗文化》一书，编印得很好，足证您和有关同志花费了不少力气，把有关的简报和文章集成一册，对考古研究也是一项贡献”。1980年安先生和贾兰坡先生应邀赴日本，在东京和京都作学术讲演，安先生讲中国新石器时代，讲裴李岗文化时还辅以彩色幻灯片说明，更具真实感，引起人们很大的兴趣。“承蒙惠赠的《裴李岗文化》一书，起了很大作用，我在日本赠送了三十来本，很引起他们的兴趣。”1981年元月2日安先生来函称“最近准备给美国朋友寄书，有了《裴李岗文化》，更为增光不少。《略论三十年来我国的新石器时代考古》一文，已由美国哈佛大学张光直教授译成英文刊在去年的《早期中国》杂志中。此文曾讨论到裴李岗文化，并且座谈会中专门讨论。总之，从国际上来讲，考古界对裴李岗文化的发现，是给以相当重视的”。

由此可见，安先生宣传探讨裴李岗文化，是不遗余力的。

助人为乐　事无巨细

安志敏先生是考古界知名学者，在国外也有很高声誉，想象中他好像是一位难以接近的大名家，其实，他不仅平易近人，而且乐于帮助别人，事无巨细。仅在有关裴李岗文化的交往中，无论关于发掘报告的编写、修改，出土器物的修复以及编印《裴李岗文化》一书的求助等方面，就给安先生增加了不少麻烦，每每他都是尽力而为，妥善解决。略举数例：

1979 年第 3 期《考古》杂志刊登了《裴李岗遗址 1978 年发掘简报》，我们给安先生去信想通过出版社代购一百本，以供短训班学员学习，谁知出版单位并无多余，他只好到市场去收购，安先生回信说："《考古》三期仅购到 74 本，即使这样已把北京几处期刊门市部收购一空，无法凑足百本之数，甚为抱歉。"

1978 年物资供应尚属困难时期，连黏合出土陶器的漆片也是计划供应，我们请安先生通过考古部门设法解决。安先生回信："据了解北京也很难买到，我所是根据年度计划批购，但量也很有限，往往需要代用品。据我所技术室同志的意见，像裴李岗那样松软的陶片，用漆皮黏合比较困难，往往容易脱落或破碎。他们建议用下列两种黏合剂：聚醋酸乙烯（乳胶），器物粘好变形时，可用火烤加温纠正。硝酸纤维漆，用稀料或丙酮作溶剂，器物变形时，可用溶剂涂在粘缝上纠正。"按说，买不到回个信也就算了，可安先生还在想解决的办法，可见安先生热心助人的品德。

我们在印制《裴李岗文化》一书时，为了赶时间和节省图片制版的费用，想借用《考古》上发表过的文章中的图版，就向安先生求助，他回信："关于向科学出版社借用铜、锌版的问题，估计问题不大，我已向编辑部打过招呼，请他们也向出版社讲一下。如果出版社有回信，您就可以派人来办借用的手续。如果铜版等借不到，也可向考古所资料室借用发稿时的图版和插图，不过需要重新制版，不如前一种方式方便。"（1978 年 9 月 12 日函）后来将图版全部借来，解决了大问题。

我于 1984 年离开工作岗位，安先生也在 1992 年退休（每周二他还在考古所做些业务），于是失去了工作联系。2002 年裴李岗文化发现 25 周年之际，我邀请参加裴李岗文化遗址的发现者、发掘者写点回忆文章集印成册，作为史料收存，安先生于当年 9 月 1 日回信称"编写裴李岗遗址发掘回忆的集子，我非常支持，并祝早日出版"（后来由于多种原因未能集印，数篇回忆资料现存郑州市政协文史资料办公室）。信中同时还寄来安先生用毛笔书写的题词"裴李岗文化是当代中国重大考古发现之一"。这在安先生一生中，恐怕也是少有的。

在纪念裴李岗文化发现 30 周年和安先生逝世两周年之际，略记一些往事，从一个侧面看到安先生待人处事的热诚，从这点点滴滴的小事中，也看到安先生对考古事业的执著认真的探索研究精神。多年的交往中，他给我留下了深刻而完美的印象。在事业上他是我的老师，在交往中，他又为挚友，写此点滴，以表忧思和敬仰之意。诗曰：

史前迷雾费疑猜，“悬案”冰消自畅怀[1]。

异地飞鸿通款语，伴君又赏李花开[2]。

注　释

[1]　“悬案”指安志敏论文导语有“仰韶文化究竟是怎样起源的？有关早期新石器文化的面貌及其发展过程如何？都是尚未解决的悬案”。“冰消”指裴李岗文化的发现。

[2]　指1978年春陪安志敏在裴李岗遗址发掘工地考察。

河南新郑唐户遗址裴李岗文化考古新发现及其意义

信应君

（郑州市文物考古研究院）

唐户遗址位于河南省新郑市观音寺镇唐户村西南部，溟水河与九龙河两河汇流处的夹角台地上，东北距新郑市约13.5公里，北距观音寺镇约1.5公里。遗址北起唐户村北，东达溟水河东岸，西临九龙河西岸，南至溟水寨南，历代相传称该地为“黄帝口”。遗址东、西、南三面环水，地势北高南低，台地高出河床7～12米，海拔123～126米。

该遗址是第六批全国重点文物保护单位，面积140余万平方米，是一处多时代的聚落群址。文化堆积丰富，包含有新石器时代的裴李岗文化、仰韶文化、龙山文化及二里头文化和商、周文化。其中仅裴李岗文化遗存面积即达20万平方米，如果包括被仰韶文化等叠压的区域，有可能超过30万平方米。

一、唐户遗址裴李岗文化考古新发现

2006年6月开始，郑州市文物考古研究院为配合南水北调中线干渠工程建设，对渠道占压遗址部分进行考古发掘。发掘区按象限分为4个区域，即Ⅰ～Ⅳ区。目前已发掘面积近8000平方米，其中裴李岗文化遗存面积5000平方米。发现裴李岗文化时期房址60座，灰坑204个，墓葬2座，沟4条，壕沟1条，居住基址内排水系统1处。取得了丰硕的发掘成果。

从地层堆积情况来看，该区新石器时代文化堆积单一，主要是裴李岗文化，Ⅱ区及Ⅳ区裴李岗文化层被汉代文化层叠压，Ⅲ区裴李岗文化层为宋代文化层所叠压。裴李岗文化堆积较厚，一般厚0.8～1.8米，最厚处可达3米以上。文化遗迹有房址、灰坑、墓葬、冲沟等。出土的裴李岗文化遗物较为丰富，按类别分为陶器、石器、兽骨等文化遗物。陶器数量较多，但多为残片，火候较低，修复起来比较困难，主要器型有三足钵、双耳壶、深腹罐、鼎、碗、甑等。石器有铲、斧、凿、镰、磨盘、磨棒等，另外还出土有大量的石料及石块等半成品。

（一）房址

房址均为半地穴式，平面有椭圆形、圆形、圆角长方形和不规则形。门向有西南向、南向、东南向几种，大多朝向地势较低的一面。房子以单间式为主，共57座，其中双间式3座。房内居住面和墙壁均经过处理。有6座房内发现有用灶迹象，灶设在房屋中间或门道一侧。这批房址按结构形式大致可分为三种类型。

第一类：斜坡门道单间式，共53座。包括单、双门道两种形制。单门道的51座，以07ZXTF26为例，平面呈椭圆形，门道位于西南侧，坑壁斜弧收，圜底。房外有柱洞14个，在其东、西两侧各有1个近圆形小坑，应与房屋建筑有关。双门道的2座，以07ZXTF22为代表，平面近圆形，门道位于南部稍偏西处，两门道相隔约0.5米。坑壁斜收，底部较平坦。房内东北部有一椭圆形坑，径0.65～0.82米，其内包含有大量草木灰、炭粒及烧土块，可能是灶坑遗存；中部有一圆形坑，直径0.36米，应为房屋内部的承重柱洞。

第二类：阶梯门道单间式，共4座。以06ZXTF21为代表，平面近圆形，门道位于东南部，平面呈不规则长方形，坑壁斜弧收，圜底，底部居住面由纯净黄土铺垫而成。房外发现柱洞8个。坑内填土堆积分四层，出土遗物较为丰富，包含有较多的炭粒、烧土块、陶片以及石器等。

第三类：斜坡门道双间式，3座，均系二次扩建形成。以06ZXTF3为代表，由门道、东室、西室三部分组成。门道西南向，房屋分东、西两间。东间平面呈椭圆形，坑壁斜弧收，圜底；西间平面近圆形，坑壁竖直，平底。东、西房屋之间以过道相通。从发掘情况来看，该房子经过两次建造：第一次为始建时期，包括门道，东间房屋及其下层居住面，该居住面上发现大块红烧土块和经过焙烧的长条状红烧土台，应为灶的残存遗迹；第二次为扩建时期，包括东间房屋上层居住面，过道及西间房屋。

发掘表明，现阶段唐户遗址裴李岗文化时期的居住基址可分为四组相对独立的单元，中间被生土隔离。第一单元：位于第Ⅲ发掘区的西北部，发现F1、F2两座房址。因其紧邻九龙河，推测其西部遗迹可能被河道冲刷破坏。第二单元：位于第Ⅱ发掘区的东南部及西部，共计6座，包括F6、F7、F15～F18。值得注意的是本区房址面积已经出现较大差别，如F16面积不到5平方米，而F7面积达到20平方米。另外在Ⅱ区T0206 、T0306、T0307探方内，发现人工修筑的沟1条，编号为06ZXTG10，已发掘区域沟长21.6米，宽0.75～1.1米，深0.5～0.6米，该沟打破F6、F7及F18。由此看来，当时可能已经具备了一定的社会组织，生产力水平达到了一定的高度。第三单元：位于第Ⅲ发掘区的东北部，和第Ⅱ区发掘区的东南部相连，略呈带状环绕分布于壕沟（G11）内侧的阶地上，可能是为了便于排水。本组房址共计17座，包括F3～F5、F8～F14、F19、F20、F53、F54、F57～F59。第四单元：位于第Ⅲ发掘区的东南部和第Ⅳ发掘区的西南部，目前已发现房址35座（F21～F52、F55、F56、F60）、灰坑146个。房址分布较有规律，从北向南大致分为三排。门向多朝向西南，个别门向朝东南的房子被门向朝西南的房子打破。房屋外围分布有较密集的灰坑和窖藏遗迹，出现多组迹象互相打破的现象。新发现有双门道和阶梯式门道的房址，并且出现房址两侧各自分布

1 个灰坑，形成一个独立单位的布局特征。房屋形制结构的新变化以及按照一定规律成排分布的特点，说明此组房屋在建造技术及布局形态上更加成熟，此区当为裴李岗文化聚落的核心区域。

（二）灰坑

已清理裴李岗文化时期灰坑 204 座，按坑口形状可分为椭圆形、圆形、圆角长方形及不规则形四种，坑壁以斜弧壁为主，平底较多，个别为圜底。在这些灰坑中，可以明确用途的有 36 座，为窖藏遗迹。这批窖藏集中分布在房址附近，平面呈圆形或圆角方形，直径在 1.2 ~2.6 米之间，深 0.7 ~1.3 米。

（三）沟、壕沟

沟 4 条，分别编号为 2006ZXTG9、2006ZXTG10、2007ZXTG12、2007ZXTG13。壕沟编号为 2006G11。

G9，位于Ⅲ区 T1011 和 T1012 探方内，叠压于⑤层下，打破生土。沟口距地表深 1.17 ~1.35 米，平面呈不规则状，长约 17.5 米，宽 1.65 ~5.15 米。斜坡状壁，底凹凸不平，深 0.5 ~0.65 米。沟内填土为青灰土，土质较硬，含料姜石颗粒，田螺壳等，出土有打制石器 1 件。

G10，位于Ⅱ区 T0206、T0306、T0307 等探方内，叠压于③层下，打破④层及生土，并打破 F6、F7 及 F18。平面长条形，已发掘区域沟长 29.6 米，宽 0.75 ~1.1 米，深 0.5 ~0.6 米。

G12，位于Ⅳ区 T0410、T0510、T0511、T0512 等探方内，叠压于③层下，呈西北—东南向环绕于Ⅳ区居住基址的外围。目前揭露长度约 35 米，现沟残宽 0.3 ~0.45 米，残深 0.4 ~0.5 米。在 T0512 东北部，有一处宽约 0.8 米的间隔，推测可能是居址出入外部通道。该沟可能为居住基址外围的防护设施。

G13，位于第Ⅳ发掘区的西南部 T0315、T0415、T0316、T0416 探方内，在 T0315 内，有两条支流依地势从西北向东南延伸，T0415 内，一条支流由东北向西南伸展，最后这三条支流在 T0315 探方东南部汇流在一起，而后向西南进入到 T0316 探方内。已揭露部分长 22.5 米，宽 0.2 ~0.9 米，深 0.15 ~0.2 米，沟为斜直壁，下部内收，底近平。G13 被 H119、H122 打破，同时打破 H152 和 H194。流经区域均从房址外围穿过，推测应为居住基址内的排水系统。

壕沟 1 条，G11。位于Ⅲ区的东北部，经勘探和发掘初步确认该沟呈东南—西北向，跨发掘区Ⅱ区、Ⅲ区、Ⅳ区，已知长度 300 余米，深 2 ~4 米，沟宽 20 ~40 米，向西呈环状与九龙河相接。初步推断可能为一条壕沟，内侧（西南）阶地上分布有房址、灰坑等文化遗迹。其上部被褐红色埋藏土所叠压。沟内堆积分三层。①层：深0.7～1.15米，厚0.3～0.4米。浅褐色土，土质较硬。包含物有炭粒、烧土颗粒、少量的泥质和夹砂红陶片、石块等。②层：深1.05～2.35米，厚0.7～1.3米。深灰色沙质黏土，土质较硬、结构紧密、黏性较大。包含有炭粒、烧土颗粒，出土有较为丰富的泥质红陶片，夹砂红褐陶片及石料等。③层：深1.8～2.65米，厚0.1～0.4米。浅灰色土，土质较软，结构稍紧密，无出土物。

（四）墓葬

2座，均为长方形竖穴土坑墓，分别编号为2006ZXTM16、2007ZXTM43。

M16开口于②层下，打破生土。为长方形竖穴土坑墓，墓葬西北—东南向，方向306度。该墓长2.2米，宽0.75米，底距墓口深约0.35米。发现人骨架一具，保存状况较差。头向西北，仰身直肢葬。墓内填土为褐红色花土，包含少量姜石颗粒，土质较硬，出土泥质红陶片1件，为壶底。

M43开口于②层下，打破生土。东西向，方向88度。开口长2.3米，宽0.55～0.6米。底略小于口，距墓口深0.6米。墓内有人骨架一具，保存较差，头向东，葬式仰身直肢。墓内填土为褐红色花土。无随葬品。

唐户遗址出土的裴李岗文化时期的遗物，以石器和陶器为主。石器主要为生产工具，分为打制石器和磨制石器两类。打制石器石质有石英砂岩、石英等，多为石核和石片，器型有砍砸器、刮削器和尖状器；磨制石器有铲、斧、镰、刀、凿、磨盘、磨棒等。生活用具主要为陶器，以泥质和夹砂陶为多；陶色以红色为主，多不纯正，另有少量褐色，灰黑色陶片；器类有鼎、罐、壶、钵、碗、甑、豆等；纹饰多素面，少量夹砂陶的器表施有划纹、篦点纹，戳刺纹等；典型器有侈口深腹鼎、罐形鼎、小口深腹平底罐、大口斜壁深腹罐、小口双耳壶、三足钵、圈足碗和平底碗等。

二、唐户遗址的聚落特征及其意义

唐户遗址地处平原西部边缘地带，地势较高，其西南约3公里处为陉山，属低山丘陵区向山前洪积平原的过渡地带。地势由西北向东南缓坡状倾斜。从已发掘的地层堆积状况来看，晚更新世至全新世早期，本区有较大面积的浅平洼地和湖洼地，湖相沉积发育良好，是早期先民的理想生活场所。

裴李岗文化发现后，经过在河南省范围内的调查，目前已发现裴李岗文化的遗址140余处，这些遗址多分布在浅山丘陵地区，一般都在北纬34度以北地区，主要沿颍河、双洎河及其支流沿岸分布。地点有新郑裴李岗、唐户、沙窝李、西土桥，密县莪沟、马良沟，登封王城岗，巩县铁生沟、水地河、坞罗西坡、赵城、东山原、北营，中牟业王，长葛石固等。从已发现的裴李岗文化遗存分析，多分布在山前洪积扇或浅山区的河旁阶地上，聚落面积较小，大部分在1万平方米左右，很少有超过2万平方米的。文化层堆积一般很薄，土色呈红褐色，包含物很少，多为单一的裴李岗文化遗存。在平原地区多位于近河的岗丘上，遗址面积也较大，灰层厚，遗存丰富，在一些遗址上还有仰韶文化和龙山文化的遗存。经过大面积发掘的遗址有：新郑裴李岗[1]、新密莪沟北岗[2]、长葛石固[3]、舞阳贾湖[4]、临汝中山寨[5]、新郑沙窝李[6]、郏县水泉[7]、新郑唐户[8]等。经过调查和试掘的遗址有：巩义水地河[9]、巩义铁生沟[10]、新密马良沟[11]、淇县花窝[12]、许昌丁庄[13]、方城大张庄[14]、登封王城岗[15]、坞罗西坡[16]等。通过这些发掘和试掘，使我们对裴李岗文化的面貌和特征有了更进一步的认识。在裴李岗文化聚落的发掘中，墓葬发掘资料较多，而居住遗址中的房屋发现的较少，目前裴李岗文化的房屋共发现有119座，其中舞阳贾湖遗址45座、新密莪沟北岗遗址6座，长葛石固遗址3座，巩义水地河遗址4座，巩义铁生沟遗址1座，而新郑唐户遗址目前共发现可以确认的房址60座，比以前所发现的裴李岗文化时期房址的总和还要多。

同其他已发掘的裴李岗文化的遗址相比，唐户遗址裴李岗文化具有以下几个特征：

（1）聚落规模大，唐户遗址裴李岗文化遗存面积达30万平方米，这是我国目前发现的面积最大的裴李岗文化时期的聚落遗址。

（2）裴李岗文化层堆积较厚，为褐红色埋藏土。一般厚0.8～1.8米，最厚处达3米以上。

（3）发现了大面积裴李岗文化时期的居住基址。这些房址布局合理，具有明显的规律性，房址面积差异明显，这对研究裴李岗文化时期的社会组织结构和家庭形态等具有重要价值。另外，从沟、壕情况及已发掘的部分迹象看，该遗址居住区范围相当大，还应有许多房址存在。

唐户遗址裴李岗文化遗存的独特性，是郑州地区其他裴李岗文化所不具备的。由此可以确认唐户遗址是中原地区裴李岗文化重要遗址之一，它所反映的文化面貌，与新郑裴李岗、密县莪沟、长葛石固、舞阳贾湖等同类型遗址大体相同。进一步说明裴李岗文化时期的居民，已经过上了比较稳固的定居生活。唐户遗址60余座房址及房屋外围分布密集的灰坑和窖藏遗迹的发现，房址形制结构及按照一定规律成排分布的特点，说明都是人们长期居住而留下的。如果没有长期稳定的定居生活，就不可能留下如此丰富而又集中的文化遗迹。这对深入研究新石器时代早期裴李岗文化的聚落形态，房屋建筑方式及裴李岗文化的性质、分期等具有非常重要学术意义。

注 释

［1］ 开封地区文管会等：《河南新郑裴李岗新石器时代遗址》，《考古》1978年第2期；《1979年裴李岗遗址发掘简报》，《考古》1979年第3期；中国社会科学院考古所河南一队：《1979年裴李岗遗址发掘报告》，《考古学报》1984年第1期。

［2］ 河南省博物馆等：《河南密县莪沟北岗新石器时代遗址》，《考古学集刊》第1集，文物出版

社，1981 年。
[3] 河南省文物研究所：《长葛石固遗址发掘报告》，《华夏考古》1987 年第 1 期。
[4] 河南省文物考古研究所：《舞阳贾湖》，科学出版社，1999 年。
[5] 中国社会科学院考古所河南一队：《河南汝州中山寨遗址发掘报告》，《考古学报》1991 年第 1 期。
[6] 中国社会科学院考古所河南一队：《河南新郑沙窝李新石器时代遗址》，《考古》1983 年第 12 期。
[7] 中国社会科学院考古所河南一队：《河南郑县水泉新石器时代遗址发掘简报》，《考古》1992 年第 10 期。
[8] 中国社会科学院考古所河南一队：《河南新郑唐户新石器时代遗址试掘简报》，《考古》1984 年第 3 期；张松林、信应君、胡亚毅：《新郑唐户遗址发现裴李岗文化大面积居址》，《中国文物报》2007 年 7 月 13 日。
[9] 廖永民、王保仁：《河南巩县水地河遗址调查》，《考古》1990 年第 11 期。
[10] 开封地区文管会等：《河南省巩县铁生沟新石器时代早期遗址试掘简报》，《考古》1980 年第 5 期。
[11] 开封地区文管会等：《河南密县马良沟遗址调查与试掘》，《考古》1981 年第 3 期。
[12] 安阳地区文管会等：《河南淇县花窝遗址试掘》，《考古》1981 年第 3 期。
[13] 中国社会科学院考古所河南一队：《河南许昌丁庄遗址试掘》，《考古》1986 年第 3 期。
[14] 南阳地区文物队、方城县文化馆：《河南方城县大张庄新石器时代遗址》，《考古》1983 年第 5 期。
[15] 河南省文物研究所等：《登封王城岗与阳城》，文物出版社，1992 年。
[16] 巩义文管所：《巩义市坞罗河流域裴李岗文化遗存调查》，《中原文物》1992 年第 4 期。

裴李岗文化发现三十年
——在新郑市举办的裴李岗文化发现30周年纪念暨学术研讨会上的发言

李友谋
（郑州大学历史文博学院）

裴李岗文化发现已经30年了，今天新郑市举办裴李岗文化发现30周年纪念暨学术研讨会，很有意义！

30年前，我作为一名考古工作者，受郑州大学历史系的指派，来到新郑，与原开封地区文管会和县文物保管所合作，举办文物考古培训班，并参加了唐户遗址和裴李岗遗址的发现，了解裴李岗文化发现的经过。30年后的今天，我又来到新郑，参加裴李岗文化发现30周年纪念暨学术研讨会，并参观了唐户裴李岗文化遗址发掘现场，了解到该遗址的发掘取得了很大收获，因此深有感触。现在想就裴李岗文化发现的重要意义，和唐户遗址的重要性等问题，谈点感想。

一、裴李岗文化发现的偶然性与必然性

裴李岗文化的发现，有它的偶然性，还有其必然性。裴李岗文化发现的偶然性，主要是当时新郑县正开展以农田基本建设为中心的平整土地，原开封地区文管会、新郑县文物保管所和郑州大学历史系考古专业，又正好在新郑联合举办文物保护人员短训班，因此使我们有机会在裴李岗村进行平整土地当中挖出的文物，及时赶到现场进行考察，认识到该遗址出土文物的重要性，及时对裴李岗遗址进行试掘，因此而发现了裴李岗文化，事情的经过是这样的：

1976年，正是我国经历了十年“文化大革命”动乱后，“四人帮”被粉碎，迎来了科学的春天，使停止了十年的文物考古工作开始恢复的时期。当时，新郑县正掀起以平整土地为中心的高潮，原开封地区文管会和新郑文保所为对正在进行土地平整的唐户仰韶文化遗址进行抢救性的清理发掘，邀请郑州大学历史系考古专业合作，举办文物保护人员培训班。参加培训班的学员，结合授课知识，在唐户仰韶文化遗址进行发掘实践。两个多月后，发掘清理工作结束。

1977年春，我们集中在新郑县文物保管所整理唐户遗址的发掘材料，准备编写发掘简报。其时，裴李岗村的村民，在村西的一块岗地上进行平整土地，挖出人骨和一些文物。一位爱好文物的村民，捡到一些人骨和陶器，还有一件石磨盘，送到县文物保管

所，说这些文物是裴李岗村民正在进行土地平整时挖出来的，我们看到送来的人骨是腿骨，上面裹有一层料姜石质，怀疑其有一些石化程度，而且还有时代不明的石磨盘，因此引起注意，决定赴裴李岗村平整土地现场考察。

第二天，原开封地区文管会的崔耕和文物保管所的薛文灿同志，即邀我一起赴裴李岗村平整土地现场进行考察，主要对挖出人骨的地点作了简单的清理，和采集平整土地时挖出的陶片和石器。在清理挖出有人骨的地点中，又发现人骨架的上躯和头骨，得知其是一座墓葬，而且在头骨上也发现裹有料姜石质。在采集不少的陶片中，我们发现都是红陶，没有一片彩陶，而且陶质松软，火候不高，手捏即碎，因此觉得裴李岗遗址的新石器文化遗存可能与仰韶文化有所不同，文化年代可能比较早，裴李岗遗址应是新石器时代的一处重要遗址，于是即向崔耕同志提出建议进行试掘，试掘建议很快得到原开封地区文管会的支持和批准。

试掘工作于 1977 年 4 月 8 日开始。经历了 13 天的发掘，发掘面积 118 平方米。发现灰坑 3 个，墓葬 8 座，获得比较完整的石器 25 件，陶器 21 件，还有骨器和绿松石饰，而且还发现有猪骨，取得了可喜的收获！尤其是在 M1 的清理中，发现随葬有石磨盘，这不仅解决了石磨盘的时代之谜，而且得知这是墓葬中的随葬品，真令人高兴！

根据试掘材料，我们看到裴李岗新石器时代遗址的墓葬都有随葬品，包括石器、陶器两类劳动生产工具和生活用具，有的还有装饰品。尤其是随葬的劳动工具中还有石磨盘和磨棒，这些都是仰韶文化墓葬中所不见的。出土的石器和陶器，文化特征也与仰韶文化特征不同。最明显的是，仰韶的石器中，没有带齿的石镰，也没有四足石磨盘和磨棒；陶器中也没有乳钉纹鼎、三足钵和深腹筒形罐。在裴李岗遗址出土的陶器中，也不见仰韶文化中常见的彩陶，而且陶质火候不高，手捏即碎。根据这些情况，我们更深深感到裴李岗文化特征，与仰韶文化不同，不属于仰韶文化范畴，有可能是文化年代早于仰韶文化的有一种新石器文化遗存。

试掘材料整理后，在撰写试掘简报时，我们根据其文化面貌特征不同于仰韶文化和 ^{14}C 测定的年代，提出裴李岗遗址的时代早于仰韶文化遗址，并建议把裴李岗遗址的新石器文化遗存命名为“裴李岗文化”。但是，试掘简报发表后，我们注意到“裴李岗文化”命名的建议被删除，当时不知其故，后听有关人士说，裴李岗遗址只经过试掘，未经正式发掘，材料有限，且文化分布情况还不清楚，作为一种新的文化命名，条件还不充分。

裴李岗遗址试掘之后，崔耕同志又组织我们在新郑、密县进行了调查，又发现有几处遗址。1978 年春，又对裴李岗遗址进行发掘，从 3 月份中旬开始，至 5 月中旬结束，历时 2 个月，发掘了墓地和居住遗址的两个地点，发掘面积 340 平方米。在墓地内又发现了墓葬 24 座，灰坑 5 个，获得较完整的器物百余件，其中石器 32 件，陶器 98 件，绿松石饰 1 件。在居住遗址内亦发现有灰坑和烧陶的窑址，在烧陶窑附近，有一个大灰坑填有大量陶片，其中有不少是烧流或烧坏的陶器。这次发掘的收获，使我们对裴李岗遗址的内涵获得更为深刻的认识，其中两座形制较大、随葬品亦较丰富的墓葬和在居住遗址内发现的陶窑址，是新的发现。遗憾的是，在居住遗址中未发现房基，出土遗物也不多，这有可能因发掘点位于居住遗址的边缘，有可能是被村民营建房屋时所破坏。

正式发掘结束后，崔耕同志又组织我们赴密县、登封、巩县等地调查，又发现了一些新遗址。根据正式发掘所得的材料，结合调查了解到裴李岗文化在几个县都有分布，有一定的分布范围，我们即撰写了《试论裴李岗文化》一文，正式提出裴李岗文化的命名，连同1978年正式发掘简报，在《考古》期刊发表。现在，对于裴李岗文化的命名问题，考古界虽存在不同的说法，但多数学者都是认同的。上述情况就是裴李岗文化发现的偶然机遇。可以想象的是：如果当时国内还没有粉碎“四人帮”，文物考古工作仍然停止；而且当时新郑县在开展以平整土地为中心的农田基本建设中，如果原开封地区文管会不是正好又举办文物保护人员短训班，得以不失时机地抓住机会，到裴李岗遗址进行现场考察，并果断地做出试掘，裴李岗遗址很可能就会在平整土地中遭到破坏。

裴李岗文化发现的必然性，主要是这一新石器时代早期的文化遗存，是中华民族祖先所创造的，它埋藏于地下，是永远不会消失的，总有一天会被发现。实际上，裴李岗遗址内含的新石器时代早期文化遗存，在20世纪60年代就已出土，当时就在裴李岗采集到有石磨盘，文物考古部门的有关单位还到裴李岗进行过调查，只是在调查中没有发现共存的陶器，使石磨盘的时代无法确定，从而使裴李岗遗址的文化遗存相见不相识，乃至到了70年代后期，裴李岗文化才被认识。

二、裴李岗文化发现的意义

裴李岗文化发现已经30年了。30年来，在河南各地都陆续发现有裴李岗文化遗址，到目前为止，已发现的裴李岗文化遗址有百余处。有的遗址已进行了发掘，有的遗址的发掘规模还比较大，获得的文化遗存相当丰富，这使人们对裴李岗文化的重要性又有进一步的认识。30年来，考古界对裴李岗文化的研究亦不断深入，涉及的研究内容和课题也不少，既有从考古学角度的研究内容和课题，也有从史学角度研究的内容和课题，以前者居多，研究成果相当丰富。因此，裴李岗文化的发现，无论在考古学和史学的研究上，可以说都具有重要意义。

从考古学的研究而言，裴李岗文化的发现，最重大的意义是使中原地区新石器时代早期考古的研究获得突破性进展。

中原地区的新石器时代考古，是从1921年瑞典人在河南渑池发掘仰韶遗址，发现新石器时代的仰韶文化开始的。在仰韶文化发现之后近半个世纪的岁月，一直没有发现新石器时代早期文化，这一历史阶段的考古工作，基本上是停留在新石器时代中、晚期阶段，新发现的新石器时代遗址都属于仰韶或龙山文化遗址。20世纪50年代，虽然在陕西华县老官台遗址发现老官台文化，但考古界只认定其文化年代早于西安半坡仰韶文化。由于其文化面貌特征与仰韶文化有些接近，因此有人还把它归入仰韶文化范畴，属于仰韶早期，不认为它是不同于仰韶文化的另一种考古学文化。

裴李岗文化发现后，因其文化面貌与仰韶文化有先后分组的区别，故考古界基本上都不认为它属于仰韶文化范畴，都肯定它是不同于仰韶文化的另一种考古学文化。且其文化特征与^{14}C测定的年代都早于仰韶文化，因而都肯定裴李岗文化是新石器时代早期的一种考古学文化。所以，裴李岗文化的发现，就使中原地区新石器时代早期考古获得了突破性进展，填补了新石器时代早期文化的一段空白。

自裴李岗文化发现后，在关中地区发现的老官台文化，也有新的发现。因此考古界对老官台文化的性质也有新的认为，多把它列为属于距今七八千年的新石器早期文化。

现在，考古界对裴李岗文化的研究，主要是对裴李岗文化的年代分期、文化类型、社会性质、埋葬制度、文化源流、裴李岗文化与磁山文化和老官台文化的关系等进行了探讨。

裴李岗文化发现的意义，对史学研究而言，主要是为氏族社会早期的历史研究提供了难得的资料。

我国氏族社会的历史，文献上有一些传说记载，但内容贫乏，而且还带有神话色彩，使我们对氏族社会的历史了解若明若暗。考古学的发展为我们提供了许多可贵的资料，充实了氏族社会历史的研究。但过去考古发现的资料，都是新石器时代中晚期历史的文化遗存，它只是充实了氏族社会中、晚期历史的研究。因此，裴李岗文化的发现，就有助于充实氏族社会早期历史的研究。

根据现有的考古资料，裴李岗文化的发现，对研究中原地区氏族社会早期农业聚落的形成和氏族社会早期的经济生产与生活，氏族组织的规模，男女两性间的劳动分工，财产私有等问题，都提供了难得的资料。

裴李岗文化遗址，是新石器时代早期典型的农业聚落遗址，在裴李岗文化遗址中，有居住遗址和墓地的发现。居住遗址中，有一定厚度的文化堆积层，亦有房基和灰坑等遗迹发现。墓地内亦有不少土坑墓发现。出土的遗物有一定数量的石器、骨器和陶器之类的劳动生产工具和生活用具。劳动工具主要是农业工具亦有一些手工业工具。有的遗址还发现有谷物遗存。这些情况，充分说明裴李岗文化遗址是新石器时代早期典型的农业定居聚落遗址。

但是，裴李岗文化遗址目前发现的数量还不多，遗址的规模也比较小。目前在河南境内从北到南，从西到东都有裴李岗文化遗址发现，已发现的遗址只有百余处，其分布寥若晨星。遗址的面积多数都比较小，一般只有1万~2万平方米，文化内涵亦不丰富。个别的遗址面积比较大，有几万平方米，文化内涵较丰富。从这些情况来，氏族社会早期，农业聚落正处于形成阶段。

裴李岗文化中，包含有经济生产和生活的因素。已发掘的裴李岗文化遗址，都有农业劳动工具出土，有的亦有手工业工具和渔猎工具出土。农业工具种类包括在农业生产中使用的石斧、石铲和石镰等开辟农地、耕作及收割谷物的工具，还有加工谷物用的石磨盘和磨棒。亦有与农业生活密切相关的陶质器皿，包括炊具和饮食器皿。在贾湖遗址还发现有栽培稻遗存。手工业工具有少量石凿、石斧和磨石等。渔猎工具在个别遗址有较多发现，主要有石矛、石弹丸、石球和骨鱼镖、骨镞等发现。这些发现，说明裴李岗文化时期，亦即氏族社会早期的经济生产已以农业为主，兼有一些手工业和渔猎生产。当时的氏族成员已过着比较稳定的农业定居生活。

在裴李岗文化遗址中，有墓地发现，各墓地发现的墓葬数量的所不同，一处墓地揭露出的墓葬，少者几十座，多者百余座，最多的有300多座。墓地内的墓葬分布比较集中，有的有墓群之分；墓地内的墓坑方向和死者的头向，有的一致，有的则多数一致，少数不一致。这类墓地是研究氏族社会的墓葬制度和氏族组织规模和氏族结构的重要资料。

埋葬制度的产生，是社会发展到一定历史阶段的产物。在人类社会初期是没有埋葬制度的，我国文献上有“盖上世尝有不葬其亲者，其亲死，则举而委之于壑。他日过之，狐狸食之，蝇蚋姑嘬之，其颡有泚，睨而不视”之说，这就是说在人类社会初期，亲人死并不埋葬，而是抛之山野，任其尸体腐烂，或裹野兽之腹，或任其孳生蝇虫，视而不见。埋葬制度的产生，是灵魂不灭的观念产生和氏族社会建立后出现的。裴李岗文化的墓葬，是迄今为止在中原地区发现的年代最早，数量最多的新石器时代墓葬，这对研究氏族社会埋葬制度的产生及发展变化是十分重要的资料。

在氏族社会中，每一个氏族都有自己的公共墓地，用以埋葬本氏族成员死者。裴李岗文化墓地内发现的墓葬，墓坑方向和死者的头向基本相同，有的墓地发现的墓葬，则墓坑方向和死者的头向多数相同，只有少数不同。这说明裴李岗文化的墓地，是氏族墓地，死者在埋葬制度上有共同的信仰。墓地规模则有大有小，墓地内发现的墓葬有多有少，这反映出当时的氏族组织规模有大小的不同，每一个氏族组织拥有的氏族成员亦有多少的不同。

裴李岗文化的发掘材料对研究氏族社会早期男女两性间的劳动分工亦提供了信息。在裴李岗文化墓中，多数都有随葬品，包括劳动生产工具和生活用具两类。劳动工具以农业工具为主，有石斧、石铲、石镰之类的生产工具，也有石磨盘、磨棒之类的谷物加工工具。生活用具主要是陶器，包括饮食器和炊具两类。值得注意的是，性别不同的墓主，随葬的劳动工具亦有所不同，男性墓随葬的劳动工具，主要是与农业生产相关的工具，或石斧、石铲、石镰，女性墓随葬的工具主要是与谷物加工相关的石磨盘和磨棒，而且男性墓随葬的陶器都不多，常见的只有一两件饮食器皿，女性墓随葬的陶器多一些，随葬陶器最多的一般都是女性墓，器物包括炊具和饮食器皿。这种现象，显示出当时男女两性间的劳动习惯，有一定的分工，男子主要从事农业生产，妇女主要作谷物加工等家务劳动。

裴李岗文化的考古资料对研究氏族社会早期的财产私有有亦提供了信息。在裴李岗文化墓葬中随葬的劳动工具，生活用具和装饰品，应是个人所占有的私有财产。马克思说："随葬品是死者生前认为最珍贵的物品，都与已死的占有者一起殉葬到坟墓中，以便他在幽冥中能继续使用。"这些"粗糙的武器、纺织物、家具、衣服、石制和骨制的工具和个人的装饰品，是其财产之主要对象"。根据上述情况，距今七八千年的裴李岗文化时期，已有私有财产，氏族社会早期私有制已经起源。

总之，裴李岗文化的发现，不仅在考古学的研究上具有重大意义，使中原地区新石器时代早期考古取得了突破性进展，而且对氏族社会早期历史的研究，亦具有重要意义。裴李岗文化的考古资料，提供了不少氏族社会早期历史的重要信息，使我国氏族社会早期历史的研究获得充实。

三、唐户遗址的重要性

唐户遗址是新石器时代的重要遗址，其文化内涵包括裴李岗文化，仰韶文化和龙山文化三个发展阶段的遗存。从目前的发掘材料看来，唐户遗址作为新石器时的聚落最为重要的是在裴李岗文化和仰韶文化时期。

唐户的裴李岗文化遗存，在1978年秋的调查中就已发现。1982春，中国社会科学院考古研究所进行了试掘，发现有裴李岗文化的灰坑和陶器，并发现有仰韶文化和龙山文化遗存。为配合南水北调中线干渠的工程，从2006年6月开始，由郑州市文物考古研究院进行了大面积发掘，这次发掘所取得的收获不小，最主要的是发现许多房基。

唐户裴李岗文化遗址的重要性，主要表现在遗址的面积大和居住遗址的内涵比较丰富，发现的房基和灰坑遗迹比较多两个方面。

唐户裴李岗文化遗址的面积，据现有的调查资料为20万平方米，这是迄今为止发现的裴李岗文化遗址中面积最大的。此前发现的裴李岗文化遗址，面积都比较小，其中裴李岗文化早期的遗址，面积只有1万~2万平方米，晚期的遗址面积较大，其中舞阳贾湖遗址的面积为5.5万平方米。唐户裴李岗文化的年代比较早，该遗址面积之大，说明在裴李岗文化早期，在唐户就已形成一处规模相当大的聚落。

唐户裴李岗文化遗址的文化内涵亦比较丰富，尤其是在居住遗址内有许多房基发现。据2006~2007年度的发掘，在5000平方米的发掘面积内，就发现房基54座、灰坑186个、壕沟1条、小沟3条，这是迄今为止发掘的裴李岗文化遗址中，发现房基最多的遗址。在已发掘的裴李岗文化遗址中，早期遗址内发现的房基都很少，其中在密县莪沟遗址中发现6座，长葛石固遗址发现3座。晚期遗址发现的房基多一些，在舞阳贾湖遗址发现45座。

唐户裴李岗文化遗址发现的房基多，说明当时在这一聚落内聚居的氏族成员是可观的，由此表现出这一氏族组织的规模不小。

唐户仰韶遗址的重要性，也表现在遗址的面积大，文化内涵丰富。其文化内涵包括有仰韶早、中、晚期文化遗存，而且有经火烧的木骨泥墙建筑遗存的发现。

唐户仰韶遗址的面积，据调查约有30万平方米。1976年，原开封地区文管会为配合平整土地，对该遗址进行抢救性发掘时，开挖有探方，了解到其文化堆积层次是上层为龙山文化层，下层为仰韶文化层。清理和采集到的遗物有大量陶器、经火烧成砖红色的木骨泥墙建筑遗存及类似水泥地的地板块等遗存。据郝本性同志说，在唐户遗址发现有1座7人合墓葬，其中有一骨架的手臂上戴陶环，一只手戴6个，一只手戴7个。清理发掘资料，曾进行过初步整理，由于种种原因，整理工作搁浅。

据当时的初步整理情况看，唐户仰韶文化，包括有仰韶早、中、晚期遗存。早期遗存较少，大量的是中、晚期遗存，与郑州大河村1～4期文化相当。早期的陶器主要有罐形尖锥足鼎和四系罐等，此类器物比大河村一期的年代早。这里发现的7人合墓葬，可能是二次迁葬合葬墓，亦是仰韶早期流行的葬俗。类似唐户仰韶遗址包括有仰韶早、中、晚期文化遗存的聚落遗址，在河南发现的仰韶文化遗址中还不多见。

唐户裴李岗文化遗址和仰韶文化遗址的重要性，对探索黄帝故里轩辕之丘和黄帝之都有熊之墟的具体地点是有意义的。

据历史传说记载，新郑是黄帝故里轩辕之丘，亦是黄帝的国都所在地，有熊之墟，此说已获得学界多数学者的认同。但是，轩辕之丘和有熊氏之墟的具体地点，究竟在新郑何处？这是值得进一步探索的问题。根据现有的考古学研究成果，新郑唐户新石器时代遗址，应是探索轩辕之丘和有熊之墟的重要对象。

根据唐户遗址的考古材料看来，唐户新石器时代遗址，有可能是轩辕之丘与有熊之墟的具体地点。因为，唐户新石器时代遗址，既是裴李岗文化时期的重要聚落遗址，亦是仰韶文化时期的重要聚落遗址，比较具备轩辕之丘和有熊之墟的条件。

作为轩辕之丘和有熊之墟的具体地点，必须具备一些条件。轩辕之丘的聚落遗址必须是新石器时代早期的重要遗址，遗址内要有比较丰富的文化内涵。有熊之墟，则必须是新石器时代中、晚期的重要聚落遗址，遗址内不仅有比较丰富的文化内涵，而且要有重要建筑遗存的发现，因为作为黄帝之都，应有“宫室”的建筑。

根据历史传说记载，黄帝部族源出于少典氏族。《国语·晋语》云：“昔少典氏娶于有蟜氏，生黄帝、炎帝。”据此，黄帝系渊源于古老的少典氏族发展壮大起来的部族首领。黄帝故里，实际上也是少典氏的故里。

古老的少典氏，是氏族社会早期的氏族组织代表。考古学上的新石器时代，正处于氏族社会历史阶段，新石器时代早期的裴李岗文化，大致相当于氏族社会早期的一个历史阶段的考古学文化。新郑既然是少典氏的故里，那么，分布在新郑周围地区的裴李岗文化就有理由把它视为氏族社会早期少典氏历史阶段的考古学文化。所以唐户的裴李岗文化遗址，应是少典氏族的聚落，亦是黄帝的故里。

黄帝都有熊，应当是黄帝部落兼并了炎帝和蚩尤部落，取得了黄河中下游地区三大部落归一统之后称帝定都，并以有熊国君为号之事，其时代大致处于氏族社会中期，也就是新石器时代中期这一历史阶段。从目前的考古材料来看，仰韶文化中期当是黄帝兼并了炎帝和蚩尤部落的历史时期，主要表现在仰韶中期东方系统的“庙底沟类型”是仰韶文化最为繁荣和影响最大的时期。东方系统的仰韶文化，在仰韶中期阶段，不仅延伸至关中地区，而且在黄河下游地区亦有影响。

唐户仰韶文化遗址的文化繁荣期，正是从仰韶中期到仰韶晚期。这一时期不仅遗址内涵的文化遗存丰富，而且还发现有大量经火烧成砖红色、质地坚硬、平整光滑的房屋墙壁建筑遗存，同时还有类似水泥质的坚硬平整的地面板块遗存的发现，这种建筑遗存，有可能是类似“宫殿”建筑遗存。据此，我认为唐户仰韶文化遗址，有可能是“有熊”之墟。

裴李岗文化研究的展望

李绍连
（河南省社会科学院历史研究所）

自1977年以来，裴李岗文化被确认已经30年了。裴李岗文化的发现是我国学术界的一件意义重大的事情，现今又在考古调查和研究方面取得了巨大成绩，这是值得我们热烈庆贺的！

裴李岗文化的发现，并以其100余处遗址遗存的陶器特征和众多地层叠压的关系，首先以铁的事实证明比它较晚的仰韶文化是继承裴李岗文化发展而来的，所谓仰韶文化“西来说”是完全错误的。其次，裴李岗文化的发现，使中华文化和文明找到了主要的源头。因为中原文化——在仰韶文化之前的裴李岗文化是迄今发现的我国原始社会较早的文化，它已发明了农业、手工制陶业、纺织业和家畜家禽饲养业以及此类生产所必需的原始生产工具，这就等于创立了人类生存和发展的基础。同时，人们已创立了“氏族公社”一类的社会组织形式，这是与当时社会生产力水平和个人能力相适应的社会摇篮，人们由此长智慧和能力，一步步走向文明社会的门槛。透过裴李岗文化，我们找到了文字、绘画、雕塑、音乐、舞蹈等中原文化的最早源头。无论是研究中华文化或中华文明史，都不可不研究裴李岗文化。再次，裴李岗文化时期是我国原始社会的初级阶段，这个文化的发现，和较晚的仰韶文化、河南龙山文化一样，证明我国有关“三皇五帝”的传说并非子虚乌有，在我国夏、商、周三代文明社会之前有一个原始社会存在。欲建立和研究中国的所谓“史前史”，即原始社会史，就必须研究裴李岗文化和仰韶文化等新石器时代文化。

通过30年的考古调查、发掘和研究，我们对裴李岗文化已经形成了一个比较全面的认识，特别是对裴李岗文化的文化内涵和特征的研究已取得可喜的成果。使我们对它进一步开展研究有了良好的基础。在此，我们要感谢河南省和郑州市的文物与考古工作者所付出的艰辛的劳动！当然，在庆贺胜利的时刻，我们也不要忘记一个考古工作者神圣的使命——彻底搞清考古文化的内涵实质及其相关的学术问题。在这个意义上说，仍有不少问题需要我们进一步努力去探讨。

目前，在裴李岗文化研究方面，归纳起来，尚有以下几个主要问题，需要进一步调查研究：①进一步弄清文化分布的地理界线和文化延续的时限；②它的陶器特征及其陶器发展的早晚变化规律；③农业的初始形态与农业工具的创制；④家畜家禽的驯养问题；⑤氏族公共墓地状况及其制度；⑥文化类型的划分及其性质；⑦裴李岗时期的社会形态及其性质；⑧裴李岗文化与磁山文化的关系等。

关于①的问题，从无到有，迄今在河南省发现了100余处遗址，对于一个早于仰韶文化新石器时代前期文化来说，是个很了不起的成就，在这个方面是全国其他地方所不及的。但是，亦应想到可能还有若干遗址尚未被发现，有些地方还存在着考古调查工作上的空白。关于这一点，亦不用着急，随着工作的广泛深入开展，问题会迎刃而解。不过，关于裴李岗文化的年代问题，至今仅断代为距今8000～7000年前[1]。我认为，这个年限不一定确切，还有变动空间。从裴李岗文化陶器形制特征和制陶技术的一定原始性，以及其农业生产工具磨制技术的一定进步性等整个文化面貌观察，它又不似是从旧石器时代过渡到新石器时代的过渡性文化或新石器时代早期文化。这一点，笔者早在1980年《关于磁山—裴李岗文化的几个问题》的论文中指出过[2]。现今也有一些学者认为裴李岗文化不是新石器早期文化。那么，尽早弄清这个文化的确切年代就显得十分必要了。这不仅是对它存在的社会历史年代定位，也是为寻找它的前身——中原新石器时代早期文化提供线索。

关于②、③、④、⑤这四个问题，目前的研究已取得了一定的研究成果。如②提及的陶器，就裴李岗文化而言，应该说以三足钵、小口双耳壶、罐形三锥足鼎、卷沿或折沿罐、浅腹钵、敛口平底钵等为主要器型的陶器群特征是鲜明的，但是，对其早晚变化的规律，则仍缺乏比较系统的研究。次如③对农业生产状态仍缺乏全面研究，即使对农业生产工具，其舌形双刃石铲、锯齿形石镰等功能如何？作为首批发现而年代较早的农具，其制作技术似乎已不是初创状态？在此之前是否有更原始的农具？此类问题，当要探讨。再如④关于家畜家禽其最早来源当是用捕获的走兽飞鸟驯养，所以我们不仅要注意有关发现，更要考究其驯养过程的种种迹象，特别家畜骨骼变化，以弄清由野生到家养变化规律。又如⑤关于裴李岗文化氏族公共墓地是否为最早公共墓地？新郑裴李岗、密县莪沟北岗和舞阳贾湖三处较典型墓地有何不同？二次葬始于何时？二次葬的原因及其多人或集体二次葬的性质？这一系列问题，对于彻底弄清裴李岗文化的内涵特征和性质是十分重要的。在有条件的情况下必须一一做深入的研究。

经过几十年的工作，特别是有20余处遗址经过了考古发掘，其中新郑裴李岗和唐户、密县莪沟北岗、长葛石固、舞阳贾湖、临汝中山寨、淇县花窝、方城大方庄等遗址发掘后取得了丰富而重要的资料。考古工作者经过认真的研究，目前对裴李岗文化内涵特征的研究已取得硕果。其中对该文化划分为不同类型就是突出的功绩。对其文化类型进行划分的代表人物有：1985年赵世纲划分为裴李岗类型、翟庄类型[3]；1986年郑乃武划分为裴李岗类型和中山寨类型[4]；1987年有人提出莪沟北岗遗址晚期遗存应单独划出成为莪沟类型[5]；1989年又有人分出一个新的贾湖类型[6]。所以目前就存在着裴李岗类型、翟庄类型、中山寨类型、莪沟类型、贾湖类型等六个类型。这些文化类型的不同划分，自然是公说公有理，各个类型之间既有共性也有明显差异，不然就难于自圆其说。

但是，目前这些划分的类型，还只是一家之言，尚未获得学术界认可。这里恐怕有两个原因：其一，裴李岗文化经考古发掘的遗址面积有限，所掌握各地区的考古资料有限，尚未能对这个文化有比较全面认识，地域差异、早晚期差异尚不甚明了。其二，研究类型所依据的资料太少，有论据不足之嫌。在这种情况下，一个学风严谨的学者自然不会轻易认同。在这里，应该指出，一个考古学文化与另一个考古学文化之间，会有时间、空间（地域）、文化内涵等明显巨大差别；而一个考古学文化内的类型差异，则是在拥有“文化共同体”的基础上因分布地域地理环境不同或早晚发展阶段不同而使其文化内涵反映出一定程度的差异，类型的差异是明显的而不应有本质的变化。从事过考古发掘的人，都知道同一个文化的遗址群中没有几个或两个遗址的遗迹遗物是完全相同的，但绝对不能因此把不同遗址视为不同文化类型。不同遗址文化遗存或同一遗址上下层（早晚）文化遗存之间要有多大的差异才可划分为不同类型？这个问题连教科书也没有标准答案。文化类型与文化类型间的差异，主要是陶器群中若干主要器物形制特征的明显差异以及工具、住房、墓葬等方面的某些方面的差异的总和。这个“差异”当有个“度”，过大则质变，过小则无以自立，需自我掌控，以求公允。

目前对于这个重量级的问题，显然在研究中划分类型时有论据过于单薄和论证不周严等弊病，更严重的是未能提供出划分不同文化类型具有代表性的标准陶器器物图。“分类型器物图”是非常重要的，此举一则可省掉不少笔墨而更有力地表达了观点，再则使人观图一目了然，增强观点的可信度。倘若不能绘出“分类型器物图”，就说明划分的类型可能不当。划分类型的研究，倘能以一张“分类型器物图”使人觉得划分类型有理，那就成功了。

在划分类型的研究中，还存在着文化类型性质不清的问题。所谓同一文化不同类型的性质，是指“地域性差异”还是“发展阶段性差异”（或称“早期类型”和“晚期类型”）。在这项研究中，一般只划分“地域性差异”类型，而往往不划分“发展阶段性”类型，因为如此划分会使类型分得太多，更会使人对类型文化的发展有割裂感而使文化发展脉络不清。除非像仰韶文化那样历时二千余年和文化内涵十分丰富，早晚遗存异地分布等特殊情况下，划分早晚期文化类型才有学术意义。至于将裴李岗文化莪沟遗址早晚两期的差异划分为裴李岗类型和莪沟类型，是不必要的。因为这类遗存内涵不够丰富，尤其是目前在其他遗址尚未找到更多的同类遗存，单独分出其晚期遗存为莪沟类型，其学术意义很小，反而会割裂该遗存的完整性。文化类型研究，是对整个文化研究深化的关键所在，因此，我希望并相信裴李岗文化的分类研究顺利推进。

关于裴李岗文化同周边新石器文化关系中，最密切的是同磁山文化的关系。由于考古资料较少和认识不同，已故著名考古学家夏鼐曾将两者视为一个考古文化并命名为“磁山—裴李岗文化”。笔者曾写论文表明赞同，并将其划分为“磁山类型”和“裴李岗类型”，同时绘出《裴李岗和磁山遗址主要器物比较图表》[7]；从中可以清楚看到有几种主要陶器和石器形制相似，也有几种陶器形制明显不同，所以当时认为是一个文化两个不同类型。由于后来在20余年的时间里，河南考古文物工作者做了大量工作，在全省发现了 100 余处同类文化遗址，而且内涵丰富，各地遗存还有一定差异，似可划分不同类型，同磁山文化类型相比有一边倒的优势，在这种情况下，将“裴李岗文化”和“磁山文化”分别命名，似乎更有利于考古学文化研究，或更贴近历史实际。当然，无可否认的是两者的亲密关系是超越其他新石器文化的。这种关系属何性质？这个问题或可重新加以研究。

此外，目前对裴李岗文化研究中尚有两个存在问题：一是裴李岗文化是不是最早的新石器时代文化？二是它和仰韶文化之间是否有某些缺环？

裴李岗文化迄今测定的年代数据，最低为石固遗址四期 WB80-17 炭标本测年代为距今（7010 ± 85）年，最高为贾湖遗址一期 H187（BK94126）炭标本测定年代为距今（8285 ± 100）年[8]。这些年代数据未经树轮校正，可能不很准确，但可基本上反映出这个文化存在的年代。鉴于旧石器时代即使晚到距今 1 万年前，裴李岗文化与这个年代距离少说也有 1700 年左右，这是一段空白。即使从裴李岗文化的石铲、石镰、石磨盘和陶器制技艺来看，也不似是从旧石器时代过渡而来的早期形态，所以推测在裴李岗文化之前应还存在一种更早的新石器时代文化，它或是属于裴李岗文化更早的遗存，或是另一种未知文化。我们为此要在实际工作中努力探索，有朝一日，或许像发现裴李岗文化那样发现它，以遂人愿。

关于裴李岗文化直接发展为仰韶文化，因为至少有几十处遗址文化层叠压关系和陶器、石器与房屋建筑、公共墓地埋葬习俗等多方面因素表明密切的传承关系而确证这一点。但是，若从裴李岗文化最晚距今约 7000 年和仰韶文化最早距今约 6800 年（西安半坡下层）或距今约 5900 年（庙底沟下层）之间有一定的间隔；况且从陶器标型学的角度上说，裴李岗文化晚期与仰韶文化早期的陶器之间既有传承因素又似乎衔接不那么紧密——可能有一定缺环。笔者早就指出裴李岗文化与仰韶文化早的陶器群变化甚大：前者有大量三足器，后者罕见；前者鼎罕少，后者众多；前者小口双耳壶富有特色，后者无；前者罐少，后者有多种卷沿罐；前者有圈足碗，后者不见[9]。即使有相同的少数器型，其形制也有明显差异。如此大的反差，既反映两个文化的差别，也说明陶器制作传承不那么紧密，或许有缺环。这个缺环，既可能是仰韶文化更早的遗存未发现，也可能是裴李岗文化末期遗存未发现。究竟是何种文化缺失，亟待有志者探求之。

一晃 30 年时光逝去了。未来的时光将更加美好！我深信一代年轻有为的考古工作者——未来的考古学家，不仅能够圆满地一一解决裴李岗文化中所有难题，而且必将登上考古学新的高峰！

注　释

[1] 河南省文物研究所：《河南考古四十年》，第 28 页，河南人民出版社，1994 年。

[2] 李绍连：《关于磁山—裴李岗文化的几个问题——从莪沟北岗遗址谈起》，《文物》1980 年第

5 期。
[3] 赵世纲:《裴李岗文化的几个问题》,《史前研究》1985 年第 2 期。
[4] 郑乃武:《略论裴李岗文化类型与仰韶文化的关系》,《中国考古学研究》,文物出版社,1986 年。
[5] 丁清贤:《裴李岗文化的发展阶段》,《中原文物》1987 年第 2 期。
[6] 河南省文物研究所:《河南贾湖遗址第二至六次发掘简报》,《文物》1989 年第 1 期。
[7] 同 [2]。
[8] 河南省文物研究所:《舞阳贾湖》(上),第 515 页,科学出版社,1999 年。
[9] 同 [2]。

论裴李岗文化在中华文明形成中的地位
——为纪念裴李岗文化发现30周年而作

赵世纲
（河南省文物考古研究所）

裴李岗文化发现至今已30个年头了，回首此事令人感慨万千。开封地区文管会崔耕先生让我负责试掘裴李岗遗址，1977年4月8日开始，4月21日结束，历时13天。试掘结束后，我随即投入器物整理和简报的编写工作。简报于5月25日完成，历时1个月零4天。经过对遗址内涵的深入分析研究，在简报中我提出，裴李岗遗存是一个新的文化类型。它比仰韶文化早，绝对年代当在距6000年之前。应当命名为"裴李岗文化"。我也开始了裴李岗文化的研究工作。

迄今裴李岗文化遗址已发现140多处。经过发掘的就有24处。在裴李岗文化和磁山文化发现的启示下，全国已发现的新石器时代中期的文化也有数十处。处于裴李岗文化周边毗邻的就有磁山文化、老官台文化、后李文化、彭头山文化、双墩文化等。研究这些文化之间的关系，对于探索中华文明的形成具有重要意义。

一、裴李岗文化

裴李岗文化主要分布在河南省境内。目前尚未见省外有裴李岗文化遗址的报道。遗址的分布以汝颍河上游和河洛地区最为密集。如颍河上游的密县、新郑、尉氏，汝河上游的舞阳、汝州，河洛地区的巩义、偃师等县市，就分布有近70处，约占裴李岗文化遗址的二分之一。

裴李岗文化目前大体可分为三个类型。这就是以新郑裴李岗遗址为代表的裴李岗类型。以舞阳贾湖遗址为代表的贾湖类型和以巩义瓦窑嘴为代表的瓦窑嘴类型。

（一）裴李岗类型

该类型主要分布于嵩山东部与华北平原的接壤的丘陵地区，重点在密县、新郑、郑州等市县境内。主要遗址有新郑裴李岗、沙窝李、西土桥，密县莪沟、马良沟、城东关、青石河，巩义铁生沟，郏县水泉等。遗址面积一般都比较小，文化层也比较薄，包含遗物不多。遗迹、灰坑较多而房址很少。墓葬绝大多数为仰身直肢一次葬，多数墓葬都有随葬品，随葬品以陶壶、陶钵，石斧、石铲最多，少数女性墓中随葬有石磨盘、石磨棒。随葬品数量一般是2~5件，个别多达20余件。石磨盘、石磨棒、舌刃石铲、三足钵、小口球腹双耳壶、篦纹陶器是裴李岗类型最具代表性的器物。石磨盘平面多作鞋底形，底下面留有四个圆柱状足。陶器一般火候较低，陶质疏松，一触即碎，器壁多素面磨光，个别饰有篦纹[1]最具特色。

裴李岗类型的年代。根据裴李岗、莪沟、沙窝李等遗址的14个^{14}C数据来看（表一）：其中ZK0572偏高，另一个ZK0751显然偏低可舍弃外，其余数据经树轮校正，平均值都在距今8420~7510年间，延续了八九百年之久。此前一些学者在谈及裴李岗文化的年代时，往往认为裴李岗遗址的ZK0434号木炭所测距今（7885±480）年的这个数据偏高而舍弃不用，这是不对的。根据裴李岗遗址早期出土遗物，有许多与贾湖二期完全一致，如三足钵、小口双耳壶、罐形鼎、卷沿罐等。而贾湖二期的年代所依据三个^{14}C数据，一为距今（7920±150）年，另一为距今（7650±70）年，再一为距今（8090±110）年。与裴李岗遗址ZK0434的距今（7885±480）年是一致的[2]。

表一　裴李岗类型^{14}C测年数据表

序号	实验室编号	样本来源地点	标本性质	距今年代	树轮校正年代（平均值）	备注
1	ZK0572	裴李岗 T31①、T34①、T34②	木炭	9300±1000		
2	ZK0434	裴李岗 T1H1、T2H2	木炭	7885±480	8420	
3	ZK0754	裴李岗 T111②	木炭	7445±200	8010	
4	WB78-17	密县莪沟 T29、H27	木炭	7290±120	7890	
5	WB78-39	密县莪沟 T24	木炭	7265±160	7865	
6	ZK2345	郏县水泉 T205AH80	木炭	7270±120	7868	
7	ZK0748	巩县铁生沟 T2	木炭	7265±200	7860	
8	ZK0580	密县莪沟 T29H27	木炭	7240±80	7841	
9	ZK0753	裴李岗 H17	木炭	7185±200	7808	
10	ZK1130	沙窝李 T9②H17	木炭	7170±105	7795	
11	ZK2344	郏县水泉 108H43	木炭	7100±100	7746	
12	WB78-38	密县莪沟 T1H1	木炭	6975±100	7600	
13	ZK0747	密县马良沟 T1H1	木炭	6855±100	7510	
14	ZK0751	裴李岗 H18	木炭	6435±200	7110	

注：采用《舞阳贾湖》第八章《^{14}C年代研究》。

（二）贾湖类型

20世纪80年代初，我在一篇文章内曾称之为翟庄—贾湖类型。那时是因为翟庄遗址经过配合基建发掘过一次，资料较多。贾湖遗址仅经过调查，资料较少。如今，翟庄已压在电厂之下，无法再作调查和发掘，而贾湖遗址迄今已进行了七次发掘，发掘面积数千平方米，出土一大批极为珍贵的遗迹和遗物，完全可以代表这一文化类型[3]。

贾湖类型主要分布在颍河上游的平原地区。主要遗址有舞阳贾湖、郭庄、阿岗寺，漯河翟庄，许昌丁庄、崔庄，叶县文集，长葛石固，鄢陵古城、蝎子岗、刘庄等。其主要特征：

（1）除发现大量的窖穴外，还发现大量的房址。房址多作半地穴式建筑，有单间和多间，一般较浅，面积也较小，多在4～6平方米之间。

（2）墓葬中有大量的二次葬和多人合葬现象。随葬品多骨器而少见石器。在三百多座墓中，仅有两座随葬石磨盘和磨棒。这和裴李岗类型随葬品多石器而少见骨器的情况大不相同。

（3）遗址和墓葬内出土有大量的渔猎工具，如骨镞、鱼镖、骨叉、网坠等，裴李岗类型则很少见过此类器物。

贾湖类型出土的鼎类器形制繁多，釜形鼎、钵形鼎、盆形鼎和角把罐，不见于裴李岗类型。

在精神生活方面，贾湖类型还出土有大量的骨笛、卜巫用的骨叉、龟甲响器。原始文字等都是其他类型文化所罕见的。贾湖类型的年代根据《舞阳贾湖》一书作者对贾湖遗址所测19个^{14}C数据分析，舍弃其中使用草木灰、人骨、果核等样品所测年代偏晚外，其余数据结合地层叠压关系和出土陶器的演变规律分为三期。

第一期有三个数据，实测为距今8285～8090年，树轮校正为距今9000～8600年。它比裴李岗类型早期还早四五百年。

第二期亦有三个数据，实测为距今8090～7650年，树轮校正为距今为8600～6200年。约与裴李岗类型早期同时。

第三期数据亦为三个，实测为距今7825～7450年。树轮校正数据推定为距今8200～7800年[4]。石固遗址有^{14}C测年数据三个，其样本分别采集于石固第二、三、四期文化层内。第二期^{14}C测年为距今8029年（经树轮校正，下同），第三期^{14}C测年为距今7907年，第四期^{14}C测年数据为7633年。其第一期由于未采集木炭标本，没有测得数据，估计要在距今8400年左右。所以石固绝对年代约与贾湖二、三期同时[5]。

总之贾湖类型年代大致在距今9000～7800年，延续约1200年。

（三）瓦窑嘴类型[6]

主要分布在嵩山以西，河洛流域。此外方城大张庄、舞阳大岗、汝州中山寨也都为此种类型。重要遗址有巩义瓦窑嘴、水地河、鸣罗北营，汝州槐树荫，偃师高崖，渑池班村，登封双庙沟等。其主要特征：

（1）泥质黑陶占相当大的比例，约占15%，陶器火候高，陶质硬，陶胎薄，器形规整，这是瓦窑嘴类型的最显著特点。

（2）泥质红陶的陶色多内黑而外红。

（3）出土的三足漏器和外饰放射状刻划纹陶碗是裴李岗文化中及其他类型中极为少见的。

（4）齿刃蚌镰和骨匕在裴李岗文化中尚属首次。

（5）石器中石磨盘、磨棒、两端弧刃石镰都很少见，呈衰落趋势[7]。

瓦窑嘴类型年代。据公布的^{14}C数据计有七个（表二），瓦窑嘴遗址有两个，双庙沟遗址亦有两个，班村遗址有一个，中山寨遗址有两个。均在距今8000～6800年间，延续时间约1200年。属于裴李岗文化最晚阶段。

表二　瓦窑嘴类型^{14}C测年数据表

序号	实验室编号	样本来源	样本性质	距今年代（年）	树轮校正 距今平均数（年）	备注
1	BK76019	双沟庙	木炭	6380±150	7079	见注释［8］
2	BK75054-55	双沟庙	木炭	6350±200	7041	
3	ZK1367	中山寨 T101④H16	木炭	7390±100	7990	见注释［9］
4	ZK1368	中山寨 T101④H20	木炭	6955±90	7590	
5	BA94087	班村 H2013	果核	6930±140	7565±140	见注释［10］
6		瓦窑嘴	木炭		7295±90	见注释［11］
7		瓦窑嘴	木炭		6850±70	

从^{14}C测量数据所反映出裴李岗文化三个类型的绝对年代看，贾湖类型年代最早，裴李岗类型次之，约相当于贾湖类型第二、三期。瓦窑嘴类型最晚。今列简表如下（表三）。

表三 裴李岗文化三种类型年代表

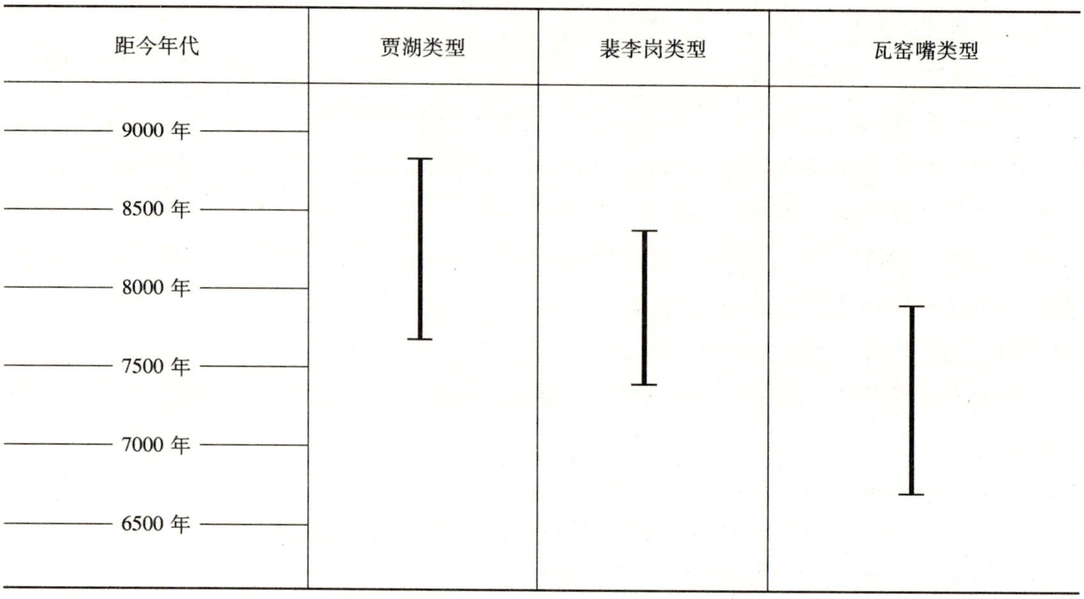

二、裴李岗文化与磁山文化的关系

磁山文化主要分布于河北中南部的太行山东麓。1976年首先发现于武安磁山而得名[12]。重要的遗址有武安磁山、南岗、西万年，易县北福地一期，廊坊北旺，容城上坡等。

磁山文化南部紧邻裴李岗文化。两文化中的武安磁山遗址和安阳洪岩遗址相距不到30公里，是裴李岗文化北邻最近的一处文化。由于两文化差不多是同时发现的，时代又相近，加之文化内涵又有许多共同因素，所以发现初期一些学者专家多认为是一个文化类型。称之为“磁山—裴李岗文化”，或称之为“裴李岗—磁山文化”。

磁山文化迄今已发现十多处，可分为南北两个类型。北部类型可以北福地一期文化为代表[13]。主要遗址有容城上坡，廊坊北旺等。主要特征是石器以磨制为主，有相当数量的细石器。陶器均为夹云母陶，不见泥质陶，器类单纯，主要有直腹盂与陶支脚两种。支脚均作倒靴形。直腹盂虽有大中小之分，但形制基本一致，另外还有许多使用残陶片制作出来的面具。有人面或猪、猫、猴等动物面具。北福地一期文化年代。有^{14}C测年数据两个：其一，BK2004001，测年数据为距今（7100±55）年，树轮校正（高精度表）平均值为距今7746年；其二，BA03419。测年数据为距今（6440±60）年。树轮校正（高精度表）平均值为距今7105年[14]。

据此北福地一期文化的绝对年代均在距今7800～7100年间，约相当于裴李岗文化瓦窑嘴类型的年代。

南部类型可以磁山遗址为代表。重要遗址有武安牛洼堡、西万年等。其主要特征是遗存丰富。陶器类型繁多。其中除陶盂及支脚与北福地一期文化相同外，其余有许多方面却与裴李岗文化有共同之处。比如，石器方面都以磨制为主，都有较多的石磨盘、石磨棒、石铲、小石斧、石镰、石球等。石磨盘也多作鞋底形，附有柱状足；石铲多两端有刃；石斧一般多较小，断面多呈椭圆状。陶器方面，泥质陶占有相当的比例，都有较多的三足钵、小口球腹双耳壶、陶鼎、敛口钵、圈足碗、平底深腹罐等。这些都是北福地一期所不见的。

磁山类型的年代。目前公布有两个^{14}C测年数据，其一距今（7355±100）年。树轮校正（高精度表）平均值为距今7955年。其二为距今（7235±105）年。树轮校正（高精度表）平均值为距今7836年。因此磁山类型的绝对年代在距今8100～7800年间，约与裴李岗类型晚期，贾湖类型三期同时。从以上^{14}C数据看，显然磁山类型比北福地一期类型要早。然而北福地一期类型“陶器类型非常简单。约90%以上器形为大小不等的各类陶盆（盂），其余为支脚”[15]。陶质全为夹砂陶，不见泥质陶。与北福地相反的是磁山文化陶器器形繁多，花纹多样。泥质陶也占有相当比例。形成这一情况可能跟磁山文化受到裴李岗文化的强烈影响有关。比较裴李岗文化与磁山文化两类型的异同，可以窥到一些端倪。

（1）在时间上看裴李岗文化最早，磁山次之，北福地最晚。

（2）在地理上，磁山距裴李岗文化最近，北福地较远。

（3）在规模上，裴李岗文化已发现140余处，几乎已覆盖了河南全省，而磁山类型仅铭河流域包括磁山在内的四五处遗址。北福地一期类型也只有四五处。

（4）磁山与北福地均发现有大量的陶盂（盆），倒靴形支脚，祭祀场地和组合物。表明它们是一种文化类型，而裴李岗文化中根本不见这类遗迹和遗物。

（5）磁山出土有不少的有足石磨盘和石铲、石镰、陶鼎，三足钵、小口球腹双耳壶，平底卷沿罐、圈足碗等。泥质陶也占有相当比例。这些在裴李岗文化中都是常见器物，而北福地绝对不见这类遗物。

据此我们认为，裴李岗和磁山可能在新石器时代早期是同时存在的两种文化，但当到新石器时代中期，裴李岗文化已经发展得相当繁荣和强大时，磁山文化依然停滞不前。依照事物发展规律，强大的一方必然向周围扩张它的影响，裴李岗文化向北发展，磁山文化首当其冲。他接受了裴李岗文化的影响，从而形成了如上所述的磁山类型。北福地一期类型由于距裴李岗文化较远，所有来自裴李岗文化的影响很小，依然保持着它的本来面貌。大约距今7000年时裴李岗文化开始传播到河北中部及燕山南麓，形成了北福地二期文化。北福地二期遗存除出土大量的釜和支脚外，也出土了大量的泥质陶器，如红顶陶钵，红顶碗、小口鼓腹双耳壶和篦点之字纹等。在房山镇江营遗址内就出现大量的陶鼎等[16]。这些都是北福地二期文化接受裴李岗文化影响的产物。

对磁山遗存进行分期比较，也支持了上述推想。

段宏振先生将磁山遗址上下两个文化层列表比较后说："从表一的情况可以看出，在陶质上，磁山遗址从早期到晚期夹砂陶比例下降，泥质陶比例上升。在纹饰上，从早期到晚期素面比例上升，绳纹比例大幅度下降。在陶器器型上，作为磁山文化遗存主要器型的盂的数量在晚期有所下降，而早期所不见的小口双耳壶和数量很少的三足钵，到晚期已出现和大量存在。它反映了越到磁山文化晚期，磁山遗存与裴李岗文化遗存的差距就越小，即磁山遗存从早期到晚期逐渐向靠近裴李岗文化遗存的方向发展。"

"从表二可以看出磁山遗址从早期到晚期，石磨盘、石磨棒的比例逐步上升，石镰从无到有，石铲也有所增加。磨制石器比例上升，而打制石器比例下降……这种变化也是以逐步靠近裴李岗文化遗存为目标的……换言之，磁山遗存的归宿趋势就是向裴李岗文化发展融合。"[17]

这种融合应当是和平的、缓慢的过程。

三、裴李岗文化与老官台文化的关系

老官台文化[18]，亦称大地湾文化或白家文化。是陕甘地区一支最早的新石器时代文化，至今已发现20多处。主要分布于渭水流域及汉水上游地区。主要遗址有华县老官台、临潼白家村、秦安大地湾，渭南北刘，西乡李家村，宝鸡北首岭，天水西山坪、师赵，南郑龙岗寺等。

老官台文化主要特征是房址多呈半地穴式，圆形或不规则圆形，有斜坡形门道，周围有柱洞。屋内多残留有生活用具。

窖穴多为圆形，少数作长方形，都较小。

墓葬多长方形竖穴土坑墓，有比较集中的公共墓地。葬式以单人仰身直肢一次葬为主。亦有少部分的二次葬和小儿瓮棺葬等。成人墓多数有随葬品，随葬品多寡不一，最多者可达20余件。

遗物以陶器为主，石器较少，另有蚌器多件。陶器均为夹砂红陶和灰褐陶，陶质疏松，火候较低。器表多饰斜行或交叉绳纹，少数钵类器口沿上绘红色宽带纹，有的钵内壁亦有简单彩绘。陶器形制以三足钵、圜底钵、三足罐和圈足碗为主，另外还有少量的小口球腹壶等。其中以三足绳纹罐最具特色。杨亚长先生将老官台文化区分为东、西、南三个类型[19]。

东部类型大致分布在潼关以西，咸阳以东，南抵商县，北到大荔附近。主要遗址有华县老官台、临潼白家村[20]、渭南北刘等。其特征以夹砂红陶为主。流行交错绳纹，但素面和彩绘也占相当的比例。三足器的足部都比较高。东部类型的年代，目前公布有^{14}C测年数据11个和热释光数据两个。除ZK1307和ZK1309两个数据较偏可舍弃外，其余九个^{14}C数据经树轮校正都在距今7000年以上。最高的一个渭南北刘ZK9180为距今7585年。两个热释光数据其一为距今（7300±500）年。另一为距今（7900±600）年，也都与^{14}C数据相近。所以东部类型的绝对年代可推定是在距今7900~7000年之间[21]。约相当于裴李岗文化瓦窑嘴类型的年代。

西部类型大致分布在东到武功，西到甘肃秦安，北至邠县，南到秦岭北麓，主要特征是以夹砂红陶和红褐陶为主。器型以圜底器、圈足器和三足器为主。器表多饰绳纹，素面少见。晚期则流行交错绳纹。

西部类型的年代。目前有^{14}C测年数据7个。其中大地湾4个[22]，北首岭2个[23]，师赵1个[24]。师赵村的一个数据为距今6570年，显然偏晚，可舍弃不用。其余六个数据距今为7800~7100年，与东部类型年代相近。

南部类型主要分布于秦岭南麓的汉水上游地区，主要有南郑龙岗寺、西乡李家村等。陶器特点以圜底器、圈足器、三足器为主，纹饰多为交叉绳纹。晚期三足器少见，交叉绳纹绝迹，演变为斜行绳纹。其早晚期规律与西部类型相同。亦以夹砂红褐陶为主，并有一些数量的泥质红陶。

南部类型的绝对年代。其晚期前段的^{14}C测年数据有两个，一个为距今（6845±125）年；另一个为距今（6945±115）年[25]（均经校正）。其早期应在距今7000年以前，较东部类型晚。

比较老官台文化与裴李岗文化时。我们发现两种文化的相同或相似之处，大大多于其相异之处，或者可以说老官台文化的许多因素，都可在裴李岗文化中找出它的渊源或祖形。比如：

（1）两文化的遗址都选择河边阶地或两河交汇的高岗上，遗址堆积一般较薄。面积一般较小。

（2）两者房址较少而窖穴较发达，如临潼白家村遗址揭露的1366平方米中发现房址2座，窖穴就有49个。裴李岗文化的莪沟遗址，揭露的2700平方米中，房址仅发现6座，窖穴则有44个。

（3）两者房址多作浅地穴式，平面多呈圆形或不规则圆形。柱洞多分布在地穴外周边。

（4）两者都有公共墓地，有的墓葬排列有序。

（5）两者墓葬、墓式多作单人仰身直肢，另有少量二次葬和多人二次葬、瓮棺葬等。

（6）两者的成人墓葬多数有随葬品。一般为1~4件，少数陪葬多达数十件。瓮棺葬无随葬品。

（7）两者随葬品都有生产工具和生活用具，如石斧、石铲、陶罐、陶钵等。多置于人骨腿部和足部附近。

（8）两者瓮棺多用大型陶罐、陶瓮作葬具。瓮棺盖多用三足钵、圜底钵、盆等。

(9) 两者墓葬死者都有手握獐牙习俗的例子。

(10) 两者出土的石铲两端多有舌状刃。

(11) 两者都出土有大量的三足钵、圜底钵、小口鼓腹罐、圈足碗等。其形制也极其相似或相同。

(12) 两者都有齿刃蚌镰、圆形陶片、陶锉、骨节锥、角锥、柳形骨镞。

(13) 绳纹是大地湾文化陶器最主要的纹饰。从早期到晚期，各式陶罐、陶瓮、三足罐、陶钵、陶碗，多饰绳纹。但其制作方法和纹样与贾湖一期的绳纹完全相同，都是使用拍印法和滚压制成。

(14) 三足罐和三足瓮是老官台文化最具代表性的器物，其用途当是炊具，应称之为鼎。其三足瓮就与贾湖A型Ⅰ式鼓腹罐形鼎（H198:3）完全相同。而三足罐的罐体也与贾湖A型Ⅰ式卷沿罐（W16:1）相同，只是下安三锥足而已。

(15) 裴李岗文化迄今已发现140余处，其分布遍及全省16.3万平方公里的土地上。老官台文化迄今仅发现遗址30处左右。可证前者比后者繁荣发达。

(16) 裴李岗文化遗址中出土有许多精神类遗物，如契刻符号、七孔骨笛、龟甲响器、骨叉等。老官台文化迄今未见此类遗物，可见裴李岗文化发展水平应较高于老官台文化。

两种文化相似或相同因素如此之多，而两文化又紧相毗连，老官台遗址东距裴李岗文化的卢氏祁村湾遗址仅95公里。不可能是各自独立发展起来的，鉴于裴李岗文化早于老官台文化上千年的时间，因而只能是老官台文化接受了裴李岗文化的强大影响而发展起来的一种文化类型。

裴李岗文化西进可能有两条线路，一条是由裴李岗出发西进逆渭河而上，穿过汉中平原上达陇东，形成了老官台文化东西两个类型。一条是从河南舞阳贾湖出发沿南阳盆地北部边沿西进，至丹江口逆汉水而上，直达汉中平原，形成了老官台文化的南部类型。

四、裴李岗文化与后李文化的关系

后李文化主要分布在山东泰沂山系的北麓，海拔40～50米的山前丘陵和山前冲积平原上。主要有临淄后李[26]，章邱西河、小荆山[27]，潍坊前埠下[28]，长清月庄[29]等。

主要特征是：房屋建筑发达，多作圆角长方形，半地穴式，一侧有斜坡形门道。坑外周围有柱洞。面积一般多在30平方米以上，最大者超过50平方米。

窖穴多作浅地穴式圆形或椭圆形。都有集中的公共墓地，有的墓地墓葬排列整齐。形制主要为长方形竖穴土坑墓。葬式主要为仰身直肢，未见葬具。石器多打制，磨制较少。器型有石支脚、石斧、石铲、石锤、石磨盘、石磨棒等。

陶器以夹砂红陶为主，未见泥质陶，部分钵类器有涂红色陶衣现象，器类较单一，主要有釜、盆、钵、碗、盂、支脚等，其中陶釜最多，占陶器总数的80%以上。釜多作直筒形，圜底，腹微鼓，有的瘦高，有的较矮胖。

后李文化可分早、晚二期。早期可以后李为代表，重要遗址有章邱西河、小荆山等。其最明显的特征便是石支脚特别多，小荆山遗址出土石器计133件，其中石支脚就有76件，约占石器的57%。早期年代有^{14}C测年数据计14个，根据《山东20世纪的考古发现和研究》一书作者分析，其中后李M11及西河F53、F1②层、F58、F61、F62、F65、F66的八个标本所测数据明显偏晚[30]，可舍弃不用，其余六个数据年代经树轮校正均在距今8411～7600年之间，约相当贾湖文化二期晚段至三期的年代。

后李文化晚期可以以潍坊前埠为代表，济南长清月庄、诸城、六庄吉子也都属于后李晚期。其明显的特点，便是盆、钵类陶器数量增加，釜类器减少，石磨盘、磨棒大量使用，并出现有足石磨盘，如济南长清月庄遗址，就出土石磨盘50件，其中有足的13件[31]。石磨棒多作长棒形，中部因长期使用而变细，两端则呈馒头形。后李文化晚期的年代，发表有四个^{14}C测年数据，最早的一个距今（6940±230）年，最晚的距今（6575±90）年，经树轮校正，在距今7800～7500年之间，约相当于裴李岗文化瓦窑嘴类型前段[32]。

后李文化与裴李岗文化，相距虽然遥远，文化内涵差异也很大，但其共同之处也相当多。比如：

（1）两文化中都有大量的窖穴，窖穴多呈圆形、椭圆形或不规则形。

（2）都有专用的公共墓地，有的墓地墓葬排列整齐，形制多长方型竖穴浅坑墓，不见葬具，葬式多为仰身直肢。

（3）两地文化都出土有花沿盆，小荆山遗址出土有9件称为B型花沿盆，贾湖遗址把这种盆称为五角口盆。

（4）两文化部分陶器有施红色陶衣现象。

（5）两文化都出土有大量的石磨盘和石磨棒。磨盘多呈鞋底形，下有四足；磨棒都呈圆柱状，其中部分多由于磨损而变细或呈1～3个磨面，磨棒两端呈馒头形。两地磨盘、磨棒形制如此相似，表明两地的磨盘与磨棒的制作方法和使用式是完全相同的。

这些相似或相同之处表明了两地的文化相互交流和相互影响是存在的。鉴于这些相似或相同的因素，在裴李岗文化中产生的时间都早于后李文化。比如，陶器涂红色陶衣现象，在裴李岗文化中的贾湖一期（公元前9000～前8600年）已普遍使用；有足石磨盘也都产生在一期。在二期（公元前8600～前8200年）已广为流行。有足石磨盘后李文化是在三期（公元前7800～前7500年）才开始出现的。我们同意王强的说法："对于其中少量的有足石磨盘，通过考察其内部发展序列、并与后李文化的早期遗址进行比较，我们未能发现其本地起源的线索。那么最大可能应该是受到了其他西部有足磨盘文化圈的影响……只是在其发展的过程中与西部的裴李岗文化发生了文化交流，才出现目前的文化特征。"[33]如果说裴李岗文化与后李文化产生过文化交流现象，那么这种交流也只有可能是后李文化接受了裴李岗文化影响，而不可能是相反。因为首先裴李岗文化早于后李文化数百年，其次裴李岗文化较强大而繁荣，而后李文化则较为滞后。如后者石器多打制，陶器形制单纯，炊具还处于釜、石支脚阶段，遗址也只有十多处等。都表现了较裴李岗文化原始和后进。

五、裴李岗文化与彭头山文化的关系

彭头山文化主要分布在湖南西北部的澧县境内，迄今已发现十多处。主要遗址有大坪乡彭头山[34]、梦溪镇八十垱等[35]。其主要特征是遗址范围一般都较小，大多在一千至数千平方米。说明聚落人口不多。出土石器绝大多数为打制，磨制很少，且磨制的多是小型的锛、凿和装饰物。打制石器基本上都是砾石石器，利用打击剥落的石片作刮削器、砸器，砍器表面往往保留部分天然石面。

陶器以夹炭陶为主，另有少量的夹砂陶和泥质陶。夹炭陶胎心乌黑，胎壁厚而不均，最厚者达1厘米多。陶色多红褐色和红色，色泽斑驳，可能没有烧造且定型的陶窑，应多为地面堆烧而成。器表多施陶衣，由于烧成温度低而器壁疏松极易剥落，大多数陶器外壁多饰细绳纹。器类单调，几乎全为圜底器，主要有罐和钵。其中直壁深腹钵和大口深腹罐是最典型的器型。另外有少量的小口高颈双耳球腹壶和支脚。支脚多作实心圆柱或方柱形，少量作空心猪嘴状。

彭头山文化的年代。目前彭头山遗址发表有^{14}C数据26个[36]，八十垱遗址有^{14}C数据3个。其中使用木炭，竹炭、炭化稻草等的样品12个，使用内含基质炭陶片等的^{14}C样品17个。前者测得的数据均集中在距今8200~6990年之间，后者数据超过距今8200年的就有11个。根据陈铁梅等先生研究，可能因含基质炭而测年偏高[37]。排除此11个偏高数据及另外一个偏晚数据［OXA1277为距今（6252±110）年］，其余数据均分别距今8200~6800年之间，树轮校正为距今9000~7600年，与贾湖类型的年大致相当。八十垱有数据3个，为距今7540~6990年之间，当属彭头山之晚期，约与裴李岗文化的瓦窑嘴类型相当。总之彭头山文化的年代为距今9000~7000年之间，与裴李岗文化年代相当。

彭头山文化可分为四期：第一期陶器厚重，口沿不整，器型仅见深腹罐、釜、盘、钵等少数几种，纹饰多拍印条纹及较粗而散乱的绳纹。二期，器型已较趋规整，出现高颈小口双耳罐。三期，小口双耳罐的双耳上移，绳纹减少，素面增多。四期，出现圈足器，初见直口圜底钵[38]。裴李岗文化与彭头山文化相距遥远，一在中原，一在江南，直线距离也在500公里以上，它们之间的关系是各独立发展，还是有相互交流、相互影响呢？以下两点值得我们关注：

（1）两文化在红烧土的底层内和陶器上都发现不少炭化稻籽实，经鉴定其中不少是栽培稻谷，表明两地当时都存在稻作农业。稻作农业的发明是一个极为漫长的过程，同时要具备许多条件，比如气温、雨水、野生稻区域等。彭头山地处长江中游地区，是稻作物最适合的生长区域，裴李岗文化在这几方面条件稍逊于彭头山文化，所以稻作农业的发明极有可能起源于长江中下游地区，也就是说裴李岗文化的稻作农业极有可能是受彭头山文化影响而发展起来的。

（2）彭头山二期出土有一种双耳罐，此类罐小口高领，颈中微内弧，圆球状腹，圜底，肩上附半月形双耳，器表素面磨光，并施赭红色陶衣。其中 T6H9∶1 出土的一件[39]与舞阳贾湖遗址二期（H210∶1）出土的B型Ⅰ式罐（《舞阳贾湖》图一八四，1）完全相同。彭头山 T3M27∶3 出土的一件[40]与《舞阳贾湖》一期 M249 出土的B型Ⅳ式壶（贾湖图204∶5）也非常相似，其制作形制风格如出一人之手。两地制作的器物如此相似，当不是偶然。鉴于小口双耳罐在裴李岗文化中是一种主要水器，贾湖一期就已出现，其发展自成系列，而在彭头山文化中二期方出现此类陶器，至第四期就已消失，所以它们的关系应当是彭头山文化受到裴李岗文化的影响产生了此类陶器，但并未扎下根就被淘汰。

从上述两个事例看，裴李岗文化与彭头山文化关系还是相当密切的。

综观两文化的发展，裴李岗文化进步程度明显较高，也较繁荣发达，比如遗址的数量与分布，裴李岗文化几乎遍及河南全省，而彭头山文化仅限湖南西北澧县及其附近一隅。在石器制作上，彭头山还是以打制为主，磨制的很少，且种类很简单，可用作工具的仅有石斧、石锛两种。裴李岗文化磨制石器较为发达有大量的磨制石铲、石镰、石斧、石锛、石凿、石磨盘、石磨棒、石锤、石帖、砺石等。在陶器制作上，彭头山文化显得原始，制作粗糙，种类单纯，泥质陶较少。裴李岗文化陶器种类繁多，其形规整划一，器表多打磨精美，还按不同的功能加入适当的羼和料，部分的陶器还施简单的彩绘，显示出较为进步的文化面貌。特别值得注意的是，裴李岗文化发现内有大量反映精神文化遗物，如在贾湖遗址的墓葬中随葬成组的龟甲与叉形器，还出土有五声、六声以至七孔骨笛以及龟甲响器、石器契刻原始文字等。这些都为彭头山所少见的。因此可以说在八九千年前时，裴李岗文化较彭头山文化进步的程度要高一些，社会发展要快一些，也较彭头山文化强大和繁荣。

六、裴李岗文化与淮北双墩文化的关系

双墩文化是淮北最早的新石器文化，包括宿县的小山口，古台寺，濉溪石山子、鹿邑武庄，凤台峡山口等遗址[41]。也有称之为小山口文化或称石山子文化，其中双墩遗址经过多次发掘，出土文化遗物最为丰富。

双墩文化的主要特征：陶器以红褐色为主，有一定数量的红衣陶。陶质早中期以夹

蚌末为主，泥质陶到晚期有增多的趋势。陶器表面多素面无纹饰，个别施有红色陶衣，晚期出现彩陶。陶器器型早期以釜、支架、钵、盆为主。晚期的鼎逐渐取代了釜支架，成为主要的炊具。

双墩文化石器不发达，但蚌器、鹿角器比较流行，是双墩文化中的典型器物，特别是在双墩和侯家寨两个遗址中出土的陶器上发现有六百多处刻划符号，构成了双墩文化一个重要内容。刻划符号内容丰富，就考释出的内容看，有山川、河流、太阳、动植物、房屋等写实符号，也有狩猎、捕鸟、网鱼、种植、编织、养蚕、饲养家畜等生产生活类场景以及记事记数类等刻划符号。几乎涵盖了双墩人的现实生活和精神方面的全部内容，构成了双墩文化极其重要的内容[42]。

双墩文化的年代[43]以小山口遗址年代最早，小山口遗址^{14}C测年数据有2个，其一ZK2621为距今（7125±110）年，其二ZK2622为距今（7225±160）年，树轮校正为距今8000~7600年。双墩遗址^{14}C测年数据有4个，最早的一个ZK2618为距今（6415±140）年，最晚的一个ZK2616为距今（6080±100）年，经树轮校正为距今7300~6600年。石山子遗址和侯家寨遗址也各有两个^{14}C测年数据，年代都在双墩^{14}C数据年代范围之内。以上数据可证双墩文化的年代大体处在距今8000~6600年间，比裴李岗文化约晚1000年。

裴李岗文化地处淮河上游支流间，与淮河中游的淮北地区紧密相连，自然联系密切。比较两文化内涵，其共同的因素的确是相当多的。如：陶器都有一定比例的夹蚌、夹炭陶，都使用窑外渗碳工艺，因而都存在外红内黑的现象。从器型上讲，石山子的盆型鼎与贾湖B型鼎有相似之处，D型盆与贾湖折沿盆也较接近，只是沿面更平，B型钵与贾湖BⅦ式敛口钵也基本一致，器耳与舞阳大岗遗址器耳完全一致。小山口遗址H3:8号钵与贾湖B型浅腹钵相似，其T1⑥:8号侈口罐与贾湖AⅢ式卷沿罐相似。古台寺三足器与贾湖E型罐形鼎相似，石山子的圆锥形鼎足与贾湖B型鼎足相似[44]。双墩文化早期生活用具以釜、支脚为主，无鼎。晚期鼎则逐渐增多，具有取代釜与支脚的趋势，如石山子遗址就出土鼎87件，鼎足311件。而支座仅出土31件[45]。在精神文化方面，双墩文化与裴李岗文化都有相当数量的刻划符号，只是双墩刻划符号更加丰富多彩，特别是贾湖和双墩都在陶器上刻有太阳纹，表明它们可能具有同样的原始宗教意识。

从早晚期文化面貌上看，小山口遗存与山东后李文化较为接近，而晚期石山子遗存则与裴李岗文化有着更多相似性，我们同意邵望平、高广仁的观点：“后李文化是与淮系文化最早接触，最早融合的一支原始文化，在淮河文化大系的发展脉络中，裴李岗文化具有主源性。”[46]

七、裴李岗文化是中华文明的开启者

通过上述与相邻诸文化的分析比较，可以得出以下几点认识：

（1）裴李岗文化地处中原中心，幅员广阔，几乎覆盖了现今河南省全部。

（2）裴李岗文化年代早，除与彭头山文化年代相近外，比其他四处文化都早数百年或上千年。

（3）裴李岗遗址分布密度高，迄今已发现140多处，比相邻五个文化的遗址总和还多。

（4）裴李岗文化人丁兴旺。根据文化遗址出土墓葬、人体骨骸和遗址面积的研究，裴李岗文化早期（距今约9万年时）有人口约2500人。裴李岗文化中期（距今8000年时）有人口6800人左右。裴李岗文化晚期（距今约7000年时）有人口约18 500人，这在当时是人口最多的文化实体[47]。

（5）裴李岗文化受相毗邻的文化影响有限，但它影响的周围文化却十分显著，尤其是相距越近，则所受裴李岗文化的影响就愈深。

（6）裴李岗文化石器制作精美，多通体磨光，不带疤痕，形状规整划一。如石磨盘都做成鞋底状，下留四足；相邻的几个文化石器多打制，石磨盘多呈不规则形，底无足。裴李岗文化石磨盘的制作，可以说达到了它制作的顶峰。

（7）裴李岗文化的陶多泥质红陶，制作精美，器类繁多，能够按不同的用途加入适当羼和料，其相邻五处遗存陶器制作粗糙，其类型比较单纯。

（8）出现原始农业。

裴李岗类型遗址发现炭化粟米两处，一处是在新郑沙窝李遗址的②层中，粟米面积1～1.5平方米，中部粟粒密集，经灰像法分析是为粟米无疑[48]。另一处是在许昌丁庄遗址内，出土于一个半地穴式房址内，经鉴定为脱粒粟米，其千粒重为1.88克，依据千粒重量和颗粒分析大小，丁庄粟米可能为春谷粟米[49]。在贾湖遗址还发现许多炭化稻米和稻壳，经过对这些稻米和稻壳的形态和硅酸体的分析，认为这些稻粒是以粳稻特征为主具有原始形态的栽培稻[50]。从这些粟稻的发现看，裴李岗文化已出现原始农业。

（9）裴李岗人富于创造性。比如：

① 创立原始文字开创了中国文字的先河，如眼目的目字等，与4000年后的殷墟甲骨文完全一样。

② 发明五声、六声和七声音阶。贾湖遗址出土30多支骨笛，其中贾湖一期出土的一只五孔骨笛音阶非常准确。它每个音孔发出的音高与五度相生律制的5.6.1.2.3五音完全相同。贾湖M282号墓出土的两支七孔骨笛可以发出六声或七声音阶。中国传统音乐五声音阶，所以一些音乐学家认为七声音阶是西方传过来的，但是在八九千年前，中国的先民确已发现七声音阶。至于骨笛的制作，至今我们还不清楚贾湖先民们如何知道

在骨笛上某个位置开孔就会发出某个音高来。

③ 裴李岗人已有标准音高观念，在河南郏县水泉遗址出土的一支骨笛，笛上至少有10个音孔，音孔呈两行排列，其音列呈半音次第级升高。研究者认为这应是一支定音器，也就是在制作骨笛时核定各音孔的高低。另外在所测五支骨笛年代跨度1200余年中，八个C6音高，与今天全世界通用的C6的音高相距甚微，这不能不说是一个奇迹[51]。

④ 发明篦纹和彩陶。篦纹是裴李岗文化中非常靓丽的特征。在贾湖二期已经出现。有直线纹、弧线纹、篦点之字纹等。篦纹在中原地区随着裴李岗文化的衰落而消亡。却向南、北方广为传播，成为当地古代文化的重要纹饰[52]。

彩陶是从在陶器上施红陶衣发展而来的，裴李岗人在施陶衣的过程中，已经知道在陶器上某些部位涂陶衣，某些部位不涂而形成彩陶的效果，在贾湖二期的许多钵、盆、罐的沿部都涂红陶衣而腹部以下不涂从而形成宽带纹。在大港遗址中，还出现在陶罐上利用慢轮旋转来绘制15周赭色条纹。到仰韶文化中形成了最具特色的彩陶纹饰。

⑤ 发明陶转盘。裴李岗文化晚期陶器已使用轮盘制作，属于瓦窑嘴类型的舞阳大岗遗址出土一件帽式陶转盘，呈圆盘状，边沿上卷，中间上鼓，平顶。呈平顶帽状。仰视内壁有凹弦纹，边沿下侧有一周磨损痕迹，可知帽式转盘是扣放在轮盘上使用的，慢转有轴可以旋转。在大岗遗址出土许多经过慢轮修整痕迹的陶器，这是目前我国发现最早的慢轮制陶工具。其形制与后代瓷窑所用转盘完全一样[53]。

⑥ 发明带血槽的骨镞，贾湖遗址出土骨镞有270件之多，表明其狩猎的发达，其中约十分之一的骨镞在脊与侧刃之间磨有血槽。镞上有血槽就可以使射中的大型动物，因长时间出血过多而死亡，增加狩猎的成效。

⑦发明带刺的骨镖。在贾湖发现127件骨镖中有约三分之一的骨镖两侧设有倒刺，有的骨镖倒刺多达20余个。有倒刺的骨镖可以在刺中大型鱼后不致挣扎逃脱。

⑧ 发明齿刃石镰。在裴李岗文化中发现许多带齿刃的石镰，这种镰是裴李岗文化中最具特征的遗物。它直刃，有齿，弓背。弓背后部有凹腰，齿刃后部有缺口，用以缚柄。从凹腰于缺口的位置看，其柄与刃的角度约110度。这种仰头齿刃镰在长江流域的春秋战国时期的墓中常有发现，如淅川下寺楚墓中就发现一件齿刃铜镰，其仰角为110度[54]。仰角齿刃铜镰割断植物根茎比较省力。裴李岗人的发明，五千多年后还在使用。

⑨ 发明酿酒技术。根据中国与美国宾夕法尼亚Mc. Govem博士合作，利用色质联谱仪，魔角自旋交仪和极化^{13}C核磁共振谱仪等技术。从舞阳贾湖遗址出土的陶器内，发现世界最早的米酒和蜂蜜[55]。据此美国波士顿大学考古系主任朱莉·汉森认为发酵饮料来自中国，这项报告是一项令人激动的消息。它还推测很可能当时人们收集水果，用器皿储存起来，可能特意进行发酵制酒的。台湾邹族的酿造方法给我们了解古代先民酿酒方法提供一个启示。

邹族的小米酒制法是先将小米脱壳后浸水一小时左右，再用石臼捣碎，用三分之二煮成粥状，冷却后由年轻美齿少女或少男嘴嚼吐出，混合剩余未煮的三分之一放入瓮中，用布或海芋叶覆盖。夏季放两日，冬季放三、四日，即可开瓮饮用。发酵米未过滤的称为chohumu，发酵过滤的称为sume，皆能饮用。过滤后的酒糟可直接食用。南部邹族则将小米和赤藜混合造酒，发酵2～3日放入瓮中炊煮，覆上特制锅盖可得蒸馏酒[56]。酒是邹族最嗜好的东西，每逢庆典无论男女，个个都畅饮至酩酊大醉。裴李岗的米酒，也可能就是使用这种方法酿造出来的。

裴李岗文化遗址中还出土一种被称之为漏器的三足钵。器形与三足钵全同，只是其底部有许多穿孔。孔径一般在4～6毫米之间。这种器物以前不知用途，现在看起来应当就是用来过滤米酒的漏器。

⑩ 裴李岗人富于包容性。裴李岗人对于有益于人类的生存和发展的事物，都能吸收过来为我所用，比如水稻的栽培种植，毫无疑问是长江中下游古代居民的创造，根据迄今考古发现，湖南彭头山出土的栽培稻最早。裴李岗人可能就是从彭头山文化那里把栽培稻技术移植过来的。贾湖遗址出土许多炭化粳稻籽粒就是明证。再有裴李岗人根据相邻文化使用的成套炊具釜与支脚的原理而创造出陶鼎，这个影响中国数千年的生活和意识形态的鼎，最后成了统治者祭祀的重器和王权的象征，可以说鼎的创立是裴李岗人富于包容性的典范，影响深远。

中国新石器中期以前陶器。从炊具看存在有两大系统。一种是以釜与支脚为主的圜底陶器系统。另一种是以平底罐或盂为主的平底陶器系统。前者由于圜底器底部着火面积大，烧熟食物比较快，成为主流。长江中下游以及东部沿海地区都处于圜底陶器系统。后者仅有河南裴李岗文化和河北的磁山文化是平底系统。但裴李岗人将陶釜移植过来在底部安上三个腿代替支脚，创造出了鼎这种新陶器。自从陶鼎问世以后，即大受欢迎。在贾湖二期（距今8600～8200年）已成为一种主要炊具。器类繁多，有钵形鼎、罐形鼎、盆形鼎、釜形鼎。鼎下分型，型下分式，总共就有11型32式之多，可见应用之广泛。裴李岗文化稍后的尉氏椅圈马遗址、新安荒坡遗址，再后的仰韶文化大河村类型、后冈类型、下王岗类型和龙山文化都有大量的陶鼎使用。

陶鼎在裴李岗人应用的同时，也迅速向周围传播，向北，冀南的磁山文化距今约8200年出现陶鼎。稍后距今约7200年北京镇江营出现大量的陶鼎，有逐渐取代盂、支脚的趋势。之后的仰韶文化后冈类型的陶鼎就成为最主要的炊具。

向东，山东后李文化无鼎。距今7500～6000年的北辛文化初期出现陶鼎之后，便广泛流行起来，而且类型繁多。同时釜、支脚大量减少，到大汶口文化时，釜、支脚完全被陶鼎所取代。向西，距今7800～7000年老官台文化中有大量的罐形鼎（又称三足罐）和钵形鼎。距今7200～6500年，临潼零口村遗址也有相当数量的鼎。零口文化之后，仰韶文化的半坡类型无鼎。陶鼎似乎退出了关中地区，然而半坡之后的庙底沟二期文化似乎又恢复了它的繁荣。

向南，距今8200～6800年，湖北城背溪文化出现有深腹罐形鼎、钵形鼎。至大溪文化，陶鼎已代替了釜与支脚，成为最重要的炊具。

湖南彭头山文化无鼎，至距今7800～7000年的皂市下层文化，鼎类器就大量出现。至距今约6000年湖南益阳蔡家园遗址，陶鼎就代替釜与支脚成为主要的炊具。

再向南广东陶鼎出现在新石器时代晚期，距今约5000年的西樵山遗址还没有鼎，在曲江石峡文化（距今4000年）中就出现有釜形鼎、盆形鼎和盘形鼎。

向东南，距今约7000年的古台寺遗址出土有罐形鼎。至距今约5000年的薛家岗文化就出现大量的鼎、鬶等，釜、支脚绝迹。至距今约6000年的马家滨文化，陶鼎已取代釜、支脚成为主要炊具。在浙江距今5800～4700年河姆渡遗址三、四期出现鼎。在福建距今4000～5000年昙石山文化出现有大量的高足鼎。

总之，大约在距今四五千年前，裴李岗人创造出的陶鼎已经传遍了中国北及燕山，南及海南，东到沿海，西至甘、青的广大地区，成为中国东南部农耕人群最主要的炊具。当距今4000多年前中国出现青铜器之后，铸鼎便成了王权的象征，礼制的重器。

据《史记·封禅书》载：太昊作神鼎一，以象天下一统。“黄帝作宝鼎三，象天、地、人，禹收九牧之金，铸九鼎，皆尝亨鬺（音殇，祭祀之意）上帝鬼神。”可见自黄帝开始，鼎便成为国之重器，王权的象征。到夏禹时代，便把拥有鼎的数目作为统治者身份的标志。所谓“天子九鼎，诸侯七，卿大夫五，士三，无爵者，不用鼎”。春秋时，楚庄王志在统一中国，曾向周天子问九鼎的轻重大小，秦始皇统一中国后，听说九鼎佚失在泗水之内，曾派数千人前去泗水打捞，未果。

裴李岗人的包容性，并不是兼收并蓄、泥沙俱下，对于不利于人类的生存和社会发展的事物，则是拒之门外。比如裴李岗文化的北邻——磁山文化就发现有大量的祭祀遗迹[57]，在磁山遗址内就发现祭祀场地45处，每处场地都摆放有组合多件，在祭祀场地周围挖有长方形窖穴70余个，内埋葬有人大量的奉献物，有粮食、整个的猪狗骨骸以及生活用具等，其中粮食在窖穴中的厚度就有0.2～2米。易县北福地遗址，也发现有11处祭祀场地[58]。场地内也摆放许多组合物。在祭祀场地附近的窖穴和文化层内还发现许多陶质人面具，总数达145件之多。这些面具应当是祭祀神灵或实施巫术的辅助工具。由此可见磁山文化的人们宗教信仰盛极一时。

宗教信仰是人类发展到一定时期的必然产物，但是过分的信仰把人们的智慧和财富都奉献给神灵，整个社会被神的气氛所笼罩，人们不思进取，把一切都寄托在神的身上。这种情况发展下去，必然会引起社会的崩溃，文化的中断和消失。裴李岗人似乎已经懂得这一点，在已发掘的24处遗址中，从没有发现有任何祭祀遗迹与遗物，可证裴李岗人并没有接受磁山宗教祭祀文化的影响。从易县北福地遗址的发掘资料看，磁山文化到北福地二期（公元前5000～前4700年）即被东来的后李文化和北上的裴李岗文化所取代。裴李岗文化之后的仰韶文化似乎也是遵循这个原则。在距今约6000年时，大汶口文化在山东兴起，盛极一时，其文化影响所及，向东直达仰韶文化的中心地带，在河南郑州、洛阳都出现大汶口文化遗存的踪迹。但大汶口文化的厚葬之风始终没有被仰韶文化所接受。河南地区仰韶文化墓葬随葬品都很少，一般墓葬仅有一两件而已，极少超过10件者。如河南淅川下王岗遗址有597座墓，其中三分之一无随葬品，有许多随葬品还是明器。最近在河南灵宝西坡遗址发现20多座比较大型的仰韶文化墓葬，其中M27长5米，宽3.4米，比大汶口文化最大的M10的规模还大，但随葬品只有9件，还都是陶器，没有奢侈品[59]。这一现象与大汶口文化以及长江下游地区随葬品特别丰富形成鲜明对比，表现出明显不同的丧葬观念。也可能正是中原地区这种包容性观念使中华文化能够繁荣发达，久盛不衰。

从以上十点说明在距今八九千年前，中原地区已形成以裴李岗为代表的先进的文化核心，它强大、繁荣、富于包容性和创造力。正是有了这个强大的文化核心，才使中华文化得以绵延数千年而不致中断或分裂。我们说中华文明的起源是多元一体的，多元就是不同的文化实体都可能对中华文明的发展作出了自己的贡献，但它能够一体而不分裂或中断，正是因为在八九千年前中原地区已经形成了一个先进的、强势的文化核心。这个核心就是裴李岗文化，裴李岗时期如此，仰韶时期如此，龙山时期也是如此，夏、商、周、秦、汉更是如此。韩建业先生说得好："正是由于强势的裴李岗文化的作用，才使黄河中上游地区紧密地联系在一起，从而于公元前第七世纪初形成了新石器时代的'中原文化区'，才使黄河上下游、淮河下游，甚至长江中游地区也与中原文化区发生较多的联系。"[60]才使中华文化绵延数千年而不中断，至今仍然坚强的屹立在世界文化之林。

据说世界上有五大古代文明地区，一说有八个。但不管有五个还是八个，除了中国之外都没有延续到今天，中华文明能够连绵不断，久盛不衰，许顺湛先生提出有三条原因：一是它的开拓性，二是它的包容性，三是它有坚韧的文化基因[61]。余秋雨先生提出四条，他说："中华文明得以延续至今，首先归功于统一而延续永久的文字系统；第二，中华文明的主体部分在本质上是农耕文明……第三，中华文明之所以没有灭亡，在于它一直处于有序状态；第四，中华文明是以中庸之道的核心思想，避免了长时间陷入极端主义。"[62]余先生的第四条可以与许先生的第二条包容性合并，因为具有很强的包容性就不会陷入极端主义，除上述六条之外，我认为还应当加上一条，这就是在八九千年之前，在中原地区已形成一个强势的先进的裴李岗文化，它具备了所有上述六条的雏形，它富于创造性和包容性，它创立原始文字和原始农业，它有坚韧的文化基因，一直走在同代文化的前列，引领多元文化走向一体而不分裂。王巍先生说："中华文明并不是一蹴而就的，而是经历了一个漫长的孕育、形成和发展过程。"[63]俗语说根深才能蒂固，根深才能叶茂，正是因为中华文明有着数千年的孕育过程，才使中华文明形成后久盛不衰。这就是裴李岗文化在中华文明形成过程中的地位。换句话也可以说，裴李岗文化是中华文明的开启者，它给中华文明的发展形成奠定了良好的基础。

注　释

[1] 开封地区文管会：《河南新郑裴李岗新石器时代遗址》，《考古》1978年第2期。

[2] 河南省文物考古研究所：《舞阳贾湖》表九二，科学出版社，1999年。

[3] 河南省文物考古研究所：《舞阳贾湖》，科学出版社，1999年。

[4] 河南省文物考古研究所：《^{14}C年代学研究》，《舞阳贾湖》，科学出版社，1999年。

[5] 河南省文物研究所：《长葛石固遗址发掘报告》，《华夏考古》1987年第1期。

[6] a. 巩义市文物管理所：《河南巩义市瓦窑嘴新石器时代试掘简报》，《考古》1996年第7期；
b. 《巩义市瓦窑嘴遗址第三次发掘简报》，《中原文物》1977年第1期。

[7] 廖永民：《瓦窑嘴裴李岗文化遗存试析》，《中原文物》1997年第1期。

[8] a. 河南文物考古研究所：《登封双庙沟新石器时代早期遗存的调查与试掘》，《华夏考古》1989年第4期；
b. 中国社会科学院考古研究所：《中国考古学中碳14年代数据集》，文物出版社，1992年。

[9] 同［4］。

[10] 同［4］。

[11] 张松林等：《嵩山与嵩山文化圈》，《中原地区文明化进程学术研讨会文集》，科学出版社，2006年。

[12] 河北省文物管理处等：《河北武安磁山遗址》，《考古学报》1981年第3期。

[13] a. 河北省文物研究所：《河北易县北福地史前遗址的发掘》，《考古》2005年第7期；
b. 河北省文物研究所、段宏振：《北福地——易水流域史前遗址》，文物出版社，2007年。

[14] 同［13］。

[15] 河北省文物研究所：《容城上坡遗址的发掘》，《北福地》第五章及附录一，文物出版社，2007年。

[16] 北京市文物研究所：《镇江营与塔照》，中国大百科全书出版社，1999年。

[17] 段宏振：《太行山东麓地区新石器时代早期文化的新认识》，《文物春秋》1992年第3期。

[18] 北京大学考古教研室华县报告编写组：《华县渭南古代遗址调查与试掘》，《考古学报》1980年第3期。

[19] 杨亚长：《试论华渭文化区》，《考古与文物》1998年第4期。

[20] 中国社会科学院考古研究所：《临潼白家村》，巴蜀书社，1994年。

[21] 同［20］。

[22] 甘肃省博物馆：《1980年秦安大地湾一期文化遗存发掘简报》，《考古与文物》1982年第2期。

[23] 中国社会科学院考古研究所：《宝鸡北首岭》，文物出版社，1983年。

[24] 中国社会科学院考古研究所：《师赵村与西山坪》，中国大百科全书出版社，1999年。

[25] 同［19］。

[26] a. 济青公路文物考古队：《山东临淄后李遗址第一、二次发掘简报》，《考古》1992年第11期；
b. 济青公路文物考古队：《山东临淄后李遗址第三、四次发掘简报》，《考古》1994年第2期。

[27] a. 山东省文物考古研究所：《山东章丘西河遗址1997年发掘简报》，《考古》2000年第10期；
b. 章丘县博物馆：《山东章丘县小荆山遗址调查发掘简报》，《考古》1994年第6期。

[28] 山东省文物考古研究所等：《山东潍坊前埠下遗址发掘报告》，《山东省高速公路考古报告集(1997)》，科学出版社，2000年。

[29] 王强：《月庄遗址后李文化石制器的初步研究》，《东方研究通讯》2005年。

[30] 山东省文物考古研究所：《山东20世纪的考古和研究》，科学出版社，2005年。

[31] 同［29］。

[32] 同［30］。

[33] 同［29］。

[34] 湖南省文物考古研究所：《湖南澧县彭头山新石器时代早期遗址发掘简报》，《文物》1990年第8期。

[35] 湖南省文物考古研究所：《湖南澧县梦溪八十垱新石器时代早期遗址发掘简报》，《文物》1996年第12期。

[36] 同［34］。

[37] 陈铁梅等：《彭头山等遗址陶片和我国最早水稻遗存加速器质谱^{14}C测年》，《文物》1994年第3期。

[38] 尹检顺：《湘鄂两省早期新石器文化研究中几个问题》，《考古耕耘录》，岳麓书社，1999年。

[39] 同［38］图二：19。

[40] 张春龙：《湖南新石器文化早期陶器特征分析》图一：48，《考古耕耘录》，岳麓书社，1999年。

[41] 阚绪杭、周群：《安徽淮河流域新石器时代考古的重大突破》，《中国文物报》2005年12月16日。

[42] 徐大立：《蚌埠双墩遗址刻划符号》，《中国文物报》2005年12月16日。

[43] 同［36］表九六。

[44] 河南省文物考古研究所：《舞阳贾湖》第九章《文化性质与周围文化的关系》，科学出版社，1999年。

[45] 安徽文物考古研究所：《安徽濉溪石山子新石器时代遗址发掘简报》，《考古》1992年第3期。

[46] 邵望平、高广仁：《淮系古文化概说》，《中国史前考古研究》，三秦出版社，2003年。

[47] 赵世纲：《裴李岗文化人口问题探索》，《纪念河南省博物院建院80周年论文集》，中州古籍出版社，2007年。

[48] 中国社会科学院考古研究所河南一队：《河南新郑沙窝李新石器时代遗址》，《考古》1983年第12期。

[49] 张履鹏：《谷子的起源与分类研究》，《中国农史》1986年第1期。

[50] 孔昭宸等：《稻作农业》，《舞阳贾湖》第三章，科学出版社，1999年。

[51] 肖兴华：《骨笛研究》，《舞阳贾湖》第九章，文物出版社，1999年。

[52] 赵世纲：《篦纹的起源与传播》，《中原文物》2005年第3期。

[53] 李文杰、张居中：《陶制品制造工艺》，《舞阳贾湖》第五章第一节，科学出版社，1999年。

[54] 河南省文物考古研究所：《淅川下寺春秋楚墓》图一四四：1，文物出版社，1999年。

[55]　俞伟超、张居中、王昌遂：《从原始农业为基础的中华文明传统的出现》，《农业考古》2001年第3期。
[56]　葛人：《最初的酒是怎样酿造的——台湾邹族酿酒的启示》，《中国文物报》2007年9月7日。
[57]　同［12］。
[58]　同［13］。
[59]　马萧林：《灵宝西坡遗址考古发掘》，《河南文物工作》2007年第2期。
[60]　韩建业：《论新石器时代中原文化的历史地位》，《江汉考古》2004年第1期。
[61]　许顺湛：《文明形成与发展的理论纠葛》，《华夏文明的形成与发展》，大象出版社，2003年。
[62]　《中国文物报》摘自《解放日报》的报道，《中国文物报》2005年10月21日。
[63]　王巍：《中原地区文明化进程学术研讨会文集》序，科学出版社，2006年。

试论裴李岗文化与周边地区同时期文化的关系及其发展去向

栾丰实
（山东大学东方考古研究中心）

裴李岗文化的发现是中国20世纪新石器时代考古的重要收获之一[1]。裴李岗文化的确立，将中原地区古代文化的历史由原来所知的仰韶文化提前了一千余年，填补了旧石器时代晚期与仰韶文化之间的一部分时间缺环，从而推进了在中原地区探索和寻找新石器文化起源的研究。

随着裴李岗文化的考古发现日益丰富，人们逐渐对其文化面貌有了比较全面的了解和认识。同时，周边地区特别是东方地区相关的考古发现也越来越多。这样，对于东西方文化之间的交流、影响和传播以及裴李岗文化的发展去向等问题，就有了进行比较分析的基础。

一、中原地区及相关地区的考古学文化发展序列

以黄河中游地区为主的中原地区，新石器文化的发展谱系比较清楚。目前除了没有发现新石器时代初期的遗存之外，从距今八九千年以来，文化发展序列前后相接，基本没有缺环。这一地区的考古学文化序列，从早到晚依次为裴李岗文化（并行的还有磁山文化和老官台文化），仰韶文化早、中、晚期，庙底沟二期文化和中原龙山文化。此后，进入青铜时代的二里头文化、二里岗文化、商晚期和西周时期。就新石器文化的总体发展而论，中原地区目前所知的新石器遗存大体经历了三个大的阶段，即距今9000/8500～7000年前后的裴李岗时代、距今7000～5000年之间的仰韶时代和距今5000～4000年之间的龙山时代。

中原地区的周边，包括的范围十分广阔。因为本文主旨在于讨论裴李岗文化时期的相关问题，所以，这里只是简括裴李岗时代与中原地区关系密切的东方和长江中游两个地区的文化发展序列及其对应关系。

东方地区的新石器文化可以分为南北两个部分。北部是以山东为主的海岱地区，目前虽然发现了新石器时代早期遗存的线索，如地处沂蒙山区腹地的沂源县扁扁洞遗址等，但整体文化面貌尚不清楚。此后，依次有后李文化、北辛文化、大汶口文化和海岱龙山文化，进入青铜时代之后，则为岳石文化和商周时期的遗存。这一地区是古代东方的主体，在黄河和淮河下游地区的新石器文化中始终占据着主导地位。南部主要指淮河流域中下游

地区，这一地区新石器文化的面貌比较复杂，过去曾长期被笼统称为青莲岗文化，后来随着考古发现的增多，划分出多支考古学文化，如淮河下游地区的龙虬庄文化，安徽境内的小山口和古台寺遗存、双墩文化（或称为侯家寨文化）等。到新石器时代晚期，随着大汶口文化和龙山文化的南下和西进，这一地区相继与海岱地区合为一体。

与中原地区一样，以海岱地区为主的东方地区，新石器文化遗存也经历了三个大的发展阶段，即后李文化、北辛文化和大汶口文化早中期、大汶口文化晚期和海岱龙山文化。这三个阶段与中原地区的三个时期基本上是平行发展的。

长江中游地区的新石器文化发展序列和文化谱系也比较清楚。就目前的资料而言，除了新石器时代早期有线索但尚未形成完整的系统外，新石器时代早期偏晚及其以后阶段，考古学文化基本上是连续发展的，依次为彭头山文化、皂市下层文化（或城背溪文化）、汤家岗文化、大溪文化、屈家岭文化和石家河文化。这一文化序列也可以合并为三个大的阶段，即彭头山和皂市下层、汤家岗经大溪至屈家岭早期、屈家岭晚期和石家河及其以后时期。可以分别与中原地区、东方海岱地区的三个时期相对应。

明确了中原地区与其以东、以南地区的文化对应关系，以及裴李岗文化在周边地区同时期文化中的坐标，我们就可以进一步探讨裴李岗文化与周边地区的文化联系。

二、裴李岗文化与周边同期文化的关系

与裴李岗文化地域邻近、时代基本相当的考古学文化，东北有磁山文化，西为老官台文化，东有后李文化，南为彭头山文化。客观地说，处于中心位置的裴李岗文化与上述文化都存在着或多或少的文化联系，由于各种不同的原因，这些文化之间联系的程度有深有浅，体现在考古遗存的文化因素上，则有一定程度的差别。

与裴李岗文化共同因素最多的当属磁山文化。磁山文化主要分布于河北省的中南部地区[2]，其与裴李岗文化大体同时发现。粗略比较后就可以发现，裴李岗文化和磁山文化之间存在着一定数量的相同或相近因素，例如：均有带足的石磨盘，存在大型弧刃石铲；陶器中共有双耳壶、深腹罐、圜底钵和三足钵等器物；陶器上都有少量特殊的压印之字形篦点纹等。因此，在相当长一段时间内，一些学者坚持认为裴李岗和磁山这两类遗存属于同一支考古学文化。但如果进一步分析，则可以发现，这两类遗存之间的差别十分明显，甚至可以说是巨大的。例如：裴李岗的大量齿刃石镰不见于磁山，两者陶器的基本组合不同，裴李岗以小口双耳罐（或壶）、钵和三足钵、深腹罐为基本组合，而磁山则是平底盂和支脚的数量最多，深腹罐多有绳纹。同时，两者的共有因素也存在数量多少不一和流行时间有早有晚的差别。如裴李岗文化中数量甚多的三足钵和小口双耳壶（罐），在磁山文化中数量很少，而有足石磨盘在磁山文化中出现的时间较晚。另外，两类遗存各有自己独立的分布区域。所以，将以裴李岗和磁山为代表的两类遗存区分为两支不同的考古学文化已经成为学术界的共识。从整体上看，在两者的文化交流

中，磁山文化具有较多的裴李岗文化的文化因素。所以，可以认为磁山文化更多的是受到了来自裴李岗文化的影响。

同属黄河中游地区时代偏早的三支新石器文化之一的老官台文化，主要分布于渭河流域和秦岭之南的汉水上游地区，或称为大地湾文化、李家村文化等。裴李岗文化与老官台文化的关系要疏远许多。裴李岗文化中的典型石器，如齿刃石镰、带足的石磨盘等，均不见于老官台文化。陶器的组合和特征也相去较远，如老官台文化存在一定数量的彩陶和大量交错拍印细绳纹，不见或少见于裴李岗文化，老官台文化的陶器组合以拍印交错绳纹的钵、三足钵、圈足碗和三足罐为主，虽然有些器物造型（如钵和三足钵）与裴李岗文化相似，但风格和装饰不同。所以，裴李岗和老官台两类遗存无疑分属于两支性质不同的考古学文化。但它们之间也存在一些相同或相近的因素。例如：两者的钵和三足钵形态接近，裴李岗文化中有少量近似于老官台文化的三足罐和圈足碗等，而老官台文化也发现有个别类似于裴李岗文化的小口罐等。由此看来，裴李岗文化与老官台文化的联系，远不如和磁山文化那么密切。

后李文化主要分布于海岱地区的泰沂山系北侧地区，近年来在泰沂山之南陆续发现同类文化的线索。此外，在安徽省东北端的宿州小山口和古台寺遗址，发现了距今8000年前后的遗存，文化性质与后李文化颇有相似因素。从总体上看，裴李岗文化和后李文化为性质迥异的两支考古学文化，它们在聚落形态、埋葬习俗、生产工具的种类和形态、陶器组合及主要器物形态等方面，表现出完全不同的内涵和特点。但细察之，两者之间也有一些相近的因素，例如：后李文化的个别遗址发现少量稻作遗存，或许与裴李岗文化有关；后李文化偏西南区域的月庄遗址的生产工具中发现少量有足石磨盘，这在数量众多的后李文化平底石磨盘中显得十分异类，当来自中原地区；后李文化和裴李岗文化中共见多个乳状小足的陶器，数量均不多。这些现象或许表明两个文化之间存在着一定的联系，从为数不多的资料分析，后李文化受裴李岗文化的影响更多一些。

长江中游地区与裴李岗文化时代相当的遗存，目前所知主要是位于洞庭湖西北部的彭头山文化。彭头山文化和裴李岗文化存在一些相近的文化因素，如都存在稻作农业，采集和渔猎经济比较发达，墓葬都有一次葬和二次葬之分，石器中存在相当数量的打制石器，陶器制作技术比较原始，等等。这些类似的因素可以看做是时代相近和文化发展阶段相同而产生出来的共性文化因素。另一方面，从彭头山文化中也可以隐隐约约地看到裴李岗文化的影子和因素。如彭头山文化陶器中的高领或矮领双耳罐，与裴李岗文化中数量更多、种类十分复杂的双耳壶或罐类器物造型神似，这种现象当不是一般意义上的巧合，特别是这种器型也出现在墓葬的随葬品中的时候，可以认为它们之间具有内在的渊源关系。如果将来在两者中间地带的湖北地区也发现同类遗存，它们相互之间的关系就会看得更加清楚。

以上我们简要比较和讨论了裴李岗文化和周边地区同期文化之间，已经存在或可能存在着某种程度的文化联系和互动因素。不可否认，这些联系或者可以称为文化交流的内容，和后来更晚时期的同类文化联系、传播和影响因素相比，尚显得十分单薄。但这些互动因素的出现，至少说明了这样一个事实，即从新石器时代偏早时期开始，不同区域的人们之间，已经不是处在相互封闭、与外界隔绝和完全独立的发展阶段。这些联系和交往，对于后来各区域文化的加速发展，应该具有积极意义。

三、裴李岗文化的地位和作用

从文化联系和互动关系中，我们发现裴李岗文化在当时黄河和长江流域若干个相对独立的文化区域中，文化发展水平处在一个相对进步和社会发展阶段前行的位置。这从以下几个方面可以得到证明。

第一，裴李岗文化的遗址数量和分布密度都超过了同时期的其他文化。众所周知，同一时期遗址数量的多寡和一个社会的人口数量直接有关，而人口数量是衡量古代社会发展状况最重要的指标之一。目前已经发现的裴李岗文化遗址约为150处，这和东方的后李文化（10余处）、东北的磁山文化（不足10处）、南方的彭头山文化（10余处）等相比，差别达到了十倍以上，而且也多于老官台文化和兴隆洼文化的百余处。当然，由于保存环境的差别、发现时间长短、工作力度不一等方面的原因，其他一些文化目前发现的遗址数量未必就是该文化的全部，但还是能够说明和反映一些实际情况的。

第二，在裴李岗文化的社会组织中，已经出现了最低一级的个体家庭，而个体家庭的出现，是社会生产力水平的提高和社会经济发展的结果，它标志着社会发展到了一个新的阶段。从聚落内部的房屋布局、房址面积大小和房屋结构等方面，可以找到一些社会结构和组织形态的证据。裴李岗文化绝大多数房屋的面积在10平方米以下，这是一种具有独立生活空间的小房子。这种规模的房屋，只适合于居住3～5人，而这样人口规模的社会单位，相对应的只能是最小的社会组织——个体家庭。而同时期的后李文化[3]、兴隆洼文化[4]，单体房屋面积一般在30～50平方米，后李文化的房屋之内还流行由二或三组单灶组成的组合灶，这种状况说明在一个屋檐下共同生活的人数可能比较多。按房屋面积的大小计算，我们推测在这种大房子里一起生活的人口规模当在8～10人甚至更多，这样的人口规模显然要大于个体家庭，只能与大家庭或者家族相对应。如果以上分析的结论可取，那么，我们是否可以认为，裴李岗文化在社会组织结构方面较之其他地区一些同期文化要先行一步，处在一个领先发展的阶段。

第三，聚落之间和聚落内部的分化已经开始产生，尽管这种分化还不是十分明显，并且分化的性质和后来出现社会分层时期的社会分化也不尽相同，但毕竟拉开了社会分化的序幕。裴李岗文化这种原初性的社会分化主要表现在两个层面：一是聚落和聚落之间，从调查资料看，开始出现大小聚落的差别。如新郑唐户遗址的面积超过了20万平方米[5]，并且很可能在聚落的周围有环壕，而多数小型遗址的面积只有数千至一两万平方米。这种情况或许昭示着裴李岗文化已经形成了内部有差别的聚落群，而这种聚落群的结构可能由大小两个层次的聚落组成。二是聚落内部社会成员之间的分化已经开始产生，这种现象在墓葬资料中表现得比较明显。如贾湖遗址的墓葬，随葬品在3件以下的约占70%，而5件及其以上者则接近30%，其中超过10件的墓葬占8.5%，最多的2座墓葬（M282、M277）竟达到了60、66件。不仅是随葬品，墓室面积的大小差别也比较明显[6]。类似的情况在新郑裴李岗[7]、沙窝里[8]等遗址也有发现。裴李岗遗址前后共发掘114座裴李岗文化墓葬，多数墓葬的随葬品数量在5件以下，一些墓室面积较大的墓葬，随葬品的数量则超过10件，如M15，长2.5~2.6米，宽1.9米，随葬石器和陶器20件。由此看来，裴李岗文化墓葬之间的分化程度不仅远远超过了同时代的其他文化，甚至超过了时代更晚的一些文化。如海岱地区与裴李岗文化同时的后李文化，目前发现的墓葬，绝大多数没有随葬品，有者也只是一两件，墓室大小也基本一致。而时代晚一个阶段的北辛文化，墓葬之间的差别也远远没有裴李岗文化这样大。

第四，裴李岗文化的生产工具比较进步，工具种类和组合较为齐全。石器中以大型弧刃石铲、齿刃石镰、石斧、石锛和大型石磨盘为主要器形的石器组合，制作精致，通体磨制或基本磨制者占有相当高的比例，这与其他同期文化以打制石器为主、磨制石器较少的情况相比，显示了其进步性。同时，裴李岗文化骨角器的制作水平也达到了相当高的水准，其不仅存在铲、凿、镞、锥等生产工具，还有许多日用生活器具甚至精神文化载体的器物。

第五，裴李岗文化的陶器制作技术较为进步。陶器生产的进步性主要表现在：已经掌握了淘洗陶土的技术，出现夹砂陶和泥质陶的区分，这种现象既是制陶工艺和技术进步的体现，也表明当时社会生活的发展逐渐复杂化；陶器烧制的火候相对较高，质地较为坚硬，颜色相对较为纯净；陶器种类较多，有罐、壶、钵、釜、鼎、盘、盆、碗等多种；陶器的造型渐趋复杂，出现了相当数量的三足器、圈足器和带耳带把的器物等。正是因为这些因素的存在，有的学者曾产生过裴李岗文化的陶器制作较之其他同期文化明显要进步，故其年代可能较晚的看法。

第六，裴李岗文化精神文化领域成果显著。贾湖遗址相当数量骨笛的发现，不仅仅是为音乐史研究增添了新资料，更重要的是为我们了解裴李岗人丰富的精神文化生活提供了实物证据。龟甲的使用和殉狗的习俗等，表明裴李岗文化时期已经有了较为系统的宗教信仰和祭祀活动。另外一些不为我们所认识的特殊器形，如造型奇特的杈形骨器等，其中一定蕴涵着丰富而又具体的文化内涵。而刻在龟甲上的文字或者符号，更让我们不可低估裴李岗人的精神文化水准。这些，在周边其他地区的同时期文化中，或没有发现，或发现较少。这种状况的存在，也许是不同地区之间的文化表现形式和精神文化载体方面有差异，但从总体上说，裴李岗文化的物质文化和精神文化发展水平，在当时中国主要的新石器文化区系中处于领先地位则应无疑问。

四、裴李岗文化的发展去向

发展去向是裴李岗文化研究的一个重要问题，不少学者认为裴李岗文化直接发展为本地的仰韶文化[9]。对此，一直有不同的认识和看法存在。在裴李岗文化发现之初[10]，许顺湛就曾指出，裴李岗文化和时代较晚时期诸文化的关系中，以大汶口文化最为密切，仰韶文化后冈类型次之，而半坡和庙底沟仰韶文化虽有关系但并不十分密切。这一认识在贾湖遗址发掘之后得到了进一步的加强和具体化。张居中在贾湖遗址发掘报告中明确提出，裴李岗文化（张文称贾湖文化，下同）和中原地区同一分布区内时代紧随其后的大河村文化之间，既有共同因素，也存在着较大差别。它认为，共同因素大多为共同的地理环境所决定的，而差异除了技术上有时代进步的因素之外，主要是由于不同的文化传统、宗教意识、审美观念和生活习惯造成的。换言之，裴李岗文化和大河村文化之间不具有内在的传承关系。在此基础上，它认为裴李岗文化的主要后继者是淮河下游地区的大汶口文化大墩子类型和龙虬庄文化。同时，也涉及了裴李岗文化西传在南阳盆地形成下王冈一期文化的问题[11]。

十年前我曾提出，裴李岗文化晚期的发展重点转向了东方和南方，主体因素为东方的北辛文化和南阳盆地的下王冈一期文化所继承，或者说，北辛文化和下王冈一期文化的主要来源应该是中原地区的裴李岗文化[12]。后来，高广仁和邵望平先生也持有大体相似的看法[13]。下面就这一问题进行探讨。

（一）裴李岗文化与东方诸文化

如前所述，裴李岗文化时期，中原与东方地区之间已经有了文化上的联系和接触，但这种接触并不频繁。所以，表现在文化面貌上的共同因素也不甚突出。裴李岗文化之后，东方地区的考古遗存迅速丰富起来，而不少文化中的裴李岗文化因素也迅速多起来。

东方地区晚于裴李岗文化，并且在年代上大体可以衔接的，主要有淮河中部南北两侧地区的双墩文化、江淮东部的龙虬庄文化和海岱地区的北辛文化。

1. 双墩文化

安徽省的淮河中游地区与裴李岗文化时代相当的是小山口和古台寺早期。而年代略晚一点的遗存则有石山子、侯家寨、双墩等。所以，后来就有了石山子文化[14]、侯家寨文化[15]和双墩文化[16]的不同名称。其实从总体上看，这些不同名称的考古遗存分布的区域不大，文化面貌大同小异，可以发现比较丰富并进行过数次发掘的双墩遗址进行命名，称为双墩文化。需要说明的是，双墩文化不包括小山口和古台寺等更早阶段的遗存。

双墩文化的年代大体上属于仰韶时代早期，绝对年代在距今7000～6000年之间，与北辛文化约略相当。比较双墩文化与裴李岗文化的文化内涵，除了一些不好确认是否属于文化传播和扩散的因素，如稻作的出现、渔猎经济的成分较多等，从生产工具、陶器及其他文化现象看，可以说是异多同少。

第一，双墩文化的陶器以夹砂陶（包括夹蚌末、云母等）为主，多数没有泥质陶，特别是在其早中期。这与裴李岗文化存在相当数量质地较好的泥质陶明显不同，表明制陶技术和工艺方面存在较大差别。

第二，陶器的基本组合相差较大，特别是主要器型不同。如双墩文化的各种釜和支脚，就不见于裴李岗文化。而裴李岗文化中的三足钵、深腹罐等，不见或少见于双墩文化。

第三，双墩文化陶器上十分流行的刻划符号也不见于裴李岗文化。

第四，两者的生产工具差别较大，如裴李岗文化最为流行的石磨盘、石磨棒、大型石铲和石镰等，均不见于双墩文化，双墩文化中也存在一些与裴李岗文化相似的因素。如陶器中的小口双耳罐（或壶），就与裴李岗文化的同类器相近。双墩文化中也有少量鼎等器型。

从地域上说，双墩文化较之北辛文化等与裴李岗文化距离更近。但从上述分析比较看，似乎双墩文化直接来之裴李岗文化的因素并不太多。当然，这与双墩文化目前发掘资料总量偏少，特别是缺乏聚落和墓葬资料或许有一定关系。

2. 龙虬庄文化

龙虬庄文化是最近几年新命名的考古学文化，主要分布于江淮东部地区，即大运河以东的长江和淮河故道之间。从龙虬庄遗址的发掘、重新审视和研究江淮东部地区的新石器文化和龙虬庄文化的提出，从微观上廓清了江淮东部地区新石器文化的发展序列和谱系关系，而宏观上则摆正了该地区新石器文化本来的历史位置。进而使长期困扰我们认识的青莲岗文化被最终放弃，还历史以本来面目[17]。

要分析龙虬庄文化与裴李岗文化的关系，可以从以下几个方面展开。

第一，是关于龙虬庄文化的年代。从龙虬庄和青墩等遗址的发掘资料看，龙虬庄文化的下限早于良渚文化。由于当地没有发现更早阶段的遗存，所以，龙虬庄文化的上限年代可以通过与周边地区的同期文化比较后获得。关于绝对年代，龙虬庄遗址有六个^{14}C测年数据，经树轮校正，最早的一个数据为公元前3701～前3383年，最晚则为公元前2919～前2619年，总体上比文化内涵分析的结果偏晚。所以，发掘报告没有采用龙虬庄遗址的测年数据，而是依据与邻近地区的同时期文化的比较，将龙虬庄文化的绝对年代推定在距今7000～5000年前后[18]。龙虬庄文化划分为三期，第二期的年代上限主要依据大汶口文化早期阶段的年代推定，而大汶口文化早期阶段一般认为开始于距今6100年前后，而大体同时的崧泽文化，起始年代约在距今6000年，将两者综合起来，龙虬庄文化第一、二期的衔接年代应该在距今6100～6000年之间，似乎追溯不到报告中所说的距今6300年。以此上推，目前发现的龙虬庄文化第一期的上限，大约不会早于距今6500～6400年。这与目前学术界认为龙虬庄一期遗存与北辛文化晚期、马家浜文化晚期时代相当的认识基本吻合。

第二，是关于裴李岗文化的年代。龙虬庄发掘报告认为贾湖遗址裴李岗文化遗存的年代在距今8000～7000年之间（贾湖发掘报告确定的年代为距今9000～7800年），这里使用的是没有经过校正的测年数据。而经横向比较后确定的龙虬庄文化的年代，均为经过校正之后的数据。因为测年数据使用上的不一致（校正年代和未校正年代有比较大的差距），无疑会较大地缩短两个文化之间的年代差距。不过，如果把裴李岗文化作为一个整体来看待，其年代仍然可以认为在距今9000/8500～7000年前后。即使如此，龙虬庄文化和裴李岗文化之间仍然有较大的年代间隔。

第三，龙虬庄文化与裴李岗文化的文化内涵和基本特征，在宏观上有相似和相近之处。如分布的纬度相近，资源和环境相似，均有稻作农业，采集渔猎经济比较发达，骨器制作水平较高，等等。这些相近或相似的特征，多数为环境相近而产生的，似难以作为两个文化之间具有传承关系的证据。从微观上看，两者在特殊葬俗、生产工具的类别和形态、陶器的装饰和组合等方面，均看不到明确的共同因素。如贾湖遗址墓葬中存在的用狗和兽牙随葬、使用内含小石子的龟甲等，在与龙虬庄文化邻近并且时代相当的大汶口文化中有相当发现，而完全不见于龙虬庄文化。

基于上述，目前已有资料似乎无法证明江淮东部地区的龙虬庄文化直接来源于以贾湖为代表的裴李岗文化。

3. 北辛文化

北辛文化分布于海岱地区，存续年代在距今7000～6100年之间（其上限或认为可以早到距今7300年），与大汶口文化为同一族系所创造的前后阶段的文化。北辛文化在许多方面具有与裴李岗文化相同或相似的因素。

两者的房屋结构、形状、门道和大小相近。如均以椭圆形和圆形半地穴式建筑为主，有台阶式或斜坡状门道，房屋面积多在10平方米以下。而海岱地区早于北辛文化的后李文化，房屋以方形和长方形为主，单间面积多在20平方米以上。

两者的埋葬习俗十分接近。如均有一次葬、二次葬、合葬和迁出墓四大类。以贾湖和东贾柏遗址为例：两墓地均以单人一次葬为主，单人葬的葬式多数为仰身直肢，其他类别较少；多人合葬、二次葬、迁出墓的数量较少，所占比例较低[19]。

两者共有一些特殊的埋葬习俗。如使用獐牙和其他兽牙，特别是一些墓葬发现一种经过特殊处理的龟甲器。北辛文化由于发现的墓葬不多，目前尚未发现随葬龟甲器的现象，但遗址内有龟甲存在则是确定的，如东贾柏遗址就发现在灰坑内放置多枚完整龟甲的现象。而到北辛文化之后的大汶口文化时期，一些墓葬中发现与贾湖完全相同的龟甲器，如均将首尾两端修治磨平和钻孔，龟甲内放置数量不一的自然小石子。这种现象少见于其他地区和其他文化。另外，大汶口文化墓葬内用整狗殉葬的习俗，当与贾湖遗址在墓地中或墓地附近挖坑掩埋整狗的做法具有承袭关系。

两者的石质工具组合和器型基本相同。如均有相当数量的石磨盘和石磨棒，只是北辛文化的石磨盘更加简化和实用，其实裴李岗文化中也有相当数量没有足的石磨盘。工具组合均为斧、锛、凿、铲、镰、刀。

北辛文化的骨器也十分精致，种类和器形除了没有发现裴李岗文化的骨笛和杈形骨器外，其他如镞、镖、矛、锥、针、笄和各种装饰均有发现。

两者在日用陶器上具有更多的共同因素。如北辛文化时期淘洗陶土的技术，在陶土中加入云母、滑石、蚌末等掺和料，陶器外表施陶衣等，均与裴李岗文化相同。而使用慢轮来修整陶器，则可以看做是北辛文化的发明。北辛文化陶器基本组合由四类器形构成，即鼎、钵、小口双耳罐（或壶）和釜，前三种应该与裴李岗文化有密切关系，后者则接受自后李文化。需要进一步说明的是，北辛文化的陶器组合，以前三种数量最多，除了钵在许多文化中均较常见外，鼎在裴李岗时代，只有裴李岗文化数量略多，而其他如后李文化、磁山文化、兴隆洼文化等均基本不见，小口双耳罐在北辛文化中数量较多，形制也与裴李岗文化的同类器相近。过去一些学者把北辛文化看做是与裴李岗文化同时代的遗存，除了海岱地区当时没有发现与裴李岗文化时代相当的遗存这一因素之外，而北辛文化确实有许多与裴李岗文化相同或相似的文化因素，也是重要原因。可惜当时没有从文化的传承和渊源关系来分析和探讨。

此外，体质人类学的研究成果表明，贾湖遗址的墓葬人骨资料，在由 13 项测量项目做出的聚类图中，与大汶口文化的大汶口组、野店组最为接近。表明它们之间存在着比较近的亲缘关系[20]。

综上所述，许多学者认为裴李岗文化与大汶口文化之间有内在联系，而这两支文化之间相隔一千年的时间，它们之间不可能有直接的联系。而作为大汶口文化直接来源的北辛文化，年代与裴李岗文化前后衔接，文化内涵和特征存在许多相同或相近的因素。所以，认为裴李岗文化是北辛文化的主要来源或者主要来源之一是可以成立的。

（二）裴李岗文化与南阳盆地的早期文化

南阳盆地位于河南省的西南部，这一地区的新石器文化发展序列，可以淅川下王冈遗址的新石器遗存为代表，自早至晚依次为仰韶文化一期（仰韶文化早期）、仰韶文化二期（仰韶文化中期）、仰韶文化三期（仰韶文化晚期）、屈家岭文化、石家河文化和龙山文化[21]。最早一期的下王冈仰韶文化一期遗存，年代与中原地区的半坡类型时代相当，是与裴李岗文化时代前后相接并且关系最为密切的一个阶段，以下称为下王冈一期文化。

下王冈一期文化的年代晚于裴李岗文化，但中间的缺环不大。两者在文化内涵上存在着许多相同和相似的因素。

下王冈一期文化发现的房屋基址有圆形半地穴式和地面式两种。前者面积较小，均在10平方米之内，浅穴周边有一圈柱洞，一侧有斜坡状门道。这种形制与裴李岗文化的同类建筑基本相同。

下王冈一期文化的墓葬以单人仰身直肢葬为主，也有双手或单手交叠于腹部之上的现象，方向多为偏西北。这些特点与贾湖遗址裴李岗文化墓葬相同或相似。

墓葬中有一些其他文化少见的特殊习俗，而与东方地区大汶口文化相同。如有个别墓葬使用獐牙，存在用整狗殉葬和使用龟甲的习俗。下王冈一期文化发现6座墓葬使用龟甲，在全部124座墓葬中约占4.8%[22]，而贾湖遗址349座墓葬中，有23座使用龟甲，所占比例为6.6%。下王冈一期文化有4座墓葬殉整狗。这些共同习俗，显然拉近了其与距离不远的贾湖遗址裴李岗文化的距离，或者可以说它们之间存在着直接的传承关系。

下王冈一期文化的石器数量不多，并且年代有早有晚。但从中仍然可以看到一些与裴李岗文化相近的因素。如下王冈的弧刃石铲和石耜，与裴李岗文化的同类石铲相近，而齿刃镰的齿刃与裴李岗文化的齿刃镰，至少在技术上是存在联系的。

下王冈一期文化陶器与裴李岗文化也存在相似的因素。如深腹罐、钵等，均能在裴李岗文化中找到相似的器型。特别要提出来的是，下王冈一期文化中有相当数量的陶鼎，应该是对裴李岗文化鼎的继承和发展。

贾湖遗址出土人骨的体质人类学研究表明，其与下王冈组之间的关系十分密切[23]。同时，下王冈组人骨的研究结果，在不同地区组群的关系上，显示了其与海岱地区大汶口文化居民最为接近的特征[24]。这一研究成果间接表明，以贾湖遗址为代表的裴李岗文化和海岱地区北辛、大汶口文化以及南阳盆地的下王冈一期文化之间，在居民体质上也存在着十分密切的亲缘关系。这种联系或者可以解释为什么相距遥远的北辛、大汶口文化和下王冈一期文化之间，存在着诸多相同和相近的文化因素。

总之，以上分析比较或可说明，以贾湖遗址为代表的裴李岗文化，在其晚期阶段，一部分人向西南方向发展，形成了南阳地区目前所知较早阶段的下王冈一期文化。当然，下王冈一期文化在自身的发展过程中，也接受了许多来自中原地区仰韶文化早期阶段的文化因素。

注　释

[1] 参见赵子剑主编《裴李岗》，香港国际出版社，2007年。

[2] 河北省文物管理处等：《河北武安磁山遗址》，《考古学报》1981年第3期。

[3] a. 栾丰实：《后李文化的社会组织及其相关问题》，《庆祝张忠培先生七十岁论文集》，科学出版社，2004年；

b. 山东省文物考古研究所：《山东章丘西河新石器时代遗址1997年的发掘》，《考古》2000

年第10期。

[4] a. 任式楠：《兴隆洼文化的发现及其意义》，《考古》1994年第8期；
b. 中国社会科学院考古研究所内蒙古工作队：《内蒙古敖汉旗兴隆洼遗址1992年发掘简报》，《考古》1997年第1期。

[5] 张松林等：《新郑唐户遗址发现裴李岗文化大面积居址》，《中国文物报》2007年7月13日。唐户遗址裴李岗文化遗存分布的面积较大，据最新工作可能更大，但整个裴李岗文化遗存分布范围是否属于共存的同一时期，还需要进一步的工作加以证明。

[6] 河南省文物考古研究所：《舞阳贾湖》，第145、146页，科学出版社，1999年。

[7] a. 开封地区文管会、新郑县文管会：《河南新郑裴李岗新石器时代遗址》，《考古》1978年第2期；
b. 开封地区文物管理委员会等：《裴李岗遗址一九七八年发掘简报》，《考古》1979年第3期；
c. 中国社会科学院考古研究所河南一队：《1979年裴李岗遗址发掘报告》，《考古学报》1984年第1期。

[8] 中国社会科学院考古研究所河南一队：《河南新郑沙窝里新石器时代遗址》，《考古》1983年第12期。

[9] 持这种观点的学者较多，例如，安志敏：《裴李岗、磁山和仰韶》，《考古》1979年第4期；严文明：《略论仰韶文化的起源和发展阶段》，《仰韶文化研究》，文物出版社，1989年。

[10] 许顺湛：《论裴李岗文化》，《河南文博通讯》1980年第1期。

[11] 河南省文物考古研究所：《舞阳贾湖》，第538~544页，科学出版社，1999年。

[12] 栾丰实：《试论后李文化》，第22、23页，《北辛文化研究》第47、48页，均载《海岱地区考古研究》，山东大学出版社，1997年。

[13] a. 高广仁、邵望平：《海岱区早期农业文化的发现和研究》，《史前研究——西安半坡博物馆成立四十周年纪念文集》，第90页，三秦出版社，1998年；
b. 高广仁：《海岱区先秦考古概论》，《海岱地区先秦考古论集》，第46页，科学出版社，2000年。

[14] a. 吴加安、梁中合、王吉怀：《皖北地区新石器文化遗存及其性质》，《文物研究》第八辑，黄山书社，1993年；
b. 张敬国：《近年来安徽淮北地区新石器时代考古的主要收获》，《文物研究》第九辑，黄山书社，1994年；
c. 安徽省文物考古研究所：《安徽睢溪石山子新石器时代遗址》，《考古》1992年第3期。

[15] 阚绪杭：《定远县侯家寨新石器时代遗址发掘简报》，《文物研究》第五辑，黄山书社，1989年。

[16] 阚绪杭：《试析淮河中游地区的双墩遗址与双墩文化》，《文物研究》第十四辑，黄山书社，2005年。

[17] 龙虬庄遗址考古队：《龙虬庄——江淮东部新石器时代遗址发掘报告》，第493~512、517~519页，科学出版社，1999年。

[18] 龙虬庄遗址考古队：《龙虬庄——江淮东部新石器时代遗址发掘报告》，第189~204页，科

学出版社，1999年。

[19] a. 河南省文物考古研究所：《舞阳贾湖》，第151~199页，科学出版社，1999年；
b. 中国社会科学院考古研究所山东工作队：《山东汶上县东贾柏村新石器时代遗址发掘简报》，《考古》1993年第6期。

[20] 河南省文物考古研究所：《舞阳贾湖》，第876~882页，并参见图三五〇，科学出版社，1999年。

[21] 河南省文物研究所、长江流域规划办公室考古队河南分队：《淅川下王冈》，文物出版社，1989年。

[22] 下王冈一期文化使用龟甲的墓葬数量，发掘报告中有不同说法，或说5座（报告第23页，如果是5座则占4%），或说是6座（报告第339页）。

[23] 下王冈组包括了仰韶文化不同阶段的人骨资料，分析报告没有将其进一步细分。所以，其结果不能进行细致的对应分析，只可作为参考。

[24] 张振标、陈德珍：《下王冈新石器时代居民的种族类型》，《淅川下王冈》，第408~419页，文物出版社，1989年。

说裴李岗文化

许顺湛
（河南博物院）

一

19 世纪末 20 世纪初期，西方学者一直认为中国没有新石器时代文化。1921 年在河南省渑池县发现了仰韶文化，这个误会解除了。但是西方学者又认为仰韶文化是从西亚传播而来，因此又出现了中国文化西来说。新中国成立后，在黄河流域考古发掘取得了辉煌的成就，对仰韶文化的时空定位：上下延续数千年，纵横分布数千里，是罕见的一类新石器时代文化，而且确认是中国的土著文化。从此，中国文化西来说基本上销声匿迹。

仰韶文化从发展水平来看，当属新石器时代文化晚期，与旧石器时代文化之间还有一个很大的缺环。仰韶文化不是从天上掉下来的，也不是从外域飞来的，仰韶文化的前身按逻辑推理，它是绝对存在的，中国考古界非常自信，但又苦于无处查寻。30 年前的 1977 年，意外的惊喜从新郑传来：在河南新郑发现了裴李岗文化。经过后来的调查发掘，得知这类文化早于仰韶文化，它的分布以豫中为核心遍及河南全省，先后共发现 150 多处聚落遗址。通过多处发掘，其文化面貌比较清楚，它的时代跨度大体在距今 9000～7000 年之间，延续的时间约 2000 年。在仰韶文化分布的区域里，发现与裴李岗文化约同时的有陕西的老官台文化，冀南的磁山文化，而磁山文化可能属于裴李岗文化的一个地方类型。仰韶文化的年代跨度大体为距今 7000～5000 年，正好与裴李岗文化下限衔接。新石器时代文化的上限，大体在距今 12 000 年前后，裴李岗文化的上限从距今 9000 年算起，只相当于新石器时代文化的中期。新石器时代早期文化，在其他个别地区已发现苗头，但在中原地区尚未发现。裴李岗文化的发现，在考古学史上占有极为重要的地位，这一点学术界是认可的。因为它的发现，填补了新石器时代文化 2000 年的空白，与旧石器时代晚期文化拉近了 2000 年。同时，也充分说明中原仰韶文化发现之前，裴李岗文化的先民已经在这里繁衍生息至少也有 2000 年之久，创造了前无古人的辉煌文化。裴李岗文化的发现，也再次证明中国新石器时代文化不是舶来品。

裴李岗文化的先民，对社会文明建设做出了十大贡献。第一，发现了锄耕农业（或称为耜耕农业），把野生的粟稻驯化为当时人们赖以生存的主要谷物。发明了磨制的石斧、石锄、石耜、石铲、石镰等农业生产工具，还有木制的或骨制的耒耜。由于农耕的出现，为先民们的定居生活打下了物质基础，于是形成了氏族聚落，甚至出现了部落。因此说农业的出现和发展，在人类社会具有划时代的意义。第二，发现了半地穴房屋建筑，改善了冬居洞窟、夏栖橧巢的环境，为人们自由选择定居创造了条件。第三，发明了地下粮仓，储备生活资料预防饥荒。第四，发明了谷物加工工具，使食用粮食细化。第五，发明了烧陶窑，烧制各类陶器用品。第六，发明了纺织技术，人们开始有了衣着。第七，发明了原始的酿酒技术，丰富了餐饮的内容。第八，发明了具有七声音阶的骨笛，使先民们的乐舞更上一层楼。第九，发明了符号文字，为后代文字的形成开了先河。第十，发明了占筮工具，可能就是后代八卦的萌芽。

二

裴李岗文化所处的历史阶段，应归入前五帝时代。五帝时代的上限我把它定位在公元前4400年前后，同时，它也是前五帝时代的下限。依据公布的^{14}C年代数据，属于前五帝时代新石器文化主要有：裴李岗文化、仰韶早期文化（双庙沟、后冈早期、下王岗早期、半坡类型、北首岭下层）、大地湾一期文化（包括老官台、李家村）、西河文化、后李文化、北辛文化、彭头山文化、皂市下层文化、城背溪文化、河姆渡文化、马家浜早期文化、万年仙人洞遗存、甑皮岩洞穴遗存、徐水南庄头遗存、磁山文化、查海文化、兴隆洼文化、赵宝沟文化、红山早期文化等。上述这些有代表性的考古学文化，是前五帝时代先民们创造的不同类型文化，虽然发展程度不同，但都进入到初级的农业社会。这一个时段，距今7000年以前我把它称为裴李岗时代，距今7000年以后我把它称为仰韶时代早期。

前五帝时代，广义地讲当有几百万年，狭义地讲主要指早期农业社会。农业社会即神农时代。《古史考》说“神农教民耕而陶”，是这一时期最明显的特点。关于神农时代的社会状况，史书多有记载，现摘引几条如下：

《周易·系辞下传》：“包牺氏没，神农氏作，斫木为耜，揉木为耒，耒耜之利，以教天下，盖取诸益。”

《商君书·画策》：“神农之世，男耕而食，妇织而衣，刑政不用而治，甲兵不起而王。”

《管子·轻重戊》：“神农作，树五谷淇山之阳。九州之民，乃知谷食，而天下化之。”

《风俗通义·三皇》：“神农，神者信也；农者，浓也。始作耒耜，教民耕种，美其衣食，德浓厚若神，故为神农也。”

《庄子·盗跖》：“神农之世，卧则居居，起则于于。民知其母，不知其父，与麋鹿共处。耕而食，织而衣，无有相害之心，此至德之隆也。”

以上几条记载可以说明神农时代与新石器时代早中期文化能够宏观对应。《尸子》

里说："神农七十世而有天下。"如果按《说文》中把一世确认为三十年，那么神农时代到"有天下"至少也有两千多年。所谓有天下，我的理解是，出现部落联盟的盟主。炎帝是神农时代末期，所以也称为炎帝神农氏。《竹书纪年》说：炎帝"作五弦琴，作耒耜，教天下种谷，立日历，日中为市，辨水泉甘苦，味尝草木作方书，建明堂，作中天易"。笺引《外纪》说："神农命赤冀为杵臼，命巫咸主卜筮，命刑天作扶犁之乐，命屏封作种书，命白阜作地理纪以理天下。"

《帝王世纪》也说：炎帝"始教天下耕，种五谷而食之，以省杀生。尝味草木，宣药疗疾，救夭伤之命，百姓日用而不知，著《本草》四卷"。

上述几段话，是说炎帝神农时代的社会已有长足的发展。除此之外，炎帝当时已经形成了一个大的部族，而且在很长一段时代里曾是中原地区的部族盟主。炎帝末期逐步走向衰微，曾被蚩尤战败，九隅无遗，不得已依靠了黄帝，最终炎黄联合，从此神农时代终结。我曾把炎帝时代与仰韶文化早期相对应。实际上它的上限可能要跨入距今7000年以前。

有的学者把裴李岗时代与伏羲时代联系，其中也有一定道理。但是要特别加以说明。《易经·系辞下传》说：包牺氏"作结绳而为网罟，以佃以渔"。《竹书纪年》说：太昊伏羲"造书契，作甲历，造琴瑟，作立基之乐。制嫁娶以俪皮为礼。造干戈"。笺按引《通鉴外纪》说："太昊命朱襄为飞龙氏造书契；昊英为潜龙氏造甲历；大庭为居龙氏造屋庐；浑沌为降龙氏驱民言；阴康为土龙氏治田里；栗陆为水龙氏繁滋草木，疏导泉流。"这是对伏羲时代太昊时期的记载。从史书记载总体看，伏羲时代，渔猎是其主要特点，没有谈及农耕；神农时代耕而陶是其主要特点，但是没有谈及渔猎。

伏羲时代、神农时代是两个大的历史阶段，它们之间绝对不是一刀切，有一个量变到质变的过程，有一个相当长的交叉过渡期。农业出现初期，人们虽然定居，但渔猎还是人们生活资料来源的主要手段；即使以农耕为主的农业社会，渔猎生产活动仍然存在。因此说渔猎与农耕长期交叉，在不同时代只有主次位置的变化。另外还得承认，农耕和渔猎部族，在不同地区还可能同时存在。我们应该重视伏羲时代文化与神农时代文化的传承关系，以及在农业社会的发展变化。因此，我主张裴李岗时代的农业文化，可以称为神农时代文化，但是不能排除伏羲时代文化的延续。

三

裴李岗时代的文化类型很多，但分布在河南境内的主要是裴李岗文化，它是神农时代在河南境内的主体文化。神农时代，在神州大地不知道有多少部落、部族，其具体名称知之更少。在中原地区能够知道的主要是神农末代：炎帝神农氏。不过炎帝已与黄帝时代交叉，它属于神农时代向五帝时代的过渡阶段。在炎帝之前的神农时代，据史书记载，比较清楚的就是少典和有蟜氏两个部族。《国语·晋语四》说："少典娶有蟜氏，生黄帝、炎帝。黄帝以姬水成，炎帝以姜水成。成而异德，故黄帝为姬，炎帝为姜。”这段话是说黄帝、炎帝两个部族，最早是从少典和有蟜氏两个通婚部族中分支出来的。《竹书纪年》说：“炎帝神农氏。少典之君，娶有蟜氏之女，曰女登，生神农氏。……育于姜水，故以姜为姓。”《水经注·渭水》条下说：“岐水又东，经姜氏城南，为姜水。”炎帝“育于姜水”，在陕西宝鸡的武功一带。这是说炎帝一支在陕西发展的情况。《帝王世纪》说：“炎帝神农氏，姜姓。母曰任姒，有蟜氏女登为少典妃，游华阳，有神龙首感生炎帝。人身牛首，长于姜水。有圣德，以火德王，故号炎帝。初都陈，又徙鲁。”这是说炎帝从少典、有蟜氏分支出来之后。有一支向东迁徙。《国语·鲁语》、《五帝本纪·正义》里还提到炎帝一支向南迁徙。山西长治、高平有丰富的炎帝传说和文化遗迹。炎帝后裔的活动和建国，大多在黄河流域的大中原地区。根据上述情况综合分析，炎帝的祖族少典和母族有蟜氏必定在中原地区。《史记·五帝本纪》说：“黄帝者，少典之子也。”《集解》引谯周曰：“有熊国君，少典之子也。”引皇甫谧曰：“有熊，今河南新郑是也。”《索隐》：“少典者，诸侯国号。”《正义》案：“黄帝有熊国君，乃少典国君之次子，号曰有熊氏。”这里提到黄帝是有熊国君，即有熊部族的首领；少典是一个诸侯国，是一个部族，不是人名，有熊部族是少典部族的子族。关于黄帝故里、黄帝都有熊、居轩辕丘，其地望在新郑，这在学术界的认识基本上是一致的。有熊国的疆域，我曾把它界定在大河村仰韶文化分布范围，大体是以新郑、新密为中心，东抵开封，西至洛阳，南达禹州，北不过黄河。关于少典的通婚族有蟜氏部族的地域，我在1983年出版的《中原远古文化》一书中，根据《山海经·中次六经》的记载，推测其地望大体在洛阳一带。根据以上介绍的情况，我判断少典国即少典部族的地望必在河南境内。炎帝、黄帝时代对应的考古学文化，我一直坚持是仰韶文化。前仰韶文化在陕西是老官台文化，在河南则是裴李岗文化。少典、有蟜氏与裴李岗文化，其时代和地域基本上能够对应，这就提示我们：少典和有蟜氏两个通婚族的聚落，只有在裴李岗文化中去找。

裴李岗时代分布在神州各地的考古学文化，可以统称为神农时代文化，但是具体地属于某一部族，各地是不会相同的。在河南境内的裴李岗文化，不可能全是少典和有蟜氏部族的聚落，肯定还有其他部族的聚落，但是少典和有蟜氏部族的聚落必定是裴李岗文化。少典与有蟜氏部族的时代，其上限不能排除上溯到裴李岗时代早期，其下限当在裴李岗时代晚期，与炎帝神农氏和黄帝初期相衔接。

以上只是宏观上的推测和分析，作为一个研究思路考虑，如果要得出科学的结论，还有很多工作要做。我只是提出个人的观点，不当之处，请同仁们批评指正。

试论裴李岗文化

郑杰祥

（河南省社会科学院）

裴李岗文化因首次发现于河南省新郑市裴李岗而命名，这是20世纪70年代在中原地区发现的一种新型的考古学文化。从该文化所在的地层关系及对其所作的^{14}C测定表明，它是相对年代上早于仰韶文化，在绝对年代上存在于公元前6600～前5300年之间，比仰韶文化早了一千多年，因此，它是迄今所知中原地区最早的新石器时代文化，它的发现填补了新石器时代文化较早阶段的空白，是中原地区新石器时代考古学上的重大突破。

三十年来，通过考古工作者的不断努力，裴李岗文化遗址现已发现了150余处。其分布范围大致上以古洧水流域（即今双洎河）为中心，西起豫西山区，东达豫东平原，南至大别山麓，北到洹河流域，在这方圆千里的范围之内，都分布有裴李岗文化的遗存，从这个意义上说，它是河南地区特有的一种考古学文化，与其东方的北辛文化、南方的城背溪文化、西方的老官台文化，特别是与北方的磁山文化之间存在着密切的文化交流，有着不同程度的互相影响。

裴李岗文化的内涵丰富多彩而且具有鲜明的特色。许多遗址中发现有磨制精致的大型石铲、锯齿石镰和加工粮食的石磨盘、石磨棒等，显而易见，当时的人们已经从事以原始农业为主的生产活动，过着以原始农业为主的经济生活。当时人们种植的粮食作物主要粟和稻，在新郑的裴李岗、沙窝李，许昌的丁庄和郏县的水泉等遗址都发现有粟的遗物，在舞阳贾湖遗址发现有稻的遗迹。粟谷和稻谷长有坚硬的外壳，石磨盘和石磨棒就是主要用来加工这些粮食作物的工具。这些石质工具不见于后世考古学文化，它的源头也有待探索，形成裴李岗文化的一大特色。原始农业的产生，改变了人们膳食结构，与以往从事游猎活动的人们食肉生活不同，这个时期，粮食已经成为人们的主食。粮食是颗粒状的淀粉物质，需要煮熟以后才可以食用，而煮熟粮米就需要用耐火的容器，这种饮食方式的变化，导致了制陶术的发明，《世本·作篇》说：“神农耕而作陶。”可见人们早已认识到陶器的产生与农业有着密切的关系。裴李岗文化遗存已经发现有陶窑并且出土有众多的陶器，陶器中以泥质红陶为主，夹砂红陶次之，灰陶少见。从碎片的外表特征看，一般制作粗陋，烧制火候较低，器型品种较少，装饰也不讲究，显现出比较原始的特色。

农业生产活动从开垦土地到播种收获，需要长年累月的时间，春耕、夏耘、秋收、冬藏，这种循环往复的农业生产活动，要求人们过着定居的聚落生活，现已发现百余座裴李岗文化遗址，大部分就是当时人们定居生活的聚落，这是中原地区出现得最早的聚落。这些聚落遗址中，以新近发现的新郑市唐户遗址最为引人注目，该遗址“其中仅单纯裴李岗文化遗存面积20万平方米，如果包括被仰韶文化等叠压的区域，有可能超过30万平方米，这也是我国目前发现的最大的一处裴李岗文化时期的聚落遗址”。遗址内已发现房基47座，灰坑166个，房基分为四组建筑群体，部分灰坑作为当时的窖藏设施，集中分布于房基的周围。房基之间有人工修筑的排水小沟贯穿其间，房基群的东北，有大型的壕沟遗迹相围绕，初步显现出一处原始村落的面貌。这个时期的房基“均为半地穴式，平面有椭圆形、圆形、圆角长方形和不规则形。门向有西南向、南向和东南向几种，大多朝向地势较低的一面”。背阴向阳，坐高面低，是位居于北纬地区人们的科学选择，以后成为我国历代人们选择住地的优良传统。四组房基建筑群体，可能是当时氏族以内分成的四个母系家族的住地。其中第四组房基位于这处“裴李岗文化聚落的核心区域”，“目前已发现房址27座（F21～F47），灰坑120个。房址分布较有规律，从北向南大致分为三排。……房屋外围分布有较密集的灰坑和窖藏遗迹，并出现多组迹象互相打破”。说明它们不是同时建造起来的。在此以北，分布着第三组房基，“共计6座，包括F6、F7、F15～18。值得注意的是本区房址面积已经出现较大差别，如F16面积不到5平方米，而F7面积达20平方米”[1]。房基面积的大小，说明其功能也显然不同，正如严文明先生所说：一座中型房子和若干小房子应是一个家族的住地，这种家族的性质，“可以从云南永宁纳西族的房屋布局得到启发。那里每个母系家族住着一所单独的院落，其中有一间较大的房子（主室）和若干小房子（客房）。主室住着女家长、老年人和未婚的青少年，客房则分配给正在过婚姻生活的妇女，让她们在晚上接待自己的男朋友（阿注）”[2]。这种夜来晨去的婚姻生活，学术界称之为“对偶婚”，据此推测，唐户遗址发现的F7，其性质相当于纳西族的“主室”，而F16则与纳西族的“客室”相仿，就是说这些房基可能属于母系氏族社会“对偶婚”制的遗迹[3]。

裴李岗人聚族而居，也聚族而葬，现已发现有不少的裴李岗文化时期的氏族墓地，在新郑裴李岗、沙窝李，密县莪沟，长葛石固，郏县水泉和舞阳贾湖等裴李岗文化遗址都发现较大的氏族墓地。以裴李岗遗址为例，其下层40余座墓葬中，大致上以M30为界，分为东、西两个小的墓群；上层60余座墓葬中，大致以现在的岗脊为界，也分为东、西两个墓群，这两个墓群应当就是氏族形成的两个家族的墓地。下层墓葬中以M15、M27和M38三座女性墓规模最大，而且大致上位于墓地的中心；上层墓葬中以M54一座处女性墓规模最大。墓葬规格是社会现实生活一个侧面的反映，裴李岗文化墓地的排列，反映着当时的社会正处于母系氏族制时期。

裴李岗文化的发现，揭开了中原地区新石器时代考古学上新的篇章，把这里新石器文化的时代向上推进了一千多年，为我们探讨中原地区远古历史提供了极其珍贵的实物资料，具有重大的学术意义。今天在这里开会隆重纪念裴李岗文化发现三十周年并进行学术研讨，以便于继往开来，更好地推动裴李岗文化的发掘和研究工作顺利进行。借此机会，我向原开封地区文物管理文员会、原新郑县文物管理委员会以及所有参与发现裴李岗文化的文物考古工作者表示崇高的敬意，预祝这次纪念会取得圆满成功，并预祝这次研讨会为深入探讨裴李岗文化丰富的内涵、探索古代中原地区社会发展状况取得更大的成绩。

注　释

[1] 张松林等：《新郑唐户遗址发现裴李岗文化大面积居址》，中国文物报 2007 年 7 月 13 日第 5 版。

[2] 严文明：《仰韶文化研究》，第 201 页，文物出版社，1989 年。

[3] 关于裴李岗文化所反映的母系社会性质问题的讨论，见拙作《新石器文化与夏代文明——裴李岗文化时代》，江苏教育出版社，2005 年。

河南裴李岗文化几个相关问题的思考

杨育彬

（河南省文物考古研究所）

裴李岗文化是分布在淮河流域及黄河流域中游和汉水流域的新石器时代早期文化，距今为9000～7000年。1958年春，在漯河翟庄曾发现石磨棒、锯齿石镰、红陶三足钵等，这是首次发现的中原新石器时代早期文化的遗物。1959年，在偃师马涧沟也发现有石磨盘、石磨棒。到了20世纪六七十年代，在新郑和新密等地发现更多的石磨盘及石磨棒。直到1977年春，发掘了新郑裴李岗遗址，表现了一种特殊的文化面貌，同时又与仰韶文化早期有着某些相似之处，引起了学术界的关注。其后被命名为裴李岗文化。这是中原地区新石器时代早期文化发现与研究所取得的重大突破。

到目前为止，河南全省发现的裴李岗文化遗址主要分布在豫西山区东部边缘的丘陵地带，以及豫中和豫南的平原地区。此外在豫北太行山东麓和豫南大别山北麓也有发现。分布在43个县、市内。其中有新郑裴李岗遗址、西河里遗址、沙窝李遗址、唐户遗址、西土桥遗址、岗时遗址、岭西遗址、洪府遗址、店张遗址，新密莪沟遗址、马良沟遗址、老城遗址、东关遗址、杨家阏遗址、张湾遗址、青石河遗址、王嘴遗址，巩义铁生沟遗址、滩小关遗址、水地河遗址、瓦窑嘴遗址、赵城遗址，郑州宋庄遗址、岳寨遗址、南阳寨遗址，荥阳牛口峪遗址、王宗店遗址，中牟业王遗址、孟庄遗址，登封双庙沟遗址、向阳遗址、王城岗遗址，尉氏兴隆岗遗址、马家庄遗址，杞县孟岗遗址，长葛石固遗址、西杨庄遗址、夹岗遗址、南张庄遗址，鄢陵刘庄遗址、唐庄遗址、半截岗遗址、滕岗遗址、双堂遗址、古城遗址、蝎子岗遗址，许昌灵井遗址、丁集遗址、丁庄遗址、崔庄遗址、五女店遗址，禹州吴湾遗址、杏庄遗址，扶沟前闸遗址、雁周遗址、宋马岗遗址，西华小庄遗址，商水马村遗址，项城后高老家遗址，汝州中山寨遗址、阎湾遗址、辛庄遗址、安沟遗址、后庄遗址、前户西遗址、槐树荫村南遗址、槐树荫村北遗址、湾张遗址，郏县水泉遗址，叶县十二里庄遗址、孙家岗遗址、文集遗址，漯河翟庄遗址、傅庄遗址，舞阳贾湖遗址、湖南郭遗址、阿岗寺遗址、张王庄遗址、长村赵遗址、孙庄遗址、大岗遗址、尚庄遗址，驻马店杨庄遗址，新蔡郭家遗址，正阳晾马台遗址、李楼遗址，上蔡高岳集遗址、尹庄遗址、航寨遗址，方城大张庄遗址，信阳南山嘴遗址、平桥遗址，潢川平岗遗址、霸王台遗址、鲁寨遗址，偃师高崖遗址、马涧沟遗址，孟津朱寨遗址，嵩县乌稍岭遗址，卢氏薛家岭遗址、祁村湾遗址，新乡骆驼湾遗址，辉县琉璃阁遗址、孟庄遗址，孟州子昌遗址，浚县凌湖遗址，淇县花窝遗址，汤阴程岗遗址，安阳洪岩遗址，林州篙园遗址，濮阳孔悝城遗址等150余处。可谓星罗棋布，洋洋大观。

在上述诸多的裴李岗文化遗址中，有新郑裴李岗遗址[1]和唐户遗址[2]及沙窝李遗址[3]、新密莪沟遗址[4]、长葛石固遗址[5]、汝州中山寨遗址[6]、舞阳贾湖遗址[7]、巩义瓦窑嘴遗址[8]、郏县水泉遗址[9]、淇县花窝遗址[10]、方城大张庄遗址[11]等近20处经过了考古发掘，都有很多重要的考古发现。

新郑裴李岗遗址位于新郑市西北7.5公里的裴李岗村西地，总面积约2万平方米。1977～1979年，在这里进行了三次考古发掘。共发掘出22个窖穴。多为不规则的圆形坑，也有少量的圆角长方形坑，坑口直径多为1米左右，最大的口径为2.2米，最小的仅有0.5米。坑壁一般近于垂直，边缘和底部均不很整齐。坑内包含有陶器、石器等，比较丰富。还发掘出一座残陶窑。窑室的结构为圆形，直径近1米，窑底为圜形，比较规整。窑室南壁有五个半圆形的孔眼，直径6～8厘米。窑的火道向东，在窑壁、窑底和火道壁都有很厚的烧土。在遗址中，发现不少内含草秸和带植物秆痕迹的红烧土。其中较大的一块长9厘米，宽6厘米，厚3.7厘米，一面遗有并行排列的清晰草秸痕迹。这些红烧土当为房基的墙壁或房顶倒塌后的遗存。裴李岗遗址发掘出墓葬114座。中心地区稍偏西处被破坏。原有墓葬为数更多。分布比较密集，排列基本有序，均为南北向的长方竖穴土坑墓，没有葬具，除一座为双人合葬外，其余都是仰身直肢葬。从骨架和墓坑的情况看，大部分为成年人墓。这批墓葬一般都是小型墓，墓坑不很整齐，人骨架紧贴在生土上，随葬品1～10件不等，均为石器和陶器，只有两座墓的人骨颈下，分别发现绿松石珠1枚或2枚，此为仅见的装饰品。还有3座墓形制较大，一座是双人合葬墓，墓坑长2.6米，宽2.1米，随葬器物14件，另两座墓坑长2.5～2.6米，宽1.9米，墓坑边缘整齐，随葬器物分别为18件和20件。值得注意的是，单人墓内除一座之外，其余凡随葬石磨盘、石磨棒的均不见石斧、镰、铲等工具。反之，随葬有石斧、石镰、石铲的也不见石磨盘、石磨棒，两者不共存。合葬墓的情况虽有不同。但从石磨盘、石磨棒和石斧、石镰陈放位置来看，系分属于两个死者。这114座墓可能是一处氏族墓地。裴李岗遗址出土的石器甚多，有些出于墓葬，有些出于窖穴和文化层内。都是生产工具，包括石铲、石斧、石镰、石磨盘、石磨棒、石弹丸等。石铲中有不少是两边均有刃的，石斧磨得很精致，石镰制作精细，通体磨光，刃部都有细小的锯齿，为一大特色。石磨盘和石磨棒为裴李岗文化的典型石器，石磨盘平面作鞋底形，两端均为圆弧状，前部稍宽，后部稍窄，腰部内收，下部附有四个柱形足。柱足的制法都是将磨盘底下部凿去留下四足。石磨盘的上部均有使用痕迹。石磨棒一般呈圆柱形，中部经过长期使用，被磨损成扁圆形或三角形。石弹丸较小，为直径不到2厘米的圆球形。此外，还有一些打制的尖状器、刮削器等细石器。出土的陶器也不少，较完整的多出自墓葬，均为死者生前所用之物。鼎可分为两种，一种是罐形鼎，素面或饰扁圆乳钉纹；另一种是夹砂红陶碗形鼎，器表饰直线篦点纹。还出有泥制红陶三足钵，数量远比前者多。壶的数量也不少，均为泥制红陶，器体分为球形和椭圆形两种，小口，高领，腹上部附弯月形双耳，个别的有纽状耳，多为圜底，也有一些是小平底，个别还有尖底或圜底附三个锥状短足。罐的数量比前二者少，夹砂红陶，筒形深腹平底，多为素面，有的腹上有四个乳钉，个别的有划纹或压印的凹点纹。还有很少的盆、碗、钵、盘等以及陶猪头、陶羊头之类的简单艺术品。除石器、陶器之外，还发现有骨镞、骨锥、骨匕、骨簪、鹿角器和猪、羊头骨等遗物。

舞阳贾湖遗址位于舞阳县城北22公里的贾湖村东，面积约5.5万平方米。20世纪60年代初期发现该遗址。1983～1987年先后六次在这里进行考古发掘。遗迹遗物非常丰富。发掘出房基30多座，均为圆形或椭圆半地穴式建筑，有单间和多间两种。多间房有两间的、三间的和四间的，大多依次扩建而成，各间之间有门坎或隔墙。单间房基面积较大，如3号房基直径2.76～3.7米。室内较平整，铺垫有一层厚约0.1米的黄灰土，质地较硬。室内西北有火灶，斜坡门道设置于东面，有两层台阶。还发现9个柱洞。多间房面积不大，每间大小也不等，在2～6平方米之间。发掘出窖穴300个，有圆形坑、椭圆形坑和不规则形坑多种，其中以圆形坑最多，椭圆形坑次之，不规则形坑很少。有的圆形坑壁留有台阶。发掘出陶窑10余座。以8号窑保存较好，为横穴式窑。上口近圆形。直径1.84～2.04米，残高0.5米。由火门、火膛、火台、窑室、烟道组成。窑内存有红烧土残壁块，火门和火膛内堆满草木灰。发掘出墓葬300多座，按其位置可分为几个墓群，均为竖穴土坑墓，个别留有二层台，多为单人一次葬，还有单人二次葬、多人二次葬、一次葬和二次葬的多人合葬，尚有一例多人一次葬。大多数墓葬有随葬品，少者1件，多者数十件。均为实用的生产工具、生活用具、装饰品和宗教用品等。有陶器、石器、骨器、牙器和龟甲等，尤以骨器数量最多，也最为常见。龟甲往往成组出现，龟甲内装有数量不等、大小不均、颜色不一、形状各异的小石子。这可能与宗教习俗有关，也反映了原始数学的萌芽。有人认为“当时的人们可能已经掌握了十以内的加减运算，并可能产生了进位制记数的思想”。出土遗物非常丰富，完整和能复原的陶器达数百件，其中有盆形鼎、角把罐、篦纹罐、双耳壶、折肩壶、深腹或浅腹钵、少量的扁凿状或圆锥状三足钵以及各种支脚、纺轮等。石器有磨光双面弧刃石斧，长椭圆形两端有刃石铲，锯齿石镰，鞋底状四足或无足和不规则形石磨盘，圆形、椭圆形、半圆形或圆角方形及三棱形石磨棒，还有柄形饰、绿松石饰、刮削器等。骨、牙器中有鱼镖、骨镞、骨针、叉形骨器、骨笛、獐牙器和龟甲片。此外，还出土有猪、鹿、狗、牛、鸡、野兔等家畜或兽骨以及鱼骨、鱼鳞、蚌壳和一些果核。还发现有炭化稻米，属于人工栽培稻，将河南地区种植水稻的时间提早到8000年前。贾湖遗址中最具特色的遗物是一些刻在龟甲、骨器和石器上的符号，其中有一些符号与安阳殷墟甲骨文的某些字形相似，也和郑州商城所出土的大口尊口沿上所刻的陶文相近，很可能具有原始文字的性质。还有一批骨笛，系用猛禽的腿骨管截去两端关节再钻圆孔而成。多为七孔，长约0.22米，个别音孔旁还另钻调音小孔。说明当时制作骨笛已经过精确计算，制作后用增加小孔的方法调整音差，对乐理的了解已达一定的高度。经专家测音认为“骨笛的音阶结构至少是六声音阶，也有可能是七声齐备的、古老的下徵音阶”。显示了裴李岗文化的人们已达到了相当高的音乐水平，为中国乃至世界的音乐史的研究提供了极其珍贵的实物资料。

汝州中山寨遗址位于汝州纸坊乡中山寨村，为慢坡状的大土岗，高出附近地 4 米左右，面积 15 万平方米。遗址南部有汝河自西北向东南流过。该遗址发现于 20 世纪 50 年代，后经多次调查，并采集一批裴李岗文化和仰韶文化的标本。1984 ~ 1986 年先后进行考古发掘。在仰韶文化层的下面，发掘出裴李岗文化遗存。发现灰坑 9 座，皆为圆形坑，分大口小底和直壁两种。个别的直壁坑底部，有高 0.5 米的台阶，坑壁上发现有石铲的工具痕迹。发掘墓葬 4 座，皆为长方形竖穴土坑墓，且为单人仰身直肢葬，头向不一。随葬品以陶器为主，有的墓还随葬有楔蚌和榧螺。发掘的遗物也很丰富。生活用具主要是陶器，泥制陶居多，还有相当数量的夹砂陶。有浅腹圜底钵、浅腹平底钵、浅腹三足钵、深腹圜底三足钵、双耳壶、三足壶、平底盆、大口罐、侈沿罐、双耳罐、三足罐等。多为素面，也有饰篦点纹、划纹、指甲纹、窝纹的，还有很少的彩陶。出土石质生产工具较多，有打制的也有琢、磨兼制。包括平顶弧刃长条形石铲、扁圆形或长椭圆体弧刃石斧、有齿或无齿石镰、圆角长方形或长椭圆形无足石磨盘、圆柱形石磨棒、长椭圆形或两侧有缺口的石网坠、圆形或椭圆形打制的砍砸器、磨石等。出土骨器不多，仅见有骨针和骨锥两种，但加工较精致。还要提及的是，这里也发现了 1 支骨笛，笛身有两排相错的小孔，骨笛的两端残缺。经鉴定认为可能是校音的笛子。

裴李岗文化具有自己的独特风格。数量众多造型又很特殊的石磨盘和石磨棒，是识别裴李岗文化最明显的标志之一；舌形或长条形两端有弧刃的石铲，磨制精致，有的两端都有使用摩擦痕迹，石铲的寿命无疑可以大大延长；弧背锯齿刃的石镰也是石器中的代表作，陶器以泥质红陶为主，夹砂红陶次之，灰陶很少。三足钵和各式小口双耳壶为其典型器物，其他还有圈足碗、敞口钵、罐形鼎、深腹罐等。除素面之外，不少陶器饰有篦点纹，还有一些划纹、指甲纹、乳钉纹等。这些因素构成了裴李岗文化的基本特征。

综上所述可以看出，裴李岗文化遗址出土了相当数量的各种各样的农业生产工具，其中有砍伐、开垦土地用的石斧，播种、耕作、松土用的石铲，收割作物用的石镰，还有加工谷物用的石磨盘、石磨棒。也就是说从农业生产到粮食加工全过程的工具应有尽有，这充分显示了当时的农业生产已有了一定的进步性，并且成为氏族经济的主体和人们生活的主要来源。农业生产是一种以年为周期有计划的长期活动，也是一种生产经验和知识的积累，更是一种与人类生存密切相关综合性的文化行为，是促进古代文明产生与发展的基础。与此同时还出现了家畜饲养，不但发现了猪骨、羊骨、牛骨、狗骨，还出土了陶塑的猪头和羊头，能把猪、羊等制成简单的艺术品，说明了这些家畜与人们的关系多么密切，在日常生活中占有一定的地位。此外，渔猎和采集等项生产活动依然存在，遗址中发现的石弹丸、骨镞、骨鱼镖和猫骨、鹿角、其他兽骨、龟甲、鱼骨、鱼鳞，还有麻栎、枣核、核桃、榛子、榆钱、酸枣核等籽实，就是很好的实物例证。

裴李岗文化的原始手工业以制造石器和烧制陶器为主。在石器制造中，人们不仅已经熟悉选料和制坯技术，而且在磨制工艺上也达到了一定水平，各种各样石器的造型有一定的规范。陶器虽然都用手制，不少器物火候低，胎质疏松，容易破碎，但从器形和纹饰上看已经脱离了最原始的阶段，显得较为丰富多彩。新郑裴李岗、舞阳贾湖、郏县水泉等遗址发现的陶窑结构比较简单，却是我国目前所发现最早的陶窑。出土的一些陶纺轮，说明当时的原始手工业中还有纺织。同时，还制作装饰品和艺术品。半地穴式房基的发现，说明裴李岗的先民们已掌握了一定的建筑技术，要比旧石器时代晚期进了一大步，人们再不用树上筑巢或洞穴而居了。

裴李岗文化遗址由于所处地理自然环境的不同，以及相对年代的先后，除共性之外，也表现出一定的差异。形成了几种既相近又有区别，既互相联系又互相分离的文化面貌。依据目前的发掘和调查的资料，综合考古研究的成果，大致可以分为裴李岗、贾湖和中山寨三种不同的类型。

裴李岗类型以新郑裴李岗遗址为代表，多半分布在浅山丘陵地区，所处位置地势较高，遗址面积稍小一些，文化层堆积较薄，灰层颜色较浅，内涵比较单纯。墓葬密集，排列有序，以单人仰身直肢葬为主，绝多为南北向，随葬器物多为陶器和石器，骨器很少见。生产工具中石磨盘数量很多，且多作鞋底形，下有较高的四足；石铲多两侧平直的长条形，两端有舌状弧形刃；陶器火候一般较低，有的一触即碎，泥质红陶数量最多，夹砂红陶次之，灰陶很少。以小口双耳壶、锥状三足钵较多，还有三足壶、直沿钵、锥状足鼎、深腹罐等。陶器纹饰除素面外，篦点纹、篦划纹较多。

贾湖类型以舞阳贾湖遗址为代表，多半分布在平原地带，遗址面积一般较大，文化层堆积较厚，灰层颜色较深，并发现仰韶文化、龙山文化或更晚一些文化层相叠压的遗存。墓葬中除常见单人葬之外，还出现不少二人葬与多人合葬，绝多为东西向，随葬品以骨器居多，陶器和石器较少，有些还随葬有成组龟甲或獠牙。石磨盘数量较少，且出现有矮足或无足。石铲除长条形两端刃者之外，还有一种体形较短、一端较平、另一端为尖刃的石铲。陶器中泥质红陶和夹砂红陶比例相当，还有夹炭褐陶及一定数量的灰陶，火候高一些，质地较硬一些。常见的锥状三足钵和小口双耳球形壶数量大减，新出现有圈足壶、斜肩壶、小口折腹壶等；直口钵减少，敛口钵增多，个别口沿饰红色宽带纹；陶器中篦纹减少，出现了细绳纹；锥状足减少，多为扁圆锛形足鼎；还出有角把罐及少量的支足。

中山寨类型以汝州中山寨遗址为代表，多分布在豫西丘陵地带，集中在汝河上游及其以北的黄涧河、洗耳河两岸的台地上，分布范围较小。所见窖穴以圆形为主，墓葬均为单人仰身直肢葬，墓向不一，东南西北均有。所出石磨盘均无足，为圆角长方形或长椭圆形。石镰有锯齿刃的但尾部不上翘，还有一些无齿石镰。陶器纹饰以上下连续折线、横向连续折线篦纹和“之”字形篦纹较特殊，并有黑彩菱形纹和红彩宽带纹。带八个半月形耳的三足壶、三足罐最突出。

裴李岗文化的源头，可以上溯到旧石器时代晚期。一些裴李岗文化遗址中发现有一定数量的打制细石器，这与许昌灵井旧石器时代最晚期遗址的细石器有些相似，它们之间是否存在一脉相承的文化关系还值得深入探讨。鉴于在舞阳大岗遗址裴李岗文化层下发现有粗有细石器的文化层，在荥阳织机洞遗址旧石器时代堆积层之上发现有裴李岗文化的陶片，由此可以推测裴李岗文化至少填补了灵井文化与仰韶文化时空之间的某个空白。其重要性是显而易见的。

裴李岗文化在发展中还进行传播。在裴李岗文化晚期，一部分向东迁徙，在安徽北部与当地文化相结合发展为石山子文化[12]。另一部分到达淮南丘陵地区，发展为侯家寨文化[13]。还有很大一部分东迁后又沿淮河支流泗水、汶水北上，到达鲁中南山前平原，作为重要源头演变为北辛文化[14]。其后，又发展为大汶口文化[15]，遍布鲁南、苏北、皖北。在大汶口文化中晚期又西渐豫东及颍河流域，构成了河南境内的大汶口文化，并对中原地区仰韶文化（晚期）和龙山文化（早期）产生一定影响[16]。裴李岗文化向东迁移的另一部分，到达江苏中部的高邮一带，其中包括著名的龙虬庄遗址[17]。经研究分析，从时间上和诸多文化因素上龙虬庄遗址都可以与贾湖裴李岗文化遗址连接起来，表明至少有贾湖遗址的一支在当地生态资源枯竭之后东迁江淮东部，找到了可提供经济资源和经济增长的生存空间。引人注目的是，龙虬庄的稻作遗存是由贾湖传来，而后经由山东半岛传到韩国的家瓦地、欣岩里、松菊里，最后再传到日本。河南省文物考古研究所与韩国忠清北道的忠北大学博物馆合作进行旧石器时代考古、古稻作起源研究，相互召开过几次学术研讨会，1997 年在忠北大学召开的学术研讨会上专题讲到淮河流域古稻作起源与传播。

裴李岗文化的另外一支，穿过伏牛山到达豫西南，发展成为仰韶文化的下王岗类型。下王岗一期的罐形鼎、陶锉、石磨盘、长方体刃石铲、锯齿石镰等均见于裴李岗文化。特别是夹滑石粉陶器和随葬龟、狗等现象与贾湖类型基本一致[18]。而更多的裴李岗文化则留在当地。在裴李岗文化的石固遗址、中山寨遗址、湖南郭遗址、阿岗寺遗址、水泉遗址等处，均发现有仰韶早期文化层叠压在裴李岗晚期文化层之上的地层堆积，这大大缩短了裴李岗文化与仰韶文化在年代上的距离。从房基、墓葬的形制、石器的造型、陶器形制及品类和纹饰，都可以看出其演变轨迹来。河南地区仰韶文化的不少文化因素溯源于裴李岗文化。上述这些表明裴李岗文化在中国古代文明起源与早期发展中所占的地位是何等重要。

注　释

[1] a. 开封地区文管会、新郑县文管会：《河南新郑裴李岗新石器时代遗址》，《考古》1978 年第 2 期；

b. 中国社会科学院考古研究所河南一队：《1979 裴李岗遗址发掘报告》，《考古学报》1984 年第 1 期。

[2] a. 中国社会科学院考古研究所河南一队：《河南新郑唐户新石器时代遗址试掘简报》，《考古》1984年第3期；
b. 张松林等：《新郑唐户遗址发现裴李岗文化大面积居住址》，《中国文物报》2007年7月13日。
[3] 中国社会科学院考古研究所河南一队：《河南新郑沙窝李新石器时代遗址》，《考古》1983年第12期。
[4] 河南省博物馆等：《河南密县莪沟北岗新石器时代遗址》，《考古学集刊》第1集，中国社会科学出版社，1981年。
[5] 河南省文物研究所：《长葛石固遗址发掘报告》，《华夏考古》1987年第1期。
[6] 中国社会科学院考古研究所河南一队：《河南汝州中山寨遗址》，《考古学报》1991年第1期。
[7] 河南省文物考古研究所：《舞阳贾湖》，科学出版社，1999年。
[8] 巩义市文物管理所：《河南巩义瓦窑嘴新石器时代遗址试掘简报》，《考古》1996年第7期。
[9] 中国社会科学院考古研究所河南一队：《河南郏县水泉裴李岗文化遗址》，《考古学报》1995年第1期。
[10] 安阳地区文管会、淇县文化馆：《河南淇县花窝遗址试掘》，《考古》1981年第3期。
[11] 南阳地区文物队等：《河南方城县大张庄新石器时代遗物》，《考古》1983年第5期。
[12] a. 安徽省文物考古研究所：《安徽濉溪石山子新石器时代遗址》，《考古》1992年第3期；
b. 张敬国：《近年来安徽淮北地区新石器时代考古的主要收获》，《文物研究》第9集，1994年。
[13] a. 阚绪杭：《定远县侯家寨新石器时代遗址发掘简报》，《文物研究》第5辑，1989年；
b. 阚绪杭：《试论淮河流域的侯家寨文化》，《中国考古学会第九次年会论文集》，文物出版社，1993年。
[14] 中国社会科学院考古研究所山东队等：《山东滕县北辛遗址发掘报告》，《考古学报》1984年第2期。
[15] a. 山东省文物管理局等：《大汶口——新石器时代墓葬发掘报告》，文物出版社，1974年；
b. 山东省文物考古研究所：《大汶口续集——大汶口遗址第二、三次发掘报告》，科学出版社，1997年；
c. 中国社会科学院考古研究所：《山东王因——新石器时代遗址发掘报告》，科学出版社，2000年；
d. 江苏省文物工作队：《江苏邳县刘林新石器时代遗址第一次发掘》，《考古学报》1962年第1期；
e. 南京博物院：《江苏邳县刘林新石器时代遗址第二次发掘》，《考古学报》1965年第2期。
[16] 孙广清：《河南境内的大汶口文化和屈家岭文化》，《中原文物》2000年第2期。
[17] 龙虬庄遗址考古队：《龙虬庄——江淮东部新石器时代遗址发掘报告》，科学出版社，1999年。
[18] 河南省文物研究所等：《淅川下王岗》，文物出版社，1989年。

裴李岗文化聚落研究

杨肇清
（河南省文物考古研究所）

裴李岗文化从1977年发现以来，至今已30年了。这些年来经各级文物考古工作者的努力至今（2007年5月底）发现的遗址近160处。经初步统计发掘和试掘的遗址26处，发掘面积较多的遗址13处，揭露面积累计达24 590平方米，发现房基107座，灰坑1260座，窑14座，墓葬826座，出土文物数千件。了解本文化的内涵、分布范围、文化特点。不少学者对文化的类型、分期、发展去向以及社会性质，社会生产状况从不同角度进行研究，已取得丰硕成果。到目前已发掘的遗址中，舞阳贾湖、新密莪沟北岗、新郑唐户等三处遗址均有较多的房基、灰坑或墓葬等遗迹，而前两处遗址已全面发表了考古报告，后者已发表了简讯。为此，我仅先从几个遗址为例对其聚落进行研究。如有不妥敬请同仁正之。

一、裴李岗文化遗址的分布

目前已发现的遗址均分布在河南境内，而又以嵩山周围的县市境内遗址比较多，如新郑、新密、登封、巩义等较为密集。这些遗址在河南分布较广，西到灵宝阳平商塬和卢氏祁村，东至项城东南的后高老家，北抵林州嵩园和濮阳孔悝城，南达潢川张集双岗，在这约10万多平方公里的范围内分布才有140余处遗址（也可能有些遗址尚未发现）。已发现的这些遗址分布较为分散，多在两河交汇的岗顶上、河岸的三级或二级台地上。裴李岗文化遗址面积都不大，多在1万米左右，也有2万平方米左右的遗址，较大的贾湖遗址也只有5.5万平方米，个别最大的可达30万平方米，如新郑唐户遗址。文化层堆积一般1米左右，最厚的近达3米。这些遗址多分布浅山区和丘陵地区，而在平原地区比较少，且时代相对稍晚。2000～3000平方米的遗址也有可能是生产需要时临时居住的营地，近万平方米的遗址才是真正的常年居住的遗址，有的地点居住时间长，如裴李岗、莪沟北岗遗址可分二期，居住时间400～500年，贾湖遗址分三期九段居住时间近1600年。虽然有的遗址面积较大，其实不是裴李岗文化的实际面积，而是后来的古文化的人们仍居住于此，将它扩大了而已。裴李岗文化遗址内的遗物不丰富，出的陶片也较少，在墓葬内多有随葬品，基本是实用的生活和生产工具，当然生前所担任的工种不同，随葬的器物种类也不一样。在灰坑内有较多的陶器碎片。在新密老城周围有较多的遗址，也是面积小，文化层较薄，遗物不多，可能是生产需要经常搬迁的结果。人们是以农业生产为主，狩猎为辅，在一地住的时间长了，周围的土地的肥力减少时，又迁移另一地居住。除个别遗址周围条件十分优越，居住的时间长。如贾湖从早期一直住到三期，居住时间达1600年以上。这里是黄淮海平原的西南部边缘地带，遗址西靠贾湖北岸，南眺舞钢市的伏牛山脉，东连一望无际的黄淮海大平原，适于农业生产和渔猎活动，故此遗址居住较长。

二、几处有代表性的遗址

（一）裴李岗遗址

裴李岗文化于1977年在新郑裴李岗首先发现而得名。遗址位于新郑城西北7.5公里的裴李岗村的西边，正处双洎河拐弯的北岸的岗顶上，高出河床高约25米。面积约2万平方米。共经过三次发掘，1977年春进行了第一次，是原开封地区文物科科长崔耕同志在新郑举办地区文物学习班，请郑州大学李友谋先生，省文物工作队下放干部赵世纲先生授课，又在唐户进行考古实习时。接到裴李岗村村民李铁旦送来在平整土地时发现的石磨盘，他们又在此进行发掘，发现墓葬和灰坑，出了一批文物，很快地发表了简报[1]。参加发掘、教学与指导田野实习的赵世纲先生，在整理时提出与周围不同的新文化的见解[2]。1978年和1979年郑州大学历史系考古专业和中国社会科学院考古研究所等单位又在此进行了第二和第三次发掘[3]。三次总计发掘2663平方米，共发现灰坑22座，窑1座，墓葬114座，出一批文物。经过三次发掘才真正认识裴李岗遗址的文化内涵。

该遗址可能是修护村堤和农田基本建设等破坏，而没有发现房基。灰坑分布比较分散，坑的直径不大，多在1~1.5米之间，最大也只有2.2米，深1米左右，有的灰坑就是藏物的窑穴。已发现有窑，说明烧制陶器已从露天烧制到窑内烧制，可见烧制陶器已达到了一个新的阶段。墓葬是分布有规律，排列有序，人死后葬于氏族公共墓地内。而这些墓葬分布于遗址的西部，可分东西两处墓区。

裴李岗遗址出土的生产工具是以石质为主，也有个别的骨质和陶质工具。石器以磨制为主，琢磨次之，打制很少。特别是有的石铲和锯齿镰磨制较精。主要器型有弧刃石斧、扁平长条形弧刃石铲、有肩石铲、锯齿石镰、石磨盘、石磨棒和打制的刮削、尖状器、砍砸器等；陶器的陶质是以泥质红陶为主，夹砂红陶和夹砂褐陶次之，陶质疏松，火候低，陶器是均为手制，主要是采用泥条盘筑法，器表打磨，在有的夹砂陶器表面上拍压有篦点纹、篦纹、划纹以及压印纹、指甲印纹等。主要器型有小口双耳壶、侈沿罐、三足钵、大口罐、小口深腹罐、双耳罐、罐形鼎、盆形鼎、假圈足碗和圈足碗等。还有制作精致、形象逼真的猪、狗、羊头等动物陶塑制品。可见当时人们对这些动物比较熟悉，也就是说人们已饲养它们才对它们有了深入的了解，才能做出如此逼真的艺术品来。

以生产工具看，从开发土地到耕耘、收割、加工粮食的工具齐全，农业已渡过了刀耕火种的阶段，进入比较发达的农耕时期。从其遗址中的遗迹分布看，虽然没有发现房基，但一些灰坑分布，根据一般常规是房屋周围才有较多灰坑，有烧陶器的陶窑，分布有规律的墓地，村落还是有一定的布局。

在裴李岗第一次、第二次的发掘中发现灰坑 H1 打破文化层，它又叠压墓葬 M6，第三次的发掘中又发现了上层墓 70 座与下层墓 12 座。打破文化层的灰坑与上层墓出的器物大致相同，上、下层的墓葬出的器物确有差异，但又是一脉相承，可见是有早晚之分别。

（二）莪沟北岗遗址

位于新密城南 7.5 公里的超化镇的莪沟村的北岗上。岗顶平坦，黄土丰厚，它正处于绥水和洧水交汇聚处的岗顶上，高于河床约 70 米。现存面积 8000 平方米。1972 年发现，1977 年冬为配合农民农田基本建设进行发掘，至次年 5 月底结束。揭露面积 2747 平方米，总共清理出房基 6 座，灰坑 44 座、墓葬 68 座，还发现类似露天的窑址一处，出土文物 370 余件[4]。此遗址面积小，比较集中，并基本揭露整个聚落的面貌。

房基 6 座。分布于遗址的中部，形制均是半地穴式，置有斜坡式的门道。除 1 座为方形外，其余为圆形。保存较好的房内有灶的设置，多位于与门相对的中后部，用草泥筑成。房屋的面积不大，一般为 4～8 平方米，每两座房相近。保存最好的房基墙壁高 20 厘米，房内用黄沙与黏土相混合铺垫，比较平整，有的房基周围有柱洞，而柱洞向房中斜，看来立柱交于房屋的中心，再置以树枝，后用茅草覆盖房顶，门道上也搭有门棚，并用草遮盖。

灰坑 44 座。主要分布于房基的周围，其余也有零星分布。平面形状以圆形为主，椭圆形次之，其他形式较少。口径一般 1 米左右，最大的口径达 2.18 米，坑深一般多在 1 米以下，最深 1.28 米。还有为数不多的袋状坑，此类坑较深，容积较大，应是窖穴。

墓葬 68 座。主要分布于遗址的西北与西部，其他区只有零星发现。墓圹为长方形竖穴土坑，长 1.48～2.4、宽 0.5～0.48、深 0.16～08 米，墓向西南，除一座为双人一次葬外，均为单身一次葬。一般有随葬品 2～4 件，仅有 1 座墓有 14 件，墓主人为女性。

本遗址出的生产工具、生活用具，与裴李岗遗址相同，前者还是以石制为主，其制作方法、形制、器形种类相同。而生活用具也以陶器为主，而陶质、陶色、器形、制作方法、器类亦与裴李岗遗址相同。

该遗址发现在扰土层下灰坑打破文化层，它又叠压 M31，而文化层出的遗物与灰坑等出一致，而墓葬出的器物与它们略有不同，为此认为墓要早于灰坑，由此有分期的意义。

而莪沟的村落布局比裴李岗遗址更有规律，也非常清楚。房基居于遗址的中部，灰坑主要分布于房屋的周围，墓葬主要分于西部和西北，均有规律的排列，而墓内男性随葬生产工具和生活用具，女性随葬只有生活用具粮食加工工具，一般葬品较多。可见当时社会是以女性为中心，男女有分工。

（三）贾湖遗址

位于河南省舞阳县北舞镇西南的贾湖村东。北距舞阳县22公里，东北距镇3公里。地处黄淮海大平原的西南部边缘，河流纵横，交通便利。

贾湖所在的地区为淮河上游支流冲积、湖积平原。这里温暖多雨，光照充足，四季分明，土地肥沃，物产丰富，而南边有湖，适合人类从事农业生产活动和捕捞作业。

贾湖遗址于1961年发现，1980年进行了考古调查认定为一处裴李岗文化遗址，文化最厚达2.1米，面积5.5万平方米。

1983~1987年和2001年，河南省文物考古研究所等单位连续发掘了7次，揭露面积达到3258平方米。共清理出房基53座，陶窑12座，灰坑436座，墓葬445座，瓮棺葬32座，埋狗坑12座，以及一些壕沟、小坑柱洞等。出土了大量的遗物，其中复原和大部分复原的陶器1000余件，石制品1140余件，骨、角、牙等发现的标本100余件。还有大量的石、骨、牙的原材料和野生的哺乳动物、鸟类、鱼类、爬行动物、蚌类等遗骨。家养的动物有猪、狗、羊、黄牛、水牛等[5]。遗迹有房基、窑、灰坑及墓葬等。更为重要的这里发现有稻和米粒，证明已种稻；还发现在骨、石、陶上有刻划符号，有的被认为是原始文学。

1. *房基*

共45座（只限前6次发掘，下同）。其结构是以半地穴式为主共42座。其种类较多，可分单间、双间式、三间式、四间式等，又以单间为主，后三种仅有5座。平面形状可分椭圆形、圆形、近方形、马鞍形、半地穴式不规则形等。门道是以台阶式为多，斜坡式次之。房的面积不大，一般直径2.2~2.8米，个别的直径3.8米。室内面积多在2~6平方米，最大的约10平方米。在室内边缘或圆形周围有稀疏的柱洞。室内居住面较平，用黄褐色砂土与黏泥之类混合铺垫而成，经踩踏比较坚实。灶设置在房的中间或与门相对的中后边，有的用草拌泥筑成，而多间房是在一间房的基础上逐一扩建而成。主要分布在遗址的西部，中部和东部也有发现。房屋的方向不同，一般向南的较多，其他向很少。

地上建筑仅1座，干栏式建筑，出现2座。

2. 陶窑

共发现9座。窑平面多呈圆形和椭圆形，其中可分为横穴陶窑和简易竖穴陶窑，前者有窑室、火门、烟道和烟孔，有的还保存留有窑壁和火道；此外发现多处露天窑，仅挖出一个圆形和椭圆形的圜底直接烧陶器，前者是在后者的原始形态上发展起来的改进型。窑距房基比较近。

3. 灰坑

这里的灰坑分布非常密集，除小坑外，还有370座。从其口部形状可分为圆形、椭圆形、鞍形、不规则形、近方形五类。其中圆形为主、不规则形次之、不规则形和近方形再次之、鞍形最少。灰坑的壁的形状也是多种多样，可分为直壁、斜壁、斜壁外鼓成袋状、弧壁等；底可分平底、圜底、台阶式底、不规则形底等，以前两者为多，其他较少。灰坑的大小不一，深度有别。其口径在1.01～2米之间的为最多，1米以下的次之，2米以上极少。灰坑最深达2.68米，可仅有1座，浅的仅0.3米左右，1米以下的占绝大多数，1～2米较少。各种不同的灰坑反映出不同的功能，有的大坑可能就是房基。

4. 墓葬

贾湖遗址的人们死后均葬于公共墓地中，墓葬共计349座。分布于遗址的东、中、西部，又以西北为多，分布比较密集，排列有序，也有三四层叠压，早期墓葬与居住区很近，中晚期墓与居住区较远。

墓葬有形制可分为圆角长方形、长椭圆形，绝大多数为长方竖穴土坑墓，墓壁垂直，或口大于底的斜壁，一般底平，还有一墓为生土二层台。

墓葬最大的墓，长2.8、宽1.8米，最小的墓长1.74、宽0.35米，仅容一身。墓圹的深度有别，最浅仅有几厘米，最深达0.8米，多在0.3～0.5米间，还有个别深度不明。

墓的方向是以西为主，次为西南，少数西北，均在230～320度之间。所有的墓均无葬具。

除84座墓无随葬品外，其余均有，少者1件，极个别达60余件。其中以1件的较多，2～4件次之，4～10件再次之，10件以上最少，而21件的仅有5座墓。

发掘者根据遗址中部有一条小沟，西部有护村堤，均从北向南穿过，堤与沟较近，将遗址小沟以东为东区，堤与沟之间为中区，堤以西的北部为西北区、中部为西区、南部为西南区等五区。

这些房基、灰坑、墓葬各期段在各区的分布是不一样的。

第一期 一期1段时，仅西部发现房基1座，灰坑4座，墓葬5座；西北部有灰坑1座，墓3座；中部1灰坑；东区和西南未发现遗迹。一期2段时，其中西北房基3座，灰坑14座，墓10座；西部房基1座，灰坑12座，窑1座，墓葬13座；西南部房基2座，灰坑5座，墓5座；中部仅有灰坑2座；东区未有遗迹。到一期第三段时，仍主要在西北部、西部和西南部，东部新发现遗迹。其中西北有房基4座，窑1座，灰坑16座，墓4座；西南部房基1座，灰坑7座，墓葬1座；东区房基2座和灰坑9座；西区有灰坑和墓葬各2座。由此看出初来贾湖的人很少，仅占西部和紧靠西北区东南的一小块地方，房基少，而且面积不大，约3.3平方米。到2段时扩到西南和中区，房基也较多，面积也较大。3段时又扩大东区，但中、东区遗迹很少，房基出现双间和四间房，面积也较大。灰坑均多分布于房基的附近，墓一般在房基的东南，有的与房基较近，墓葬区在遗址的西北区的东南、西区和西南区的北部内，窑与房基相离不远。

第二期 4段时，西北区有房基2座，窑1座，灰坑20座，墓葬2座；东区有房基2座，窑1座，灰坑和墓葬各4座；西区有灰坑和墓葬各4座；西南区窑1座，灰坑7座，墓葬2座；中区灰坑5座，窑1座，墓葬2座。到第5段时，西北区有房基2座，灰坑43座，墓葬38座；西南区有房基1座，灰坑20座，墓葬5座；中区有房基1座，窑1座，灰坑3座，墓葬2座；西区有灰坑16座，墓葬23座；东区有窑1座，灰坑14座。到第6段时，西北区有房基3座，灰坑21座，墓葬38座；东区房基2座，灰坑10座；中区房1座，灰坑5座，墓葬5座；经西区灰坑9座，墓葬30座；西南区灰坑5座，墓葬8座。可见到第二期5段时五区均占领，可中、东区遗迹较少，较多的遗迹房基主要集中在西北区，其中的中东部5座，此区西端有2座（4段时），东区和中区少见，西南仅在5段时发现1座，西区无房基；灰坑仍主要分布在房基的附近，其他区也有；墓葬主要分布于西北区的西北部、西区和西南区的东部，中、东区偶见分布，墓葬位于房基的西北和东北，离房基的距离较远；窑离房基的距离仍较近。

第三期 7段时，西北区有房基4座，灰坑18座，墓葬24座；东区有房基1座，灰坑2座；西区灰坑17座，墓葬12座；中区仅有灰坑2座，墓葬4座；西南灰坑11座，墓葬5座。第8段时，西北区房基5座，灰坑18座，墓葬22座；西区有房基4座，灰坑10座，墓葬5座；西南有房基1座，灰坑和墓葬各6座；中区灰坑2座，墓葬7座；东区无遗迹。到9段时，西北区有房基1座，灰坑4座，墓葬19座；西区有房基1座，灰坑7座，墓葬18座；中区仅灰坑和墓葬各6座；东区只有灰坑2座；西南也只有墓葬6座。此期的第7、8段时遗迹较多，可到第9段时遗迹较少，而房基主要仍集中在西北区的中东部，西部少，其次是西区，其他区无，灰坑仍以房基周围为多，其他区虽有分布，其数量不多，且较分散，墓葬仍在西北区的西北部、西区和西南区的东部，距房基的距离较远。

（四）唐户遗址

位于河南省新郑市观音寺镇唐户村的西部和南部，潩水河与九龙河交汇处的夹角台地上。遗址面积100万平方米，文化遗存堆积丰富，包括裴李岗文化等多时代的聚落遗址。其中裴李岗文化遗存面积30万平方米，是目前最大的一处裴李岗文化聚落遗址。

为配合南水北调中线干渠工程建设，郑州市文物考古研究院于2006年6月开始对干渠占压部分进行了抢救性发掘。发掘区按象限分为四个区，2006年发掘工作在Ⅱ、Ⅲ区内进行，2007年在第Ⅳ区内进行，截至2007年5月底，已发掘近5000多平方米，发现裴李岗文化时期的房基47座，灰坑166个，沟3条，居住址内排水系统沟1条，壕沟1条，墓葬1座，出一批重要文物遗物[6]。

根据发布的简讯得知，发掘区地层堆积简单，Ⅱ区、Ⅲ区、Ⅳ区裴李岗文化分别被汉代、宋代、明清文化层所叠压其文化层，较厚，一般为0.8～1.8米，最厚可达3米以上。

目前已清理出裴李岗文化半地穴式的房基47座，平面形状有圆形、椭圆形、圆角长方形、不规则形等。门向有东南、南、西南向几种，基本朝向地势较低的一面。房基以单间为主，共44座，双间式3座。房内居住面和墙面均经过处理。有的房内现存有灶的遗迹。其房基的结构形式可分三种类型：

第一类为斜坡式门道单间式，共42座。

第二类为斜坡阶梯式门道单间式，共2座。在房内填土物丰富，包含有较多的碳粒红烧土块陶片及石器等。

第三类为斜坡门式门道双间式，共3座，均系二次扩建而成。如06ZXTF3，由门道、东室、西室三部分组成。门道西南向，分东、西两间。东间平面呈椭圆形；西间近圆形。西南之间以过道相通。从发掘得知，该房基经两次建造：第一次为始建期，包括门、东间及下层居住面，该居住面上发现大块红烧土和经过焙烧的长条状的红烧土台，应为灶的遗迹；第二次为扩建时期，包括东间的上层居住面过道及西间房屋。

这些房的壁或斜或直，底有的平面、有的圜形，居住基面为纯净黄土、灰土等铺垫而成，经过不同程度的加工处理，比较平整。

已发掘出的居住遗迹可分为四组独立的单元，中间被生土隔离。

第一组，2座。位于第Ⅲ发区的西北部。因其紧邻九龙河，可能被河道冲刷破坏。

第二组，共计12座，分布于第Ⅲ发掘区的东北部，它建筑在坡状地貌上，可能便于排水。

第三组，共6座。位于第Ⅱ发掘区的东南部及西部，本组房屋出现较大的差别，如F16不到5平方米，而F7面积达到20平方米。另外在第Ⅱ区发现了人工建筑的沟1条，编号为06ZXTG10，已发掘区域沟长21.6、宽0.75～1.1、深0.5～0.6米。

第四组，位于第Ⅲ发掘区的东南部第Ⅳ发掘区的西南部，目前已发现27座（F21～F47）第一和第二组分布第Ⅲ发掘区东北和西北部，与分布第Ⅱ发掘区东南与西北的第三组相近，第四组第Ⅲ发掘区和第Ⅳ发掘区相交处；还有灰坑120个。房屋分布较有规律，从北向南大致分为三排，门多朝向西南，个别门朝东南和房子打破房子外围分布密集的灰坑和窖穴遗迹，并出现多组迹象相互打破。新发现有双门道和阶梯式门道的房基，还出现房基两侧各自分布一个灰坑，形成个独立单位的布局特征。房址形式结构的新变化以及按一定规律成排分布的特点，说明此组房屋在建筑技术及布局形态上更加成熟，此区是裴李岗文化聚落的核心区域。

此外，在第Ⅳ区的西南部发现居住基址内的排水系统1条（G11），共有三条支流，最后三条汇合一起，向西南流去。已揭露的长22.5、宽0.2～0.9、深0.15～0.2米，沟为斜直壁，下部内收，底近平。说明人们已经懂得利用自然地势来建造排水设施，反映了当时已有的先进建筑理念。

已发掘清理出的灰坑166座。坑口平面形状可分为圆形、椭圆形、圆角长方形、不规则形四种。坑壁以斜壁为主，平底较多，个别有圜底。这些灰坑原可能是各种不同用途的窖穴。坑的最大直径为2.6米，而最深1.3米。一般的坑内有多少不均的陶片等遗物，有的还出土较为丰富的陶片，可辨器物有鼎、罐、壶、钵等。

壕沟1条 。位于Ⅲ区的东北部，经钻探和发掘初步确定为该沟呈东南—西北向，已知长度为300、宽度10～20、深2～4米。呈环状与九龙河相接，壕沟内侧分布有房基、灰坑等文化遗迹，显然是为防御而设，开新石器时代防御的先河。

出土遗物以石器和陶器为主，前者为生产工具，分打制和磨制两类。打制石器和磨制石器的器型与裴李岗遗址基本相同，可出的石镰刃部锯齿较少；生活用具主要是陶器的质、色、纹饰、器型与裴李岗文化一致，新出有甑、豆等新器型。

从简讯中可以看出房基分布集中，共分四组，每组应是血缘很近的人群居住一块，也是社会的基层组织，即家族。每组房基是一个家族的居住地。到目前为止，可知唐户遗址的裴李岗文化的人们当时已由四个家族组成一个部落。从其生产工具看，当时的生产力已达了一定的高度。

唐户遗址是目前裴李岗文化仅有二处最大的聚落之一，也是面积最大遗迹丰富的遗迹，更为重要的是发现了壕沟和排水系统等设施，还发现在有的房基两侧各自分布一个灰坑，可见各家可保存自己的物品，这都是值得注意的事。可能发掘的面积有限，基地还未发现。但在房子的周围未发现墓，透露了墓是距房较远的信息。

综上所述，裴李岗文化最早是居住在浅山区和丘陵地区，并选两河交汇的岗顶上或较高的台地上，之后逐步向河流两岸的三级台地，再向二级台地和平原地区发展。初期的遗址较小，居住时间不长，故遗址文化层较薄，内含遗物不丰富；以后遗址面积较大，居住时间较长，文化层、遗迹、遗物都较丰富。莪沟北岗居住区在遗址的中部，墓葬在遗址的西部和西北部；贾湖遗址房基主要在遗址西北部的东部（从整个遗址看仍在中部偏西)。这些房基比较集中，并多是半地穴式，开始面积较小，逐步面积扩大，还有二间或三至四间连接一起，在贾湖出现地面建筑和干栏式建筑；唐户遗址还出现成组的房基分布，有的房基两侧各自分布一个灰坑，还新发现壕沟和排水系统等；还发现房基的遗迹，灰坑比较集中分布在它的周围；墓葬主要分布在房基的西部和西北部，早期墓葬与房基尚未分开，中期之后，墓葬与房基分开了，而且分布集中，排列有序，方向比较一致。总之裴李岗文化遗址内的房基、灰坑、墓葬是有一定的布局的，一般房基在遗址的中部或中部偏西北，灰坑主要分布于房基的周围，墓葬早期在房基附近，之后远离房基，并多在房的西北或西南之处，可窑址还在房基的附近。裴李岗文化时尚未形成以一个大聚落为中心，其周围分布一些小遗址的聚落群现象。从房基和墓葬的分布看，氏族社会已由几个氏族发展构成部落。在墓内男女的随葬品种类不同，男的墓内生产工具有石斧、铲、镰和骨镞、镖等，无石磨盘、磨棒；而女的墓内主要有石磨盘、磨棒，骨锥、针和较多的生活用具，基本无其他生产工具。可见社会男女的分工不同，也就是说男性是以从事农业和狩猎为主，女性则主要从事纺织、编织、加工粮食、炊事和主管家务等。但分配是比较平均的，反映出当时是共同劳动，共同享受，平均分配氏族制生活。也就出现少数墓内葬有较多的随葬品，已知性别的多是女性，是当时社会对女性最受尊敬的表现，当中有的就是氏族首领人物。由此可见裴李岗文化时期应是母系氏族社会，并进入比较发展而繁荣的阶段。

注　释

[1] 开封地区文物管理委员会等：《河南新郑裴李岗新石器时代遗址》，《考古》1978 年第 2 期。

[2] 赵世纲：《裴李岗，历史这样写》，《郑州日报》2003 年 4 月 3 日第 1 版。

[3] a. 中国社会科学院考古研究所河南一队等：《裴李岗遗址发掘简报》，《考古》1982 年第 2 期；

b. 中国社会科学院考古研究所河南一队等：《1979 年裴李岗遗址发掘报告》，《考古学报》1984 年第 1 期。

[4] a. 河南省博物馆：《河南密县莪沟北岗新石器遗址发掘简报》，《文物》1979 年第 5 期；

b. 河南省博物馆：《河南密县莪沟北岗新石器遗址发掘》，《考古学集刊》第 1 集，中国社会科学出版社，1980 年。

[5] 河南省文物考古研究所：《舞阳贾湖》，科学出版社，1999 年。

[6] 张松林等：《新郑唐户遗址发现裴李岗文化大面积居址》，《中国文物报》2007 年 7 月 13 日第 5 版。

裴李岗文化是中原地区新石器时代早期文化
——纪念裴李岗文化发现30周年

曹桂岑
（河南省文物考古研究所）

一、裴李岗文化的发现

裴李岗文化因首次发现于河南省新郑市裴李岗遗址而得名，这是20世纪70年代在中原地区所发现的一种新型的考古学文化。1977年春，原开封地区文物考古训练班对裴李岗遗址进行了试掘，开始时主要是为了弄清石磨盘、磨棒的年代，在发掘的114平方米内，发现墓葬8座，灰坑4座，出土文物数十件，比较重要的是发现随葬石磨盘、磨棒的墓中还随葬有陶器、石器，从出土的陶小口双耳壶、三足钵、深腹罐和石磨盘、磨棒、弧刃扁薄石铲、锯齿镰等看，这些器物的特征与过去发现的新石器时代的遗物不同，特征是陶器的陶质粗糙，颜色不纯，多是红陶、棕陶，火候低，易碎，陶器种类不多，造型古朴，不规整，初步认为比仰韶文化早，又别于周围其他新石器时代文化遗存，开始认识到“裴李岗遗址所出的浅腹碗形鼎、筒形罐、鞋底形石磨盘、长条形石磨棒、两端均有圆弧刃的石铲，在仰韶文化诸类型中都没有出现”[1]过，可见它具有独立的文化特征，应是一种新型的考古学文化，并将这种文化初步称作为“裴李岗类型”文化[2]，随即又定名为“裴李岗文化”[3]。^{14}C测年数据，裴李岗遗址T1H1和T2H2出土的木炭（ZK434）为距今（7885±480）年，公元前（5935±480）年，从测年看，裴李岗遗址的年代早于仰韶文化，仰韶文化半坡遗址的四个标本的年代约自公元前4770~前4290年，也早于新发现的新石器时代早期文化河北武安磁山遗址，距今（7355±100）年和距今（7330±105）年，从测年上进一步证明“裴李岗遗址是不同于过去所发现的各类新石器时代文化的另一种文化”。发掘报告发表在《考古》杂志1978年第2期上。

通过^{14}C的年代测定得知，这种文化是“比仰韶文化中较早的半坡类型要早得多”的文化，因此，裴李岗文化的发现，填补了中原地区新石器时代早期考古学上的一段空白，这是20世纪70年代我国考古学上的一个重大收获。

20世纪70年代以来，经过考古调查，现已发现了150多处裴李岗文化的遗址，其分布地域，大致上以今河南省的嵩山周围为中心，西起豫西山区的卢氏薛家岭，东达豫东平原的项城后高老家，北自洹水流域的安阳洪岩，南到大别山的北麓的潢川双岗，在这方圆千余里的范围之内，分布着众多的裴李岗文化的遗存。在文化层的叠压上，通过对河南省舞阳县大岗遗址的发掘，发现裴李岗文化层叠压在细石器文化层次之上[4]；在长葛石固遗址的发掘中，又发现裴李岗文化层直接叠压在仰韶文化层之下[5]，由此可知，裴李岗文化是一种晚于细石器文化而又早于中原地区仰韶文化的新石器时代文化的早期遗存；通过对裴李岗文化8个遗址所提供的39个标本^{14}C年代的测定（经过树轮校正），裴李岗文化的绝对年代，最早在公元前7300年，即距今9300年，最晚在公元前4940年，即距今7000年，裴李岗文化从距今9000年前在中原大地上出现，到距今7000年转变为仰韶文化，大体存在了2000年以上的时间。

从年代上，我们把裴李岗文化的与周围的新石器时代早期的考古文化相比较，关中地区的老官台文化（又称大地湾文化），距今7800～6900年，河北武安发现的磁山文化，距今7500年，山东临淄后李遗址发现的后李文化，距今8200～7600年，裴李岗文化的早期年代均比他们都早[6]。

关于河北省徐水南庄头遗址，所见到的^{14}C测年数据2个：BK86121，T105⑥层为距今（9690±95）年，公元前7740年；ZK2661，⑥层为距今（8800±108）年，公元前6850年[7]。同是⑥层，测年如此悬殊，所以，《20世纪中国百项考古大发现》中对徐水南庄头遗址的年代有了质疑，认为“是距今1万多年前的新石器早期遗址。1977年在这里发掘出平底罐类的陶器残片，骨锥等磨制精致的骨制品，以磨盘、磨棒为代表的石器，还有人们食用后残留的兽骨，以及木炭等用火遗迹。1万年前北方地区是否出现了植物的栽培和动物的饲养尚不明了，但人们已经在河旁台地生活，并且开始了石器的磨制和陶器的烧造”。我认为徐水南庄头遗址虽有发现，但同是⑥层，其测年数据年代悬殊，无法在年代上与裴李岗文化比较。

关于裴李岗文化与仰韶文化的关系，目前有淅川下王岗、郑州大河村仰韶文化早期测年可比，在测年数据中，淅川下王岗遗址2个，郑州大河村遗址1个（表一）：

表一 淅川下王岗与郑州大河村仰韶文化早期测年表

<table>
<tr><th>实验室编号</th><th>标本来源</th><th>标本性质</th><th>期段</th><th>距今年代</th><th>高精度表树轮校正年代</th><th>高精度年表平均值BC（公元前）</th></tr>
<tr><td>WB</td><td>郑州大河村T38（19）</td><td>木炭</td><td>前二期</td><td>5920±185</td><td>6580±200</td><td></td></tr>
<tr><td>GC－0083</td><td>淅川下王岗T16（6）柱洞</td><td>木炭</td><td>仰韶二期</td><td>5875±175
5710±175
B. C. 3925
B. C. 3760</td><td>B. C. 4780～
B. C. 4360
6355±190
B. C. 4585</td><td></td></tr>
<tr><td>GC－0086</td><td>淅川下王岗T16（4）上H110</td><td>木炭</td><td></td><td>6195±175
6020±175
B. C. 4245
B. C. 4070</td><td>B. C. 5210～
B. C. 4729</td><td></td></tr>
</table>

从^{14}C测定的年代表明，裴李岗文化晚期绝对年代，与河南省淅川县下王岗遗址仰韶文化早期的绝对年代，即公元前5210～前4729年相衔接，而又稍早于后者，其早期年代又比大河村遗址前二期的测年距今6580年（大河村遗址仰韶文化分七期，由早及晚分别为：前三期，前二期，前一期，大河村一、二、三、四期。前三期最早，但无测年，只能根据前二期的测年予以推测，推测前三期的年代在距今6800年前后）。所以，裴李岗文化的晚期在年代上略早于中原仰韶文化早期的年代。

因此，如果把我国新石器时代文化分为早、中、晚三期的话，那么裴李岗文化就应当属于我国中原地区新石器时代早期阶段的文化，仰韶文化是中期阶段，龙山文化是晚期阶段。

二、裴李岗文化的分期

裴李岗文化是中原地区新石器时代早期的文化遗存，从距今9300年在中原大地上出现，到完成向仰韶文化的过渡，在中原存在两千多年，根据考古发掘的资料，关于裴李岗文化的分期，学术界有不同的分法，有的学者将裴李岗文化分为三个类型：即裴李岗类型、贾湖类型、中山寨类型；又将各个类型予以分期，即裴李岗类型分三期，贾湖类型分三期九段，中山寨类型因资料太少，没有分期；有的学者将裴李岗文化分为早、中、晚三期，每期又分上段、下段，共六段，即早期下段、上段，中期下段、上段，晚期下段、上段，既比较严谨，又科学[8]。而随着《舞阳贾湖》考古报告的发表[9]，有了早于裴李岗遗址下层的考古资料，新的考古资料促使我们对裴李岗文化的现有分期有必要进行更动。我们认为，裴李岗文化是中原地区新石器时代早期的考古文化，文化的发展有自己的发展顺序，前后是一脉相承的。根据地层叠压关系，器物演变，我们将裴李岗文化分为四期，其文化特征简介于下（表二、表三）：

表二　中原裴李岗文化遗址分期统计表

遗址名	一期	二期	三期	四期
舞阳贾湖遗址	一期	二期	三期	
新郑裴李岗遗址		下层墓葬	上层墓葬	
新郑沙窝李遗址		三层、下层墓葬	二层、上层墓葬	上层
新密莪沟北岗遗址		下层	大部分遗迹和个别墓葬	
郏县水泉遗址			一、二期	三期
长葛石固遗址		一、二期	三、四期	
巩义铁生沟遗址		铁生沟		
方城大张庄遗址				大张庄
汝州中山寨遗址				一期
巩义瓦窑嘴遗址				瓦窑嘴

表三　裴李岗文化遗址出土陶器分期统计表

期别＼名称	三足壶	平底壶	圈足壶	钵	三足钵	碗	罐	鼎	勺
四期									
三期									
二期									
一期									

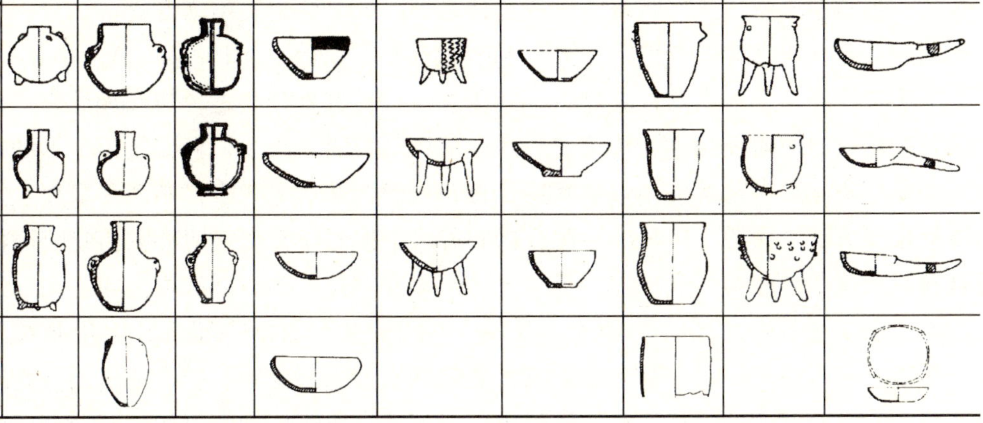

一期文化，以贾湖一期为代表，以H82、H84为代表单位。陶器主要为夹砂红陶和红褐陶，纹饰除素面磨光和施陶衣外，还有绳纹、刻划纹和戳刺纹。制陶工艺以泥片成型为主，泥条成型法较少，仅限于罐形壶。器物品类很少，仅有角把罐、双耳罐、双耳罐形壶、方口盆、敞口钵、兽头形支架等。这一期的遗迹很少，灰坑74座、墓葬42座，大多为仰身直肢一次葬，单人二次葬、一、二次合葬数量很少，刚刚出现。

二期文化，以贾湖二期为代表，以F9、F22、F25、F30、F31、F37，Y3、Y7、Y8、Y9，H16、H29、H39、H71、H198、H229、H34、H35、H36、H70、H124、H129、H172、H189、H195、H275、H322，M369、M411、M281、M281、M282、M335、M344、M364、M395、M347、M220、M233、M277、M263、M22为代表的420个遗址单位；还有裴李岗遗址下层墓葬和第3层，莪沟北岗下层，石固一、二期。这期的陶器品类增多，泥质红陶数量大增，夹砂红陶的比例明显减少，退居第二位，出现了不夹砂的夹骨屑（或蚌片）陶，还出现少量的夹炭陶、云母片与滑石粉的陶系，从陶色看，外红内灰、黑陶的出现并逐渐增加。制陶工艺上采用泥条筑成或泥片筑成，同时用于鼎、罐、壶、盆、钵的制作。纹饰新出现篦点纹、篦划纹、乳钉纹、网绳纹、花边纹等。新出现三足器。典型器有盆形鼎、罐形鼎、钵形鼎，侈口罐、折沿罐、卷沿罐、篦纹罐、双耳罐，折肩壶、圆腹壶、斜肩壶，方口盆、五角口盆、深腹盆、划纹盆、敛口盆、三足盆，三足钵、敞口钵、敛口钵、曲腹钵、折腹钵，盂等。一、二次合葬和乱堆式多人二次葬盛行，墓内随葬成组龟甲，骨器也较多。

三期文化，以贾湖三期F1、F4、F16、F18，H101、H104、H105、H33、H32、H282，M18、M21、M25、M60、M253、M263、M278等284个单位为代表，还有裴李岗遗址的第二层和上层墓葬，莪沟北岗遗迹和个别墓葬，沙窝李下层墓葬，中山寨H16，石固三、四期。贾湖三期的泥质陶比例加大，超过50%，器物功能的专门程度有所提高，盛食器、汲水器增多。夹蚌（骨屑）陶增加，达41.3%，夹炭陶占6%，窑外渗碳技术普及，在制陶工艺上普遍采用泥条盘筑法，泥片筑成法仅用于双耳罐和个别的釜，盆形鼎、双耳罐、折肩壶、扁腹壶等新器型大量产生，罐形鼎、折沿罐、卷沿罐、划纹盆、敛口盆、敞口钵、浅腹钵、三足钵、碗等的形体也发生了变化。

四期文化，以沙窝李遗址上层墓葬和灰坑及裴李岗遗址M14为代表。还有马良沟、瓦窑嘴遗址等。这期的陶质以夹砂红褐陶为主，泥质红陶稍次之，灰陶和黑陶比例有所增加，陶器纹饰以素面为主，指甲纹、压印坑点纹、篦纹减少，乳钉纹不见。增加了细绳纹。器型有敞口三足钵、小口双耳壶、侈口束颈假圈足壶、小口圆肩平底壶、折沿鼓腹平底罐、大口深腹罐、敛口平底钵、敞口杯、器座等。瓦窑嘴遗存的特点是陶器以泥质红陶系居多，夹砂褐陶系次之，另有泥质黑陶和泥质灰陶，外红内黑或上黑下红现象较普遍，证明窑外渗碳工艺较发达，器表以素面为主，纹饰有篦点纹、戳刺纹、乳钉纹、放射状竖划纹等，有些器表施陶衣，敞口圜底钵、三足钵、卷沿或折沿深腹罐、小口壶、勺等具有鲜明的时代特征的器物表明这类遗存属于前仰韶时代，与裴李岗一类遗存大体相当或稍晚，有些因素如折腹圈足碗与贾湖同类器也有一定联系，但其文化因素中泥质黑陶所占比例较大，陶胎均匀且火候较高，制作精细，器形规整，特别是卷沿、弧壁、圈足或假圈足陶碗，器身饰放射状竖划纹，内壁磨光或施黑陶衣，有的胎薄仅2毫米，这些为其他同类遗存所罕见，应是裴李岗文化遗存较晚阶段的代表。

三、关于裴李岗文化的^{14}C测年

关于裴李岗文化的年代，目前有关裴李岗文化的^{14}C测年共有八个遗址39个测年数据（表四）：即新郑裴李岗遗址6个，新郑沙窝李遗址1个，新密莪沟北岗遗址4个，新密马良沟遗址1个，长葛石固遗址3个，临汝中山寨遗址2个，郏县水泉遗址2个，舞阳贾湖19个，淇县花窝1个，共39个，这些测年数据是我们判断裴李岗文化年代的依据。其中以新郑裴李岗遗址和舞阳贾湖遗址的测年数据较多，根据^{14}C测定的数据，结合地层关系，裴李岗文化的年代为距今9300～7000年，是我国新石器时代文化的早期遗存。由于裴李岗文化首先发现于新郑裴李岗遗址，所以，新郑裴李岗遗址是裴李岗文化的发现地。《舞阳贾湖》将贾湖遗址裴李岗文化分为三期，三期的年代范围为：第一期实测为距今8285～8090年，树轮校正年代为公元前7000～前6600年；第二期实测为距今8090～7650年，树轮校正年代为公元前6600～前6200年；第三期实测为距今7825～7450年，树轮校正年代为公元前6200～前5800年。贾湖遗址裴李岗文化总的年代跨度大致在公元前7300～前5800年，或距今9300～7800年。如果将裴李岗文化晚期的巩义瓦窑嘴、方城大张庄估计在内，裴李岗文化的最晚年代放在距今7000年左右比较恰当。

表四 裴李岗文化^{14}C测年表

实验室编号	标本来源	标本性质	期段	距今年代	高精度表 树轮校正年代	高精度年表 平均值
ZK0434	裴李岗 T1H1、T2H2	木炭		7885±480	未校	
ZK0571	裴李岗 H11①	木炭		7145±300	BC. 6090~5540	7765
ZK0572	裴李岗 T31①、T34①②	木炭		9300±1000	未校	
ZK0751	裴李岗 H18	木炭		6435±200	BC. 5380~4940	7110
ZK0753	裴李岗 H17	木炭		7185±200	BC. 6077~5640	7808
ZK0754	裴李岗 T111②	木炭		7445±200	BC. 6230~5889	8010
ZK1130	沙窝李 T9②H17	木炭		7170±105	BC. 5970~5720	7795
ZK0748	巩义铁生沟 T2	木炭		7265±200	BC. 6100~5720	7860
WB78-17	新密莪沟 T79H27	木炭		7290±120	BC. 6080~5800	7890
WB78-38	新密莪沟 T1H1	木炭		6975±100	BC. 5740~5560	7600
WB78-39	新密莪沟 T24	木炭		7265±160	BC. 6090~5740	7865
ZK0580	新密莪沟 T79H27	木炭		7240±80	BC. 5985~5797	7841
ZK0747	新密马良沟 T1H1	木炭		6855±110	BC. 5640~5480	7510
WB76-90	长葛石固 A 区 T41H159	木炭	Ⅱ	7450±90	BC. 6170~5988	BP. 8029
WB80-15	长葛石固 A 区 T56H238	木炭	Ⅲ	7295±85	BC. 6070~5837	BP. 7907
WB80-17	长葛石固 A 区 T5H197	木炭	Ⅳ	7010±85	BC. 5743~5624	BP. 7633
ZK1367	汝州中山寨 T101④H16	木炭	Ⅰ	7390±100	BC. 6110~5970	BP. 7990
ZK1368	汝州中山寨 T103④H20	木炭	Ⅰ	6955±90	BC. 57306110~5550	BP. 7590
ZK2344	郏县水泉 T108H43	木炭	Ⅲ	7100±100	BC. 5953~5640	BP. 7746
ZK2345	郏县水泉 T205AH80	木炭	Ⅲ	7270±120	BC. 6077~5740	BP. 7768
ZK0755	淇县花窝 T1（1）	木炭		7130±120	BC. 5960~5650	
WB83-60	舞阳贾湖 H1	木炭	Ⅱ5	7920±150	BC. 6460	BC. 6680~6420
DY-K0185	舞阳贾湖 H82	草木灰	Ⅰ1	7561±125	BC. 6170	BC. 6280~6020
DY-K0186	舞阳贾湖 H29	草木灰	Ⅱ4	7105±120	BC. 5740	BC. 5840~5630
DY-K0188	舞阳贾湖 H55	草木灰	Ⅲ8	7017±130	BC. 5650	BC. 5750~5520
DY-K0189	舞阳贾湖 H39	草木灰	Ⅱ4	7137±130	BC. 5750	BC. 5930~5650

续表

实验室编号	标本来源	标本性质	期段	距今年代	高精度表树轮校正年代	高精度年表平均值
BK91007	舞阳贾湖 H76	果核	Ⅰ2	7960 ± 60	BC. 6490	BC. 6530 ~ 6430
BK94126	舞阳贾湖 H187	木炭	Ⅰ3	8285 ± 100	BC. 7040	BC. 7060 ~ 6990
BK94127	舞阳贾湖 H174	木炭	Ⅲ7	7450 ± 80	BC. 6050	BC. 6160 ~ 5980
BK94172	舞阳贾湖 H84	草木灰	Ⅰ1	7415 ± 80	BC. 5990	BC. 6120 ~ 5970
BK94173	舞阳贾湖 H37	木炭	Ⅰ2	8190 ± 75	BC. 7000	BC. 7040 ~ 6650
BK94174	舞阳贾湖 H105	木炭	Ⅲ8	7825 ± 80	BC. 6410	BC. 6460 ~ 6350
BK94175	舞阳贾湖 H102	木炭	Ⅲ8	7510 ± 90	BC. 6150 BC. 6060	BC. 6180 ~ 5990
BK94176	舞阳贾湖 H339	木炭	Ⅱ6	7650 ± 70	BC. 6220	BC. 6320 ~ 6180
BK94177	舞阳贾湖 H229	木炭	Ⅱ4	8090 ± 110	BC. 6620	BC. 7000 ~ 6500
BK94178	舞阳贾湖 H112	木炭	Ⅰ3	8225 ± 70	BC. 7010	BC. 7040 ~ 6800
BK95013	舞阳贾湖 M341	人骨	Ⅰ1	7050 ± 80	BC. 5700	BC. 5750 ~ 5620
BK95014	舞阳贾湖 M375	人骨	Ⅰ2	7240 ± 70	BC. 5840	BC. 5940 ~ 5760
BK95017	舞阳贾湖 M282 甲	人骨	Ⅱ5	7035 ± 70	BC. 5680	BC. 5720 ~ 5620
BK95018	舞阳贾湖 M344	人骨	Ⅱ5	8000 ± 100	BC. 6520	BC. 6630 ~ 6440

注：舞阳贾湖遗址出土标本共19个测年数据，其中木炭样品9份，草木炭样品5份，人骨样品4份和果核样品1份，分别由北京大学考古系、中国地震局地壳应力研究所和国家文物局文物研究所测定。

我们认为裴李岗文化的年代上限为距今9000多年，最远为距今9300年，下限为距今7000年左右，一至三期文化的年代为距今9000 ~ 7800年，四期文化为距今7800 ~ 7000年。

我们从^{14}C测年、文化分期、烧陶技术的演变、石器的变化、住房的演变、农作物的种植、家畜的驯化等方面，可以确定，裴李岗文化是目前考古发现的中原地区新石器时代早期文化，裴李岗的居民是中原地区创始农业、磨制石器、创造烧制陶器、营建穴居住室、饲养家畜的主人。

四、裴李岗文化的先民是中原创始农业的主人

新石器时代早期文化的特征有四：创始农业、磨制石器、聚落出现、陶器的烧造。

（一）创始农业的出现

当一万年前冰期结束（距今10 300年），从此，中原地区气候变暖，万物复苏，全新世高温期与北温带的分界线从秦岭—淮河一线北移，将关中地区、晋南、豫北及山东

地区均成了北亚热带气候之内。中原地区的荥泽、圃田泽、孟诸泽等湖泊密布，不论是山地或平原，到处是茂密的天然植被，森林覆盖率极高，温暖湿润的气候，星罗棋布的河汊湖泊，生活着亚热带的动物和植物，供人们猎取和采集，肥沃疏松的土壤，为农业的发展提供了有利条件。裴李岗文化的先民，来到中原地区河汊湖泊附近，在渔猎的同时，开始了创始农业的活动，最初的农业生产规模很小，是在住地附近和其他采集点进行的，种植方法也很原始，将野生稻的种子撒在拔去荒草的土地上，用土将种子埋下，待发芽生长后，继续清除杂草，用石器挖出引入渠道，这种原始的园艺耕作方法，是农业的发生、发展开了先河。这种耕作方式，在《中国原始社会史》中对云南独龙族的野稻种植作了描述："云南独龙族将野生稻的种子撒在草地上，然后把草拔下，这样既清除了影响农作物生长的杂草，又利用拔起来的土掩埋种子。农作物长大后，如果附近的草木遮挡阳光，则把这些树枝和杂草折断，让作物在阳光下生长，这种不烧不耕的种植方法，是最原始的耕作制度的遗留。同时，在住地附近栽培作物也很重要，因为原始的园艺耕作是'农田耕作的先驱'，为农业的发生、发展开了先河。"人类经过长期的摸索，不断积累经验，才把农作物的栽培扩大到田野上，最终使农业成为主要的谋生手段。创始农业是新石器时代革命的关键性转变，即人类从向大自然索取的攫取经济，向生产经济的转变。在贾湖遗址发现碳化水稻，证明裴李岗文化居住在贾湖遗址的先民的创始农业以种植水稻为主，已经完成了野生稻向栽培稻的转化。而裴李岗遗址的居民则以种植粟为主。中国是以农业的发展走向四大文明古国的，裴李岗文化发现的水稻、粟，把我国出现栽培农业的历史提前到距今九千多年。

（二）磨制石器的普遍采用

营造住室需要砍伐树木，开垦农田需要砍去树枝和树根，细石器因其体型小，不能用作砍伐树木的工具，只有创造新的工具才能生活下去，石斧是最好的砍伐工具，而磨出刃部的石斧则可大大提高砍伐树木的工效。磨制石器随着人们定居生活的开始而出现。最初的农业工具都很简单，主要是沿用原始采集用的尖木棒、鹤嘴锄，但是，随着农业耕作的需要，翻土、改水、砍伐树木、清除杂草等工作需要锋利、坚硬的工具，使用石器最合适，使用磨制石器对农业生产的发展更有利，因之，生产的需要促使当时的制石工艺有了很大的改进和发展，不仅普遍应用了磨制技术，进而发展为敲砸成型，再进行磨制，如石磨盘、磨棒、锛、凿等。在石器制造上可以选用质地细而韧性大的石料，如火成岩、火山岩，制造出锋利、坚硬的工具如斧、镰、锛、凿等；用作翻土的工具石铲，可以选择石灰岩磨制即可，加工粮食的石磨盘、磨棒，用粗糙而比较疏松的砂岩敲打成型。根据用途不同，器型也逐渐多样化，用于砍伐树木的石斧，用于翻土的铲，用于收割的锯齿镰，用于进一步加工的石锛、石凿等，此外，还有除去谷物硬壳的粮食加工工具石磨盘、磨棒，有的石器，如斧、镰、锛、凿等可以装上木柄，使用起来更加方便。磨制石器是新石器时代的一个重要特征。由于石器的磨制，促进了骨器、蚌器的磨制。

（三）聚落的产生

为了发展农业，古人必须在宜于农耕的地方住下来，因为农业的发展需要较长的时间，古人要有个栖身之所，营建住房成为避风挡雨的当务之急，裴李岗文化的先民创建椭圆形半地穴式的房屋，使聚落应运而生。

（四）陶器的发明

陶器是在什么情况下发生的呢？这是与农业的发生、发展分不开的。农业不仅为人类提供了比较稳定的大量的食物，导致了定居生活的出现，还使粮食成为农业部落的基本主食。但是，粮食都是颗粒状的淀粉物质，与鱼、肉相比，是不耐火的，不能在火上直接烧烤，原来的石烹法也不利于煮食。因此必须有一种新的炊具来达到煮食的目的。这种期望新的、耐烧的炊具的需要，是陶器发明的主要原因。《世本》称“昆吾作陶”，“神农耕而作陶”，正是上述历史背景的写照。说明农业在先，制陶业在后，两者有密切的关系。

与此同时，人类在长期的生产和用火实践中，已经逐渐掌握了黏土的性能，认识到黏土和水后有可塑性，干后可以定型，而且被火烧过的黏土具有坚硬、牢固、不漏水和耐火的特点。最初的陶器，可能以一定编织物、葫芦为内模制成的。因为有些陶器形制与葫芦及其变体如出一辙。“人们不久便发现，成型的黏土不要内部的容器，也可以用于这个目的。”[9]而且，在有些地方也可能不用内模，如在四川凉山居住的耳苏人，相传他们过去没有盛水工具，以竹编成的篮筐汲水，但水往下漏，把地泡成泥巴。他们发现在脚踩的泥坑里能盛水，于是把泥巴挖出来，做成盛水器皿。后来发现再经烧制更加耐用，于是就开始制陶了。这种传说也反映了发明制陶的一种途径。

陶器主要是为炊煮食物的需要而出现的，这一点还能从新石器早期遗址的发掘中得到印证。如裴李岗文化的贾湖遗址，出土的陶片数千公斤，可复原陶器千余件[10]，陶片中，除少数生产工具外，绝大部分为生活用具，如炊具、储藏器，食具和吸水器。其中作为炊具的器皿中，陶鼎虽然出现于裴李岗文化二期，但数量很大，依器型特征可分罐形鼎、盆形鼎、钵形鼎、釜形鼎几类；仅陶罐的器型更多，就有十一型。从陶质上分析，贾湖一期的陶器全部是夹砂陶，器型很少，仅有罐、壶、盆、钵，随着社会的发展，泥质陶出现，主要用作容器，夹砂陶仍作炊器使用，而炊具皆加砂，这样陶胎内有细孔，炊煮时接触的空气能从细孔中逸出，不致破裂，同时有耐火、传热快和急变性等特点，使炊具经久耐用。

贾湖一期的陶器是手制的，全为夹砂陶，采用泥片成型，仅有陶盆、陶罐、钵等。但小型陶器仍然用手直接捏成。后来发展为泥条成型法。贾湖一期的陶器不管是罐、盆、钵，都是夹砂陶，炊器和饮食器合为一体，都是用来煮农作物的，陶器主要是为了将农作物淀粉煮熟供人食用，所以开始的陶器是夹砂陶，不分器型，都是炊器，是陶器早期的特征，由于这些陶器的火候低，易碎，使用时破碎的多，随着农作物作为人类食物来源的比重加大，促使人们逐渐把鼎、罐作为炊器，鼎、罐受热性能好，又容量大。而饮食器的钵、碗，则用泥质，制作细致、光滑，逐渐把炊器、饮食器、容器分开制造。

五、裴李岗文化是中原农耕文化的创始文化

中原地区古代新石器时代早期考古文化是裴李岗文化，根据考古发掘的地层叠压和打破关系，裴李岗文化可分四期，经历了近两千年的发展历程，即距今9000～7000年。这一时代的生产工具以磨制为主，打制次之。器物有石斧、石铲、石镰、石凿、石磨盘、石磨棒等。有的刃部锋利，便于使用，翻土用的石铲形式多样，加工粮食的石磨盘有大小之分。多样的收割和粮食加工工具表明裴李岗文化时代农业是比较发达的，已经进入耜耕或锄耕阶段。从贾湖遗址出土的炭化稻和裴李岗遗址出土的炭化粟，可以知道淮河上游以种植水稻为主，完成了野生稻向栽培稻的转化，黄河流域以种粟为主。

六、中原最早的聚落

根据对裴李岗遗址的调查，裴李岗文化遗址160多处，全部在河南境内，南到河南潢川霸王台，北至安阳洪岩，东起项城后高老家，西至卢氏薛家岗。在裴李岗文化遗址内有供人居住的半地穴式住房、储藏东西的灰坑、烧制陶器的陶窑、埋葬死人的墓葬，裴李岗文化遗址是中原发现的最早的聚落。

（一）裴李岗文化的基本特征

关于裴李岗文化的基本特征，主要表现在以下四个方面：

（1）遗址面积小、文化层薄、椭圆形半地穴房基、陶窑、墓地均在遗址内：文化遗址面积不大，多在1万平方米左右，最大者为舞阳贾湖遗址，为5.5万平方米，最小者为信阳南山嘴遗址，面积为1800平方米；文化堆积也比较薄，文化层内含碳粒和遗物少，多在50厘米左右；文化遗址内发现有房基114座。房基大都是椭圆形半地穴式建筑，深度在0.2～1米之间，直径在2米左右，个别的房基直径达2.3米。居室地面普遍铺有硬土，地面周围发现有数量不等的柱洞；居室地面以外多发现有斜坡式或台阶

式门道，与门道相对的居室中央或角落内，多发现有烧灶的遗迹；遗址内还发现有灰坑，它们多分布在房基的周围。坑口多呈不规则的圆形和椭圆形，少数呈圆角长方形，坑壁多呈筒状，个别的呈袋状，坑底有圜底和平底两种。坑口的直径和坑的深度多在1米左右；有的灰坑壁上还发现有供人上下的台阶，它们应是当时人们储藏物品的窖穴；文化遗址内发现有少量的陶窑，有坑穴式、横穴式结构，上口近椭圆形，小者直径约1米，大者直径约2米，下有火塘，上有窑室，中间有残破的窑箅，尚未发现烟囱的痕迹。

（2）开创了土葬的先河，遗址内发现的墓葬，早期埋在房子附近，后期集中在居住区附近的一定地区，当时已经有了氏族公共墓地。墓坑都是长方形竖穴式，没有发现葬具。葬式以单人仰身直肢葬为最多，个别的为双人葬、三人葬、俯身葬。死者多为一次葬，二次葬者甚少。随葬品以陶质生活用具为主，石质生产工具次之，装饰品甚少。陶质生活工具中又以壶为主，皆置于墓主的头部，石质生产工具皆置于墓主的手部或腰部。

（3）文化遗址中出土的遗物以陶器为大宗，这些陶器都是手制，陶色以红陶为最多，褐色陶次之，灰陶最少。泥质陶均匀细腻，陶土可能已经过选择或淘洗。夹砂陶羼有砂粒，有的羼有蚌粉或炭粒。陶器的器表多为素面，有的夹砂陶器上饰有篦点纹、篦划纹、指甲纹和乳钉纹，晚期的陶器上开始饰少量的绳纹和彩绘纹。陶器的器型主要有小口双耳壶、三足壶、敞口钵、三足钵、深腹罐、平底碗、杯和鼎等，这些陶器组成裴李岗文化颇具特色的陶器群。

（4）文化遗址中出土的石器大多为磨制，琢磨兼制次之，也有少量打制和琢制的细石器。以鞋底形石磨盘、石磨棒、扁薄舌形刃石铲、扁圆体舌形刃石斧、锯齿形石镰等，这些石器群成为裴李岗文化的显著标志。还出有少量的骨器和蚌器，骨器有骨针、骨锥、骨镞、骨镖和蚌锯齿镰等，多为当时的生产工具或生活用具。

以上所述四个方面的特点，大体上勾画出裴李岗文化的整体面貌。

（二）裴李岗文化的源流问题

我认为裴李岗文化与细石器文化有密切的关系，从裴李岗遗址中发现的细石器可以得到证明。在舞阳大岗遗址裴李岗文化层下叠压着细石器文化层[11]，在荥阳织机洞遗址内也发现有裴李岗文化的陶片，所以，裴李岗文化应该是中原地区最早的新石器时代文化，虽然它与细石器文化之间还有着相当的缺环；但从该文化遗存中出土有少量的细石器来看，二者之间应有着一定的渊源关系；关于裴李岗文化与仰韶文化的关系，则显得更加密切，在裴李岗文化晚期遗存中已发现有不少早期仰韶文化的因素，仰韶文化的主要陶器罐、鼎、钵、碗、盆等是承袭了裴李岗文化的，尤其是以鼎为炊具的特征，在仰韶文化下王岗类型、大河村类型、后冈类型中都得以继承，所以，裴李岗文化直接发展为中原地区的仰韶文化。

关于裴李岗文化的人种问题，只有贾湖遗址、石固遗址的人骨作了鉴定[12]，其中贾湖遗址可供鉴定的人骨个体有326个。这326个个体的标本中，有的仅有部分肢骨或颅骨碎片可供鉴定，完整的颅骨只有2个。16项均值的比较中可以看出，贾湖组颅骨特征，总体上看与北亚类型和东北亚类型较相似，换句话说，贾湖组基本上属于亚洲北部居民的体质特征类型，有别于南亚蒙古人种类型。贾湖人已经明显出现现今华北人所具有的明显的北部类型居民颅面部特征——较高的颅高、较高的上面高、较高的鼻高和较平直不前突的面部。

贾湖组的颅骨特征，总体上看与河南地区的庙底沟组、下王岗组最相似，同时与黄河下游山东省境内的西夏侯、大汶口和野店等三组新石器居民的颅骨特征也很相似，与黄河上游陕西境内的新石器时代居民的颅骨特征也有相似之处。相反，与长江以南的各新石器时代组的颅骨特征具有明显差异，两者属两个不同的地区类型。这就表明贾湖组、庙底沟组和下王岗组（河南境内）与西夏侯、大汶口和野店等三组（山东境内）的颅骨特征最相似，主要表现在具有尺寸相近的颅宽、面宽、额最小宽、颅长、颅高和鼻高，而且面部均较直而不前突。从人的体质特征上，证明裴李岗文化的先民是直接发展为中原地区仰韶文化居民的。

长葛石固遗址前仰韶期（即裴李岗文化）墓葬个体有28个，石固新石器时代人类在许多特征上具有明显的蒙古人种特点，其中一小部分特点使得石固新石器时代人类与南亚人种相接近。

（三）裴李岗文化所反映的社会经济形态

许多学者通过对该文化遗存出现的众多生产工具的分析，明确认识到当时的人们已经从事创始农业的生产活动，家畜饲养和渔猎业也占据重要的地位，农业生产逐渐变成主要的生产活动。有些学者进一步认为，当时人们在从事原始农业经济的基础上。“过着共同劳动、共同享受劳动果实的氏族制生活。就社会发展阶段来说，我们认为已经进入母系氏族社会比较繁荣的时期”[13]。但是也有些学者认为，“在裴李岗文化时期，社会经济生产已有农业、渔猎、手工业和家畜的饲养等多种，农业已成为主要的经济生活来源，人们已经过着长期的定居生活。男女两性间的劳动亦有分工的侧重，男子是农业和渔猎生产的主要劳动力，妇女主要从事家务劳动，而且在氏族内部也出现了私人占有财产的现象，这些社会因素，经过一定的历史阶段发展之后，就必然会使人们的观念发生变化，引起变革的要求”，“氏族制的变革是从母系转变为父系。引起母系向父系转变的重要原因，是社会生产力的发展和男女劳动分工所发生的变化”。因此，“裴李岗文化时期所处的社会阶段，虽然从墓葬的葬式、葬俗上反映出带有一些母系氏族社会的特点，但到了晚期阶段，似乎已出现了变革的因素”[14]。这些不同的认识将引导人们对裴李岗文化时期社会性质问题，展开进一步的讨论。

综上所述，我认为裴李岗文化的发现很重要，裴李岗文化是中原地区新石器时代的早期文化遗存，在绵延两千多年的历程中，裴李岗人的创新精神充分表现出来，从磨制石器开始，到营建半地穴式的住房，创始农业，把野生稻培育成栽培稻，发展粟作农业，烧制陶器，开始用鼎，把猪、狗、羊、牛、鸡等驯养为家畜，发明骨笛，创造契刻符号，发现米酒等，完成了利用自然、向生产经济发展的新石器革命。所以，裴李岗文化是中原地区新石器时代的早期文化，是中原农业文明的开始，裴李岗人是中原人的直接祖先。裴李岗文化是中原文化的主体文化，为孕育中原文明奠定了基础。

注　释

[1] 赵世纲：《裴李岗文化的几个问题》，《史前研究》1985年第2期。

[2] 开封地区文物管理委员会等：《河南新郑裴李岗新石器时代遗址》，《考古》1978年第2期。

[3] 开封地区文物管理委员会等：《裴李岗遗址1978年发掘简报》，《考古》1979年第3期。

[4] 河南省文物研究所：《河南考古四十年》，河南人民出版社，1994年。

[5] 河南省文物研究所：《长葛石固遗址发掘报告》，《华夏考古》1987年第1期。

[6] 考古杂志社：《20世纪中国百项考古大发现》，中国社会科学出版社，2002年。

[7] 中国社会科学院考古研究所考古科技实验研究中心：《放射性碳素测定年代报告》（20），《考古》1993年第7期。

[8] 郑杰祥：《中原新石器时代与夏商文明》，江苏教育出版社，2005年。

[9] 河南省文物考古研究所等：《舞阳贾湖》，科学出版社，1999年。

[10] 河南省文物考古研究所：《舞阳贾湖》，科学出版社，1999年。

[11] 河南省文物考古研究所：《舞阳贾湖》，科学出版社，1998年。

[12] a. 河南省文物考古研究所：《舞阳贾湖》，科学出版社，1998年；
b. 吴新智、陈德珍：《河南长葛石固早期新石器时代人骨的研究》，《人类学报》第4卷第3、4期。

[13] 河南省博物馆等：《河南密县莪沟北岗新石器时代遗址》，《考古学集刊》第1集，中国社会科学出版社，1981年。

[14] 李友谋等：《裴李岗文化》第110、111页，中州古籍出版社，1992年。

裴李岗文化聚落形态探析

蔡全法　蔡　强

（河南省文物考古研究所）

裴李岗文化自1997年在新郑市新村镇裴李岗村西发现以来，30年间取得了突出的进展，其主要成就是对聚落分布区域有了较全面的了解，甚至有些发现是填补了区域的空白。特别是数十年来对早于裴李岗文化的新石器时代早期遗存的发现与确认，以及仰韶文化早期地层叠压，裴李岗文化晚期遗存关系的发现，使我国新石器时代文化有了一个比较完整的编年体系，从而可以把裴李岗文化聚落的研究置于一个比较准确的时间和空间框架之中，尤其是数十年来对裴李岗文化遗址的不断发掘与研究，揭示了裴李岗文化聚落的不同类型，以及各种自然地理条件和社会发展阶段对聚落形态的影响。根据长期以来的研究成果，学界基本把裴李岗文化置于新石器时代的中期或新石器时代的早期晚段。所以就聚落形态和文化传承因素而言，裴李岗文化在中国的漫长历史长河中，具有承上启下的作用。下面我们将按这一时间和空间框架，探索研究裴李岗文化聚落遗址的发生和发展。

一、裴李岗文化聚落形态溯源

早在20世纪50年代，裴李岗文化的遗物已有零星发现[1]，当时人们都将其视为新石器时代晚期的遗物，未能认识到是一种新型文化而引起重视。1977年春，原开封地区文物考古训练班对裴李岗遗址进行了试掘，开始认识到“裴李岗遗址所出的浅腹碗形鼎、筒形罐、鞋底形石磨盘、长条形石磨棒、两端均有圆弧刃的石铲，在仰韶文化诸类型中都没有出现”过，其具有独立的文化特征，应是一种新型的考古学文化，并将这种文化初步称作“裴李岗类型”文化[2]，随即又定名为“裴李岗文化”[3]。^{14}C测定证明，这种文化早于仰韶文化早期，因此裴李岗文化的发现，填补了中原地区新石器时代中期考古学上的一段空白，也是我国考古学上的一个重大突破。

数十年来，裴李岗遗址已发现了150多处，其分布地域大致以环嵩山地区为中心，西起豫西山区，东达豫东平原，北至洹水流域，南抵大别山北麓，方圆500余公里。裴李岗文化发现前后，在河北省武安县又发现了磁山文化[4]，还有陕西省华县的老官台文化[5]，山东地区的北辛文化[6]，内蒙古兴隆洼文化[7]，辽东半岛的小珠山下层文化[8]，长江中游的城北溪文化和浙江北部的河姆渡文化[9]等。据^{14}C测定数据，这些文化的年代虽不一致，但十分接近，大致都在公元前6000～前5000年之间。这些遗存发现的初期，称为新石器时代的早期晚段[10]，此后随着广西、广东、江西等地一批年代更早的新石器时代遗存的发现与确定，又将其定位为新石器时代中期文化[11]，但是有的学者仍坚持裴李岗文化为新石器时代早期晚段[12]。还有的仍将其划入新石器时代早期文化[13]。这说明目前裴李岗文化的历史框架定位还不是完全一致。但总的说来，裴李岗文化的年代据学界认同的新石器时代早期约万年的年代尚有约2000年的时间，所以裴李岗文化放在新石器时代中期有一定的合理性。其中的另一原因也可能是到目前为止，在中原地区裴李岗文化仍是所知最早的新石器时代遗存，这对其早期文化面貌和聚落形态的研究是十分不利的。但根据已发现的南方地区新石器时代早期遗存，^{14}C测定年代在公元前7500～前6000年之间。因受地理环境的影响与制约，原始经济的发展形成两种不同的类型，遗址多是在靠山或山坡上以及水边，作为聚落形态表现为洞穴遗址和贝丘遗址。洞穴遗址比较重要的有江西万年仙人洞[14]和吊桶环、道县玉蟾岩。万年两处遗址的上层年代在公元前12000～前7000年之间，均发现有类似栽培水稻的植硅体。在玉蟾岩洞穴发现有水稻谷壳实物，年代为公元前8000多年。这些发现为稻作农业的起源提供了重要新证据[15]。广东英德青塘洞穴群[16]与广西桂林甑皮岩[17]等，其主要特点是栖息地为洞穴。洞穴中有多处火塘。生产工具石器多为打制，磨制亦占一定比例，主要器类有砍砸器、盘状器、刮削器和斧等。骨器有箭头、鱼镖和锥，还有角器和蚌器。发现的动物骨骼以鹿类为主，次之为猪、猴、灵猫等，还有鸟类和鱼类；螺、蚌的堆积甚厚。从生产工具和动物骨骼来推测，当时的经济还是靠狩猎、捕鱼和采集，农业文明似以在局部地区显现，制陶技术还未出现。

贝丘遗址广泛分布于广东、广西沿海地区和西江两岸，主要有广东潮安石尾山，广西防城杯较山、马兰咀山[18]，南宁豹子头，扶绥江西岸和敢造，邕宁长塘和横县西津等处[19]。遗址面积小的数百平方米，大的在1万～2万平方米之间；生产工具中石器主要是蠔蛎啄和网坠，骨器多是箭头和骨锥；整个遗址布满大量的贝壳堆积，还发现有鹿类和鱼类等遗骨，说明当时的人类是以贝类为主要食物来源，附以狩猎和捕鱼，此类遗存还不见农业的线索。

以上洞穴遗址和贝丘遗址，应是聚落的遗存，其形态因受地理条件的限制和经济类型的制约，社会经济与文化尚处于缓慢的发展时期，聚落规模都不大，但都是群居的状态。生活是靠山吃山，近水吃水，原始农业刚刚出现。生产工具种类较少，打制与磨制并存，基本是根据狩猎与捕捞的需要而制造。“仙人洞中遗址先后发现有二十二处火塘或烧火堆，甑破岩也有类似的遗迹。说明洞穴中的居民存在着较小的组织，他们各自有自己的火塘不与别人共用火塘。推测这种较小的组织应是家庭性质的结合。至于整个洞穴聚落居民的社会组织可能是氏族为基础的小型公社。贝丘遗址既与洞穴遗址发掘水平相近，规模也不很大，其居民的社会组织也应相仿。”[20]这些推断说明，在新石器时代早期，聚落形态依赖于自然条件，规模也不太大，聚落居民似以家庭为单元，社会组织似已出现了小型的氏族公社，这应是以后氏族部落形成的初期阶段。

中原地区的新石器时代早期聚落，目前还未发现，但根据南方的新石器时代早期聚落形态的特点，推测应该分两种模式，一种是平原模式，另一种是浅山丘岭模式。之所以将其概括为两种模式，是基于河南的旧石器时代晚期遗存，已奠定了这样的基础，所以新石器早期聚落遗存的特点，应依此作为重要的线索和信息来源。在平原地带最为著名的有许昌灵井、舞阳大岗、新蔡诸神庙等地。许昌灵井遗址发现于1965年秋，群众挖水塘时发现了文化遗物和化石，都出自“距地表下10米深处的灰色砂土和橘黄色砂土里”[21]。遗物包括1353件石制品，12种哺乳动物化石。石制品以细石器最具特色。品种有细石核、细石叶和丰富的刮削器。灵井遗存的时代有的称“中石器时代”或“中石器时代”早期阶段，还有的定为旧石器时代晚期之末，绝对年代相当于距今1万年左右[22]。此外，在灵井以西1.5公里称为李井的池塘，挖出的砂土堆积物同灵井的性质接近，或可说明灵井石器时代遗存的范围可能很大，也有可能是灵井之外的又一旧石器时代晚期遗存。这一时期平原地区旧石器时代聚落已有一定的分布，只是埋藏较深不易被发现。2005年4月，曾对灵井遗址进行了抢救性发掘。又出土石器、骨器制品2000多件。其中磨制石器和骨器30件，并首次发现旧石器时代晚期的磨制雕刻器。出土的动物化石有20余种。出土的动物骨骼上多有人工加工痕迹。灵井遗址也是国内首次发掘的以泉水为中心，包括湖相、漫滩相（湿地）堆积物背景的旧石器时代晚期遗址。发掘者认为其性质是人类狩猎、肢解动物、加工兽皮、石器、骨器的工作营地[23]。2006年3～12月，再度发掘出土石器、骨器及其制品1.2万件，其中石制工具约300件，骨制工具约700件。出土动物化石16种，并在遗址西北74米处发现一段古河道。灵井遗址成为华北地区文化遗物和包涵信息最丰富的旧石器时代晚期遗址之一[24]。

舞阳大岗旧石器地点，位于舞阳县侯集乡大岗村北的一处自然岗地上，岗地隆起310米。1989～1999年，揭露面积290平方米，发现了第3层（裴李岗文化层）和第4层（细石器文化层）的地层叠压关系，显示出它在史前考古中极为重要的位置。亦说明这一地点的旧石器文化早于裴李岗文化，年代上距裴李岗文化不会太远。到新石器时代中期的聚落选址，仍注重岗坡的地形，承袭旧石器时代晚期的选址理念。第4层发现石制品327件，类别有细石核、砸击石核、锤击石核、石片、细石叶、多种形状的刮削器、尖状器、修背石片、磨刃石片等。原报告通过与陕西渭南北阎村周原黄土剖面的对比，认为与北阎村剖面的年代相当，距今12 700年[25]。“在华北细石器遗存中，大岗所处的时代较晚（原报告称时代较早），这为研究旧石器文化向新石器文化的过渡，提供不可多得的材料。目前虽不能说新石器文化从大岗文化直接过渡而来，但它毕竟让人们看到旧石器时代最晚阶段的文化面貌。”[26]大岗遗存代表了旧石器时代晚期平原地带人类生活的另一自然环境状况。

浅山区的旧石器时代晚期洞穴遗存，在河南发现的有南召小空山，安阳小南海，西峡小洞，荥阳织机洞、蝙蝠洞等。属于秦岭山脉东延的伏牛山侵蚀、剥蚀低山丘陵地区。靠山脊处有上、下两个溶洞。下洞是小空山最大的洞穴，因位置靠下而得名。1980

年6月，在下洞发现石制品后进行试掘，发现100余件石制品和一些哺乳动物化石，可定为石器的有45件，品类有砍砸器25件，刮削器7件，还有石球等。上洞遗址1987年发掘，出土石制品153件。并对下洞残留部分进行了清理，又获石制品55件和一批动物化石。此次发掘，其主要收获是否定了该遗址属于旧石器时代早期的认识，确立上、下洞的地质时代属更新世晚期偏晚阶段，文化时代属旧石器时代晚期[27]，以上两例旧石器晚期遗存，都是新石器时代早期遗存的前身是不会有什么问题的。就生存环境形态而言，与省外发现的新石器时代早期遗存有许多共性。不同点在于南方近水地区是贝丘遗址，而北方平原上近水地区是丘岗坡地遗址。山洞遗存和丘岗坡地遗存中原始农业的线索较少见，人类生活是靠自然经济，出土的石制品证明，当时的人是以狩猎和采集为生，从动物骨骼上有火烧痕迹分析，人们的饮食用火，不同区域或山洞或丘岗坡地都是氏族成员群居生活。在浅山区是选择自然山洞栖息，在平原则是选择可避水灾的岗丘坡地聚居。与新石器时代的选址似没有太大的差别，亦即向阳、避风、近水等为先决条件。无论是山洞还是平原就目前所知面积较小，都在1万平方米以下。舞阳大岗的新石器时代中期遗存直接压在旧石器晚期的地层之上，许昌灵井已出现磨制石器。所以推测中原地区的新石器时代早期聚落将是中原地区旧石器时代晚期聚落形态的延续，保留有较多的旧石器晚期的特点。

再据华北地区所发现的徐水南庄头遗址，发现罐、钵类粗陶，还有石锤、石磨盘和石磨棒、骨镞、骨锥等工具，以及大量动、植物遗存，有的可能为家畜。年代约为公元前10000～前8600年，是迄今为止华北地区最早的新石器文化遗存。此外，阳原于家沟遗址也发现有超过万年的陶器。怀柔转年遗址除发现陶器外，同出有较多典型细石器，年代相当于南庄头遗址[28]。这些重要发现初步显示出华北地区早期新石器文化的概貌。推测处于华中的河南新石器时代早期遗存，亦应是农业已经出现，已有陶器，打制与磨制石器共存，已有少量的家畜饲养，聚落规模大而分散等特点。通过对旧石器晚期遗存和新石器早期遗存的观察分析，也为我们寻找河南地区新石器时代早期遗存积累了经验与线索。

二、裴李岗文化聚落形态的发展状况

新石器时代文化中期的裴李岗文化遗址及其聚落形态，在早期的基础上发生了巨大的变化，其显著的特点是农业普遍发展，聚落遗址数量的增多和大型遗址亦即中心聚落的出现。这一时期聚落遗址中不论早晚，都出土有比例较大的农具，包括石铲、石镰、石磨盘和石磨棒等，另外还有石斧、石刀、石凿等其他工具。石器多为磨制，且工整细致，琢磨兼制次之，也有少量打制和琢制的细石器。裴李岗文化遗址中还出土有骨制工具，制作一般比较工整。主要有针、匕、锥、镖、镞和锯凿镰等，它们也是当时重要的生活用具。从骨质生产工具可以看出，当时的人们仍以渔猎、采集作为食物的辅助来源。中原地区较大的聚落遗址有新郑裴李岗 2.2 万平方米，舞阳贾湖 5.5 万平方米，新郑唐户 20 万～30 万平方米，河北武安磁山 8 万平方米等，小型聚落遗址则仅有千余平方米至 1 万平方米左右。如信阳南山嘴遗址，面积约 1800 平方米，新郑沙窝李近 1 万平方米。这些裴李岗文化遗址一般堆积较薄，遗物数量也不很大。这时的中心聚落的形成，是农业发展带来的结果，只有人们拥有较大量和较长时间的食物储备，才能结成较大的氏族集团聚居在同一聚落。

裴李岗遗址、贾湖遗址、武安磁山遗址、莪沟北岗、沙窝李遗址居住区内都分布多少不一的灰坑，这些灰坑多是储存粮食的窖穴，较典型的是磁山遗址，有几百个储藏粮食的窖穴，其中发现粟壳朽灰，如换算成新鲜粮食，可达 10 万斤以上[29]。贾湖遗址发掘 2000 余平方米，就有灰坑 320 座，揭露出的房基有 45 座，这里的粮食储备亦当不在少数[30]。沙窝李遗址仅揭露 850 平方米，就发现 20 个灰坑，30 座墓葬[31]，说明这时期无论是大型的中心聚落，还是小型的分散聚落都有充足或一定数量的粮食剩余和储备。

裴李岗文化时期的聚落遗址多因揭露面积所限，而难知其详细的整体布局。近年为配合南水北调中线工程，而进行考古发掘的新郑唐户裴李岗文化遗址，虽然目前只挖了 4000 平方米，仅是遗址的一少部分，得以窥见聚落内部布局之一斑。已发现的房屋基址，共有 47 座，均为半地穴式，平面有椭圆形、圆形、圆角长方形和不规则形数种，门向有南向、西南向、东南向的。其共有特点是朝向向阳低洼的一面，以求得向阳背风。房子以单间为主，共 44 座。双间房有 3 座。6 座房内有灶。在Ⅳ区西南部居住区内还发现有排水系统。发掘表明，这些居址可分为四组独立的单元，中间被生土隔离。第一组位于第Ⅲ区西北部，有房基 2 座，因邻河，其他房基有可能被冲毁。第二组有房基 12 座，位于Ⅲ区的东北部，与Ⅱ区的东南部相连，略呈带状环绕分布在上述壕沟内侧，该组居于坡状地貌上。第三组位于Ⅱ区东南部与西部，共计 6 座，本区房基面积已经出现大小悬殊的差别。如 F16 不到 5 平方米，而 F7 达 20 平方米。在区域内还发现人工沟 1 条，疑为排水之用。第四组有房基 27 座，位于第Ⅲ区的东南部和Ⅳ区的西南部，房址分布较有规律，从北向南大致分为三排。门多朝向西南，个别朝向东南的房子被朝向西南的房打破，说明这些建筑也有毁后再建的过程，而且再建时房屋朝向理念发生了改变。在整个发掘区内共发现灰坑 160 座，仅在此区内就有 120 座之多，所以房屋周围分布有密集的灰坑亦即窖穴遗存。在此区还出现有双门道和阶梯式门道的房址，而且在门两侧各有一座窖穴，形成独立的生活单元。发掘者认为："房址形式结构的新变化以及按照一定规律成排分布的特点，说明此组房屋在建筑技术及布局形态上更加成熟，此区当为裴李岗文化聚落的核心区域。"[32]

舞阳贾湖裴李岗文化聚落遗址，发掘 2000 余平方米，清理房址 45 座，平面形状以椭圆形为主，另外还有圆形、不规则形、方形、或近方形和马鞍形。结构以半地穴式为主。房内有的无灶，有的有灶。类型有单间式，占 37 座；多间式，房址 5 座。多间式又可分为双间式、三间式、四间式三种。另外，还有干阑式2座。平地起建式1座。房址的分布规律，亦受揭露面积的局限统一观察分析较为困难。但总的说来，在多组房址中，房址面积的大小和分间的多少已经有明显的不同。其分组而居的布局已经形成。大体可看出二房址1组、三房址1组、四房址1组不等，有的还可以从大的布局上连接成排。多处房子都有二次扩建的迹象。大的房址面积可以达到40平方米，也有小房址围绕大房址的现象。在每组房址的周围分布着大量的灰坑，有些还有供人上下的台阶，虽然都是储藏性质的窖穴[33]。

裴李岗文化时期的墓葬区，与居址相邻，有的或混杂起间。新郑裴李岗遗址，墓葬集中在遗址的西部，居址在东部。共清理116座。分三组群：西组群分布35座，偏东侧有M54较大；中组群有墓葬48座，偏东侧有M38较大；东组群有墓葬31座，偏南部中间M27较大。方向以南为主[34]。

舞阳贾湖墓葬区在遗址中分布多处。中区墓葬在南部，其中以M486为大。西北区墓葬大量集中在西北部，其中以M277、M366、M887较大，由于过于集中，墓之间打破关系严重，所以3座大墓应有先后关系。东南部也有少量分布，其中以M397为大，墓葬并与居址混杂在一起。西区墓葬主要集中在东部，其中以M106为大。西南区墓葬也集中在东部，墓葬方向以西向为主，次之为西南向，少量为西北向，都在230～320度之间[35]。

这些墓葬分布有序，排列规律、方向多趋一致，墓葬大小多较平均，仅裴李岗每组群中有大墓1座。贾湖西北区有3座，M277、M366、M287因有多层次的打破关系，3座较大的墓当属不同的时段。其他区内墓葬较大的也仅为一座。墓坑都是长方形竖穴土坑，没有葬具，葬式以单人直肢为多，极少见俯身葬，个别为双人葬和三人葬，死者多为一次葬，二次葬者甚少。随葬品以陶质生活用具为主，石质生产工具次之，装饰品甚少，这些随葬品是人们生产、生活用器状况的反映。

裴李岗文化遗址中烧陶技术的应用和大量陶器的出现，是当时人们生活质量提高和聚落发展的重要因素之一。裴李岗遗址和贾湖遗址中都发现有陶窑，说明各聚落遗址的陶生活用器都是就地生产的。这时的陶器都是手制，火候尚不甚高。陶色以红陶为主，褐色陶次之，灰陶最少。陶质均匀细腻，陶土似经过淘洗。夹砂陶掺有砂粒，有的有蚌粉或炭粒。陶器的器表多为素面，仅是夹砂陶器上饰有篦点纹、篦划纹、指甲纹和乳钉纹。晚期的陶器上开始饰少量的绳纹和彩绘纹。陶器的器型主要有小口双耳壶、三足壶、敞口钵、三足钵、深腹罐、平底碗、杯和鼎等，成为裴李岗文化颇具特色的陶器群，也是人们能吃到足够的熟食，促进消化，提高生活质量，增加健康的必备器皿。

裴李岗文化聚落的选址，主要以嵩山为中心，分布在浅山丘陵区和黄淮平原西部的过渡地带，仅有极少数的遗址在真正的平原上。由此而形成的浅山丘陵地域特征，平原过渡地域特征，前者是丘陵台地，或盆地边沿或谷地上，一般距水源较远，取水从岗脊下至谷底，近者数十米，远者达千米左右。在这种区域内，还有些聚落分布在河谷的一或二级阶地上。有的在两河交汇的台地上，由于受地形条件的限制和取水的不便，制约着旱地农业的发展，所以一般聚落面积不大，都在1万平方米左右，有的甚至仅有数百平方米至数千平方米。一般地层堆积较薄，地表遗物少见。属于台地聚落遗址的有新郑裴李岗、新密莪沟北岗[36]、马良沟[37]等，属于河旁阶地的遗址有新密张湾、青石河[38]、登封王城岗[39]、巩义铁生沟[40]、郏县水泉[41]等。平原过渡地域特征，聚落分布在河流和湖泊附近，遗址位于河旁或两河交汇处，地形属于平原上的坡状地或岗丘地，有的为阶地形式，聚落面积相对较山区扩大，并出现了较大型的中心聚落遗址。面积从数万平方米到数十万平方米不等。面积小的仅有数百平方米。大型聚落的出现证明平原地带土地肥沃，水原充足，适宜农作，粮食增多，亦可获得渔猎之利加以补充。促使氏族集团迅速扩大，属于平原地带的聚落有新郑唐户、舞阳贾湖、漯河翟庄[42]、长葛石固[43]、中牟业王[44]、郑州宋庄[45]等。新郑唐户、舞阳贾湖大型中心聚落的发现，是新石器时代文化发展已步入昌盛期的重要标志。这些遗址多有别浅山丘岭地区的文化发展情况，有些遗址从裴李岗文化聚落形成开始，世代繁衍，劳动生息，绵延数千年而不间断。有些遗址虽有断代现象，后来又有不同期的文化在这里延续。所以，这类遗址文化堆积较厚，文化内涵也极为丰富。如唐户遗址不仅有裴李岗文化，而且还有仰韶文化[46]、龙山文化、新砦二期文化、二里头文化、商文化、周文化及汉文化等[47]，其文化堆积可达1.5～4米不等，并多处都有不同文化上下叠压的现象。

在裴李岗文化时期，气候条件也非常有利于农耕生产和人类居住生活。许多资料一致证明在全新世中期距今8000～25000年前是全新世的高温期，当时华北地区的年平均气温比现在高很多。“在距今七千多年以前，华北这一带地区的年平均温度比现在高2～3℃，或更高一些。距今8000年左右可能是全新世以后，冰后期最温暖的时期。”[48]气候也是当时农业发展、聚落增多与扩大的重要因素之一。

三、结　　语

本文概述了我国新石器时代早期聚落的形成，以及中原地区旧石器时代晚期聚落形态变化，对新石器时代早期聚落形态探寻研究的重要借鉴作用。众多平原旧石器晚期遗存的发现，使我们不得不重新反思长期以来人类是从山洞走向平原的这一基本概念。最少在旧石器时代晚期，人类生存聚居形态已形成浅山丘岭的山洞模式和平原近水源的岗坡模式，中原新石器时代早期遗存亦当依此为基础去探寻。文中对裴李岗文化聚落形态特点及其所反映的社会形态的探讨告诉我们，新石器时代中期的裴李岗文化发展较快，聚落形态不断扩大，并出现了中心聚落，是因气候适宜农作，生产工具更为进步，带来了前所未有的农业发展机遇，并成为聚落形态、社会形态发展的原动力。在中原地区又因地理环境和经济类型的不同，又存在着不同的形态，即浅山丘岭地区与平原或平原过渡地带的差异。农业分粟作和稻、粟混作型。但他们又有着共同的文化特征，都能基本满足生产、生活必要的物质需求，诸如住所、劳动生产工具（先进的磨制石器）、生活所需的各种器皿以及粮食储备等。这一时期，作为聚落形态仍是内向、封闭的凝聚型。人们相互依存，从而形成一个牢固的集体，这种集体的社会形态就是“氏族”。氏族是人们以血缘关系为纽带结合起来的共同体，它是原始社会的基本社会制度。裴李岗文化众多聚落遗址群的发现，说明当时的中原地区已经生活着众多的氏族部落。从裴李岗文化墓地中，墓葬分布和住址分布情况看，在当时的氏族内部，可能已经进一步分化成若干小的氏族组群。虽然同在一个聚落内，住址是分组出现的，死后同用公共墓地，埋葬是分着不同的组群，每组群中个别大墓，似显示着墓主人与其他成员身份的差别。“这种小的亲族集团又称作女儿氏族或母系大家族，它们和氏族的性质大体相似，也是以血缘亲属关系为纽带结合起来的集体，它是随着原始经济的发展和人口的不断增殖，氏族内部的事务逐渐复杂起来，为组织生产和安排生活的方便，从而进一步分化为小的集体。女儿氏族还保留在母亲氏族之内，但已自成一个独立的生产单位和生活单位，成员们生前生活在一起，死后也葬于小集体的墓地。”[49]这一论述比较精辟的概括了裴李岗文化社会形态的基本状况，并结合发现的其他种种迹象，裴李岗文化时期的氏族社会确已进入昌盛时代。

注　释

［1］ 赵世纲：《裴李岗文化的几个问题》，《史前研究》1985年第2期。

［2］ 开封地区文物管理委员会等：《河南新郑裴李岗新石器时代遗址》，《考古》1979年第3期。

［3］ 中国社会科学院考古研究所河南一队：《1979裴李岗遗址发掘报告》，《考古》1984年第1期。

［4］ 邯郸市文物保管所、邯郸地区磁山考古队短训班：《河北磁山新石器遗址试掘》，《考古》1977年第6期。

［5］ 北京大学考古考研室华县报告编写组：《华县、渭南古代遗址调查与试掘》，《考古学报》1980年第3期。

［6］ 吴汝祚：《北辛文化的几个问题庆祝苏秉琦考古五十五年论文集》，文物出版社，1989年。

［7］ 中国社会科学院考古研究所内蒙古工作队：《内蒙古敖汉旗兴隆洼发掘简报》，《考古》1985年第10期。

［8］ 辽宁省博物馆、旅顺博物馆、长海县文化馆：《长海县广鹿岛大长山岛贝丘遗址》，《考古学报》1981年第1期。

［9］ a. 浙江省文物管理委员会、浙江省博物馆：《河姆渡第一期发掘报告》，《考古学报》1978年第1期；

b. 河姆渡考古队：《浙江河姆渡遗址第二期发掘的主要收获》文物1980年第5期。

［10］ 严文明：《黄河流域新石器时代早期文化的新发现》，《考古》1979年第1期。

［11］ 严文明：《中国新石器时代聚落形态的考察庆祝苏秉琦考古五十年论文集》，文物出版社，1989年。

[12] a. 蔡凤书、宋百川：《考古学通论》，山东大学出版社，1988 年；
b. 孙英民、李友谋：《中国考古学通论》，河南大学出版社，1990 年。
[13] 杨育彬、袁广阔：《20 世纪河南考古发现与研究》，中州古籍出版社，1997 年。
[14] a. 江西省文管会：《江西万年大源仙人洞遗址试掘》，《考古学报》1963 年第 1 期；
b. 江西省博物馆，《江西万年大源仙人洞洞穴遗址的第二次发掘报告》，《文物》1976 年第 12 期。
[15] 任式楠、吴耀利：《中国新石器时代考古学五十年》，《考古》1999 年第 9 期。
[16] 广东省博物馆：《广东翁源县青塘新石器时代遗址》，《考古》1961 年第 11 期。
[17] 广西壮族自治区文物工作队、桂林市革命委员会文物管理委员会：《广西桂林甑皮岩洞穴遗址的试掘》，《考古》1976 年第 3 期。
[18] 广东省博物馆：《广东东兴新石器时代贝丘遗址》，《考古》1961 年第 12 期。
[19] 广西壮族自治区文物考古训练班、广西壮族自治区文物工作队：《广西南宁地区新石器时代丘遗址》，《考古》1975 年第 5 期。
[20] 同［11］。
[21] 周国兴：《河南许昌灵井的石器时代遗存》，《考古》1974 年第 2 期。
[22] 杨育彬、袁广阔：《20 世纪河南考古发现与研究》，中州古籍出版社，1997 年。
[23] 李占杨：《许昌灵井旧石器时代遗址》，《河南省文物考古研究所文物考古年报》第 17 页，2005 年。
[24] 李占杨：《许昌灵井旧石器时代遗址》，《河南省文物考古研究所文物考古年报》第 21 页，2006 年。
[25] 张居中、李占杨：《河南舞阳大岗细石器地点发掘报告》，《人类学学报》1996 年第 2 期。
[26] 杨育彬、袁广阔：《20 世纪河南考古发现与研究》，中州古籍出版社，1997 年。
[27] 小空山联合发掘队：《1987 年河南南召小空山旧石器遗址发掘报告》，《华夏考古》1988 年第 2 期。
[28] 同［15］。
[29] 佟伟华：《磁山遗址原始农业遗存及其相关问题》，《农业考古》1984 年第 1 期。
[30] 河南省文物考古研究所：《舞阳贾湖》，科学出版社，1999 年。
[31] 中国社会科学院考古研究所河南一队：《河南新郑沙窝李新石器时代遗址》，《考古》1983 年第 12 期。
[32] 张松林、信应君等：《新郑唐户遗址发现裴李岗文化大面积居址》，《中国文物报》2007 年 7 月 13 日。
[33] 河南省文物考古研究所：《舞阳贾湖》，科学出版社，1999 年。
[34] 中国社会科学院考古研究所河南一队：《1979 年裴李岗遗址发掘报告》，《考古》1984 年第 1 期。
[35] 同［33］。
[36] a. 河南省博物馆、密县文化馆：《密县莪沟北岗新石器时代遗址发掘简报》，《文物》1979 年第 5 期；
b. 河南省博物馆等：《河南密县莪沟北岗新石器时代遗址》，《考古学集刊》第 1 集，文物出

版社，1981 年。

[37] 开封地区文管会、密县文管会：《密县马良沟遗址调查试掘》，《考古》1981 年第 3 期。

[38] 魏殿臣、谷洛群：《密县古文化遗址概述》，《河南文博通讯》1980 年第 3 期。

[39] 河南省文物研究所中国历史博物馆考古部：《登封王城岗与阳城》，文物出版社，1992 年。

[40] 开封地区文管会、巩县文管会：《河南巩县铁生沟新石器时代遗址试掘简报》，《文物》1980 年第 5 期。

[41] 郏县文化馆：《河南郏县水泉发现新石器时代遗址》，《考古》1979 年第 6 期。

[42] 赵世纲：《关于裴李岗文化若干问题的探讨》，《华夏考古》1987 年第 2 期。

[43] 河南省文物考古研究所：《长葛石固遗址发掘报告》，《华夏考古》1987 年第 1 期。

[44] 开封地区文管会：《河南省开封地区新石器时代遗址调查简报》，《考古》1979 年第 3 期。

[45] 郑州历史文化丛书编纂委员会：《郑州文物志》，河南人民出版社，1999 年。

[46] 河南省文物考古研究所等：《新郑唐户新石器时代遗址调查简报》，《中原文物》2005 年第 5 期。

[47] 开封地区文管会、郑州大学历史系考古专业、新郑县文管会：《河南省新郑县两周墓葬发掘简报》，《文物资料丛刊》1978 年第 2 辑。

[48] 周本雄：《河北武安磁山的遗址》，《动物骨骼考古学报》1981 年第 3 期。

[49] 郑杰祥：《新石器时代文化与夏文明》，江苏教育出版社，2005 年。

裴李岗文化与裴李岗文化时代

张松林

（郑州市文物考古研究院）

裴李岗遗址自1977年发现，至今已有30多年的历史了。裴李岗遗址的发现开辟了中国史前考古的新视野，在20世纪八九十年代，其与河北磁山文化、陕西老官台—李家村文化、山东后李文化、湖南彭头山文化、东北兴隆洼文化等一起掀起中国新石器早期文化研究新高潮。但是这种高潮持续了10多年之后，又渐次转入了沉寂期，那么这种沉寂是解决问题之后的沉寂还是学术突破前的沉寂呢？我认为应该是后者。为此，在裴李岗文化发现30周年庆典之际，斗胆提出“裴李岗文化与裴李岗文化时代”这一命题。

一

裴李岗遗址是1977年农村土地平整过程中偶然发现的一处新石器时代早期遗址，因其独特的文化内涵而被学界命名为裴李岗文化。说到裴李岗遗址的发现，可能带有很大的偶然性，但回顾一下中国考古学史，我们就会发现所有这些偶然里都包含着必然。它们都是勤劳智慧的中国人民创造的文化遗产，也是一代又一代考古工作者艰苦卓绝努力的成果。

中国考古学经历了近百年的奋斗而逐渐发展成熟。中国考古学的诞生以1921年瑞典地质学家安特生发掘河南渑池仰韶村遗址为标志，虽然安特生首先发现和发掘了仰韶村遗址，但限于中国史前考古资料的匮乏和西方学者的偏见，使他得出中国彩陶文化“西来说”的结论，这个结论虽在20世纪30年代被刘跃先生进行了更正[1]，但直到20世纪50年代初仍有较大影响和市场[2]。

新中国成立以后，中国考古事业蓬勃发展，文化部第一、二、三、四期学习班培训了一大批优秀的考古工作者。这些考古工作者秉承历史使命，克服千难万险，发现和发掘了一批新石器时代遗址，极大地开拓了人们的视野，丰富了人们对中国史前文化的认识。正是由于认识的不断提高，人们不仅对“中国文化西来说”进行了彻底否定，而且对中国新石器时代早期文化起源问题进行了有益探索。当时发现最早的新石器文化是西安半坡文化，但其年代早不过距今7000年这一大关，那么7000年以前的古文化在哪里呢？这对当时的考古工作者来说又是一个挑战。

我们知道，以安特生先生发掘河南渑池仰韶村遗址为代表的中国早期考古学采用平层下挖法进行发掘，这种方法一直沿用了近十年，直到1931年梁思永先生发掘安阳后冈遗址时，考古层位学概念才正式树立。地层学应用于考古学后，中国考古学取得了长足的发展，新石器时代中晚期遗址不断被发现，但早期遗存因人类活动少而很少被发现，即使在仰韶文化或龙山文化底部发现裴李岗文化或更早堆积，也会被错误地认为是生土层而停止发掘，因而错失了许多机遇。

河南新郑裴李岗遗址的发现不仅使人们认识了以石磨盘、石磨棒、三足钵、锯齿镰为代表的一种全新的新石器时代早期文化面貌，而且也为中原地区仰韶文化找到了源头，有力地支持了“中国文化本土起源说”，使中国考古学者对寻找更早期古文化遗存有了更深入的哲学思考，开启了探索中国新石器时代早期文化遗存面貌的一扇大门。

二

裴李岗文化发现30年后的今天，仅嵩山地区调查和发现的裴李岗文化遗址已达160多处，这些遗存的^{14}C测年为距今9000~7000年间，典型遗址有河南新郑裴李岗遗址[3]、舞阳贾湖遗址[4]、新密莪沟遗址[5]、长葛石固遗址[6]、新郑唐户遗址[7]等，经过正式考古发掘的有新密马良沟遗址[8]、新郑沙窝李遗址[9]、巩义瓦窑嘴遗址[10]、巩义水地河遗址[11]、巩义铁生沟遗址[12]、汝州中山寨遗址[13]、郏县水泉遗址[14]等26处。30年来，经众多考古学家对裴李岗文化遗址的发掘、整理、研究，目前对于裴李岗文化的主体面貌、文化分期、文化类型、社会经济、组织状况、年代等都有了初步认识，但是随着河南新郑唐户遗址30万平方米裴李岗文化遗存的发现，似乎之前形成的一些认识又需要重新被更正，正如李伯谦先生所言：“新材料的发现是学科前进的重要推动力，以田野调查发掘为特征的考古学尤其如此。随着新材料的不断发现，原有的学术观点也必将不断更新、补充和完善。”[15]

在裴李岗文化发现以后，中国考古学界掀起了新石器时代早期考古研究的高潮，全国范围内发现新石器时代早期古文化遗址超过200多处，这其中包括陕西的老官台—李家村文化，甘肃秦安大地湾文化，河北武安磁山文化，山东后李、北辛文化，长江流域的城背溪文化、河姆渡文化，淮河中游的双墩文化，东北地区的兴隆洼文化等。从目前已发表材料看，距今9000~7000年之间的古文化遗址几乎遍布全国，再加上早于1万年前的河北徐水南庄头遗址、北京市门头沟东胡林遗址、江西万年仙人洞遗址、广西桂林甑皮岩遗址等，中国境内新石器时代早期文化体系框架基本形成。

以裴李岗文化为代表的距今9000~7000年间的古文化遗存遍布全国，过去曾有研究者提出“前仰韶文化”这个概念。大量考古资料证明，全国大部分地区普遍存在有距今9000~7000年间的古文化遗存，而且还有可能存在更早时期的。对于如此丰富、时间跨度达5000年之久的新石器时代早期文化，我们研究时总有太多疑惑，为便于学术研究，给社会一个较为明晰的概念，我们认为统称为一个时代更好，而在为这个时代命名时，考虑到这一时期以裴李岗文化遗存最丰富，数量最多，研究也最全面，代表性最强，因此，将其称之为“裴李岗文化时代”，岂不妥哉？即使今后发现新的更早的新石器早期文化遗存，也可以纳入这个大的时代去认识、去研究。

三

自20世纪70年代裴李岗文化发现以来，引发了中国新石器时代早期文化遗存研究的新突破，然而就目前来看，大到全国、小到中原地区，这一阶段的考古学研究都几乎处于半停滞状态，这不得不引起我们的关注。

就裴李岗文化而言，发掘过的遗址不算很多，而且有相当部分的发掘材料未见发表，即使发表过的资料，因受当时条件所限，也都较为简略；裴李岗文化的类型、文化谱系等等问题的论述因没有丰富的资料作为基础略显单薄，至于说社会形态、生存环境等深层次问题都处于浅尝辄止的状态。我们都知道，新石器是在旧石器的基础上发展而来的，世界考古学界普遍认定新石器时代文化发生于距今12 000年前的旧石器时代晚期，其标志为原始农业，定居，陶器和磨光石器的产生。这四个标准是西方学者首先提出，并且在中国考古学界得到响应，但中国新石器起源与西方是否完全一致？尤其是近年来“新的文化西来说——中国早期新石器时代文化通过湄公河通道或北方通道传入中国”重新占据我们的视野时，搞清楚中国境内新石器早期文化发展谱系，寻找中国境内旧石器时代向新石器时代过渡性文化遗存成为我们考古工作者的当务之急。近十年来，郑州市文物考古研究院为提高学术积淀，连续对郑州地区的山区和黄土台地进行全面性普查，在仅调查五分之三的区域内已发现旧石器和化石地点360多处，其中半数以上为旧石器时代晚期遗存。尤其重要的是，我们在10多处马兰黄土上层地点内发现旧石器与陶片共生，用热释光测年后，发现其时代都在距今1万年以上，为寻找旧、新石器过渡性遗存提供了线索。目前郑州市文物考古研究院正与北京大学合作开展此项工作。随着工作的不断深入，我们希望能有突破性发现。

随着社会的发展，我们不可能再遇到20世纪70年代那种土地大平整的机会，但随着社会迅猛发展，大规模基本建设不断，我们还是可以从一些大型基本建设项目寻找新发现。尤其是第三次全国文物普查的开展，为我们探索早期文化遗存提供了新契机。我们坚信，只要有更多的同志投入到中国新石器时代早期文化研究当中，那么取得突破的日期也就不会远了。作为一个在基层工作的老考古人，对裴李岗文化研究进入沉寂期提出自己的一些看法，谬论一定不少，但是我们希望通过纪念裴李岗文化发现30周年研讨会的召开，通过这本论文集的出版，抛砖引玉，以期带动更多学者参与到新石器时代早期文化遗存研究当中。此书的出版如果能对新石器时代早期考古学研究发挥一点儿作用，吾愿足矣！

注　释

[1] 尹达:《新石器时代》，生活·读书·新知三联书店，1955年。

[2] 考古所河南调查团:《河南成皋光武区考古纪略》,《科学通报》1951年第二卷。

[3] 开封地区文管会、新郑县文管会:《河南新郑裴李岗新石器时代遗址》,《考古》1978年第2期。

[4] 河南省文物考古研究所:《舞阳贾湖》，科学出版社，1999年。

[5] 河南省博物馆等:《河南密县莪沟北岗新石器时代遗址》,《考古学集刊》第1集，1981年。

[6] 河南省文物研究所:《长葛石固遗址发掘报告》,《华夏考古》1987年第1期。

[7] 河南省文物管理局南水北调文物保护办公室 郑州市文物考古研究院:《河南新郑市唐户遗址裴李岗文化遗存发掘简报》,《考古》2008年第5期。

[8] 开封地区文管会等:《河南密县马良沟遗址调查与试掘》,《考古》1981年第3期。

[9] 中国社会科学院考古研究所河南一队:《河南新郑沙窝李新石器时代遗址》,《考古》1983年第12期。

[10] 郑州市文物工作队 巩义市文物管理所:《河南省巩义市瓦窑嘴新石器时代遗址的发掘》,《考古》1999年第11期。

[11] 郑州市文物考古研究所:《河南巩义水地河遗址发掘简报》,《郑州市文物考古与研究》，科学出版社，2003年。

[12] 开封地区文管会:《河南巩县铁生沟新石器时代早期遗址试掘简报》,《文物》1980年第5期。

[13] 中国社会科学院考古研究所:《河南汝州中山寨遗址发掘报告》,《考古学报》1991年第1期。

[14] 中国社会科学院考古研究所河南一队:《河南郏县水泉新石器时代遗址发掘简报》,《考古》1992年第10期。

[15] 李伯谦:《对郑州商城的再认识》,《古都郑州》2005年第4期（总第6期）。

论贾湖遗址的环境与生业

张居中
（中国科学技术大学）

一、概　　述

（一）地理位置

贾湖遗址所在地位于黄淮海大平原的西南部边缘，南眺伏牛山余脉、北邻豫中沃野，西侧通过叶县、方城走廊可达南阳盆地，东面则为一望无际的黄淮大平原。这里地处中国二、三级阶梯的过渡地带，南、北、东、西交流的要冲，河流纵横。交通便利，著名的南北交通大动脉京广铁路位于遗址东30公里处。贾湖遗址位于河南省舞阳县北舞渡镇西南的贾湖村，南距县城22公里。地理坐标为东经113°40′，北纬33°36′，海拔67.5米。

（二）遗址概况

遗址面积5.5万平方米，是一处规模较大、保存完整、文化积淀极为丰厚的新石器时代前期遗址。1983年以来，河南省文物考古研究所在贾湖进行了7次大规模考古发掘，其中6次均由笔者主持，共计发掘面积2700平方米，发现房基53座，窖穴436多座，陶窑近12座，墓葬445座，以及壕沟、小坑、灶、柱洞等。发现陶、石、骨等各种质料的遗物数千件，包括工具、用具、装饰品、原始宗教用品等以及大量植物种子、动物骨骼、石料等，表明当时这里动、植物等自然资源丰富，极宜人类生存。据测定，贾湖文化存在的年代为距今9000～7800年。贾湖遗址的发现为我们了解祖先的生活提供了极为丰富的资料。此处出土的8000年前的骨笛是世界上迄今发现年代最早、保存最完整、至今仍可吹奏的乐器；此处发现的龟甲上的契刻符号可能是中国最早的原始文字；龟灵崇拜则是原始的宗教信仰；稻作遗存、狩猎、捕捞和聚落布局反映了当时人类社会生活的情况。原中国历史博物馆馆长、著名考古学家俞伟超称，贾湖遗址的发掘，可称是80年代以来中国新石器时代考古中最重要的工作。贾湖文化提供了一个黄河、长江之间新石器时代早期的、居当时文化发展前列的相当完整的实例，对于研究中国新石器文化起源，以及黄河、长江流域新石器文化的关系有着重要意义（俞伟超，

1999）。2001年6月，国务院将贾湖遗址确定为第五批全国重点文物保护单位，被中国社会科学院确定为20世纪全国100项重大考古发现之一。

二、环　　境

（一）现代自然环境

贾湖遗址地处北亚热带向暖温带过渡的交接地区，属北亚热带向暖温带过渡的大陆性季风气候，气候区属淮北平原暖易涝区。温暖多雨，光照充足，四季分明。区内年均温14.6℃，年平均降水量845毫米，目前是小麦、水稻、芝麻等粮油作物的重要产区。

贾湖村周围地势是西高东低。村西高地海拔68.6米。村东1公里舞北公路测高为海拔66.9米，贾湖遗址海拔在67米左右。村北、西、南三面均为一望无际的平原，仅个别地方有隆起的小土岗，贾湖村东为泥河洼滞洪区，范围103平方公里，东西23公里，南北平均6公里，中心区最低海拔63.8米，边缘地带高68米。在设滞洪区前为一片沼泽地，20世纪60年代后逐渐干涸，被开垦为农田。蓄洪区中间地带无人居住，但其周围居民点稠密。贾湖村东全新世地层中有一层静水沉积形成的黑色黏土层，自西向东由薄渐厚，边缘地带0.3～0.5米，在滞洪区中心地带厚达3米仍未见底。表明在全新世大暖期期间这一带曾有较大面积的水体存在。

（二）反映气候与环境变迁诸要素的分析

大量发掘资料显示，在贾湖人生活时期的气候因素中，存在着喜暖与喜冷，耐旱与水生，湿生动、植物共存的现象。我们可把诸多反映气候的因素分为三组。

1. A组

为在我国南北均有分布的广布种，或目前在贾湖所在的黄淮地区仍有分布的物种，其中动物有猪、狗、黄牛、貉、狗獾、豹猫、梅花鹿、羊、野兔、环颈雉、青鱼、鲤鱼、中华鳖、杜氏蛛蚌、剑状矛蚌、短褐矛蚌、圆头楔蚌、河篮蚬等，木本植物有栎、柳、松、榆、胡桃、栗等，耐旱陆生，草本、灌木植物有蒿属、菊科、藜科、柽柳属、禾本科、大戟科、中华卷柏等，水生、湿生植物有莎草科、莲属、水龙骨以及环纹藻类等所占比例最高。

2. B组

为现今只分布江淮、江南甚至华南地区的喜暖湿的物种，现在的黄淮地区已经绝迹或基本不见，动物中有小麂、獐、四不像、水牛、扬子鳄、黄缘闭壳龟、中国花龟、江西楔蚌、巨首楔蚌、楔丽蚌、拟丽蚌、失衡丽蚌等；木本植物有山毛榉、枫香、铁杉等，水生草本植物有野生稻、水蕨、莎草等。

3. C组

为现今只分布于北方地区，现代黄淮地区基本不见的物种。这一组物种很少，动物中只有紫貂；植物中因发现遗骸太少，孢粉分析又无法鉴定到种一级，除麻黄、茜草等耐旱植物外，无法确定存在何种喜冷的植物，但从植物硅酸体分析中发现的所占少量的属于温寒和夏季凉爽的高海拔地区的早熟禾亚科的圆形椭圆形、帽形硅酸体，分布于相对干冷地区的尖型、棒形硅酸体，主要分布于寒冷地区的齿形硅酸体的现象表明，耐干冷的植物是存在的。

（三）气候特点

如何解释上述B、C组物种共存的现象呢？如果认真分析这两种生物群落的分布规律，是否可以认为有以下两种可能性。

1. 气温和降水量的变化与冷暖波动

从孢粉组合和动物群的变化来看，贾湖聚落形成之前和贾湖三期文化发展过程中，气温和降水量是呈增加趋势的。

从贾湖早期文化层下压的生土堆积中的孢粉组合来看，虽有少量的喜暖、湿的因素存在，但未见榆，少见栎，耐旱的蒿属、菊科、藜科以及中华卷柏等占绝对优势，表明末次冰期之后的气温虽已回升，但仍不高，可能低于当地现今的气温和降水量，可复原为温凉半干旱气候，疏林半荒漠草原景观。

到了贾湖人来此活动时期，即贾湖文化层形成时期，喜暖因素大量增加，木本植物新出出榆属和主要分布于亚热带地区的枫香属于山毛榉属等，柳属和栎属比例也有所增加，在水生植物中，尤其是出现了水蕨以及莲属、莎草科等，湿生的环纹藻类比例大为增加，同时耐旱的蒿属等植物比例递减50%以上，表明气温急剧上升，降水大量增加而导致水面积大量扩大，二者均已高于现在，而与现今江淮地区大致相当，为温暖湿润气候，相应的环境则为疏林草原湖沼景观。

贾湖聚落建立之初的贾湖一期，喜暖的木本植物新增加了盐肤木（漆树属）属，水生植物发现大量香蒲属，另外还发现了不少野生稻。从动物群上看，喜暖湿的物种有獐、扬子鳄、闭壳龟、丽蚌、楔蚌等。表明贾湖一期的气候和环境已与现今的长江流域相当。

但是，需要说明的是，在生物群落中尚有喜冷的因素存在，如在属于贾湖一期的灰坑H84中不仅分析出了喜冷、耐旱的圆形椭圆形、齿形、帽形、尖形、棒形植物硅酸体，而且还发掘出土了一副现今生活于长白山区的喜冷的紫貂骨架。这些因素或可说明，这一现象可能与一次降温事件有关。

贾湖二期和三期的文化层中，虽然分析出的孢粉含量很少，但是，含量高达62.6%的环纹藻类也反映出水面积进一步扩大的趋势，而蒿属等耐旱的植物进一步减少，反映出聚落周围湖沼面积的增加和草原面积的缩小。从这两期文化层样品中分析出的植物硅酸体来看，耐寒耐旱的齿形、帽形、尖形、棒形、圆形椭圆形硅酸体比例均较一期为小，有的几乎绝迹，而喜暖湿的扇形、方形矩形硅酸体比例明显高于一期的样品，这一结果可弥补孢粉分析之不足。与此同时，从文化层中出土的大量喜暖湿的动物如水牛、小麂、獐、四不像、扬子鳄、闭壳龟等，以及稻作农业规模的扩大，均可反映出贾湖二、三期人生活的时期，是全新世大暖期中最为暖湿的阶段之一。

同时，我们也注意到，贾湖二期和三期出土的反映气候的因素也有些许变化。如在第三期墓葬中随葬的龟甲，不仅数量少（数量的变化也许与人们用龟和方法改变有关），而且龟的个体明显变小，这也可能与周围水体中已无个体较大的龟生存有关。另外，硅酸体分析的结果所反映的环境变化，也许更为敏感一些，如喜寒耐旱的齿形、圆形椭圆形硅酸体的含量，在二期标本中比例很小，几乎绝迹，但在三期标本中则又有回升的趋势，尽管比例仍很小，仍低于一期。

2. 季节分明的气候特征

从前述生物群落中也可清楚看到，喜暖湿和耐寒旱物种大量共存的事实，如：一是直到现在，仍有不少广谱的和耐旱耐寒的物种仍在这一植被区存在，如，木本植物的榆、柳、胡桃、麻栎等，草本植物的蒿属、菊科、藜科、酸枣等。同时期的石固遗址还发现有榛子的遗骸；二是有大量喜暖湿的物种同时存在，如上举山毛榉、枫香、漆树、铁杉、水蕨等；三是大量水生、湿生和沼生动植物共存，如植物中的莎草、莲、水蕨、水鳖及环纹藻类，动物中的鱼、蚌、龟、鳖、鳄、麂、鹤、天鹅等。

上述共存现象或可说明，贾湖人生活时期也是存在冷暖季节交替的气候特征的，只是从孢粉和硅酸体分析结果来看，时间愈晚，冷旱季节可能愈短而暖湿季节可能愈长。当然其间也有波动现象，贾湖二期应是这里最暖湿的时期，也是贾湖文化的鼎盛时期。

三、气候与环境的讨论

进入全新世以来，地球上的气温呈现一个升温高温、降温的变化过程。过去，西方学者曾把全新世气候分为前北方期、北方期、大西洋期、亚北方期、亚大西洋期五年气候期，即所谓“布列特色尔南德尔（Blyttsermamdar）方案”。中国学者在对东北、华北、西北、黄淮、江淮、江南、华南许多地方的反映气候的诸要素进行研究后认为，中国气候演变规律与欧美相似，并把中国古气候划分为升温、高温、降温三个大期，升温期相当于西方的前北方期和北方期，高温期相当于西方的大西洋期和亚北方期，降温期相当于西方的亚大西洋期，在综合孢粉、古动物、古植物、古土壤磁化率、海平面和湖泊平面变化以及祁连山敦德冰心1万年来e18O值的变动等多种资料进行分析后认为，全新世大暖期的起讫年代为8.5～3.0KaBp，并把大暖期划分为8.5～7.2KaBp的由暖变冷的不稳定温度波动阶段、7.2～6.0KaBp的稳定的暖湿阶段、6.0～5.0KaBp气候剧烈波动阶段和5.0～3.0KaBp气候波动和缓的亚稳定暖湿阶段这四个大的阶段（施雅风等，1992）。那么贾湖聚落的存在时期相当于哪个气候阶段呢？

根据^{14}C测年研究，贾湖聚落存在的^{14}C年代为距今9000～7500年之间，大约处于大暖期的第一阶段或略早。那么，贾湖聚落所反映的气候要素是否与这个阶段的气候特征相符合呢？从贾湖孢粉分析结果来看，贾湖人到来之前，这里的气候环境比现今要干旱、荒凉许多。但贾湖人在此生活时期，这里已相当于今日江淮地区的气候特征，气候比现今要高出1℃左右，变化还是明显的，但贾湖文化最早一段的H84发现的紫貂则可能记录了8.9～8.7KaBp那次强低温事件，看来在贾湖一期气候波动比较剧烈。随后持续升温，降水量继续增加，一期后段已有大量热带亚热带动植物的出现。高温高湿的气候环境到了贾湖二期时达到了高潮，大量喜暖湿因子发现于此期。与此同时，北方暖温带落叶阔叶林带向北推移了三个纬度。贾湖地区大致相当于今日长江流域的气候，气温高于现在23℃，降水量高于现在400～600毫米。贾湖三期时耐旱、耐寒因素的少量回升可能与7.8KaBp的降温事件有关。此次事件在敦德冰心中亦有反映，与此对应的在北京地区发现7.7KaBp时的暗针叶林向平原扩展，亦表明温度下降（孔昭宸等，1980）。在阿拉斯加、北欧斯堪的那维亚、新西兰及喜马拉雅喀喇昆仑冰川中有相应的前进反映（Rothlisberger，1980），表明此次全世界性的降温事件在贾湖遗址中亦有反映。根据贾湖遗址^{14}C和地层材料，我们推测该聚落废弃于7.4KaBp左右的一次大洪水，江苏建湖庆丰剖面孢粉资料显示8.5～8.0KaBp平均气温较今高1.4～1.7℃，以后气候下降，7.6KaBp降至比今低0.1℃（唐领余等，1992）。祁连山敦德冰心显示7.3KaBp左右有一次降温事件，北半球和南半球山地均显示有7.3KaBp左右的冰川前进。可见自7.87.3年间为全球性的气候波动下降期，极易形成灾害性气候。而洪水的出现往往与气候的冷暖急剧波动有关。这无疑会给人类的生存构成威胁。

根据以上分析，我们已对贾湖聚落的自然环境有了一个大致了解，并可对其自然景观作如下推测：在聚落的周围应有广阔的以蒿属、菊科、藜科为主的草原，时有貉、梅花鹿、野兔等在其上奔驰而过；附近的岗丘和山坡上，有稀疏的栎、栗、胡桃、榛等组成的落叶、阔叶林；林下或沟坎、断崖边，生长着酸枣、柽柳等灌木丛；林中常有野猪、麂等动物出没，不时惊飞环颈雉。聚落附近的湖沼水面上，莲、莎草等水生植物绽开朵朵鲜花点缀其上；水中和水边有大量的鱼、蚌、螺、龟、鳖、鳄等动物浮游其间，水边常有獐、麋等动物饮水嬉戏，有丹顶鹤、天鹅等翩翩起舞，不时传来声声鸟鸣；聚落内外，偶见几株榆、柳、桑、梅等迎风摇曳，聚落周围，可见先民开垦的片片稻田，人们就在这种自然环境中栖息、生存、繁衍。

四、生 业 结 构

（一）生业模式

远在旧石器时代，人类赖以生存的生业类型主要是攫取型，主要形式无外乎采集、狩猎和捕捞。在这一漫长的历史时期内，自然环境、自然条件与资源制约着人类社会的发展。经过几百万年生活和生产经验的积累，以及自然条件的反复多变和自然资源的日益匮乏，生存的压力迫使人类逐渐从利用自然的攫取型向改造自然的创造型过渡，于是，在采集经济的基础上诞生了原始种植业，在狩猎、捕捞经济的基础上诞生了原始养殖业，于是一场空前的革命出现了，这是一个划时代的事件。它是人类自火的发明以来的又一重大革命，这一革命的发生，标志着人类社会进入了一个崭新的发展阶段新石器时代，贾湖聚落周围优越的自然环境为聚落的建立与发展提供了有利条件，同时也左右着聚落的生业形式和人类社会的发展。“在一定的环境中，人类为生存，必定要发展起一套相应的技术，这套技术决定了群体的结构和活动方式，而群体结构与活动方式又决定了他们对事物的看法。”“环境影响人类，人类又同时改造环境，那么，贾湖人是怎样适应、利用和改造着周围的环境呢，贾湖聚落周围的环境对贾湖人产生了什么样的影响呢?”（俞伟超等，1992）

首先应该指出，自然环境与人类社会都是随着时间推移而不断变化的因素，在变化之中又不断的相互影响，但时间越早，自然环境对人类社会的制约作用就越强烈。因为时间愈早，人类的劳动技能就愈低下，抗拒自然灾害的能力愈差，其生业模式就愈取决于自然环境的变化。但是，事情也有其两面性。当人类在自然环境条件良好，在悠闲之中即满足最低生存的需要，无需终日为生计而奔波时，人类社会的发展往往会处于停滞状态。当自然环境条件极其恶劣，超越人类生存的极限，人类社会受到毁灭性打击时，人类社会的发展也会因之陷于低谷，甚至出现倒退现象。只有当自然环境基本可适合人类生存，又会因种种原因而促使人们不停的努力方可适应自然时，人类社会才能保持发展的势头。

当然，人类社会的发展还有赖于千百万年来人类本身在适应和改造自然之中产生的无数经验和智慧的积淀。所以，当农业革命到来之前，人类社会虽然已有几百万年的历史，虽然也经历了许多气候适宜期和无数次的磨难，虽然也在缓慢的发展与进步之中，但终没有农业革命之后的变化那么巨大，发展那么迅猛。正因为有几百万年传统文化的积淀，正因为有末次冰期对人类社会发展欲望的压抑和浓缩，才使得人类社会在末次冰期刚刚结束之时，就走出洞穴，进行了空前的农业革命。正如西亚两河流域小麦、大麦的栽培和山羊的驯养一样，在东亚的两河流域，稻和粟的栽培和猪的驯养也迅速发展起来，这正像巨人的双足和金翅大鹏的两翼，带动着人类社会迅速向前发展。

那么，为什么最早的农业革命在这些地区发生呢？农业问题，从根本上讲，就是人与自然的关系问题。人只有了解自然规律，顺应自然发展，才能利用进而改造自然。因此，人类发明农业的基本前提条件，无非有两点：一是人类生存的压力，二是适宜的自然环境，包括可满足人类生存需要的栽培作物和作物生长的气候环境条件，二者缺一不可。而在自然资源较为丰富，人类无需从事种植和养殖业就可满足人类最低生存需要的地方，很难成为农业的起源地。比如我国的华南地区，自然环境优越，自然资源丰富，即使在最后冰期期间影响也不甚大，因此，虽然这里有数以百万年的人类历史文化，有至少在万年以上采集野生稻等植物果实以食用的经历，但其原始农业直到四千年前的石峡文化时期才得以发展起来，就是最好例证。

相反，在长江、淮河和黄河流域，由于全新世气候环境的改善，使人类在走出洞穴之后，得以迅速发展，但又由于全新世之初气候环境的冷热剧烈波动，为渡过自然资源相对匮乏的寒冷冬春，人们不得不将注意力放在管理简单、容易增产、便于贮藏、食性又好，又适宜当地自然环境条件的栽培作物上。而且这些作物又必因人们有许多代的采食经验而被人们所熟知。于是，一场农业革命便不可避免的发生了。正因为人们拥有千百万年传统文化与智慧的积淀，又适逢进入全新世之后的有利于人类发展的良好的自然条件，在农业革命洗礼之中，人类在短短两三千年间，就在世界上迅速发展起来，其发展速度远远超过了旧石器时代。

这里应该指出，贾湖人的稻作农业与彭头山文化的稻作农业、裴李岗文化和磁山文化的粟作农业应是同时出现，同步发展的，而且从某种意义上讲，贾湖人的稻作农业比彭头山文化的稻作农业发展还要快一些。因为进入全新世之后，长江流域的自然环境和资源明显要优于淮河流域，贾湖人所在的稻作农业的临界地区，人们只有经过精心的管理（相对的），才能得到满意的收成，所以淮河流域的先民在5KaBp已完成了稻种的优化选育，使稻种的生物形态相对定型化。与此同时，长江中游的稻种栽培仍滞留在参差不齐、含有大量小粒稻的自然形态阶段，尽管其野生稻的采食历史可能要较淮河流域长久，但人类的干预程度是由作物的生长需要决定的，正像华南地区未能首先发生农业革命一样。同样道理，粟、黍类旱作栽培作物之所以首先发生于裴李岗文化和磁山文化分布区，也是因为这一带地区是适于此类作物生长的临界地区。在当时的自然条件下，再向南就不利于旱作农业而只适于稻作农业的发展。再向北则在进入全新世大暖期之后才适合于旱作农业的发展。因之，具有悠久的传统文化积淀，拥有丰厚的土壤资源和夏季风带来的丰沛降水，使黄土高原的东南部边缘地带首先成为粟作农业栽培区成为可能。所以，可以认为28～38度之间是东亚地区最早发生农业革命的地区。

我们从上述分析可知，贾湖人生活时期，当地有大面积的湖沼，有充沛的降水和充足的光照条件，又有野生稻资源，四季分明的气候又决定寒冷冬春的存在，于是，稻作农业便应运而生了。可以说，贾湖稻作农业的产生，正是贾湖人充分利用和改造自然的结果。

另外，聚落周围广阔的草原可从事狩猎和畜牧业，大片的湖沼可从事捕捞业，陆生和水生可食植物可从事采集业，都为贾湖人带来丰富的食物资源，同时也给贾湖人的思想文化带来深刻影响。

（二）经济结构分析

贾湖遗址发掘出土有大量的生产工具，对这些工具的分析有助于我们了解其经济结构的组成情况（表一）。

表一　生产工具分类统计表

类别 / 质料	第一类工具	第二类工具					合计	百分比
		农业工具	狩猎工具	捕捞工具	生活用具、加工工具	其他工具		
陶			5	28	64	1	98	5.3
石	217	161	27		300	82	787	42.3
骨、角、牙		1	283	132	541	17	974	52.4
合计	217	162	315	160		100	1859	
百分比	11.7	8.7	16.9	8.6	48.7	54		100

首先需对上表进行以下说明：

（1）第一类工具主要是指加工工具的工具，包括锤、砧、钻和钻帽、研磨器和砺石等。因它并不受直接用来生产生活资料，故单独列出，但实质上，工具制造业本身也是一种行业，是手工业的一个组合部分，因此，严格来讲，第一类工具也应属于加工工具这一大类。

（2）第二类工具主要是指直接用来生产生活资料和日常生活用品的工具，这里主要分为农具、狩猎工具、捕捞工具、加工工具和日常生活用具几类。因为打制石器无法区分其具体功能，也可能是一些临时性的功能尚未确定的工具，这里放在其他栏分列。另外，骨质器柄和陶垂球的具体功能也无法确认，只能也归入其他栏。

（3）农具类只包括铲、镰、刀、骨耜等器型。在以往人们的普遍认识中，石斧也作为农具来看待，但从功能上严格来讲，石斧只能是一种砍伐工具，应属于木作工具一类，加之有些可能属石楔一类，尽管石斧可能在开辟农田之初用于砍伐，但还是归入加工工具较为合理一些。当然，石铲中有些可能属于石扁铲一类，充当刨子的功能，也是木作工具的一种，对此，杨鸿勋先生有精辟的见解，但需对石铲类工具进行系统的微痕观察，目前都暂放在农具类中进行统计。

（4）从表上看，加工工具一栏数量最多，但器类也最为庞杂。除石磨盘、石磨棒明显属于粮食加工工具，石斧、石锛和石凿、骨凿明显属于木作工具，纺轮、针、锥属于纺织、缝纫工具外，其他如匕、削、骨板等很难讲是什么工具，但这些又都明显是人们日常生活中常用之器，骨板类工具也可能属于纺织类工具，这里统统放在手工业加工工具类中统计。

另外，需要说明的是，上表中所列之工具均是特征比较明显，可以进行分类统计的，大量过于残破、无法分类的石器不在统计之列。

从上表看直接用于生活资料生产的工具主要有农具、狩猎、捕捞三大类，它们所占比例可能反映了当时人们生计结构的构成。为了说明此一问题，下面将这几类工具单独列表分类统计如下（表二）：

表二　用于生活资料生产的工具分类统计表

分类 质料	农具	狩猎工具	捕捞工具	合计	百分比（%）
陶		5	28	33	5.2
石	161	27		188	89.5
骨、角、牙	1	283	132	416	65.3
合计	162	315	160	637	
百分比（%）	25.4	49.5	25.1		100%

从上表可以看出，从工具质料上看，骨制品数量最多，陶制品最少。当然，陶制品主要用来制作生活用具，而石制品则主要用于加工工具，用于狩猎、捕捞的镞、镖主要由骨料制成，因之显得骨制品比例偏高。

从功能分类来看，狩猎工具比例最高，而农具比例最低，但这似乎并不能完全反映其生业形式的构成。因为一是作为狩猎、捕捞工具主要组成部分的是骨镞和鱼镖，而这些器物又主要出自墓葬，这可能与埋葬习俗有关。由于狩猎、捕捞业远较农业的历史悠久，人们埋葬习俗和观念的滞后性，反映出的经济结构也可能具有滞后性。二是根据长江流域、东南沿海地区彭头山、大溪、屈家岭、跨湖桥、河姆渡、马家浜、良渚等考古学文化的大量发掘资料显示，人们在生产活动中大量使用竹木制品，这些质料的工具因贾湖所在地区的埋藏条件所限无法保存下来。如果加上这些因素的话，农具的比例可能会再高一些。

我们在第7次发掘中，发现了三处同时并存的公共墓地，其中两处以随葬渔猎工具为主，另一处以随葬农业生产工具为主，这一现象对研究当时的经济结构、社会分工等具有重要启示，表明在贾湖聚落，不同的社会单位可能具有不同的生业形式。

总的来讲，狩猎和捕捞业仍然在贾湖人的生活中占有相当重要的地位，而以稻作农业为主的原始农业已占有至少四分之一以上的比重，同时，作为最古老的生业形式，采集仍然是人们谋生的重要手段之一。

（三）采集业

作为人类最古老的谋生手段之一，采集业在人类社会的发展进程中曾起到过重要作用，并为原始种植业的诞生提供了前提，奠定了基础。凯·马丁和巴巴拉·沃里期（Day Martin and Barbara Voorhies，1975）研究390个狩猎和采集群体，发现75%的群体更为依赖的是采集而不是狩猎，只有25%的群体是狩猎占支配地位。在原始稻作农业相当发达的贾湖聚落，作为人类植物的性食品的重要补充手段，采集业仍然继续存在。

贾湖遗址发掘资料中，反映采集经济存在的主要是栎果和野菱。栎（Quercus）果的淀粉含量丰富，是人类传统的采集对象，不仅贾湖遗址大量发现，在同时期的石固、水泉、莪沟等遗址也曾见到。野菱仅见于贾湖遗址，这是与贾湖的稻作农业所反映的自然环境相一致的。同时，贾湖出土的野生稻粒有些可能与栽培稻混杂在一起，被同时收割，有些也可能为被专门收获而来。

另外，在与贾湖同时期的周围遗址中，还见到有另外几种采集而来的植物遗骸，如裴李岗遗址发现有梅核、酸枣核、核桃壳等，莪沟遗址发现有麻栎、枣核、核桃等，石固遗址发现有榛子、野胡桃、白榆、酸枣等，水泉遗址发现有核桃楸果壳、栓皮栎果核、酸枣核等。综以上发现表明，在贾湖人生活时期，采集经济作为植物类食品的重要补充形式，仍然是普遍存在的。即使现在，在一些地方的农耕者若遇上歉收年景，仍需采集大量的野生植物类食物以供人类最低的生存需要，对刚刚跨入农耕者行列的贾湖人来讲，不仅仍然需要这一古老的生业形式，而且可以想象，这一获取食物的途径仍占有相当的地位。

从上述分析中可知，贾湖聚落周围为疏林草原景观，而且周围同一文化的聚落中，北边的郭庄、大岗遗址明显晚于贾湖，而南边的阿岗寺、张王庄遗址发现遗物太少，其文化性质还无法确认，因之，贾湖人能力所及之处，均可作为其采集范围。但是，从贾湖遗址发现的采集产品来看，贾湖人的采集并不甚丰富，当然这也可能是由于受埋藏条件所限不易保存下来，或可因为发掘手段所限未能发现大量的不易保存的采集对象，但是否也有这种可能，即贾湖人的水稻种植已可大致满足人们对植物类食品的要求？

（四）稻作农业

以上分析表明，在全新世大暖期，淮河流域年平均气温比现今要高2℃，冬季高3~4℃，古孢粉学研究表明，贾湖遗址出现目前生长在亚热带的枫香（Liquidambar）和水青冈（Fagus）乔木花粉及热带的水蕨（Ceratopteris）孢粉以及较多的水生和沼生植物的硅酸体等进行推测，当时贾湖周围沼泽湖塘遍布，属湿热多雨的亚热带气候，完全能满足发展稻作农业所需要的水热与日照条件。贾湖遗址出土的生产工具，既有翻地播种、中耕及收获的，也有稻谷加工成米的磨盘、磨棒可以作为栽培稻的重要佐证。经对贾湖遗址第七次发掘抽样浮选的 60 个遗迹单位中，有 1/6 的单位发现有炭化稻粒。经对贾湖遗址出土陶器碎片内壁黏附残留物的研究，还发现了用稻米、蜂蜜、山楂酿制的米酒的酒石酸，这是世界上最早的含酒精饮料。表明稻作农业在贾湖人的经济生活中已占有较为重要的地位。

为了了解贾湖人的食物结构，我们对贾湖人的遗骨进行了食性分析，^{13}C 分析结果表明，贾湖人的食物成分基本上以水稻为主要来源的 C3 型植物为主，而基本不见以粟黍类植物为主要来源的 C4 型植物。因此可以认为，贾湖人主要以稻米和采摘来的果实等为植物性食物的主要来源，全新世大暖期结束之后至今，作为这一带人们主要食物的旱作植物，至少在贾湖人生活时期还未被他们所食用。这也为贾湖遗址发现丰富的稻作遗存，而至今未见粟类旱作农业作物遗存的事实所证实。

对出土的较完整的炭化稻米的形态学分析表明，80% 以上的炭化米已与野生稻发生了显著变化而与现代栽培稻近似，因此可以肯定贾湖古稻已被驯化为栽培稻。然而，从每个遗迹出土的炭化稻粒几乎都存在偏粳、偏籼、籼粳中间型及野生型的参差不齐现象，表明贾湖古稻群体中的变异很大，是一个粒形上包括籼、粳、中间型及普野的混合群体，与现代已分化很彻底的籼、粳稻品种不同。因此可以认为贾湖古稻虽然已驯化为栽培稻，但由于当时的人工选择还不够强，是一种籼粳分化尚不明显并且还含有一些野生稻特征的原始栽培稻。

（五）狩猎业

从以上分析可以得知，贾湖遗址周围有广阔的疏林草原，上面生活着众多的野生动物，为贾湖先民从事狩猎活动提供了前提，命名狩猎这项人类最古老的生业形式仍然占据重要的地位。

1. 狩猎工具

从表二可知，狩猎工具不仅数量最多，占各项生活资料生产工具总和的 50%，而且质料最全，陶、石、骨器全有，从种类看，主要包括射、投、掷和戳刺三大类。

射类工具主要是骨镞，占狩猎工具的 88.3%，在墓葬、窖穴、房子、残陶窑及地层内均可见到大量骨镞，在墓葬中随葬骨镞的占全部墓葬的 14%，随葬骨镞最多的是 M277，有 23 枚之多。可以说，贾湖部族是一个善射的部族。

投掷类工具主要是石球和石、陶弹丸两种，数量均不多，占狩猎工具的 9.5%。根据民族志材料，石球主要用于抛石索，是旧石器时代就已普遍采用的狩猎工具，弹丸主要用于弹弓，也是旧石器时代晚期的发明，是抛石索的进步和小型化。这时已退居次要位置。

戳刺类工具只有矛类，数量很少，石矛和骨矛共占狩猎工具的2.2%，但虽数量少，却是一种新型武器，因它可在近距离搏斗时尽可能发挥其威力，具有很大的发展潜力，在金属发明之后，这种武器便迅速发展起来，成为冷兵器时代的主要武器，但这时的矛类主要功能还是狩猎。

2. 狩猎对象

对出土的大量动物骨骼分析后认为，在14种哺乳动物中，除可以确认为家养的猪、狗以及可能为经人工驯养的黄牛、水牛、羊外，其他如梅花鹿、四不像、獐、小麂、貉、狗獾、豹猫、野猪、野兔、紫貂等均为野生动物，这些动物的骨骼出现于遗址中，均应是人们的猎获物，即人们的狩猎对象。

对上述野生动物骨骼分析后发现，这些动物大多活动于疏林、草原和湖沼之中，而贾湖遗址周围有着广阔的疏林草原，正是贾湖先民的围猎场。目前材料显示，贾湖先民的狩猎圈至少在周围数十平方公里范围之内，因为这一带尚未发现同时期的聚落存在。

从发现野生动物骨骼的数量来讲，包括梅花鹿、四不像、獐和小麂的鹿科动物比例最大，是贾湖先民的主要猎获对象，其次是貉和野猪，其他如野兔、猫、较少见，紫貂和狗獾只是个别发现。贾湖遗址丰富而精美的骨器大多为鹿科、牛科动物的长骨制作而成，也是狩猎经济发达的旁证。

另有三种鸟类的骨骼也值得重视，其中环颈雉有14个个体，丹顶鹤6个个体，天鹅4个个体。另外，20多支骨笛也均为丹顶鹤尺骨所制。这三种鸟类因都具有观赏价值，目前均为观赏鸟类，这些鸟类多活动于疏林草原和湖沼地带，其骨骼在遗址中出现表明，这些鸟类也是人们的猎获物。

（六）捕捞业

捕捞业也是人类最早的生计形式之一，贾湖聚落周围大面积的湖沼和丰富的水产资源，为人们继续从事捕捞活动提供了良好的条件。

1. 捕捞工具

捕捞工具数量占各项生活资料生产工具总和的25.4%，属第二位，其质料以骨为主，主是鱼镖，陶质较少，主要是网坠，未见石质捕捞工具。

鱼镖是一种投射工具，占捕捞工具的82.5%，可见是当时贾湖先民的主要捕鱼工具，同时表明当时的鱼还是比较大的。在墓葬中随葬鱼镖的占12%，可见捕鱼也是一种相当普及的日常性生业形式。

网坠则是用来制渔网的，但数量较少，发现的只占捕捞工具的17.5%。所见网坠绝大部分为废鼎足改制。从重量看，大多网坠较轻，据可统计的标本中，重20克以下的占28%，21～50克的占48%，51～100克的占16%，100克以上的只占8%，因之推测所织之网不会太大，只能捕捉中、小型鱼类，从这个角度讲，贾湖人捕鱼是以投射为主，而这种方式只能以大、中型鱼类为对象。由此看来，贾湖人的捕捞工具也是有所分工的。

从保存现状而言，通过捕捞工具数量来研究捕捞业的比重可能具有很大的局限性，因为我们所见到的捕捞工具只是经过几千年保存下来的一部分，而大量竹、木、纤维编织而制成的工具可能限于埋藏条件而未能保存下来。事实上，在水生资源丰富的贾湖人生活时期，大量捕捞活动可能都是用这种工具进行的，如捕捞蚌、螺类动物等。而捕捉龟鳖等爬行类动物，至今人们还主要靠观察了解动物的生活习性后徒手进行。因之，上述分析还要加上这种因素后才能较为全面一些。我们发掘出土的动物骨骼中，以鱼类最为丰富，可见捕捞业应为贾湖人最为重要的生业形式。

2. 捕捞对象

由于贾湖聚落周围有较大的水面积，加上当时温暖多雨的气候，使水生资源非常丰富。我们在发掘过程中，在绝大多数灰坑中均可见到大量的鱼肋骨、脊椎骨和喉齿。可鉴定的鱼主要是青鱼、草鱼和鲤鱼，这可能是特征比较明显的鱼类。青鱼喉齿有大至长径1.95厘米、小到短径1.45厘米者，有的鱼脊椎骨单节长1.9厘米，直径1.8厘米，推测其活体重量均相当大。因此可以认为，鱼类是当时人们的主要捕捞对象。

爬行动物主要是龟鳖，发现数量相当大，只要有生活垃圾的地方，都有龟、鳖的甲片存在，许多灰坑、文化层中都可见到。不仅如此，食余的龟壳还被改造后作为原始宗教活动的道具。在墓葬中成组的随葬，龟壳内装石子，个别龟上还刻有符号，形成了贾湖特征显明的龟文化，而这种文化现象产生的底蕴应是在长期的捕龟、食壳、崇龟活动中逐渐产生的，可见捕捞业在贾湖人心目中应有相当神圣的地位。

贾湖人另一大类捕捞对象是蚌、蚬、螺类，发现数量也很多。可惜因埋藏条件所限，保存较差，在许多灰坑、文化层中都可见到蚌螺类甲壳腐配而成的白色粉末。但大量夹蚌陶中可见许多作为羼和料的被粉碎的蚌片，证明捕捞在贾湖人的生活中具有相当重要的地位。

另一重要的捕捞对象是扬子鳄，在灰坑、残房基中发现的扬子鳄各部骨骼大约分属10多个个体，有幼年的也有成年的，部分骨片上还有人工砍砸的痕迹，表明这种动物应是在当地捕杀而决非从外地运来。

（七）家畜饲养业

尽管贾湖聚落周围有广阔的草原和湖沼，其中有着丰富的野生动物资源，但总是不够稳定的，受着自然环境条件强烈制约的。人们为有稳定的肉食来源，动物的驯养就是必然的事情了。而大量的考古发掘资料证明，最早的家畜是从圈养群居动物开始的，如西亚最早的家畜是绵羊和山羊，而中国最早的家畜则是猪和狗。所以，从某种意义上讲，最早圈养的群居动物是被人们保护起来加以照料以便度过艰难时节的肉类食物仓库。而家畜的饲养正是由此开始的。

和我国其他考古学文化一样，贾湖遗址发现最多且可以认定的家畜也是猪和狗。几乎在所有居址遗迹中均可见到残碎的猪的骨骼，据近年的研究，大多数为家猪，而且在少数墓葬中已出现随葬猪下颌骨的现象，证明猪的饲养已成为人们日常生活的一部分和主要的肉食来源之一。在同时期的裴李岗、水泉、莪沟以及磁山等遗址，都见有大量猪的骨骼，裴李岗遗址还发现有猪的雕塑艺术品，表明此时猪的饲养已普遍存在，并且人们对猪的观察已相当细微。

关于猪的饲养方式，学界曾有一种误解，认为也要像现在一样用粮食作为饲料，并认为猪的饲养是粮食已有剩余的象征。事实上，人们饲养家畜主要是解决人类自身的食物问题，在粮食生产尚处于初级阶段的时候，是不可能用来做猪饲料的，大抵只能用谷糠来做猪的饲料，养猪主要是靠放养。据笔者的亲身经验证明，经过简单训练，猪的群居性也是比较易于养成的，猪放养不仅是可能的，而且是必要的。贾湖周围的广阔草原，不仅是狩猎场，也应是良好的牧场。

狗的饲养却较为复杂。通过对狗的骨骼的研究，表明系驯养无疑，在H30、H318、F30、F37等单位内曾发现成堆的狗的粪便。但完整的狗骨架多出自墓葬区和居址区，零碎的狗骨发现却不是太多。这是否意味着，人们养狗主要不是用于食肉，而是诸如宗教仪式、助猎等其他的用途？贾湖也发现有少量的羊，而且其特征接近安阳殷墟的殷羊，尽管数量少，但家养的可能性是很大的，同时期的裴李岗遗址发现有羊的雕塑艺术品，也从侧面证明当时已有家养羊的存在。贾湖的黄牛和水牛也比较复杂。从骨骼特征看与现代的家养种基本相似，但当时是否已有牛的饲养尚有疑问。同时期的裴李岗、磁山也有发现牛的报道，但未说明是家养还是野生。贾湖遗址的后继文化下王岗仰韶时代遗存已发现家养的黄牛，或可作为贾湖黄牛已属家养的旁证，但水牛是否系家养，还需进一步研究。即使是家养，也可能只是用于食肉，并非像历史时期那样用于役使。

五、环境与文化

和其他任何考古学文化一样，贾湖人聚落形成、技术工艺和思想文化等各个方面都与环境有着密切关系。

（一）聚落

人类自从走出洞穴的那天起，就开始了选择其居住地的过程，尤其是进入定居生活之后，居住址的选择在人们的生活中就显得重要。“按一定规则组织在一起的人群居住在一定区域，构成聚落。聚落必有其形态。聚落形态是对环境的一种适应，应被看成是文化的内涵之一。聚落形态的研究，是寻找某一特定环境范围内的聚落形态的特点及其成因，也即聚落形态的文化适应特质。”（俞伟超等，1992）那么，贾湖聚落形态的形成是如何适应贾湖周围特定环境的呢？

首先，贾湖聚落位置的选定本身就是贾湖人观察自然、利用自然的结果。其次，贾湖聚落的变迁与废弃也与周围地貌环境的变迁和灾害性天气密切有关。在贾湖遗址的东部第一期二、三段和第二期四、六段，三期第七段遗存较为丰富，而二期五段，第三期七、八段则相对贫乏，遗址南部有较丰富的一期文化层，遗址中部以二、三期遗存为主，遗址西部则三期文化均很丰富，聚落内分布的变化正好与聚落所在地西高东低的地貌形态相一致，第五段文化遗存在东部的收缩可能与此时聚落东侧水面积的扩大有关，至于七、八段遗存在东部的减少可能与此时聚落规模的收缩不无关系。

（二）技术与经济

什么样的环境就会产生与这种环境相适应的技术。农具、工具、狩猎、捕捞，工具各不相同，而这种生业形态的产生与存在，都取决于周围的自然环境，为利用和改造这种环境，制作各种类型的工具的技术便自然会产生。贾湖人也是如此，比如制陶术，狩猎和捕捞得来的大量动物食余的骨骼才能有夹骨屑、夹蚌片陶系的产生。而这些骨骼只有在焚烧、粉碎后才能成为羼和料。另据研究，只有碳化的稻壳才能成为理想的夹炭陶系的羼和料。这只有在稻作农业部族中才有可能。夹云母片和滑石粉料的陶系也只有在周围有这种矿藏的聚落才能产生。而这些原料的制备工艺以及陶坯的成型工艺均不会完全相同，需要长期摸索才能掌握，这种长期的探索和总结只有在相应的环境中才能产生并发生作用。离开了这种环境，这种技术就会变得毫无意义。

陶器表面的修饰工艺也是如此，贾湖周围有可做颜料的红色岩石，才能做出带红陶衣的陶制品，长江中游地区较早出现的白陶，只有在存在这种相应原料的环境中才能产生。仰韶时代诸文化红彩、白彩、赭彩之分。也得以这种颜料的存在为前提。

制石工艺的产生也与周围石料的类型密切相关。火成岩、沉积岩和变质岩结构不同，砂岩、闪长岩、花岗岩、片岩、板岩硬度、质量不一，其加工方法必然也有所区别，贾湖周围地区缺少玉料，制玉工艺便不甚发达，而绿松石等可能相对易得，所以有些绿松石制品相当精致。

正因为贾湖周围动物资源丰富，所以才有鱼镖、箭头的制作，而制作鱼镖、箭头的原料，则大多为鹿骨、鹿角等。这是人类与环境相互作用的最好例证。在生业形式方面，起源于贾湖的粳型稻作农业和与之相应的稻作农业文化，在以后的几千年中，对东亚地区乃至全世界，都产生了重大的影响。

（三）思想文化

人们长期在一定的环境中生存，在产生出一套与之相适应的经济技术的技能的同时，也必然会产生一套与之相应的群体结构形式、信仰形式、对自然界与人类社会的认知形式和文化艺术形式。这些人类的思想文化形式潜移默化，代代相传，是文化传承的主要内容。这也是古代民族迁徙新址时，仍要选择与原住地大致相当或相似的自然环境的原因所在。如贾湖人的后继文化分布于淮河中下游和汉水流域，这些地方的自然环境与气候条件就与贾湖所在的淮河上游近似。这大概也正是人类迁徙活动中逐水而居和同纬度迁徙的原因所在。

就贾湖遗址而言，贾湖人的社会群体结构形式现在还不能妄言，但其信仰形式，则是与其自然环境和农作形式息息相关的。从目前材料可知，贾湖人的信仰尚处于泛灵论的精灵崇拜阶段。大量的有规律的龟甲随葬，表明龟灵崇拜的存在。这只有在龟与人们的生活关系密切，因此经历了长期的观察之后，才成为可能。同时，也只有在长期食龟、用龟、崇龟的部族中，才有可能产生具中国特色、并对中国历史产生重大影响的龟甲契刻文字，而这一文字体系正是滥觞于贾湖聚落。在有丰富而规律性随葬品的墓葬中和排列有序的墓地之内，还有殉狗现象，这表明祖先崇拜的存在。大量随葬狩猎、捕捞工具箭头、鱼镖等，直接反映了与环境相适应的生业形式。人们从事农业和其他生业形式均需长期对天文气象现象的观察、顺应和利用，太阳纹和“日”形刻符应是这一活动的真实记录，也可能是由此诞生的太阳崇拜的遗迹。经对长期在此越冬的鹤的观察，人们用鹤的尺骨制成了管乐器骨笛 。这一辉煌的艺术成就不仅反映了特定的自然环境和人类的聪明智慧，同时也可能记录了另一种崇拜形式——鸟神崇拜。在我国古代，鸟神崇拜和太阳崇拜经常是联系在一起的。这一联系很可能也滥觞于此。贾湖最有特色的龟甲文化和鸟笛文化，对影响中国数千年并成为中华民族思维方式的象数思维的形成，具有奠基性作用。这些都与贾湖周围特定的自然环境有关，都是贾湖人在顺应并利用自然环境的过程中创造的具有贾湖特色的思想文化。

淮系文化以鼎为主要炊器、以小口壶（罐）为主要水器，以及龟灵、犬牲等，因其长期迁徙，还发明并发展了刻划符号记事传统。但因受嵩山文化圈的挤压，贾湖人的后代一支沿淮河及其主要支流向东发展，一支向西到了汉水流域。这一文化传统与位于黄河（济河）流域的上述四个文化圈的文化传统不同的是，因其处于降雨量充沛、河流纵横的水网地带，资源相对丰富，狩猎特别是捕捞采集经济发达，并以稻作农业为特色。因这些因素所决定，只能是同纬度迁徙与传播，从而形成了带状文化区，不能像黄河流域的高原、平原那样可以纵横驰骋，以狩猎和粟作农业为特色，容易形成片状文化分布区，这可能也正是淮河、长江流域的文化传统最终被北方文化传统所征服的原因所在。

在大汶口文化晚期，整个黄淮地区基本上都成为泰山文化圈的势力范围，到了龙山时代，泰山文化圈内形成了以鸟首足鼎、蛋壳黑陶为代表的典型龙山文化，并继续保持其强盛的势头，以西朱封大墓、丁公陶文和大批古城址为代表的强势文化因素表明，龙山人已跨入了文明的门槛。与此同时，淮系文化传统以龙虬庄陶文为代表的因素也标志着成熟的文字体系完成，结合王油坊文化的郝家台、平粮台、藤花落等大批城址的出现，表明淮系文化传统也开始了其文明的进程，创造了传说中的东夷部族文化。到了4000年后，代表泰山文化圈及已与其连为一体的淮系文化的岳石文化已相当强大，向西可达开封以东地区，影响所及可达郑州一带。三代之时逐渐被华夏集团所挤压，最后也被融入了整个中华文明的体系之中。

裴李岗文化时期的农作物与农耕文明

王星光　贾兵强
（郑州大学历史学院）

一、裴李岗文化内涵

（一）裴李岗遗址

裴李岗遗址位于新郑县城西北约 8 公里的裴李岗村西，面积 2 万平方米。1977～1979 年，开封地区文管会、郑州大学历史系考古专业、中国社科院考古所河南一队等单位先后对裴李岗遗址进行了发掘，共发掘面积 3000 多平方米，发掘墓葬 114 座、陶窑 1 座、灰坑 10 多个，还有穴居房基。出土各种器物 400 多件，包括石器、陶器、骨器以及陶纺轮、陶塑猪头、羊头等原始艺术品。遗址东半部是村落遗址，文化层 1～2 米，出土器物有石铲、石磨盘、石磨棒；陶壶、陶碗、陶纺轮；骨针、骨锥以及猪、羊的骨骼等。这些器物为其他新石器文化遗址所少见，有独具一格的文化面貌。西半部为氏族墓地。墓坑呈长方形，边缘不整齐。随葬品主要是石器和陶器。石器有磨制的或琢磨兼施的，其中典型器物有锯齿石镰、两端有刃的条形石铲等。陶器均为手制，代表器物是三足陶钵、筒形罐等[1]。

据中国社科院考古研究所放射性实验室对裴李岗遗址出土的木炭标本测定的年代为距今（7145±300）年、（7885±480）年、（9300±100）年[2]。据此分析，裴李岗遗址距今约为 8000 年，绝对年代早于仰韶文化 1000 年，是中原地区新石器时期文化遗存最早的一处遗址。鉴于裴李岗遗址在我国古代文明中地位，1986 年，裴李岗遗址被公布为河南省重点文物保护单位。2001 年，裴李岗遗址被公布为 20 世纪百项考古大发现之一、河南省十大考古大发现之一和全国重点文物保护单位。

（二）裴李岗文化

1977 年裴李岗遗址发现后，又在新郑沙窝李、新密、登封、巩义、郑州、中牟、长葛、项城、潢川、灵宝等地发现了此类型的古文化遗址。这类遗址分布广，有共同的文化面貌。因首先在新郑裴李岗村发现，被学术界命名为“裴李岗文化”。

经过考古工作者和研究人员 30 年的不懈努力，目前，已在中原地区，发现有裴李岗文化遗存150多处[3]，其分布范围以河南中部为中心，大体分布在沿太行山东麓，豫西山地东部边缘，南起大别山北麓，北至漳河之滨的狭长地带[4]，主要集中在新郑、新密、长葛、许昌、汝州、鄢陵、舞阳等县市。其中经过发掘和试掘的有新郑裴李岗[5]、沙窝李[6]、唐户[7]，密县莪沟北岗[8]、马良沟[9]，巩县铁生沟[10]、水池[11]、瓦窑嘴[12]，长葛石固[13]，临汝中山寨[14]，舞阳贾湖[15]，淇县花窝遗址[16]，辉县孟庄[17]，偃师高崖[18]，郏县水泉[19]等处。在河南以南地区，除经过发掘的地区外，还在中牟、尉氏、杞县、禹县、郑州、孟津、荥阳、鄢陵、叶县、嵩县、郾城、漯河、上蔡、方城、卢氏、新蔡、正阳、信阳、潢川、驻马店等地都发现有裴李岗文化的遗物。而黄河以北地区，除发掘了淇县花窝遗址外，同时在辉县、浚县、汤阴、安阳、林县、孟县等地发现了裴李岗文化遗物[20]。另外，在豫东周口市也集中发现裴李岗文化遗存，其主要分布在商水、西华、扶沟、太康、项城一带，其他如郸城、鹿邑也有迹象表明可能存在裴李岗文化遗存[21]。从目前已经发掘的遗址和遗存来看，裴李岗文化主要分布在河南境内，是一支生命力很强的新石器早期文化，其分布范围和各遗址间的密集度，都超过了同时代的其他文化。

裴李岗文化是目前中原地区发现最早的新石器时代文化，出土的木炭标本经测定，距今约8000年。关于裴李岗文化^{14}C测定详细数据，可以参阅表一。因此，裴李岗文化与6000～7000年前的仰韶文化、5000～6000年前的红山文化、良渚文化及3000～4000年的龙山文化有着时间和文化上的传承关系。

表一 河南省部分裴李岗文化遗址^{14}C数据表

标本号	树轮校正年代（高精度表）	高精度表平均值	平均值距今年代	出土层位
WB83－60	BC6680～6420	BC6550	BP8500	贾湖 T2H1
WB79－60	BC6170～5988	BC6079	BP8029	石固 A 区 T41H159
ZK－1367	BC6100～5970	BC6040	BP7990	中山寨 T101①H16
WB78－17	BC6080～5800	BC5940	BP7890	北岗 T79H27
ZK－2345	BC6077～5670	BC5918	BP7868	水泉村 T205AH80
ZK－0748	BC6100～5700	BC5910	BP7860	铁生沟 T2
ZK－0754	BC6230～5589	BC5909	BP7859	裴李岗 T111②
ZK－1130	BC5970～5720	BC5845	BP7795	沙窝李 T9②H17
ZK－0747	BC5640～5480	BC5560	BP7510	马良沟 T1H1
BK76019	BC5318～4940	BC5129	BP7079	双庙沟 T1

注：引自方燕明：《关于黄河中游新石器时代早中期考古学文化的相关问题》，《中原文物》1994年第2期。

裴李岗文化是我国新石器时代考古的重大发现之一。它大大丰富了对我国原始文化的认识，为研究我国农业、陶器、纺织、建筑、文字的起源与发展以及对音乐史、原始数学、原始宗教习俗的研究等，都提供了重要的实物资料，也为仰韶文化找到了渊源[22]。考古发现证明，裴李岗文化在黄河中下游地区有着广泛的分布，并以此为中心向四周发展。裴李岗文化，无论是它的生产力还是文化艺术，在中国远古这块大地上，与同时期河北的磁山文化、陕西的大地湾文化相比，无不处于领先地位。关于裴李岗文化的地位，赵世纲先生给予高度评价，他说："西亚的新月形地带和中国的嵩山东麓，好像东西并列的两座灯塔，远在八千年前，同时期出现在亚洲的两翼，标志着东半球进入了'农业革命'新时代的黎明时期。"[23]

二、裴李岗时期的农作物

传说时代，中原地区就已经出现了农业。《淮南子·修务训》载："神农……尝百草之滋味……日遇七十毒。"《史记·帝王世纪》载："神农……尝味草木，宣药疗疾，救夭伤人命。"《史记·补三皇本纪》云："以赭鞭草木，始尝百草，始有医药。"《周书》记载："神农之时，天雨粟，神农遂耕而种之，制耒耜，教民农作，神而成之，使民宜之，故谓之神农。"《管子·轻重篇》载："神农作五谷于淇山之阳，九州之人乃知谷食。"[24]这些文献都是记载神农氏为此尝遍百草，历尽艰辛，多次中毒，找到了解毒办法，终于选择出可供人们食用的谷物，接着又观察天时地利，创制斧斤耒耜，教导人们种植谷物，于是农业出现了。"神农时民方食谷，释米加烧石上而食之"[25]，就是传说时代农业时期人类饮食文化的反映。"神农耕而作陶"[26]表达的则是农业发明之后，人类为改进谷物熟食方法而发明制陶的历史真实。《史记·五帝本纪》载"轩辕之时，神农氏世衰"、"（黄帝）治五气，艺五种，抚万民，度四方"。《集解》曰："艺，种也，树也。五种即五谷也。"引郑玄曰："五种：黍、稷、菽、麦、稻也。"这些记载说明黄帝轩辕氏是在神农氏衰落的基础上兴盛起来，进而取代神农氏。这些就是传说时代中原农业产生和发展的情景。

考古证明，旧石器时代河南已经发现采集野生谷物的生产工具。如河南安阳小南海洞穴遗址和许昌灵井遗址中出土的弧背长刮器，主要用途是收获野生谷穗，其形制已与新石器时代的石刀和石镰相当接近[27]。在旧石器时代末期，中原地区就开始了农耕实践。

中原地区发现了可以说是整个黄河流域迄今发现最早、分布面积最广、也最有代表性的农耕文化遗址，就是距今八九千年的河南裴李岗文化[28]。裴李岗文化以新郑为中心，北至太行山，南至大别山，东至豫东，西至豫西，几乎覆盖了河南省的全部，且发展水平明显高于周围文化。考古发现和研究结果表明，我国史前农业经济按照种植作物的主要种类可以划分为两大文化区。即大致以秦岭—淮河一线为分界线，北部是以黄河流域为中心的粟作农业经济文化区，南部是以长江流域为中心的稻作农业经济文化区[29]。同样，在裴李岗文化中，不仅出现了粟类和稻类的农作物，还出土了与之相对应的农业生产工具和粮食加工工具，表明裴李岗时期农耕文明已经确立，并且还发现有相当规模的聚落和纺织工具，都可以说明当时农业文明发展的情形。

（一）粟类作物

中国的黄河流域及黄土地带是栽培粟的发生地[30]，因此，黄河流域尤其是中上游地区，是我国粟类作物的主要栽培区，至少已有八千年的栽培史[31]。迄今为止，黄河流域有关粟的材料最早可追溯到1931年山西万荣荆村遗址的发掘[32]。同时，在河北武安磁山遗址、河南沙窝李遗址、陕西西安半坡遗址、河南郑州大河村遗址、山西夏县西荫村遗址、青海乐都柳湾遗址、甘肃永靖大何庄遗址等均发现有粟类作物遗存。据游修龄先生的研究，新石器时代粟类作物自西至东，经甘肃、青海、陕西、山西、河北、河南、山东遍及黄河流域；东北至辽宁、黑龙江；西南至西藏、云南；东南至台湾，但多数集中在黄河上游的甘肃、陕西、河南三省[33]。

在河南裴李岗文化中，新郑沙窝李遗址、许昌丁庄等遗址里都有发现，说明粟是裴李岗文化时期河南地区种植最普遍的农作物之一。经鉴定其年代均与河北武安磁山遗址的粟大体同时，为距今七八千年，是河南粟作的最早记录。据考古发掘和研究表明，在新郑沙窝李遗址，发现有分布面积0.8～1.5平方米的粟的炭化颗粒[34]。在许昌丁庄遗址中，在一方形半地穴房子中发现炭化粟粒[35]。其中，根据许昌丁庄遗址碳化粟米鉴定来看，炭化状态小米的千粒重为1.88克；以现代小米炭化后的比例折算，新石器时代出土的小米千粒重可达3.02克，相当于春谷米粒的大小，高于目前栽培的夏谷米粒。以籽实的实物看，当时谷物种的进化，已经达到相当高的水平，具有现今谷子种植品种特点。除千粒重加以衡量外，也作了小米体积的观察：出土小米的长宽厚分别为1.73、1.68、1.36毫米，而炭化后现代的夏谷小米则分别为1.61、1.58、1.18毫米。出土小米不比现代的夏谷小米小，说明当时种的很可能是春谷[36]。

与此同时，在新郑裴李岗遗址还发现少量炭化谷物，经鉴定为稷[37]。

从上述作物遗存发现情况来看，裴李岗粟作物与农业生产环境有很大的关系。我们知道，土壤是农作物生长的根本。黄河中下游地区是黄土高原和黄河冲击而成的华北平原之所在，丰厚的黄土构成了黄河中下游地区的基本景观。黄土是非常适宜农作物栽培的土壤，由于呈粉尘颗粒状，是由西北气流从亚洲内陆搬迁而来，逐渐飘洒沉积而成，其成岩作用不强。这些风成的黄土在结构上呈现出均匀、细小、松散、易碎的特点，这就使得粗笨的木耒、石铲等原始工具容易入土和耕作[38]。在黄河流域，第四纪黄土高原已开始形成，全新世冰后期黄土高原干旱少雨，气候温暖，用于采集的植物、果实逐渐减少，可猎取的动物数量由于人口的增加、猎手的日增以及捕猎手段的提高也逐渐减少，从而逼使原始先民不得不驯化野生植物，于是适于食用、耐干旱、生长期短的野生粟类首先得到驯化，我国是世界上最早种植粟的国家[39]。因此，处于黄河流域的裴李岗文化也孕育着农业文明的发生。

通过对裴李岗文化的研究，我们发现裴李岗文化遗址的分布具有以下三个特点：第一，遗址坐落在靠近河床的阶地上，或在两河的交汇处，一般高出河床10～20米，这类遗址具有较好的生存环境和生存空间；第二，遗址坐落在靠近河流附近的丘陵地带，遗址的位置本身较高，距河床较远。这类遗址既临河，又有大片可供农耕的土地，也是人类生息活动的好场所；第三，遗址坐落在海拔较低并且邻近河流的平原地带，这类遗址一般距河床较低，所以，周围环境多为平坦的沃田[40]。如许昌丁村遗址为平原地带，位于老溵河南岸，比河床高出3米，距裴李岗50公里；新郑裴李岗遗址位于裴李岗村西北的一块高出河床25米岗地上，双洎河河水自遗址西边流过，然后紧靠遗址的南部折向东流，遗址就在这一河湾上。粟的发现，说明粟确是裴李岗文化时期河南地区种植最普遍的农作物之一。与原始粟作农业兴起有关的精神文化生活内容，也开始丰富起来，如河南密县莪沟遗址出土的泥塑人头像、郏县水泉遗址出土的两件陶祖与墓祭遗存等，都应是与原始农业有关的祖先崇拜、生殖崇拜等原始宗教遗存。

（二）稻类作物

我国是世界上稻作农业最早的发生地。1995年在江西万年仙人洞和湖南道县玉蟾岩（蛤蟆洞）遗址都发现有很可能是公元前1万年前后的稻谷花粉和硅酸体，尤其玉蟾岩遗址还发现了几粒稻谷实物遗存[41]。根据史前考古学研究和对古代植物遗存的分析鉴定成果，这是目前我国发现最早的稻作遗存，距今大约1万年。

中原地区，稻与粟、黍类作物同时见于七八千年前的裴李岗文化，其稻作农业的发生期与长江中游地区大体同步。目前，河南发现的稻作遗存，主要见于裴李岗文化中的舞阳贾湖遗址[42]。具体来说，舞阳贾湖稻作遗存主要有10枚稻壳印痕[43]、1000多粒炭化稻米和水稻叶硅酸体以及水稻颖壳双峰乳突碎片[44]。舞阳贾湖遗址稻作遗存的发现对我国稻作起源的研究具有十分重要的意义。

通过对舞阳贾湖遗址稻壳印痕、炭化稻米和水稻硅酸体的鉴定，舞阳贾湖遗址的稻类作物是新石器时代，主要是具有原始形态的栽培稻[45]。王象坤教授等通过对贾湖遗址先前出土的较完整的43粒炭化米的粒形观察，认为贾湖古稻米比现代稻米明显要小一些，籽粒表面多有1～2条明显隆起的脊（维管束），L/W测量的平均值为2.38，变幅为1.88～3.53，除1粒可能为野生稻外，绝大多数可以认定为栽培稻，而且其中32粒可能为粳或偏粳稻，占总数的74.4%，有10粒为籼或偏籼稻，占总数的23.3%[46]，因此，得出结论：贾湖古稻虽然已驯化为栽培稻，但还与现代已分化很彻底的栽培稻不同，是一种籼粳分化尚不明显并且还含有野生稻一些特征的原始栽培稻[47]。

这些稻作遗存的发现充分表明，在贾湖类型时期，淮河上游一带出现了野生稻，这应是全新世暖湿气候北进淮河上游一带的重要证据。孢粉分析表明的贾湖遗址出现了目前生长在亚热带的枫香、小青冈乔木花粉和热带的水蕨孢粉等即是很好的说明。而生长于水、沼区域的植物硅酸体等也充分表明，在公元前6800～5800年间，贾湖一带的自然环境条件适合于稻作的栽培、大量贾湖原始栽培稻遗存的发现无疑表明了贾湖原始稻作农业的发展水平似高于彭头山文化的原始稻作农业的发展水平[48]。

与贾湖原始稻作农业大致同步兴起的是贾湖聚落址的出现，贾湖聚落址清理出房址45座、灰坑370座、陶窑9座、墓葬349座、瓮棺32座、埋狗坑10座以及笛形骨管乐器、刻符龟甲片等[49]。与此同时，贾湖遗址还出土了大量的磨制工具和动物骨骼，还有不少炭化果核[50]。通过对贾湖遗址发现的大量动植物遗骸、石制品原料和废料以及地貌、土壤的研究，我们知道使当时气候温暖、雨量充沛，湖沼发育、动植物资源丰富，是人类的生存提供了充足的食物来源和理想的生活环境[51]。

三、裴李岗时期农耕文明的特点

黄河流域迄今最早的农业遗址，属于距今较有七八千年的河南中部的裴李岗文化。由于黄河流域广泛覆盖着肥沃、深厚的黄上，但雨量相对较少，在这里发展了以种植粟、黍等作物为主的旱作农业；淮河流域、长江流域及其以南地区，气候温暖、无霜期长，水源充足，雨量充沛，在这里发展了以种植水稻为主的水田农业[52]。同时，在新石器时代，黄淮地区形成是粟稻交汇的过渡地带[53]。考古发现的裴李岗作物遗存不仅有黄河流域的粟、稷，也有淮河流域的稻，也说明在新石器早时期，我国已经初步形成“南稻北粟”及“粟稻交错”分布的格局。

一般来说，农业生产工具种类和形式与其作用的农作物的种植、收获特点有关，也反映了裴李岗农作物分布情况。裴李岗文化中出土大量的石斧、石铲、石刀、石镰、石磨盘和石磨棒等农业生产和粮食加工工具（表二）。据对裴李岗文化时期的裴李岗、沙窝李、莪沟、铁生沟、马良沟5处遗址的初步统计，这类工具发现有石镰37件，石刀4件，石磨盘80件，石磨棒42件[54]。裴李岗文化中出土数量众多的石磨盘和磨棒是谷物加工工具，证明当时已有丰富的谷物加工。在裴李岗文化中，发现这些收割和加工工具之所以能制作得如此精细，并占有较大分量，说明这些农业工具是在长期采集经济的制造、使用中优先发展而来的。正是由于采集和谷物加工工具的进步和作用，人们从事采集活动的收获量不断增大，对谷物加工技术的进步使植物籽粒更适于人们的胃口，才使得先民们越发认识到栽培这些植物对自己谋生的重要性[55]。

与此同时，在贾湖遗址与这些水稻标本共出土的工具类器物中，农业生产工具共计260余件[56]，其中既有与裴李岗等遗址相同的两端舌形刃石铲，也有较大型的有肩石铲，还有个别类似河姆渡的骨铲，还有大量石斧以及收割用的齿刃石镰，谷物加工用的石磨盘、石磨棒等[57]。朱乃诚先生对贾湖出土农业工具，进一步作出解释：“贾湖遗址属于原始稻作农业，但生产工具却与粟作相同。也许是表明了在相同的地理环境中形成的原始农业工具有相同的特点，也许是反映了贾湖类型分布区域的淮河上游地区在当时可能是原始稻作与粟作农业进行交汇地区。只是粟作农业遗存尚未发现。”[58]

表二　河南省裴李岗文化遗址出土农业工具统计表

河南裴李岗文化遗址名称	翻耕工具		收割工具		加工工具		资料来源
	石斧	石铲	石镰	石刀	石磨盘	石磨棒	
郑州南阳寨					1		《考古》1979（4）
郑州宋庄遗址					1		《考古》1982（3）
新郑裴李岗遗址	26	79	23	4	57	25	《考古》1978（2），《考古》1979（3），《考古学报》1984（1）
新郑沙窝李遗址	15	33	7		12	6	《考古》1979（12），《中原文物》1982（2）
新郑唐户遗址		1			1		《考古》1979（3）
新郑西土桥遗址					1		《考古》1979（3）
密县莪沟遗址	18	52		6	9	9	《河南文博通讯》1979（3）
密县马良沟遗址	2	2			1	1	《考古》1981（3）
密县东关遗址		2					《考古》1979（3）
密县城东北角遗址					2		《考古》1979（3）
密县青石河遗址					1		《考古》1979（3）
密县张湾遗址		1					《考古》1979（3）
密县王嘴遗址		1					《考古》1979（3）
登封王城岗遗址	3	1	1			1	《登封王城岗与阳城》，文物出版社，1992
登封东岗陵遗址					1	1	《考古》1979（3）
巩县铁生沟遗址	12	30	5		6	6	《考古》1980（5），《考古》1986（3）
巩县赵城遗址						1	《考古》1979（3）
巩县瓦窑嘴遗址					1	1	《考古》1997（1）
巩县东山原遗址		3	1		1		《中原文物》1992（4）
巩县北营遗址						1	《中原文物》1992（4）
中牟业王遗址					2	2	《考古》1979（3）
中牟冯庄遗址		3					《考古》1979（3）
长葛石固遗址	12	15	6		9	4	《中原文物》1982（1）《华夏考古》1987（1）
长葛西杨庄遗址			3		4		《中原文物》1982（1）
长葛南张庄遗址					1		《中原文物》1982（1）
长葛夹岗遗址	1	1					《中原文物》1982（1）
许昌丁庄遗址	1					1	《考古》1986（3）
舞阳贾湖遗址	14	5	1		9	3	《中原文物》1983（1），《华夏考古》1988（2）
郏县水泉遗址	53	49	18	5	47	43	《考古》1979（6），《考古学报》1995（1）
汝州中山寨遗址		8	7			8	《中原文物》1985（4），《考古》1986（6）
汝州槐树尹遗址	1	2			1	11	《中原文物》1985（4）
汝州安沟遗址		1				1	《中原文物》1985（4）
方城大张庄遗址	1	1	1			1	《考古》1983（5）
潢川鲁寨遗址					2	1	《中原文物》1985（4）
淇县花窝遗址	2	1				2	《考古》1981（3）

农业出现与文明起源的关系至为重要，我国古代文明是随着农耕的发展而逐渐兴旺起来的。黄河流域不但土壤肥沃，而且具有良好的保水和供水性能，是原始农业生产的适宜土壤。因而，处于黄河流域的裴李岗文化遗址也成为我国古代农业的重要起源地。从生产工具和发现的农作物遗存分析，在郑州附近的裴李岗文化中心分布区以粟作农业为主，而在淮河上游的舞阳一带则是稻作农业区，虽然粟稻混作的遗址目前尚未发现[59]，但是已经初步形成了“南稻北粟”的农业格局。

四、结　束　语

综上所述，农业是裴李岗文化的主要生产活动和食物来源，当时种植的粮食作物，已有旱地作物和水田作物，前者为粟，后者为水稻，其中北部地区主要种粟，南部地区种水稻。裴李岗文化出土的农业工具种类之全，数量之多，制作之精，又反映出当时的农业生产已具有一定的水平。工具种类之完备，说明当时的农业生产已经有一定的基础，尤其是铲和锄的出现，说明当时的农业已进入锄耕农业阶段，而且是粟作与稻作兼有的原始农业生产[60]。

然而，裴李岗时期虽然已经产生农耕文明，但还处在农业发展的初级阶段，这时的采集渔猎经济，在全部裴李岗人的生产活动中，还占有非常重要的地位。如贾湖遗址出土生产工具中，农具仅占25.4%，而狩猎工具则占49.5%，捕捞工具占25.1%[61]。同时，裴李岗的农业聚落遗址发现还不多，面积也较小，文化内涵亦不甚丰富。这也更加说明裴李岗时期的农业耕作发展规模有限，农业文化并不太发达，表明当时社会应处于经济和文化发展都比较落后的状态[62]。

总之，在我国古代历史上，农耕文明的格局在裴李岗时期已经形成以秦岭—淮河为界的“南稻北粟”的局面。同时，考古还发现裴李岗时期已经有了家畜的豢养，猪、狗、鸡、牛、羊、马六畜已基本具备。家畜业的产生又进一步稳固了以土地为生存依据的农耕文明的地位[63]。关于裴李岗农耕文明对中华文明的贡献，许顺湛先生在《黄河文明的曙光》一书中归纳为八大贡献：第一，发明了耒耜，使农业跨入锄耕农业新的历史阶段；第二，发明了地下粮仓；第三，发明了半地穴的房屋建筑；第四，发明了编制和纺织技术；第五，发明了烧陶窑；第六，发明了粮食加工工具；第七，发明了乐器；第八，发明了符号文字[64]。而原始农业的发展为裴李岗文化的繁荣奠定了坚实的基础。裴李岗文化应是厚重的中原文明乃至博大精深的中华古代文明的重要源头之一，值得我们加以深入的研究。

注　释

［1］　a. 开封地区文物管理委员会：《河南开封地区新石器时代遗址调查报告》，《考古》1979年第

3期；

b. 李友谋：《试论裴李岗文化》，《考古》1979年第4期；

c. 李友谋、薛文灿：《裴李岗文化》中州古籍出版社，1992年；

d. 《裴李岗文化概述》，http：//www. xinzheng. gov. cn/html/20060718/590187. html.

[2] 中国社会科学院考古研究所河南一队：《1979 裴李岗遗址发掘报告》，《考古学报》1984年第1期。

[3] 桂娟：《河南新郑发现迄今我国最大的裴李岗文化遗址》，新华网，2007年07月18日。

[4] 安志敏：《略论华北的早期新石器文化》，《考古》1984年第10期。

[5] a. 开封地区文管会等：《河南新郑裴李岗新石器时代遗址》，《考古》1978年第2期；

b. 开封地区文物管理委员会等：《裴李岗遗址一九七八年发掘简报》，《考古》1979年第3期；

c. 中国社会科学院考古研究所河南一队：《1979年裴李岗遗址发掘报告》，《考古学报》1984年第1期。

[6] a. 薛文灿：《沙窝李新石器时代遗址调查》，《中原文物》1982年第2期；

b. 中国社会科学院考古研究所河南一队：《河南新郑沙窝李新石器时代遗址》，《考古》1983年第12期。

[7] 中国社会科学院考古研究所河南一队：《河南新郑唐户新石器时代遗址试掘简报》，《考古》1984年第3期。

[8] a. 河南省博物馆等：《河南密县莪沟北岗新石器时代遗址发掘报告》，《河南文博通讯》1979年第3期；

b. 河南省博物馆等：《河南密县莪沟北岗新石器时代遗址发掘简报》，《文物》1979年第5期；

c. 河南省博物馆等：《河南密县莪沟北岗新石器时代遗址》，《考古学集刊》（第1辑），中国社会科学出版社，1981年。

[9] 开封地区文管会等：《河南密县马良沟遗址调查和试掘》，《考古》1981年第3期。

[10] a. 开封地区文管会等：《河南巩县铁生沟新石器早期遗址发掘简报》，《文物》1980年第5期；

b. 傅永魁：《巩县铁生沟发现裴李岗文化遗址》，《中原文物》1980年第2期；

c. 中国社会科学院考古研究所河南一队：《1984年河南巩县考古调查与试掘》，《考古》1986年第3期。

[11] 廖永民、王保仁：《河南巩县水地河遗址调查》，《考古》1990年第11期。

[12] 廖永民、刘洪淼：《瓦窑嘴裴李岗文化遗存试析》，《中原文物》1997年第1期。

[13] a. 长葛县文化馆：《长葛县裴李岗文化遗址调查简报》，《中原文物》1982年第1期；

b. 河南省文物研究所：《长葛石固遗址发掘报告》，《华夏考古》1987年第1期。

[14] a. 临汝县博物馆：《河南临汝县中山寨遗址调查简报》，《考古》1986年第6期；

b. 中国社会科学院考古研究所河南一队：《河南临汝中山寨遗址发掘》，《考古》1986年第7期；

c. 临汝县博物馆：《临汝县裴李岗文化遗址调查简报》，《中原文物》1989 年第 4 期；
d. 中国社会科学院考古研究所河南一队：《河南临汝中山寨》，《考古学报》1991 年第 1 期。
[15] a. 朱炽：《舞阳贾湖遗址调查简报》，《中原文物》1983 年第 1 期；
b. 河南省文物研究所：《舞阳贾湖遗址的试掘》，《华夏考古》1988 年第 2 期；
c. 河南省文物研究所：《河南舞阳贾湖新石器时代遗址第二至六次发掘简报》，《文物》1989 年第 1 期；
d. 河南省文物考古研究所：《舞阳贾阳》，科学出版社，1999 年；
e. 中国科技大学科技史与科技考古系等：《河南舞阳贾湖遗址 2001 年发掘简报》，《华夏考古》2002 年第 2 期。
[16] 安阳地区文管会等：《河南淇县花窝遗址试掘》，《考古》1984 年第 3 期。
[17] 河南省文物考古研究所：《河南辉县孟庄遗址的裴李岗文化遗存》，《华夏考古》1999 年第 1 期。
[18] a. 方孝廉：《洛阳市一九八四年古文化遗址调查简报》，《中原文物》1987 年第 3 期；
b. 洛阳市第二文物工作队等：《洛阳市堰师县高崖遗址发掘报告》，《华夏考古》1996 年第 4 期。
[19] a. 郏县文化馆：《河南郏县水泉发现的新石器时代遗址》，《考古》1976 年第 6 期；
b. 中国社会科学院考古研究所河南一队：《河南郏县水泉新石器时代遗址发掘简报》，《考古》1992 年第 10 期；
c. 中国社会科学院考古研究所河南一队：《河南郏县水泉裴李岗文化遗址》，《考古学报》1995 年第 1 期。
[20] 王吉怀：《论黄河流域前期新石器文化的特征与时代特征》，《东南文化》1999 年第 4 期。
[21] 秦永军、李全立：《河南周口迄今发现的裴李岗、仰韶文化初探》，《中国文物报》2005 年 5 月 27 日。
[22] 杨育彬：《河南考古五十年回眸》，《华夏考古》1999 年第 3 期。
[23] 赵世纲：《关于裴李岗文化若干问题的探讨》，《华夏考古》1987 年第 2 期。
[24] 淇山，在河南省北部。
[25] 《艺文类聚 · 食物部》引《古史考》。
[26] 《太平御览》卷 833 引《周书》。
[27] a. 安志敏：《河南安阳小南海旧石器时代洞穴的试掘》，《考古学报》1965 年第 1 期；
b. 周国兴：《河南许昌灵井的石器时代遗存》，《考古》1974 年第 2 期；
c. 李根蟠等：《中国原始社会经济研究》，中国社科院出版社，1987 年。
[28] 开封地区文管会、新郑县文管会：《河南新郑裴李岗新石器时代遗址》，《考古》1978 年第 2 期。
[29] 钱耀鹏：《略论中国史前农业的发展及其特点》，《农业考古》2000 年第 3 期。
[30] 何炳棣：《黄土与中国农业的起源》，香港中文大学出版社，1969 年。
[31] 刘军社：《黄河流域史前粟作文化遗存的发现与研究》，《农业考古》2000 年第 3 期。
[32] 董光忠：《本校与山西图书馆美国福利尔艺术陈列馆发掘山西万泉石器时代遗址之经过》，《师大月刊》1933 年第 3 期。

[33] 游修龄：《黍粟的起源及传播问题》，《中国农史》1993年第3期。

[34] a. 薛文灿：《沙窝李新石器时代遗址调查》，《中原文物》1982年第2期；

b. 中国社会科学院考古研究所河南一队：《河南新郑沙窝李新石器时代遗址》，《考古》1983年第12期；

c. 王吉怀：《新郑沙窝李遗址发现炭化粟粒》，《农业考古》1984年第2期。

[35] 吴梓林：《古粟考》，《史前研究》1983年第1期。

[36] 张鹏：《谷子的起源与分类史研究》，《中国农史》1986年第1期。

[37] a. 中国社会科学院考古研究所河南一队：《1979年裴李岗遗址发掘报告》，《考古学报》1984年第1期；

b. 开封地区文管会等：《裴李岗遗址一九七八年发掘简报》，《考古》1979年第3期；

c. 李璠：《中国栽培植物发展史》，科学出版社，1984年。

[38] 王星光、张新斌：《黄河与科技文明》，黄河水利出版社，2000年。

[39] 杨东升：《论自然地理环境对中国农耕文化的形成及地域差异的影响》，《黔东南民族师范高等专科学校学报》2006年第6期。

[40] 王吉怀：《论黄河流域前期新石器文化的特征与时代特征》，《东南文化》1999年第4期。

[41] a. 袁家荣：《道县玉蟾岩石器时代遗址》，《中国考古学年鉴（1996）》，文物出版社，1998年；

b. 严文明：《稻作起源研究的新进展》，《考古》1997年第9期。

[42] a. 河南省文物研究所：《舞阳贾湖遗址的试掘》，《华夏考古》1988年第2期；

b. 河南省文物研究所：《河南舞阳贾湖遗址第2～6次发掘简报》，《文物》1989年第1期。

[43] 张居中：《河南舞阳贾湖遗址发现水稻距今约八千年》，《中国文物报》1993年10月31日。

[44] 陈报章等：《舞阳贾湖新石器时代遗址炭化稻米的发现、形态学研究及意义》，《中国水稻科学》1995年第3期。

[45] 河南省文物考古研究所：《舞阳贾湖》，科学出版社，1999年。

[46] 张居中等：《也论中国栽培稻的起源与东传》，《农业考古》1996年第1期。

[47] 王象坤等：《中国稻作起源研究中的新发现》，《中国栽培稻起源与演化研究专集》，中国农业大学出版社，1996年。

[48] 朱乃诚：《中国农作物栽培的起源和原始农业的兴起》，《农业考古》2001年第3期。

[49] a. 朱乃诚：《中国新石器时代早期文化遗存的新发现和新思考》，《东南文化》1999年第3期；

b. 朱乃诚：《中国史前稻作农业概论》，《农业考古》2005年第1期。

[50] 河南省文物考古研究所：《舞阳贾湖》，科学出版社，1999年。

[51] 张居中：《淮河上游新石器时代的绚丽画卷——舞阳贾湖遗址发掘的主要收获》，《东南文化》1999年第2期。

[52] 卢嘉锡总主编：《中国科学技术史·农学卷》，科学出版社，2000年。

[53] a. 王星光、徐栩：《新石器时代粟稻混作区初探》，《中国农史》2003年第3期；

b. 刘桂娥、向安强：《史前“南稻北粟”交错地带及其成因浅析》，《农业考古》2005 年第 1 期。

[54] 王吉怀：《从裴李岗文化的生产工具看中原地区早期农业》，《农业考古》1985 年第 2 期。

[55] 王星光：《工具与中国农业的起源，农业考古》，《农业考古》1995 年第 1 期。

[56] 杨肇清：《河南舞阳贾湖遗址生产工具的初步研究》，《农业考古》1998 年第 1 期。

[57] 张居中等：《舞阳史前稻作遗存与黄淮地区史前农业》，《农业考古》1994 年第 1 期。

[58] 朱乃诚：《中国农作物栽培的起源和原始农业的兴起》，《农业考古》2001 年第 3 期。

[59] 许天申：《论裴李岗文化时期的原始农业——河南古代农业研究之一》，《中原文物》1998 年第 3 期。

[60] 马世之：《史前时期黄河流域的三大文化区》，《中原文物》1998 年第 1 期。

[61] 赵世纲：《石磨盘、磨棒是谷物加工工具吗?》，《农业考古》2005 年第 3 期。

[62] a. 李友谋：《中原地区原始农业发展状况及其意义》，《农业考古》1998 年第 3 期；
b. 宋爱平：《郑州地区史前至商周时期聚落形态分析》，山东大学硕士学位论文，2005 年。

[63] 王保国：《地理环境、农耕文明与中原文化的基本趋向》，《殷都学刊》2006 年第 1 期。

[64] 许顺湛：《黄河文明的曙光》，中州古籍出版社，1993 年。

河南境内远古符号的发现与汉字的起源

王蕴智

（郑州大学历史学院）

最近的几十年，我国考古界先后发布了一系列较殷墟甲骨文更早、且与汉字起源有关的出土资料。这些资料主要是指原始社会晚期及有史社会早期出现在陶器上面的刻划或彩绘符号，另外还包括少量的刻写在甲骨、玉器、石器等上面的符号。远古刻划符号于20世纪20年代后期随着田野考古工作的展开而陆续有所发现，如今在许多重要的考古学文化内涵中均有重要的发现。作为专业工作者，我们当然是想通过科学的途径比如综合运用考古学、古文字构形学、比较文字学、科技考古以及高科技手段等一些基本方法，进一步对这些原始材料做一番全面的基础整理，从而爬梳排比出商代文字之前汉字发生、发展的一些头绪。然而实际情况并不如想象的那么简单，除了已有郑州商城遗址、小双桥遗址（该遗址近年先后发现十余例商代早期朱书陶文）的小宗材料可以直接和殷墟文字相比序之外，其他商以前的符号则零星而分散，彼此缺环较多，大多数符号且与商代文字构形不合。还有一些符号则地域色彩较重、背景复杂，如邹平丁公、高邮龙虬庄的“陶书”以及太湖流域良渚文化陶器上的某些排行连刻的符号，都有其特殊的文化背景。而崧泽文化、良渚文化陶器上的符号和安徽凌家滩墓葬出土的玉版符号，则显然是有内在联系的。在不同的时空、不同文化背景下的许多富有生命力的符号，都可能逐渐融汇到汉字产生的主流道路上来。殷商以前各地不同考古遗址所出各种早期符号的功能、性质、兴衰变化、传播关系以及汉字形成的大致年代，其流通领域、演化脉络等都值得今后深入进行探究。兹值裴李岗文化发现30周年学术讨论之便，择要摹举近年新出有关河南境内商代以前的刻划符号数则，略加以综类归纳。

一、贾湖裴李岗文化刻划符号

1983～1987年，考古工作者在河南舞阳贾湖村裴里岗文化聚落遗址前后进行了六次发掘[1]。贾湖史前遗址的文化内涵十分丰富，其中发现有刻划符号20例，时代距今8000年左右。兹摹写其成形较好的10例（图一），这是迄今所知年代最早的一种刻划符号。

贾湖符号不但刻划于龟甲，而且还见于陶、骨、石器等载体上面（图二），这显然与后世的甲骨占卜及契刻之风有着渊源关系，所以贾湖遗存的出土具有重要的学术价值。大家知道，贾湖符号中的有些构形与殷墟甲骨文中的字形比较接近，如图一中的1、2、3、5诸形，有学者即径释作目、日（或户）、八、乙等字。如是这样，那么汉字产生的年代

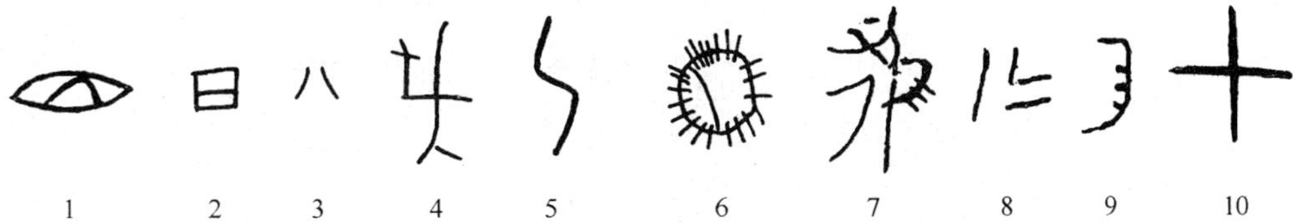

图一 舞阳贾湖裴李岗文化刻划符号

（参《舞阳贾湖》，科学出版社，1999 年）

1. 龟腹甲刻符（M344∶18） 2. 龟腹甲刻符（M355∶15） 3. 龟腹甲刻符（M387∶4，彩版四八∶4） 4. 龟背甲刻符（M387∶41） 5. 石颜料块刻符（H141∶1，彩版四八∶3） 6. 陶卷沿罐刻符（H190∶2A111） 7. 叉形骨器刻符（M344∶3） 8. 牛肋骨刻符（H123∶5） 9. 八孔骨笛刻符（M253∶4） 10. 陶坠刻符（T108 · 3B∶2）

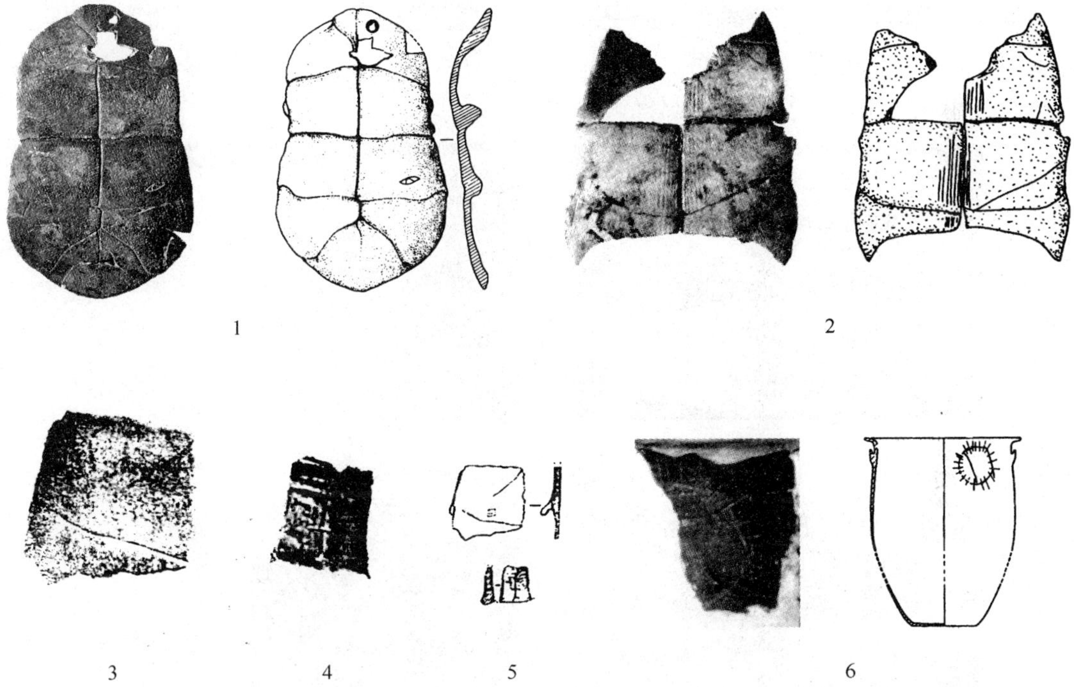

图二 舞阳贾湖裴李岗文化时期刻划符号图例

至少就可以推溯至 8000 年前了。我们认为现在还不宜遽下结论，主要还是因为材料太少。试想贾湖符号距商代有 4000 多年，比商代文字发展到今天的时间还要漫长。古文字研究对不同时期的文字构形特征及文字谱系的整理工作是毫不含糊的。如若贾湖时期成为汉字产生的一个起点，那么它至商代文字之间的演化过程当有线索可寻，可是目前其他的出土资料似乎还接续不上，解释起来困难较多。况且有些符号如图一：2 之形释“日”、释“户”都是不妥的，甲骨文的“日”和“户”字严格地说并不这么写。总之，我们十分期待并相信类似于贾湖遗址的符号今后还会有新的发现，到那时有关的话题还会更多。

二、汝州洪山庙仰韶文化刻划符号

20世纪50年代中期，考古工作者在仰韶文化重要遗址之一的西安半坡村，发现了一系列陶器符号。这类符号前后在同一文化类型的陕西、甘肃等十余处遗址中也有发现。仅在陕西半坡遗址出土的刻有符号的陶器和陶片就达133件，符号27种；姜寨遗址出土129件，符号38种；李家沟出土23件，符号8种；甘肃秦安大地湾（仰韶文化层）出土10多件计10种符号。另外在陕西宝鸡北首岭遗址，还发现有3种黑色彩绘符号［参见《西安半坡》197页，图一四一；临潼姜寨符号参《考古与文物》1980年3期，15页，图三；宝鸡北首岭（彩绘）参见《考古》1979年2期，图版贰］。

仰韶文化的陶器符号有着相当固定的刻写习惯，它们大都是以尖削状的器具刻划在钵形器外口沿的黑宽带纹上，而且一器只刻一个符号（图三），同一符号重复出现的频率较高，相同或相似的符号归并起来可得60余种[2]。

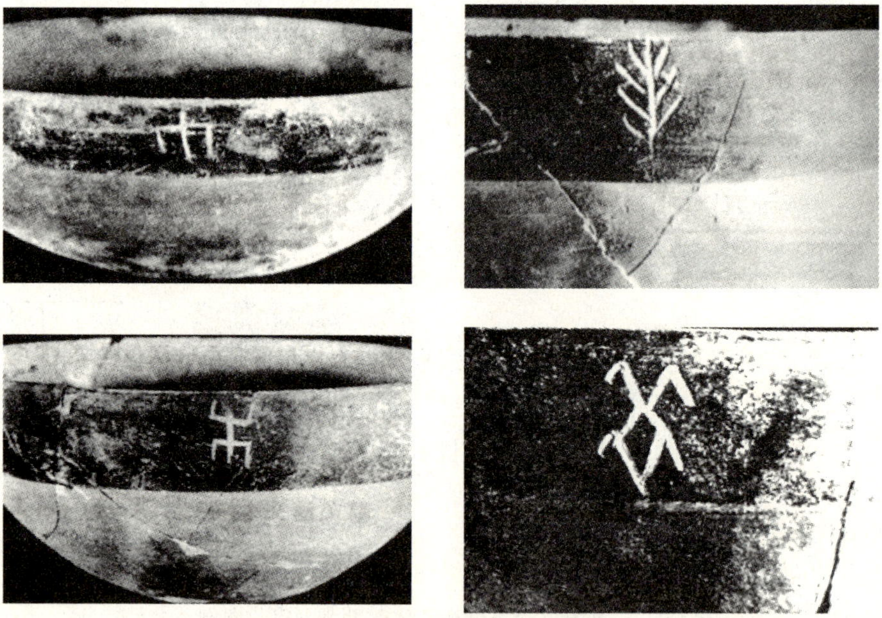

图三　仰韶文化时期陶器符号图例

仰韶文化符号是距今五六千年以前的遗物，从陶片上的刻划痕迹判断，它们大部分是在陶坯入窑烧成之前所刻，其刻划匀挺酣畅，有一定深度。也有少数粗细轻重不均，刻划边缘有剥裂者，乃烧成之后新刻。从符号的构形特征看，它们以简单线条的排列穿插组合为主，象形的意味较少。虽然它们中的有些结体已形似于商周古文中的某些字形，但现在还很难把它们与后世的文字符号对应起来去解释。就这些符号的性质而言，它们显然是一种具有特定意义的记事标志，这类符号的广泛应用，无疑对后来先民们发明文字产生了积极的借鉴作用。

1989 年，考古工作者在河南汝州洪山庙村史前遗址发现一批陶器符号和彩绘图案（河南省文物考古研究所：《汝州洪山庙》，中州古籍出版社，1995 年）。洪山庙遗址的文化内涵属于仰韶文化庙底沟类型，其年代距今在 5000 年左右。该遗址所见符号分别契刻或彩绘于陶缸的外壁上（有些还彩画出特定的图案），如图三，1 其形系烧前在坯胎上刻就，其结体横平竖直，左右匀称，契刀硬朗利落、施转有度。其他诸例亦线条洗练，用笔不凡。由此可以窥见当时先民们契刻或彩画一定造型符号的高超水平。兹在上文所摹记十余处遗址所出仰韶文化陶器符号的基础上，再新补同类符号六例（图四）。

1　　2　　3　　4　　5　　6

图四　汝州洪山庙仰韶文化陶器符号

（参《汝州洪山庙》，中州古籍出版社，1995 年）

1. 刻符（W136：1）　2. 刻符（W41：1）　3. 彩绘（W39：1）　4. 彩绘（W104：2）　5. 彩绘（W60：1）　6. 彩绘（W59：1）

三、登封王城岗龙山文化刻划符号

1928 年，在相当于新石器时代晚期的山东历城龙山镇城子崖遗址出土的陶片上，考古工作者发现了两种刻划符号。1964 年又于青岛白沙赵村采集到刻有符号的龙山文化陶片（图五，1～8）。山东龙山文化符号目前发现的数量还不算多，结构也比较简单，不过近年又新发布了引人注目的龙山文化陶书的考古材料，非常重要。

在处于黄河中游的河南、陕西龙山文化内涵中，迄今所知，已在十余处遗址里发现有陶器符号（图五，4～18）。另外在郑州站马屯遗址出土的一件相当于中原龙山文化晚期的灰陶片上，残出一个刻作“木”形的符号（河南省文物研究所：《郑州市站马屯遗址发掘报告》，《华夏考古》1987 年第 2 期）。这些符号的构形特征仍然是以简单的线条组合为主，通常总是孤立地出现于器物的外表，显然是仰韶文化的继续，在时代上属于原始社会的尾声，接近文献记载中的虞夏时期。

应该注意的是，这类符号在接续仰韶文化传统的同时也有新的发展。如图五之形就很典型。该符号刻于河南登封王城岗遗址所出的一件泥质黑陶平底器的残底外部，系烧前刻划上去的。这个符号的左右两边表双手拱捧状，是古汉字系统中的一个基本构形，有学者把它隶定为“共”字。这一形体伴出在一处相当于夏纪年之际的城址之中，虽

图五　龙山文化陶器符号

1. 山东龙山文化陶器符号　2. 历城龙山城子崖（《城子崖》图十六）　3. 青岛赵村（《考古》1965年第9期，481页）　4. 河北永年台，《考古》1962年第12期　5、6. 登封王城岗（《文物》1984年第11期；又参《登封王城岗与阳城》，78页，文物出版社，1992年）　7～11. 淮滨沙冢（《考古》1981年第1期，4页，图五）　12、13. 临汝煤山（《考古学报》1982年第4期，435页图九，447页图十八）　14. 商县紫荆（《考古与文物》1983年第4期，1页，图一）　15～18. 绥德小官道（《考古与文物》1983年第5期，17页，图八）

然例证不多，却是汉字的发明和文明社会到来的一个重要信号。据悉，可与汉字部件相类比的若干基本符号，在新出土的河南龙山文化遗存中又有发现，材料尚在整理之中，相信这方面还将会不断提供令人振奋的信息。

四、二里头文化刻划符号

继黄河中游龙山时代之后的二里头文化，已进入我国文明历史的早期，它是夏文化的标志。20世纪60年代初，考古工作者在河南偃师二里头晚期遗址中，发现有24种陶器刻划符号（图六，1～24）（中国科学院考古研究所洛阳发掘队：《河南偃师二里头发掘简报》，《考古》1965年第5期，222页）。它们大都刻在大口尊和卷沿盆的内口缘上，其时代约相当于夏商之际。70年代中后期，在属于二里头文化时期的陕西商县紫荆第三层遗址中，又发现4例符号。其中一个刻划于假圈足黑陶碗的残片上（不清），另3个分别刻在一件灰陶觚的下部两侧和器底，乃陶器烧成后所刻。器底一例形近如图六：8，另两例如图六：25、26所示。二里头遗址的陶器符号在原掘报告中仅有草率的摹写，符号出现的次数及刻写情况未详，因此不便于做具细的分析。好在考古工作者近年又刊发了一部分相关的材料，为此我们也做过新的梳理和补记（拙作《从远古刻划符号谈汉字的起源——二里头文化刻划符号》，《中国书法》2001年第2期；又载拙著《字学论集》，河南美术出版社，2004年）。

二里头文化从年代上说已属于夏王朝时期。从常理上讲，此时应该会有更多的文字符号被发现，但迄今我们所见到的材料并不令人乐观。想到再晚些时候的郑州商代前期都城区经历几十年的考古发掘，竟然没有发现多少文字材料，那么夏人使用文字的情况

图六　二里头文化陶器符号

1～24. 二里头（《考古》1965年第5期，222页）　25、26. 陕西商县紫荆第3层（《考古与文物》1983年第4期，1页，图三）

与殷墟时期存在反差也是有可能的。二里头文化的材料仍是以陶器符号为主，其在构形上与殷商文字有不小的区别，比如以人体和动物之形作后世构字基础的符号，至今在二里头文化遗址中依然比较少见。2000年10月在洛阳召开的文字起源学术研讨会上，杜金鹏先生曾为与会学者披露了20余例偃师二里头遗址所出陶器符号的拓本，这些符号后来主要发表在《中国书法》2001年第2期，兹谨选介19例（图七）。其中1～4形为植物之象，5～8是与箭矢相关的构形，9似表山峰，12似表建筑之形，13乃鱼之象形，14～19则与甲骨文中的纪数字相类。

图六所摹二里头文化陶器符号，主要依据的是考古报告中的摹本材料。随着有关拓本材料的发表，可鉴别出旧时的摹本多有失真之处，其中一些旧时所摹写的符号即可在杜先生的拓本中找到归宿。结合新见到的拓本，可知原发掘报告中的摹本如图十八：7、9、20、21、22诸形是不准确的。此外兹谨再根据其他考古资料补摹4例偃师二里头遗址出土的刻划符号（图八）。同时再补摹70年代中期发现的河南渑池郑窑第三期文化遗存（相当于二里头文化三期）所出陶戳形器一个（图九）。

上揭陶戳属泥质红褐陶，火候较高，方柱形，长5.5厘米，宽2.3厘米，高20厘米，三面有刻划符号。其正面的戳记刻划结构清晰，相当于甲骨文中的田字。在该戳的两端各有一圆窝，圆窝的周围亦有刻划的圆弧线或直线。过去笔者曾认为江西清江吴城出土的压印符号开了徽押的先河（拙作《远古陶器符号摹记·清江吴城遗址陶器符号》，《书法报》1994年第29期），此戳形器当亦具有徽识的性质，它在时代上较吴城的压印作风更早，应视为我国印章篆刻的起源之作。

在郑窑遗址中，与戳形器同时代的还有一件标本为J4:19的猪肩胛卜骨，其上面有圆形灼痕，并刻有口、冂、刂等3个符号（河南省文物研究所、渑池县文化馆：《渑池县郑窑遗址发掘报告》，《华夏考古》1987年第2期，91页，又图四一，6），这似乎可以看成是华夏先民甲骨占卜刻辞风习之滥觞。此还使我们联想到1997年在山东桓台史家遗址出土的岳石文化羊肩胛卜辞，其文辞不易释读，其时代大体与郑窑遗址所属的二

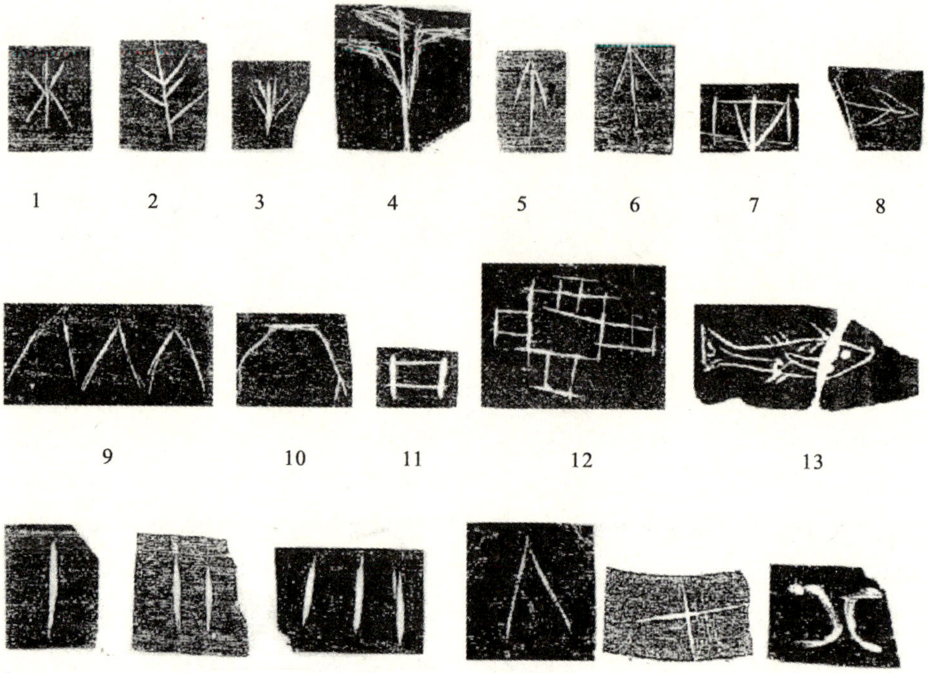

1 2 3 4 5 6 7 8 9 10 11 12 13 14 15 16 17 18 19

图七 二里头遗址陶器符号（拓本）
（参《中国书法》2001年第2期，55页）

1 2 3 4

图八 二里头遗址陶器符号（摹写）
1. 陶瓷外壁刻符（《文物》1975年第2期） 2. 小口陶尊刻符 3. 大口陶尊刻符 4. 陶盆刻符（参中国社会科学院考古所：《二里头陶器集粹》，中国社会科学出版社，1995年）

里头文化后期平行或稍晚。我们知道，岳石文化是继山东龙山文化而发展起来的一种地方土著文化，这里出土的羊卜骨及其刻辞应为当时的东夷部族所为。由此可知甲骨卜辞并不是殷商部族的发明，但殷商王朝却把甲骨占卜文化发展到了极致。

二里头文化陶器符号大都各自独立成形，看上去有文字的感觉。在构形上，任意性的刻划成分较之史前符号已明显减少。其中图十八：1、2、3、4、8、15、18诸形仍属于形式简单的线条刻划，这一类刻划在前文所摹记的各批史前符号中也都经常见到，表

图九 郑窑遗址二里头文化陶戳符号
[参《华夏考古》1937年第2期，图二九拓片（H15:3），图四一照片]

明它们在远古时代最容易发生和使用，而且在商代文字系统中被固定用为纪数字的也是这类符号。这种现象恐怕不一定属于巧合，很可能就在有史社会的早期，经过专职人员认真地择取和整理，最早将它们纳入文字的范畴。除了纪数符号之外，二里头文化的有些结体也有与商代甲骨文字相近者。但总的来说，二里头符号的基本形体仍与殷周古文字造型有别，尚不能遽然隶定为某某文字。不过，从时代上讲，这些符号正处于汉字形成的那个历史时期之内。传说中的仓颉“初造书契”，大致也可追溯于这个时期或偏早。这方面的有关材料，今后一定还会有重要的发现。

注　释

[1] 河南省文物考古研究所：《舞阳贾湖》，科学出版社，1999年。

[2] a. 王志俊：《关中仰韶文化刻划符号综述》，《考古与文物》1980年第3期；

b. 甘肃省博物馆文物工作队等：《甘肃秦安大地湾遗址1978～1982年发掘的主要收获》，《文物》1983年第11期。

试论裴李岗文化的分期和类型

靳松安
（郑州大学历史学院）

裴李岗文化，主要是指河南新郑裴李岗及其同类遗址发现的具有鲜明特征的以小口双耳壶、三足钵、筒形深腹罐、锯齿石镰、带足石磨盘、舌形石铲等为基本器物组合的分布于河洛地区[1]的一种新石器时代文化遗存。关于这类遗存的文化性质和年代，学术界一般认为它是早于仰韶文化的一支独立的考古学文化。不过，对于它与河北武安磁山一类遗存[2]的关系及其在文化定名问题上，却曾存在不同的看法。第一种意见认为，两者文化面貌相似应视为一种文化，或称之为"磁山文化"[3]，或称之为"裴李岗文化"[4]，或称之为"裴李岗文化"的"裴李岗类型"和"磁山类型"[5]，还有的称之为"磁山—裴李岗文化"[6]；第二种意见则认为，两者文化面貌差异较大，属于两个不同的文化，应分别命名为"裴李岗文化"和"磁山文化"[7]。目前的考古材料已清楚表明，以裴李岗和磁山遗址为代表的两类遗存，文化面貌存在着明显差异，又都有着各自明确的分布地域，因此将它们视为不同的考古学文化是合适的。两者之间存在的某些共性，说明其年代大体相当，均处于新石器时代中期阶段[8]。关于裴李岗文化的分期问题，已有学者做过有益的探讨，主要有四期说[9]和三期说[10]之分；而对于其类型划分问题，学术界则未进行深入研究。本文拟在既往研究的基础上，运用层位学和类型学的研究方法，探讨裴李岗文化的分期、年代及其类型划分问题。不当之处，敬请方家斧正。

一、分　　期

（一）典型遗址的分组（期）

在已发掘的裴李岗文化遗址中，以新郑裴李岗[11]、长葛石固[12]、郏县水泉[13]、舞阳贾湖[14]、密县莪沟北岗[15]、新郑沙窝李[16]六处遗址较为典型，出土材料比较丰富，层位关系也较为清楚。

1. 裴李岗遗址

1977年调查发现。1977～1979年，开封地区文管会、郑州大学考古专业和中国社会科学院考古研究所河南一队，分别在此进行了试掘和正式发掘，三次发掘揭露面积总计2600多平方米，共发现灰坑20个、陶窑1座、墓葬114座，获得一大批陶、石器等文化遗物。这里的文化层可分两层，灰坑和多数墓葬均开口于表土层下，第2层下开口的墓葬数量较少。1979年的发掘报告，将第三次发掘所获82座墓葬按开口层位区分为上、下两层墓葬，其中上层墓70座，下层墓仅12座。从报告列举的上下两层墓出土器物之间的诸多差别来看，这种划分实际上即是代表了发掘者所认识的早晚两期墓葬。

据发掘报告可知，上、下层墓中均有少数相互叠压或打破的现象，说明即使见于同一层位之下的墓葬并非都是同时的，仍有先后之分。属下层墓葬的只有M115→M116（“→”表示叠压或打破，下同）一组，但由于两者出土器物不属于同类，无法进行比较分析，故暂且将所有下层墓葬均视为同期遗存。属上层墓葬的有M82→M87、M37→M43、M51→M52、M66→M68、M89→M80[17]共五组。依据这五组层位关系，结合出土器物发展演变的阶段性，并参考墓葬登记表所公布随葬器物的型式，可将上层墓葬再细分为三个不同的年代组。就是说，这里的裴李岗文化遗存实际上共可分为四组。

第一组，以M38、M101、M111、M113、M116为代表，包括M93～M95、M99、M100、M109、M115等下层墓葬。第一、二次发掘的M6、M7、M17可归入本组。

第二组，以M56、M63、M67、M92为代表，包括M35～M37、M40、M42、M43、M45、M47～M51、M54、M55、M58、M59、M64、M65、M69、M71～M78、M80、M81、M84～M86、M90、M97、M98、M107、M108、M110、M112等。第一、二次发掘的M2、M5、M12、M14、M23、M27、M33可划归本组。

第三组，以M87、M89为代表，包括M66、M83、M88、M105、M114等。第二次发掘的M15、M16、M18可归入本组。

第四组，仅有M82一座墓葬。究其原因可能是，该组墓葬层位靠上，其大部遗存可能已被后期遗迹所破坏。

因第二、三、四组墓葬均位于上层，年代自然都比位于下层的第一组墓葬要晚。又据M89→M80与M82→M87两组层位关系可知，第三组晚于第二组，第四组又晚于第三组。从陶器形态上看，一、二、三、四组之间衔接得比较紧密，基本不存在缺环，它们代表了该遗址裴李岗文化发展的前后四个阶段。

2. *石固遗址*

1972年发现。1978～1980年，河南省文物考古研究所先后在此进行了四次发掘，揭露面积2145平方米。石固遗址的新石器时代文化遗存主要属于裴李岗文化和仰韶文化，前者往往被后者所叠压或打破，从而为确立两者的相对年代关系提供了可靠的层位学依据。四次发掘共发现裴李岗文化灰坑189个、房基3座、墓葬69座，出土了相当丰富的陶、石器等文化遗物。发掘者依据层位堆积、遗迹间的打破关系及出土器物的演变规律，将这里的裴李岗文化遗存分为四期。从出土器物的组合、特征来看，笔者以为报告所分第三期墓葬和灰坑似又可分为早晚两组。如是，该遗址裴李岗文化遗存共可分为五组。

第一组，即报告所分第一期遗存，以M25、M45、H108、H167等为代表。

第二组，即报告所分第二期遗存（H133除外，详后），以M26、M44、M46、M54、H90等为代表。

第三组，即报告所分第三期遗存中年代稍早的单位，包括M11~M15、M17、M75和不出折肩双耳壶的灰坑以及原属第三期的一些地层单位，可以M12、M14、H106、BT5②、T64②层等为代表。

第四组，即报告所分第三期遗存中出土有折肩双耳壶的年代稍晚的单位，可以M6、M23、M65、H130、H143、H171、H238等为代表。H133的年代原报告定为第二期，该坑出土器物较多，有钵3件、罐1件及一些钵和壶的残片等，报告仅发表了H133:2钵的线图，为圆唇、敛口、弧肩、斜腹、平底，形制与第二组M54:12钵差异显著。从报告公布的灰坑统计表来看，H133:2这种敛口弧肩平底钵多是与折肩双耳壶伴出，故H133的年代应归入第四组。

第五组，即报告所分第四期遗存，以M4、M5、M42、F1、F7、H45、H67、H125、H183为代表。

以上五组遗存，依层位关系可知，第一组年代最早，其次是第二、三、四组，第五组年代最晚。由陶器形态观察，一、二、三组之间以及四、五组之间衔接较紧密；而三、四组之间变化稍大，似存在一定缺环。这五组遗存基本代表了该遗址裴李岗文化发展的五个阶段。

3. 水泉遗址

1976年发现[18]。1986~1989年，中国社会科学院考古研究所河南一队在以往调查的基础上，先后五次对遗址进行了小规模的发掘，揭露面积总计1980平方米，发现裴李岗文化灰坑83个、陶窑2座、墓葬120座，出土了大批文化遗物。水泉遗址的地层堆积比较简单，各部位基本相同，耕土层下为文化层，遗迹和遗物均出于此层，该层下即为次生土。发掘者依据遗迹间的打破关系以及出土器物的发展变化，将这些遗迹单位分为三期：第一期，包括以H6、H18、H30、H60为代表的灰坑17座；第二期，包括120座墓葬和以H14、H73、H78为代表的27座灰坑；第三期，包括以H16、H29、H32、H62、H63、H72为代表的39座灰坑以及两座陶窑。据笔者观察和分析，120座墓葬并非均属同一时期，实际上是有早晚之别的；报告所分第三期的灰坑亦非同一时期的遗存，似可划分为三个不同的年代组；另外，报告所分第一、二期的灰坑也需作个别调整。依据报告公布的典型层位关系（表一）和出土器物的演变规律，并参考墓葬登记表中随葬器物的型式，可将该遗址裴李岗文化遗存分为四组。

表一 水泉遗址典型层位关系表

第四组	第三组	第二组	第一组
		M20 ———	→H18
	M40 ———	———	→H22
	M49 ———	———	→H30
		H35→M87	
	M44 ———	→M38	
	M47 ———	→M52	
	M72 ———	→M71	
	M98 ———	→H60	
	H32→M54		
H1 ———	———	→M4	
H29 ———	→M60		
H72 ———	→M103		

第一组，以 H18、H30 为代表，包括 H6、H22 等单位。

第二组，以 M2、M20、M71 以及 H35 为代表，包括 M4、M10 ~ M15、M17、M18、M21、M24、M27、M28、M32 ~ M35、M38、M39、M43、M51、M52、M55、M57、M66、M80、M81、M85 ~ M87、M89、M91、M99、M100、M109、M115、M116、M118、M120 和 H10、H33、H39、H41、H49、H60、H64、H73、H78 等单位。

第三组，以 M29、M40、M49、M72、M98 以及 H14 为代表，包括 M1、M3、M5、M6、M9、M23、M25、M26、M31、M36、M44、M47、M53、M54、M58 ~ M60、M63、M64、M78、M82、M84、M90、M91、M96、M103、M108、M114 和 H7、H9、H16、H32、H47、H54、H58 等单位。

第四组，以 H63、H72 为代表，包括 H1 ~ H3、H29、H62、H67、H77、H80 等单位。

由 M20→H18、M72→M71、H72→M103 等层位关系可知，第一组早于第二组，第二组早于第三组，第三组又早于第四组。以上四组遗存，代表了该遗址裴李岗文化发展的四个阶段。

4. 贾湖遗址

1961年发现。1983～1987年，河南省文物考古研究所先后在此进行了六次发掘，揭露面积近2360平方米，清理出裴李岗文化房基45座、陶窑9座、灰坑370个、墓葬381座（其中竖穴土坑墓349座、瓮棺葬32座）、埋狗坑10座以及一些小沟、柱洞等遗迹，出土文化遗物数千件。发掘者依据层位关系与出土器物的组合、特征及其变化规律，将该遗址裴李岗文化遗存统分为三期。从出土陶器的形态观察，一、二、三期之间存在明显的阶段性变化，即是说这里的裴李岗文化遗存可分为三组。第一、二、三组分别与原报告所划分的第一、二、三期相当。

5. 莪沟北岗遗址

1975年发现。1977～1978年，河南省博物馆会同密县文化馆在此进行了两次发掘，揭露面积近2750平方米，发现裴李岗文化房基6座、灰坑44个、墓葬68座，出土陶、石器等文化遗物370余件。发掘者认为68座墓葬基本同时，并早于本遗址发现的房基和灰坑等遗迹；又据北岗和裴李岗两遗址诸类遗存显现出来的某些共性和差异性，在判定两者文化性质及其年代大体相当的同时，进而推测前者可能比后者稍早。

北岗遗址诸遗存的年代关系，并非像发掘者所推定的那样简单。关于这一问题过去已有学者予以指出[19]。从报告公布的层位关系来看，M31早于H6、M68早于H41无疑，但不能由此推导出H6与H41同时、M31与M68同时，也不能推导出所有的灰坑和房基年代相同以及所有的墓葬年代一致，更不能据此推定所有墓葬均早于所有灰坑和房基。6座房基和其他42个灰坑，是否都与H6、H41一样，露口于表土或扰土层下而打破文化层，因报告未作详细说明不得而知，不过即使是均处同一层位，其年代也未必全部同时。68座墓葬的层位，诚如报告所言，既有露口于表土或扰土层下的，亦有开口于文化层之下的（如M31），一些墓葬之间还有叠压或打破关系，如M5→M3、M40→M43→M44、M46→M47及M52→M53等，这些层位关系已清楚表明这批墓葬所处的时间层面并不都是相同的。四组有叠压或打破关系的墓葬中，除M44空无一物外，余皆有陶器随葬。检索报告的墓葬登记表并对照相应的陶器图例进行考察后，可以发现报告所划分的陶器型式，有些恐怕还需要再作进一步的斟酌和推敲。如三足钵，M3、M5、M40、M47和M52中共出6件，报告均视之与M34∶12、M61∶13及M45∶3同式。从陶器线图看，这3件标本虽皆呈敞口、浅弧腹，不过M61∶13与M45∶3系圆锥形矮足，M34∶12却为圆锥形高足，其间差别相当明显，将它们视为同式似不恰当。再如筒形深腹罐，M40和M46各出1件，报告认为其同于M17∶4、M34∶3或M12∶4。由线图观察，M17∶4作侈沿微卷、腹中部稍外鼓，M34∶3作卷沿、深腹微鼓，M12∶4作斜沿微折、上腹较直下腹缓收，前两者似为同型的不同式别，后者与前两者差别较大当不同型。如此，根据报告所提供的层位关系以及墓葬登记表所显示的陶器组合情况，来考察墓葬的年代显然是比较困难的。本文主要依据对报告公布陶器的类型学研究，并结合层位关系，试将该遗址裴李岗文化遗存分为六个不同的年代组。

第一组，以 H22 为代表。

第二组，以 H17、F3 为代表。

第三组，以 M15、M17、M40、M61 为代表，包括 M3、M6、M31、M43、M45、M52～55 等。

第四组，以 M12、M29、M34 为代表，包括 M13、M30、M42、M68 以及 H16、H27 等。

第五组，以 H6、H12、H41 为代表。

第六组，以 H34、H42 为代表。

以上六组遗存中，由 H41→M68、H6→③→M31 两组层位关系可知，第五组晚于第四组，也晚于第三组。经与前述四个遗址分组情况对比，这六组遗存的相对年代关系似应是第一组最早，其次是第二组，再次是第三、四、五组，第六组最晚，它们可能代表了该遗址裴李岗文化发展的六个阶段。

6. 沙窝李遗址

1972 年发现。中国社会科学院考古研究所河南一队于 1981 年和 1982 年在此进行了试掘和正式发掘，揭露面积约 850 平方米，发现裴李岗文化灰坑 20 个、墓葬 32 座。该遗址文化层共分两层，20 个灰坑均开口于耕土层下，32 座墓葬中开口于耕土层下和第 2 层下的墓葬分别有 15 座和 17 座，发掘者称之为上、下层墓葬，并认为这里裴李岗文化遗存的年代要比裴李岗遗址的稍晚。不过，参考裴李岗、水泉、石固等遗址的分组情况，笔者认为简报所称的下层墓葬实可细分为早晚两组。若此，该遗址裴李岗文化遗存大体上可分为三组。

第一组，以 M13、M24 为代表，M10、M12、M25 亦可归入本组。

第二组，以 M3、M16、M30 为代表，M6、M21、M29 似可归入本组。

第三组，以 M1、M7、M19、H13、H18 为代表，其他上层墓葬和灰坑均可划归本组。

依据层位关系及其与其他遗址的对比可知，第一组最早，其次是第二组，第三组最晚。从出土陶器形态上看，三组之间衔接紧密，基本不存在缺环，它们代表了该遗址裴李岗文化发展的三个阶段。

以上是六处遗址裴李岗文化遗存的分组概况。廓清各个遗址不同组别的年代对应关系，对于研究裴李岗文化陶器的综合分期，无疑是十分必要的。

属于莪沟北岗第一组遗存的材料很少，可用于与其他遗址对比的器类仅有双耳壶一种。如北岗 H22:1，为侈口、束颈、长圆腹、平底，形制与石固第一组 M37:1 双耳壶几乎完全相同。由此推测北岗第一组与石固第一组大体同时。从已发表的材料来看，石固第一组与第二组出土陶器的形态存在一定差别，而层位关系又显示前者早于后者。因此石固第一组以及北岗第一组，当是目前已发现的裴李岗文化遗存中年代较早者。

石固第二组遗存出土材料较为丰富，可用于与其他遗址对比的器类也比较多。前者所见三足钵主要有两种：一种为敞口、浅弧腹、矮锥足且外撇（M39∶3），同形制的三足钵见于裴李岗第一组遗存中（M38∶11），也存在于水泉第一组遗存中（H30∶2）；另一种为敛口、深腹、矮锥足且外撇（M54∶11），与其形制相近的同类器在裴李岗第一组遗存中亦有发现（M38∶13）。前者所见筒形深腹罐，为侈口、侈沿微卷、中腹微鼓、平底，形制相似的同类器既存在于裴李岗第一组遗存中（M38∶7），也见于水泉第一组遗存中（H18∶2）。此外，北岗第二组H17∶5双耳壶与水泉第一组H6∶6双耳壶形制相近，均作侈口、束颈、长腹、圜底，整体形态风格与石固第二组M44∶1较为近似。由此可见，石固第二组与裴李岗第一组、水泉第一组以及北岗第二组的年代大体相当。

裴李岗第二组、水泉第二组与石固第三组、北岗第三组以及沙窝李第一组遗存的年代约略同时，这一点可以得到多项类型学方面的证明。裴李岗第二组所见浅腹三足钵，为敞口、矮锥足较直（M92∶1），形制相同的三足钵见于水泉第二组遗存中（M20∶2、M109∶2），亦见于北岗第三组遗存中（M61∶13）。裴李岗第二组所见深腹三足钵，为直口、矮锥足较直（M72∶4），此种形制的三足钵在水泉第二组（M33∶2）、石固第三组（T63③∶2）以及北岗第三组（M54∶3）遗存中均可见到。裴李岗第二组所见筒形深腹罐，为侈口、卷沿、上腹较直下腹内收成平底，相同或相近形制的器物见于水泉第二组（M2∶1、M13∶5）、石固第三组（M12∶3）、北岗第三组（M17∶4）以及沙窝李第一组（M24∶1）遗存中。水泉第二组所见敞口深腹平底钵，在北岗第三组（M15∶3）和沙窝李第一组（M10∶5）遗存中也有发现。裴李岗和水泉第二组遗存中所出不同形制的双耳壶，大多都能在对方当中找到相同与相似的器型，如前者的M98∶1、M59∶2、M55∶1、M63∶1、M56∶1分别与后者的M12∶2、M85∶1、M81∶2、H35∶2、M71∶4相同或相似。而石固、北岗和沙窝李遗址所出双耳壶，或与裴李岗的同类器相似，或与水泉的同类器近同。如石固第三组T64②∶2双耳壶，与裴李岗第二组M63∶1双耳壶基本相同；北岗第三组M31∶1、M40∶3、M15∶6双耳壶，分别与裴李岗第二组M67∶6、水泉第二组M43∶2和M86∶2同类器近似；沙窝李第一组M13∶1、M12∶1双耳壶，分别与裴李岗第二组M67∶6、M73∶1同类器相近。贾湖第一组所出大口罐形壶在其他遗址极为少见，无法进行比较，不过依据该组所见直口角把罐（H278∶1）也存在于水泉第二组遗存中（H64∶1）的事实，将贾湖第一组的年代推定为与水泉第二组大体同时，恐怕不至于大错。

水泉第三组与裴李岗第三组、北岗第四组及沙窝李第二组遗存有许多相同之处，表明它们的年代应大体相当。水泉第三组的一种双耳壶（M29∶31）作直口、短颈、溜肩、椭圆形腹、圜底，相同或相近形制的双耳壶也见于裴李岗第三组（M16）、北岗第四组（M29∶2）遗存中。水泉第三组所见敞口浅腹高足三足钵（M29∶6），在裴李岗第三组（M87∶7、M88∶3）、北岗第四组（M34∶12）和沙窝李第二组（M3∶7）遗存中均可见到。水泉第三组的筒形深腹罐（M96∶5），作侈口、卷沿微折、上腹较直，下腹缓收、平底，与其形制相同或相似的同类器在裴李岗第三组（M18）、北岗第四组（M34∶3）和沙窝李第二组（M16∶4）遗存中亦有所发现。此外，北岗第四组的敛口浅腹平底钵（H27∶1）、宽肩壶（M42∶6）和圆肩壶（M30∶1）的形制，分别与水泉第三组（M26∶5、M84∶1）和沙窝李第二组（M30∶2）的同类器相同或相似；沙窝李第二组的小口长颈扁腹圜底双耳壶（M30∶1），则与裴李岗第三组的同类器（M87∶2）几乎完全相同。

水泉第四组、石固第四组、贾湖第二组、沙窝李第三组及北岗第五组遗存之间，同样存在不少共同之处，说明其年代应大体同时。水泉第四组的直口粗颈折肩壶（H63∶2），形制与石固第四组同类器（M65∶1）完全一致；而其侈口束颈折肩壶（H72∶3、H63∶3）的形制，则分别与石固第四组（M23∶1、M6∶1）和贾湖第二组（M112∶2、M326∶1）同类器近同。水泉第四组的敛口弧肩浅腹平底钵（H3∶1、H80∶2）和敛口深腹平底钵（H67∶3），也分别见于石固第四组（H143∶2）和沙窝李第三组（H18）遗存中。北岗第五组所见圜底钵（H6∶5）作直口微敛、浅腹，罐（H12∶3）作侈口、鼓腹，其形制分别与水泉第四组所出同类器（H72∶1、H72∶5）相同或相似。属于裴李岗第四组的遗存发现很少（因其层位靠上大部分遗存可能已被后期遗迹所破坏），报告仅发表了M82∶1一件双耳壶的线图，整体形态作直口、短颈、溜肩、球形腹、圜底，层位关系显示此种形制的双耳壶晚于与M87同时的M63所出的直口短颈椭圆形腹圜底壶（M63∶1）。不过，从器物发展的逻辑序列来看，M82∶1与M63∶1双耳壶之间似有一定缺环，而裴李岗M26所出的同类双耳壶恰好能弥补两者之间的缺环。裴李岗M26的年代已于前述，即与水泉第三组约略同时。如此，将稍晚于M26的裴李岗第四组遗存的年代，推定为与水泉第四组大体同时，是比较合适的。与裴李岗第四组M82∶1双耳壶形制相似的器物，亦存在于沙窝李第三组遗存中（M19∶1）。

石固第五组、贾湖第三组和北岗第六组遗存的年代约略相当，这一点也可以得到多项类型学上的证明。石固第五组所出敛口深腹三足钵（M4∶2），形制与北岗第六组同类器（H42∶2）几乎完全相同；敞口浅腹三足钵（H229∶5）的形制，则与北岗第六组同类器（H34∶2）相近。石固第五组所出敛口深腹平底钵（F7∶2），形制与贾湖第三组同类器（H203∶1）相同。贾湖第三组所出的一种筒形深腹罐（H174∶3）作侈口、折沿微卷、最大腹径在上腹部，同形制的筒形深腹罐亦见于石固第五组遗存中（M42∶4）。此外，石固第五组所见敛口深腹平底钵（F7∶2）和敛口浅腹平底钵（H45∶1）的形制，分别与郑州大河村仰韶文化前三期（T38㉑A∶91）及前二期（T56⑱∶26）同类器[20]比较接近，其间似已不存在什么缺环；再者贾湖第三组部分三足钵外表多涂有红衣，石固第五组个别敛口深腹钵（F7∶2）呈上红下灰现象，此种风格的陶器多见于仰韶时代早期。这些情况表明，该期遗存的年代已去仰韶时期不远，显然应属裴李岗文化最晚阶段的遗存。

据此，上述六处遗址不同组别的年代对应关系可用表二来表示。

表二　典型遗址分段、分组对应关系表

综合分段	石　固	裴李岗	水　泉	贾　湖	北　岗	沙窝李
第6段	第五组			第三组	第六组	
第5段	第四组	第四组	第四组	第二组	第五组	第三组
第4段		第三组	第三组		第四组	第二组
第3段	第三组	第二组	第二组	第一组	第三组	第一组
第2段	第二组	第一组	第一组		第二组	
第1段	第一组				第一组	

表中第1~6段，代表了目前所发现的裴李岗文化发展过程中的六个阶段。

（二）主要陶器的演变

裴李岗文化陶器群中，以双耳壶、三足钵、深腹罐、钵四种器物最为重要，它们构成了裴李岗文化陶器的基本组合。下面对其中出土数量较多、演化规律比较清楚的类别进行排比分析。

1. 双耳壶

是裴李岗文化最有代表性的器类，不仅出土数量最多，而且种类也很复杂，有竖耳、横耳、三足、圈足、假圈足等多种形制。其中竖耳壶的变化规律尤为清楚，可分为五型。

A型　侈口，束颈，长圆腹，平底。可分为五式。

Ⅰ式，细颈较高，溜肩，垂腹较深，最大腹径在下腹部，小平底。石固M37∶1（图一，20）。

Ⅱ式，矮颈稍粗，溜肩，鼓腹较深，最大腹径在中腹部，小平底。石固M44∶1（图一，15）。

Ⅲ式，矮颈较粗，垂肩，鼓腹稍深，最大腹径较Ⅱ式稍稍上移，平底较大。水泉H41∶3（图一，11）。

Ⅳ式，粗颈较矮，垂肩，鼓腹稍深，最大腹径在上腹部，平底较大。沙窝李M30∶2（图一，7）。

Ⅴ式，矮颈甚粗，斜肩，鼓腹较浅，最大腹径在上腹部，大平底。沙窝李M7∶1（图一，3）。

A型双耳壶的演化规律是：颈部由细高到粗矮；肩部由溜肩、垂肩到斜肩；腹部由深变浅，最大腹径由下腹部上移至上腹部；底部由小到大；双耳由肩部逐渐下移至上腹部。

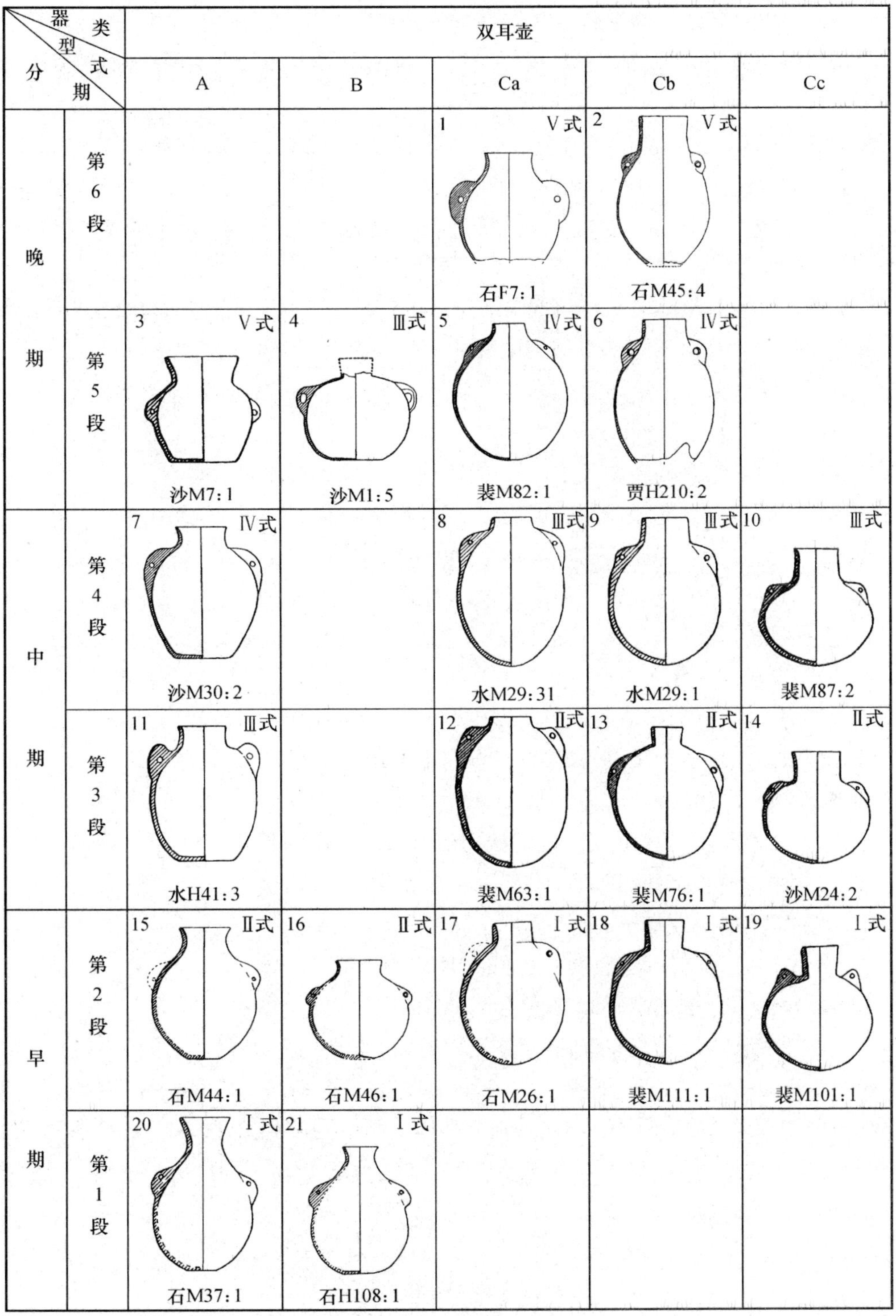

图一　裴李岗文化陶器分期图之一

石：石固　沙：沙窝李　裴：裴李岗　贾：贾湖　水：水泉

B型 侈口，矮颈，球形腹，平底。可分三式。

Ⅰ式，细颈微束，溜肩，垂腹稍深，最大腹径在下腹部，平底较小。石固 H108：1（图一，21）。

Ⅱ式，粗颈较直，溜肩，腹较浅，最大腹径在中腹部，底较小。石固 M46：1（图一，16）。

Ⅲ式，颈较直，斜肩，浅腹，最大腹径在中腹部，大平底。沙窝李 M1：5（图一，4）。

B型双耳壶的变化规律是：颈部由细颈微束到粗颈较直；肩部由溜肩到斜肩；腹部由深到浅，最大腹径由下腹部上移到中腹部；底部由小到大。

C型 直颈，圜底，最大腹径皆在中腹部。依腹形态可分三个亚型。

Ca型 长圆腹。可分五式。

Ⅰ式，直口，细颈稍矮，圆肩。石固 M26：1（图一，17）。

Ⅱ式，直口微敛，粗颈较矮，溜肩。裴李岗 M63：1（图一，12）。

Ⅲ式，直口微侈，矮颈，溜肩。水泉 M29：31（图一，8）。

Ⅳ式，口微侈，颈稍高，溜肩。裴李岗 M82：1（图一，5）。

Ⅴ式，侈口，颈较高，溜肩。石固 F7：1，底残（图一，1）。

Cb型 鼓腹。可分为五式。

Ⅰ式，直口，矮颈，圆肩。裴李岗 M111：1（图一，18）。

Ⅱ式，直口微侈，颈稍高，圆肩。裴李岗 M76：1（图一，13）。

Ⅲ式，直口，颈稍高，溜肩。水泉 M29：1（图一，9）。

Ⅳ式，口微侈，颈较高，溜肩。贾湖 H210：2，底残（图一，6）。

Ⅴ式，侈口，高颈，溜肩。石固 H45：4，底残（图一，2）。

Cc型 球形腹。可分三式。

Ⅰ式，直口，颈稍矮，圆肩。裴李岗 M101：1（图一，19）。

Ⅱ式，口微侈，颈稍高，圆肩。沙窝李 M24：2（图一，14）。

Ⅲ式，口微侈，颈较高，溜肩。裴李岗 M87：2（图一，10）。

C型双耳壶的演变规律可概括为：口部由直口到侈口；颈部由矮逐渐增高；肩部由圆肩发展为溜肩；腹部的变化，Ca、Cb型大体上是由圆鼓到弧鼓，Cc型则是由圆鼓逐步变为扁圆。

D型 高颈，平底。依口部、颈部形态可分两个亚型。

Da型 直口，直颈较粗。可分四式。

Ⅰ式，圆肩，底部较小。裴李岗 M98：1（图二，14）。

Ⅱ式，圆肩微折，底部稍大。水泉 M6：3（图二，8）。

Ⅲ式，折肩，底部较大。水泉 H63：2（图二，5）。

Ⅳ式，折肩，颈部甚粗，底部较大。石固 H125：6（图二，1）。

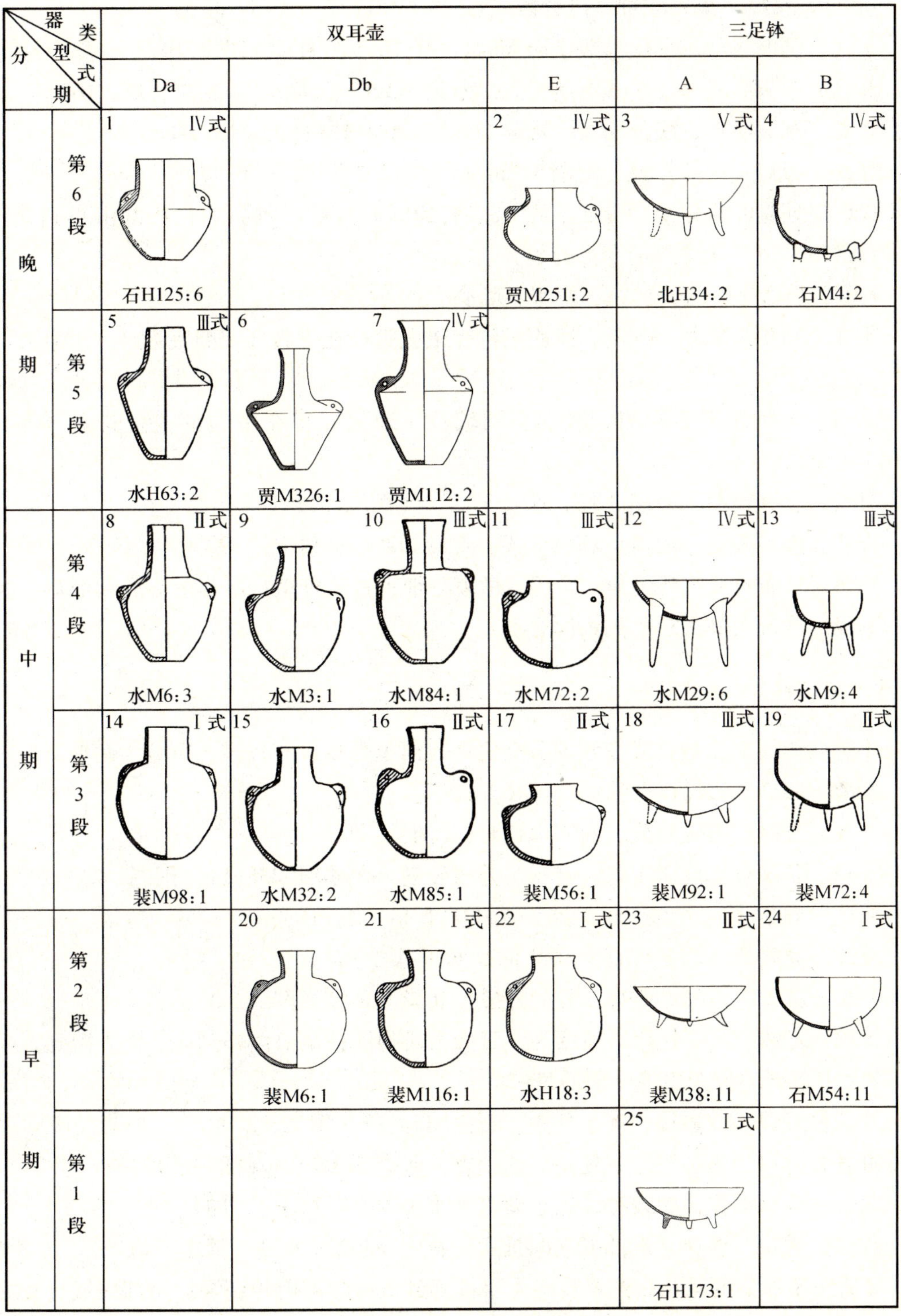

图二 裴李岗文化陶器分期图之二

石：石固 贾：贾湖 北：北岗 水：水泉 裴：裴李岗

Db型　侈口，束颈较细。可分四式。

Ⅰ式，圆鼓肩，小平底。裴李岗 M6:1、M116:1（图二，20、21）。

Ⅱ式，圆肩，底部较Ⅰ式有所增大。水泉 M32:2、M85:1（图二，15、16）。

Ⅲ式，圆肩微折，底部稍大。水泉 M3:1、M84:1（图二，9、10）。

Ⅳ式，折肩，底部较大。贾湖 M326:1、M112:2（图二，6、7）。

D型双耳壶的演化规律是：肩部由圆肩到圆肩微折再到折肩；底部由小到大；此外，颈部似乎也有从矮逐步变高的趋势。

E型　口微侈，矮颈较粗，扁腹，圜底。可分四式。

Ⅰ式，颈微束稍细，圆肩，垂腹较深，最大腹径在下腹部，圜底近平。水泉 H18:3（图二，22）。

Ⅱ式，束颈稍粗，圆肩，腹部扁圆较浅，最大腹径在中腹部，大圜底。裴李岗 M56:1（图二，17）。

Ⅲ式，直颈较粗，余同Ⅱ式。水泉 M72:2（图二，11）。

Ⅳ式，直颈甚粗，溜肩，扁腹较浅。贾湖 M251:2（图二，2）。

E型双耳壶的发展规律为：颈部由微束稍细到直颈较粗；肩部由圆肩到溜肩；腹部由深到浅；底部由圜底近平到大圜底。

2. 三足钵

亦是裴李岗文化最具代表性的器类之一，出土数量也比较多，可分为两型。

A型　敞口，弧腹，大圜底。可分五式。

Ⅰ式，浅腹，矮足外撇。石固 H173:1（图二，25）。

Ⅱ式，基本形态同于Ⅰ式，唯三足外撇较甚。裴李岗 M38:11（图二，23）。

Ⅲ式，腹较浅，矮足较直。裴李岗 M92:1（图二，18）。

Ⅳ式，腹稍深，高足较直。水泉 M29:6（图二，12）。

Ⅴ式，腹较深，高足较直，足尖外撇。北岗 H34:2（图二，3）。

A型三足钵的演变规律可概括为：腹部由浅到深；足部由矮到高、由外撇到直立。

B型　半球形腹，圜底。可分四式。

Ⅰ式，直口，腹稍浅，矮足外撇。石固 M54:11（图二，24）。

Ⅱ式，直口，腹稍深，三足稍高而斜直。裴李岗 M72:4（图二，19）。

Ⅲ式，直口微侈，腹较深，高足斜直。水泉 M9:4（图二，13）。

Ⅳ式，敛口，深腹，足部形态同Ⅲ式。石固 M4:2，足残（图二，4）。

B型三足钵的变化规律是：口部由直口到敛口；腹部由浅变深；足部由矮足外撇到高足斜直。

3. 深腹罐

系裴李岗文化的典型器物之一，出土数量较为丰富，种类也较多，可分为四型。

A 型　筒形罐。侈口，平底。可分六式。

Ⅰ式，侈沿，上腹较直、下腹斜收，底部较小。石固 H67∶1（图三，25）。

Ⅱ式，侈沿微卷，上腹稍直，中腹微鼓，下腹缓收，底部稍大。石固 M26∶3（图三，21）。

Ⅲ式，卷沿，腹部弧鼓，底部较大。水泉 M2∶1（图三，16）。

Ⅳ式，卷沿微折，腹部形态与Ⅲ式相似。水泉 M96∶5（图三，12）。

Ⅴ式，折沿，中腹微鼓。贾湖 W16∶1（图三，6）。

Ⅵ式，折沿微卷，中腹外鼓稍甚，大平底。石固 M42∶4（图三，1）。

A 型深腹罐的演化规律是：沿部由侈沿到卷沿再到折沿；腹部由较直到微鼓再到外鼓稍甚；底部似由小增大。

B 型　腰鼓形罐。侈口，平底。可分四式。

Ⅰ式，侈沿，垂腹，最大腹径在下腹部。裴李岗 M38∶10（图三，22）。

Ⅱ式，侈沿微折，近垂腹，最大腹径在中腹偏下部位。裴李岗 M2（图三，17）。

Ⅲ式，折沿，鼓腹，最大腹径在中腹部。水泉 M40∶6（图三，13）。

Ⅳ式，折沿，鼓腹，最大腹径在上腹部。沙窝李 M1∶3（图三，7）。

B 型深腹罐的变化规律是：沿部由侈沿到折沿；腹部由垂腹而鼓腹，最大腹径由下腹部逐渐移至上腹部。

C 型　无沿角把罐。此类罐多见于贾湖遗址，在水泉与石固遗址也有少量发现。器表多施有绳纹，平底。可分三式。

Ⅰ式，直口，上腹较直、下腹弧收。贾湖 H278∶1（图三，18）。

Ⅱ式，侈口，上腹稍直微外敞、下腹斜收。贾湖 H107∶1（图三，8）。

Ⅲ式，敞口，上腹斜直外撇、下腹斜收。石固 H94∶1（图三，2）。

C 型罐的发展规律为：口部由直口而侈口到敞口；腹部由上腹较直变为外敞。

D 型　卷沿角把罐。此种形制的罐出土数量较少，多存在于贾湖和汝州中山寨[21]遗址，水泉遗址也有少量发现。可分二式。

Ⅰ式，沿面较宽，斜直腹。水泉 H1∶1，底残（图三，9）。

Ⅱ式，沿面较窄，斜弧腹，平底。贾湖 H104∶5（图三，3）。

D 型罐的变化规律大体上是：沿面由宽变窄；腹部由斜直到微弧。

4. 钵

是裴李岗文化的基本器类之一，出土数量较多，分圜底和平底两大类。其中以平底钵的演变规律较为清楚，可分为二型。

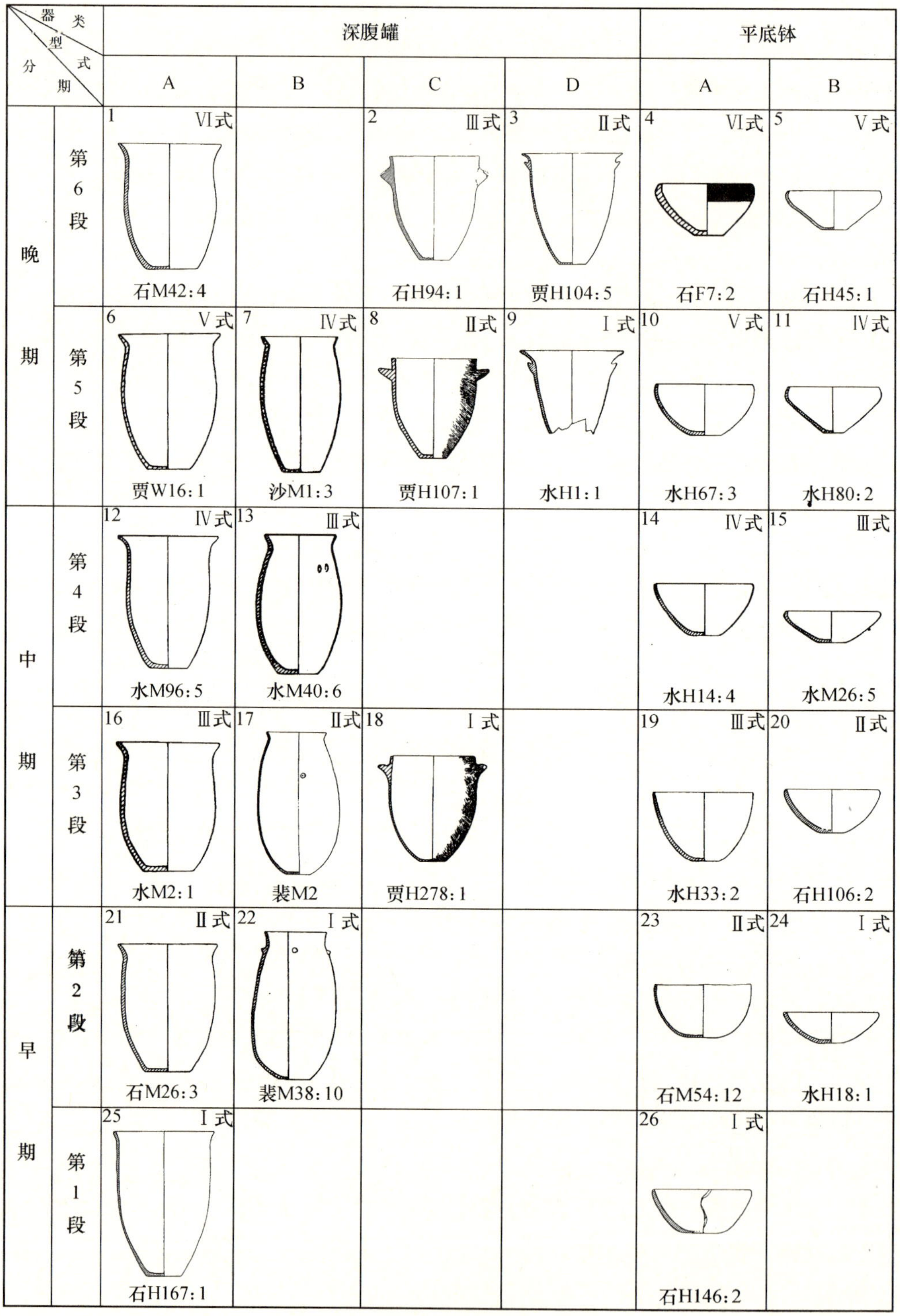

图三　裴李岗文化陶器分期图之三

石：石固　贾：贾湖　沙：沙窝李　水：水泉　裴：裴李岗

A 型 深腹。可分六式。

Ⅰ式，敞口，斜腹稍浅。石固 H146∶2（图三，26）。

Ⅱ式，直口，弧腹稍深。石固 M54∶12（图三，23）。

Ⅲ式，直口微侈，弧腹较深。水泉 H33∶2（图三，19）。

Ⅳ式，直口，弧腹较深。水泉 H14∶4（图三，14）。

Ⅴ式，口微敛，深弧腹。水泉 H67∶3（图三，10）。

Ⅵ式，敛口，深弧腹。石固 F7∶2（图三，4）。

A 型平底钵的发展规律为：口部由敞口而直口到敛口；腹部由稍浅逐渐变深。

B 型 浅腹。可分五式。

Ⅰ式，敞口，腹极浅。水泉 H18∶1（图三，24）。

Ⅱ式，直口，腹较浅。石固 H106∶2（图三，20）。

Ⅲ式，口微敛，微显肩部，浅腹。水泉 M26∶5（图三，15）。

Ⅳ式，敛口，弧肩微鼓，腹稍深。水泉 H80∶2（图三，11）。

Ⅴ式，敛口，鼓肩，腹较深。石固 H45∶1（图三，5）。

B 型平底钵的演变规律可概括为：口部由敞口而直口到敛口；肩部从无到有、再由弧肩到鼓肩；腹部由浅变深。

（三）分期

上述典型陶器的不同型式之间，具有相对稳定的共存关系，这种共存关系应是时代特征的具体表现。现将裴李岗文化各期、段典型陶器型式的共存关系列如表三。

表三 裴李岗文化各期段典型陶器型式共存关系表

期	段＼器类／型式	双耳壶								三足钵		深罐				平底钵	
		A	B	Ca	Cb	Cc	Da	Db	E	A	B	A	B	C	D	A	B
晚期	第6段			Ⅴ	Ⅴ		Ⅳ		Ⅳ	Ⅴ	Ⅳ	Ⅵ		Ⅲ	Ⅱ	Ⅵ	Ⅴ
	第5段	Ⅴ	Ⅲ	Ⅳ	Ⅳ		Ⅲ	Ⅳ				Ⅴ	Ⅳ	Ⅱ	Ⅰ	Ⅴ	Ⅳ
中期	第4段	Ⅳ		Ⅲ	Ⅲ	Ⅲ	Ⅱ	Ⅲ	Ⅲ	Ⅳ	Ⅲ	Ⅳ	Ⅲ			Ⅳ	Ⅲ
	第3段	Ⅲ		Ⅱ	Ⅱ	Ⅱ	Ⅰ	Ⅱ	Ⅱ	Ⅲ	Ⅱ	Ⅲ	Ⅱ	Ⅰ		Ⅲ	Ⅱ
早期	第2段	Ⅱ	Ⅱ	Ⅰ	Ⅰ	Ⅰ		Ⅰ	Ⅰ	Ⅱ	Ⅰ	Ⅱ	Ⅰ			Ⅱ	Ⅰ
	第1段	Ⅰ	Ⅰ							Ⅰ		Ⅰ				Ⅰ	

从典型器物的演变关系来看，第1段与第2段、第3段与第4段、第5段与第6段的联系分别比较紧密，共性也更大一些。如A型双耳壶主要存在于第1～5段，第1、2段束颈明显，均溜肩，小平底；第3、4段颈微束，垂肩，平底较大；第5段粗斜颈，斜肩，大平底。Da型双耳壶主要存在于第3～6段，第3、4段为圆肩或微折，底部较小；第5、6段则为折肩，底部较大。A型三足钵主要存在于第1～4段及第6段中，第1、2段浅腹，矮三足外撇；第3、4段腹变深，三足较直较高；第6段深腹，三足较直高、足尖外撇。A型深腹罐存在于第1～6段，第1、2段为侈沿或微卷，上腹稍直，底较小；第3、4段卷沿或微折，腹部弧鼓，底部较大；第5、6段折沿或微卷，中腹外鼓稍甚，大平底。此外，C型深腹罐始见于第3段，而D型深腹罐则始见于第5段。再者，裴李岗文化的鼎尽管数量不多，但形制较为特殊，对后世文化的影响也很大，其出现亦始自于第3段。如此，我们可以把第1、2段归并为早期，第3、4段归并为中期，第5、6段归并为晚期，以适应不同层次研究的需要。早、中、晚三期6段基本上能代表目前所发现的裴李岗文化的各个不同发展阶段。

以上我们主要利用豫中地区几处典型遗址的材料，对裴李岗文化进行了综合分期。检验这一分期是否具有普遍意义、或者说分期结论成立与否的有效途径，关键是看其他地区的裴李岗文化遗存能否在上述分期系统中找到各自的位置。下面我们来分析一下其他地区一些遗址的裴李岗文化遗存的分期。

花窝遗址位于豫北淇县的淇河西岸，1979年进行了试掘[22]。据简报公布的资料来看，其文化性质应属裴李岗文化。但因其与冀南地区磁山文化分布地域相距较近，因而曾受到了后者的一些影响，如褐色陶比重较大、篦点纹稍多以及相当数量的直口陶盂等都应是受磁山文化影响的产物。属裴李岗文化的陶器种类主要有小口双耳壶、深腹罐和三足钵等。T1①:2双耳壶为侈口、束颈、垂肩、最大腹径在上腹部，形制与沙窝李第二组M30:2同类器相近；H3:32深腹罐为侈口、圆唇、卷沿微折、腹部微鼓，形同水泉第三组M96:5深腹罐；H3:4、H3:12系两件三足钵的足部残段，均为圆锥形高足，与裴李岗第三组M87:7及水泉第三组M29:6三足钵的足部类同。因此，花窝遗址新石器遗存的时代属于裴李岗文化中期，大约在第4段的范围之内，时间跨度较短。

孟庄遗址位于豫北辉县孟庄镇东，地处卫河流域，这里发现的裴李岗文化遗存主要分布于遗址的西南部[23]。出土的陶器种类主要有深腹罐、三足钵、双耳壶和碗等。其中XIII T69H132:9深腹罐为侈口、折沿微卷、鼓腹、平底，形制与石固第五组M42:4同类器近同；XIII T69H132:11、XIII T69H132:7分别为三足钵的腹部和足部，由线图观察其腹部较深，足部较直高且足尖微外撇，特征与北岗第六组H34:2同类器基本一致；VIII T173H282:1系折肩双耳壶腹部残片，折肩作风常见于贾湖第二组、水泉第四组及石固第五组遗存中。而XIII T69H134:2双耳壶、XIII T69H134:9深腹罐的形制则分别与水泉第三组M3:1、M98:1同类器较为接近。因此，孟庄遗址以XIII T69H132和VIII T173H282为代表的遗存的时代属于裴李岗文化晚期，大约在第6段范围之内；而XIII T69H134的时代似可早到裴李岗文化第4段之时。

瓦窑嘴遗址位于巩义市区西南的伊洛河东岸，发掘表明这是一处文化性质比较单一的裴李岗文化遗址[24]。出土陶器主要有深腹罐、钵、双耳壶、三足钵、鼎、碗、豆等。以下器类可资比较：T4H1∶6、T4H1∶9钵与水泉第三组H14∶4同类器相近；T3H1∶11、T4H4∶8、T4H4∶9、WT2H4∶5、WT4H8∶9平底钵与水泉第二组H33∶2同类器基本相同；WT1H2∶24、WT2H4∶2小口双耳壶（原报告称双耳罐）与北岗第三组M15∶4同类器近同；WT1H2∶10深腹罐与裴李岗第二组M67∶2同类器近似；WT1H2∶9罐形鼎的器身与水泉第二组M2∶1深腹罐基本相同；WT2H4∶8、WT2H4∶11三足钵及WT2H4∶6、WT2H4∶9和WT2H2∶5钵形甑的形制与裴李岗第二组M92∶1三足钵比较近似；WT1H3∶2、T1H2∶57、T2H2∶4三足钵与石固第二组M54∶11同类器相近。因此，瓦窑嘴新石器遗存的时代大多属于裴李岗文化中期，少数可到早期后段，大体在第2~4段范围之内。

下西坡（铁生沟）遗址位于巩义市区东南坞罗河（伊洛河支流）上游地区，是一处单纯的裴李岗文化遗址[25]。出土陶器主要有三足钵、平底钵、双耳壶、深腹罐、鼎等。H1∶1平底钵为敞口、弧腹、平底，通身饰篦点纹，形制与水泉第二组H33∶2同类器相同；此外，还出有个别折肩双耳壶。因此，下西坡的新石器遗存大体属于裴李岗文化中晚期，时间跨度比较大。

高崖遗址位于偃师县西南伊河南岸，地处伊洛平原腹地，这里的裴李岗文化遗存集中分布于遗址的北部[26]。出土陶器较为破碎，可辨器型主要有三足钵、双耳壶、深腹罐、角把罐、钵和碗等。其中以下器类可资比较：H12∶6深腹罐为侈口、折沿微卷、上腹稍直，形制与石固第五组M42∶4同类器相同；H6∶3系双耳壶腹部残片，从线图观察应为粗长颈、长圆腹，与石固第五组H45∶4双耳壶较为接近；H12∶18、H12∶19与H2∶2、H9∶17四件三足钵形态相若，弧腹稍深、圜底、三足直立较高，形制与北岗第六组H34∶2同类器近同；H6∶8、H6∶9与H8∶6、H12∶22四件钵均为敛口、深弧腹、底残，与石固第五组F7∶2平底钵类同；H6∶14钵为敛口、弧肩，形制与石固第五组H45∶1同类器相近。此外，这里还发现了明显具有仰韶文化早期特征的红顶碗（H9∶1）与三足钵共存的现象，也说明其年代较晚，已与仰韶早期相去不远。因此，该遗址裴李岗文化遗存的年代属于裴李岗文化晚期，大约在第6段范围之内。

马良沟遗址位于新密市区东面双洎河上游地区，也是一处单纯的裴李岗文化遗址[27]。出土陶器主要有钵形甑、深腹罐、钵、双耳壶等。H1出土的4件钵形甑，形态基本一致，均为敞口、浅弧腹、三足斜直较矮，整体特征与裴李岗第二组M92∶1三足钵较为接近；H1所出深腹罐为侈口、卷沿、腹微鼓，形制与水泉第二组M2∶1同类器相近。因此，马良沟以H1为代表的遗存的时代应属裴李岗文化中期，大约在第3段的范围之内，时间跨度较短。

王城岗遗址位于登封告成镇西北颍河支流五渡河西岸，这里的裴李岗文化遗存仅在遗址西部有少量发现[28]。出土陶器主要有三足钵、平底钵、双耳壶、深腹罐、圈足碗等。WT131H341∶4、WT131H341∶12 和 WT131H341∶6 三足钵的形制分别与裴李岗第二组 M92∶1 和 M72∶4 同类器相同或相似；WT131H341∶9 平底钵与水泉第二组 H33∶2 平底钵近同；WT131H341∶13 深腹罐为侈口、卷沿、上腹较直，与裴李岗第二组 M37∶3 同类器相近。因此，王城岗以 WT131H341 为代表的遗存的时代当属裴李岗文化中期，大体在第 3 段范围之内。

中山寨遗址位于汝州市区东面汝河北岸，发掘表明这里的裴李岗文化遗存直接迭压于仰韶文化庙底沟类型文化层之下[29]。陶器种类主要有三足钵、平底钵、圜底钵、三足壶、双耳壶、侈口罐、角把罐、鼎等。以下器类可资比较：H36∶6 三足钵为敞口、深腹、三足较高且足尖外撇，形制与石固第五组 H229∶5 及北岗第六组 H34∶2 同类器相似；T101④∶25 三足钵为直口、半球形腹、三足较直高，形制与石固第五组 M4∶2 同类器近同；H19∶11 钵（原报告称盆）为敛口、浅腹、平底，与石固第五组 H45∶1 平底钵相近；H19∶15 深腹罐为侈口、折沿微卷、鼓腹，与石固第五组 M42∶4 同类器近似；H17∶7、T101④∶28 角把罐为侈口、卷沿、沿下有羊角状把手、上腹较直，形制与贾湖第三组 H104∶5 同类器基本相同。此外，T101④∶23 鼎足的根部饰有捺窝纹，作风与大河村仰韶文化前二期所发现的鼎足（如 T38⑱∶21）类似[30]，表明二者年代已相距不远；再者，T102④∶24 黑彩菱形纹彩陶片的发现，也说明其时代较晚。因此，该遗址裴李岗文化遗存的时代当属裴李岗文化晚期，大体在第 6 段的范围之内。

由以上分析可知，上述对裴李岗文化的综合分期还是具有一定普遍意义的，分期结论也是经得起检验的。现将各期陶器的主要特征概括如下。

早期　陶质可分为夹砂和泥质两大类，前者多于后者；器表均为红色，颜色多不纯正，往往夹杂有褐色、灰色斑块。素面陶居多。有纹饰者少见，且多施于夹砂陶器上。纹饰以篦点纹常见，另有刺点纹和划纹等。篦点纹排列一般较为密集，纹饰多见直行篦点纹和“之”字形篦点纹两种。陶器均手制，以泥条盘筑为主，有的器物内壁尚保留有泥条盘筑的痕迹，烧制火候较低，表皮多有剥落现象。器型主要有双耳壶、深腹罐、三足钵、平底钵、圜底钵、钵形甑等。双耳壶可分竖耳和横耳两类，前者又有平底、圜底和三足之分。钵形甑是早期后段新出现的一种器类。

中期　陶质仍分夹砂和泥质两大类，前者稍多于后者，与早期相比泥质陶的数量有所增加；陶色以红陶为大宗，出现了少量灰陶和黑陶，红陶器表颜色多不纯正，仍见有褐色斑块现象。素面陶较多，有些器物表面磨光。有纹饰者仍较少，也是多施于夹砂陶上。纹饰除继续沿用早期的篦点纹、刺点纹和划纹外，还见有绳纹、指甲纹、放射状刻划纹等，另有一定比例的乳钉，纹饰种类有明显增加。陶器制法与早期相同，但烧制火候已有了提高，表皮剥落现象较为少见。器型以双耳壶、深腹罐、三足钵、平底钵最为常见，圜底钵、钵形甑等也有一定数量，另出现了鼎、无沿角把罐、三足罐、圈足碗等新器型。此外，双耳壶（主要是竖耳壶）的形制更趋复杂，除沿用早期的形制以外，还见有圈足、假圈足及大口罐形双耳壶。

晚期　陶质主要有泥质和夹砂两大类，与前两期相比，泥质陶的数量明显多于夹砂陶，另见有少量夹蚌、夹滑石末、夹云母片和夹炭陶；陶色以红陶为大宗，灰陶比例有所增加，还有少量黑陶。素面陶仍占多数，有一定数量的磨光陶。纹饰以篦点纹为主，绳纹、划纹、指甲纹、坑点纹、附加堆纹数量较少，还有少量乳钉。少数平底钵和三足钵口沿外侧施有红色陶衣，形似宽带纹。在中山寨遗址还发现了一片绘黑彩菱形纹的彩陶片，可见彩陶在此期后段已经出现。陶器制法仍以泥条盘筑为主，但制作技术有了明显进步，烧制火候较高，陶质较硬，表皮剥落现象少见。此外，由于套烧的缘故，还出现了一定数量的上红下灰陶，即所谓“红顶”陶器。器型基本同于中期，新出现的器类主要有卷沿角把罐等，折肩双耳壶是本期的标志性器物。

二、年　　代

裴李岗文化的绝对年代，可以由已测定的^{14}C年代数据分析确定。迄今为止，经过测定的裴李岗文化的^{14}C年代数据已达41个[31]，兹列如表四。

表四　裴李岗文化^{14}C测年数据一览表

实验室编号	出土地点	标本编号	材 料	测定年代（距今）	校正年代（BC.）
ZK-0434	新郑裴李岗	T1H1、T2H2	木炭	7885±480	
ZK-0571		H11、未编号H	木炭	7145±300	6090~5540
ZK-0572		T31①、T34①②	木炭	9300±1000	
ZK-0751		T102H18	木炭	6435±200	5380~4940
ZK-0753		T106H17	木炭	7185±200	6077~5640
ZK-0754		T111②	木炭	7445±200	6230~5589
ZK-1130	新郑沙窝李	T9②H17	木炭	7170±105	5970~5720
ZK-0747	密县马良沟	T1H1	木炭	6855±110	5640~5480
WB78-17	密县莪沟北岗	T79H27	木炭	7290±120	6080~5800
WB78-38		T1H1	木炭	6975±100	5740~5560
WB78-39		T24	木炭	7265±160	6090~5740
ZK-0580		T79H27	木炭	7240±80	5985~5797
ZK-1367	汝州中山寨	T101④H16	木炭	7390±100	6110~5970
ZK-1368		T103④H20	木炭	6955±90	5730~5550
WB79-60	长葛石固	A区T41H159	木炭	7450±90	6170~5988
WB80-15		A区T56H238	木炭	7295±85	6077~5837
WB80-17		A区T52H197	木炭	7010±85	5743~5624
ZK-2344	郏县水泉	T108H43	木炭	7100±110	5953~5640
ZK-2345		T205AH80	木炭	7270±120	6077~5760

续表

实验室编号	出土地点	标本编号	材 料	测定年代（距今）	校正年代（BC.）
ZK-0748	巩县铁生沟	T2	木炭	7265±200	6100～5720
ZK-0755	淇县花窝	T1①	木炭	7130±120	5960～5650
BA94087	渑池班村	H2013	果核	6930±140	
WB83-60	舞阳贾湖	H1	木炭	7920±150	6620～6360
DY-K0185		H82	草木灰	7561±125	6280～6020
DY-K0186		H29	草木灰	7105±120	5840～5630
DY-K0188		H55	草木灰	7017±130	5750～5520
DY-K0189		H39	草木灰	7137±130	5930～5650
BK-91007		H76	果核	7960±60	6530～6430
BK-94126	舞阳贾湖	H187	木炭	8285±100	7060～6990
BK-94127		H174	木炭	7450±80	6160～5980
BK-94172		H84	草木灰	7415±80	6120～5970
BK-94173		H37	木炭	8190±75	7040～6650
BK-94174		H105	木炭	7825±80	6460～6350
BK-94175		H102	木炭	7510±90	6180～5990
BK-94176		H339	木炭	7650±70	6320～6180
BK-94177		H229	木炭	8090±110	7000～6500
BK-94178		H112	木炭	8225±70	7040～6800
BK-95013		M341	人骨	7050±80	5750～5620
BK-95014		M375	人骨	7240±70	5940～5760
BK-95017		M282 甲	人骨	7035±70	5720～5620
BK-95018		M344	人骨	8000±100	6630～6440

说明：实验室代号ZK系中国社会科学院考古研究所^{14}C实验室，WB系国家文物局文物保护科学技术研究所^{14}C实验室，DY系中国地震局地壳应力研究所^{14}C实验室，BK系北京大学考古系^{14}C实验室。测定年代取^{14}C半衰期5730年计算得出，距今年代以1950年为起点。校正年代，除贾湖遗址以外，一律按1986年高精度校正表使用微机程序计出。贾湖遗址的校正年代则是根据①M. Stuiver and G. W. Pearson. 1993. High-precision bidecadal calibration of the radiocarbon time scale, 500BC. ～1950AD. and 6000～2500BC. *Radiocarbon*, 35（1）：1～23；②G. W. Pearson, B. Backer and F. Qua.. 1993. High-precision ^{14}C measurment of German and Irish oaks to show the natural ^{14}C variations from 7890 to 5000BC. *Radiocarbon*, 35（1）：104～193。校正年代系公元前年代，均以1950年为起点计出。

从表四可以看出，目前已测定标本的材料以木炭为主，其他还有果核、草木灰、人骨等。测年数据显示，人骨、草木灰、果核样品的^{14}C年龄明显低于同层位木炭样品的测年数据，这可能与这些样品受到了后期污染、或是其中含碳量不高且腐殖酸未能彻底清除有关[32]，其测年数据似乎并不能较为真实地反映所属遗存的年代，因此下面分析时将不予考虑。木炭样品的^{14}C年龄，尽管会出现偏早的问题而存在一定误差，但基本上还是能反映其真实年代的。已有学者就^{14}C年代的偏早问题做过分析，指出诸如木炭的树龄、木炭出自心材而非边材等因素，都可能使测定年代出现偏老的情况[33]。表四所列木炭样品测年数据中，裴李岗ZK0572的年代为距今（9300±1000）年，明显偏早，可弃之不用；贾湖 BK94126、BK94173、BK94177、BK94178 的年代，分别为距今（8285 ±100）、（8190 ±75）、（8090 ±110）和（8225 ±70）年，高精度树轮校正值分别为距今 9010 ~ 8940、8990 ~ 8600、8950 ~ 8450 和 8990 ~ 8750 年，似乎也显偏早，可暂且存疑。其余 25 个木炭标本，年代较早的有贾湖 WB83-60 为距今（7920 ±150）年，最晚的裴李岗ZK-0751 为距今（6435 ±200）年，高精度树轮校正值分别为距今 8570 ~ 8310 年和距今7330 ~ 6890 年，若各取其中间值则分别为距今 8440 年和 7110 年。如果考虑到河洛地区仰韶文化最早遗存——以大河村仰韶前三期为代表的年代为距今 6800 年左右[34]以及裴李岗文化晚期后段的年代已与之相去不远的事实，我们可将裴李岗文化的绝对年代大体推定在距今 8500 ~ 7000 年之间，前后大约延续了 1500 年左右的时间。

进一步分析的话，上述 25 个木炭标本中，能比较准确判定期别的共有 17 个。其中属于早期的仅有石固 WB79-60 一个，高精度树轮校正值（取其上、下限中间值，下同）为距今 8029 年，该标本采自 H159，属于石固第二组，即早期后段，因此其年代可作为早期的下限。如是，早期的年代在距今 8500 ~ 8000 年前后。属于中期的有马良沟 ZK0747、北岗 WB78-17、ZK0580 和花窝 ZK-0755 共 4 个，高精度树轮校正值落在距今 7890 ~ 7510 年之间，则中期的年代在距今 8000 ~ 7500 年之间。属于晚期的有裴李岗 ZK0751[35]，沙窝李 ZK1130，中山寨 ZK1367、ZK1368，石固 WB80-15、WB80-17，水泉 ZK2345 和贾湖 WB83-60、BK94127、BK94174、BK94175、BK94176 共 12 个，高精度树轮校正值在距今 8440 ~ 7110 年之间，其上限明显有些偏早，原因待查。若参考中期的年代，则晚期年代大体可以定在距今 7500 ~ 7000 年之间，下限当与仰韶文化早期相衔接。

三、分布与类型

目前发现的裴李岗文化遗址，据不完全统计已达 110 余处，主要分布于以下四个区域，即豫中嵩山周围地区及沙河、澧河和洪河流域、豫北卫河流域和豫西黄河沿岸地区。

嵩山周围地区主要包括郑州、许昌、平顶山、洛阳四市，即所谓的“郑洛地区”，另外从文化特征上看，焦作西部和周口西北部一带亦应属于此区。该区地处颍河上游、双洎河、贾鲁河、北汝河、伊洛河下游及其支流坞罗河、沁河流域，这里裴李岗文化遗址分布相当密集，已发现数十处。例如郑州宋庄[36]、岳寨、南阳寨，荥阳牛口峪[37]，新郑裴李岗、沙窝李、岗时、岭西、洪府、店张、西土桥[38]、唐户[39]，密县莪沟北岗、马良沟、东关高岗、青石河、张湾、县城东北角[40]、杨家、王嘴，登封王城岗、东岗岭[41]、袁村、杨村[42]、双庙[43]、阎湾，巩义下西坡（铁生沟）、水地河[44]、瓦窑嘴、赵城[45]、东山原、北营、坞罗西坡[46]、滩小关[47]，中牟业王、冯庄[48]，偃师高崖、马涧河[49]、宫家窑[50]，洛阳杨窑、朱寨，伊川古城南、官庄，嵩县乌稍岭，栾川窑场，卢氏薛家岭、袁家岭、祁村湾[51]，孟津寨根，新安盐东[52]，孟县子昌，长葛石固、西杨庄、南张庄、夹岗[53]，郏县水泉，汝州中山寨、安沟[54]、辛庄、槐树荫南、槐树荫北、后户、前户西、湾张，禹县枣王，许昌丁庄[55]、丁集[56]、灵井[57]、崔庄，鄢陵古城、南关、蝎子岗、刘庄[58]，扶沟前闸[59]等遗址。其中经过发掘或试掘的遗址有裴李岗、沙窝李、唐户、北岗、马良沟、下西坡、瓦窑嘴、王城岗、双庙、高崖、长泉、石固、水泉、中山寨、丁庄等15处。我们对裴李岗文化基本特征的认识，即有赖于上述遗址的考古发现与研究。

沙澧河、洪河流域地区主要包括漯河、驻马店及周口南部一带，另外地处淮河上游的信阳地区似也可包括在本区之内。这里的裴李岗文化遗址分布也较密集，已发现20余处。例如舞阳贾湖、孙庄、长村赵[60]、大岗、郭庄、阿岗寺、张王庄，漯河翟庄，叶县文集[61]，驻马店郭楼、刘楼、刘阁杨庄，上蔡高岳集、航寨、尹庄，正阳凉马台、老母洼、李楼[62]，新蔡郭冢，项城后高老家[63]，信阳平桥车站，潢川陈岗、霸王台等遗址。其中贾湖、大岗两处遗址经过发掘，只是后者仅发表了细石器遗存的材料，而裴李岗文化遗存的资料至今未见公布。

豫北卫河流域地区主要包括新乡北部、焦作东部、鹤壁、安阳中南部及濮阳西部一带。这里发现的裴李岗文化遗址较少，且多分布于太行山东麓、南麓的山前平原地带，主要有新乡骆驼湾、辉县孟庄、淇县花窝、浚县凌湖、安阳洪岩、汤阴程岗、濮阳戚城[64]等遗址。其中经过发掘的有孟庄、花窝、戚城三处遗址，戚城的材料尚未发表。

豫西黄河沿岸地区主要包括渑池、三门峡、灵宝、济源西部等地。此区的裴李岗文化遗址是20世纪90年代新发现的，主要有渑池班村、鹿寺[65]、任村、陵上[66]、关家[67]，灵宝西横涧、荆山[68]，济源长泉[69]等遗址。其中班村、关家、长泉遗址经过发掘，仅长泉遗址的资料已公开发表。

从已发表的材料来看，分布于上述四个相对独立小地理单元的裴李岗文化，在文化面貌基本一致的前提下，又分别具有较为明显的自身特色。据此，我们可以将河洛地区的裴李岗文化划分为四个类型，即豫中嵩山周围地区的裴李岗类型、沙澧河洪河流域的贾湖类型、豫北地区卫河流域的花窝类型和豫西黄河沿岸地区的班村类型（图四）。有学者认为以花窝为代表的一类遗存的文化性质属于磁山文化范畴[70]。对此我们不敢苟同。从这类遗存陶器的基本组合仍为小口双耳壶、三足钵、侈口筒形深腹罐的情况来看，其文化性质仍应属裴李岗文化。

花窝类型发表的材料较少，文化面貌还不十分清晰，但和豫中地区裴李岗文化存在一定差别则是可以肯定的，如这里的夹砂红褐陶较多，存在相当数量的篦点纹和直口陶盂等。这种文化现象的出现似乎应是其分布地域与磁山文化分布地域毗邻，受了后者影响所致。班村类型的资料虽多未正式发表，不过从有关论文透露的信息[71]以及长泉遗址的材料可知，其文化面貌的个性特征还是比较突出的，如夹砂褐陶稍多、纹饰常见细绳纹、存在大量腹饰竖向粗绳纹筒形带把罐等，器表饰绳纹的钵形釜也为这里所仅见。

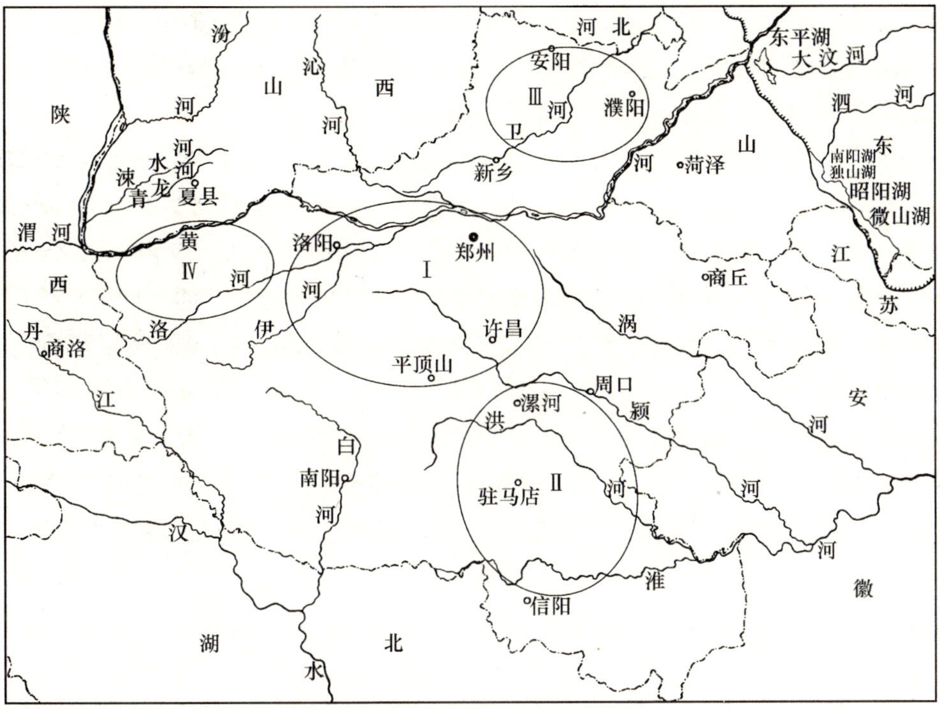

图四 裴李岗文化诸类型空间分布图

Ⅰ. 裴李岗类型 Ⅱ. 贾湖类型 Ⅲ. 花窝类型 Ⅳ. 班村类型

因此，将其作为裴李岗文化的一个地域类型应当是可以成立的。鉴于目前花窝类型和班村类型的材料较少，文化内涵与特征尚难以作出清楚、完整的归纳，因而下面对比不同类型的异同时，仅就裴李岗类型和贾湖类型进行分析。

在生产工具方面，两类型石质工具的组合均是以石斧、石铲、石镰、石磨盘、石磨棒为主，另见有石锛、石凿、石刀、石球、石弹丸等。但差别也比较突出。例如裴李岗类型带足石磨盘的数量远较贾湖类型为多，而后者有肩石铲的数量则多于前者；此外，裴李岗类型骨器少见，种类简单，有针、锥、镞等；而贾湖类型却有大量骨器存在，种类较多，除了针、锥、镞以外，还有鱼镖、骨耜、凿等。

在陶器方面，两类型共性是主要的。例如陶系以夹砂和泥质红陶为主；素面陶占多数，并有一定数量磨光陶；纹饰有篦点纹、划纹、指甲纹、乳钉纹、绳纹、附加堆纹等；制法均以泥条盘筑为主；器物种类以小口双耳壶、筒形深腹罐、三足钵、平底钵等为基本组合。

两类型的差别亦比较明显。例如贾湖类型陶系中存在一定数量的夹蚌、夹骨屑、夹滑石末、夹云母和夹炭陶，而裴李岗类型只是在个别遗址（中山寨）见有少量夹蚌、夹滑石末、夹云母陶；裴李岗类型篦点纹比较发达、绳纹少见，贾湖类型则反之；裴李岗类型一定数量的腰鼓形罐、篦点纹罐、三足双耳壶、钵形甑等不见或少见于贾湖类型，而后者常见的大口罐形壶、无沿直口角把罐、方口盆、罐形甑等也不见或少见于前者；裴李岗类型鼎的种类只见有罐形和盆形两种，数量也较少；而贾湖类型除存在数量较多的罐形鼎、盆形鼎以外，还有少量釜形鼎和钵形鼎。

埋葬习俗上两类型的共性较大，均是以单人仰身一次葬为主，大多数墓葬都有数量不等的随葬品，墓向以向西或西南者多见。也存在一定差别。例如裴李岗类型少数双人一次合葬墓不见于贾湖类型，而后者所见少量多人二次葬、单人二次葬、多人一次葬与二次葬的合葬以及个别多人一次合葬墓等亦不见于前者；随葬品组合中，裴李岗类型以大量成组陶、石器为主，而贾湖类型则以骨器为主，且见不少用成组龟甲随葬的现象，陶、石器相对较少。

两类型经济形态均是农业经济占主导地位，且以旱作农业为主，主要农作物有粟、黍等。但由于所处自然环境不同，二者的经济类型也有一定差异。裴李岗类型主要位于浅山区和山前平原地带，除旱作农业经济外，采集与狩猎经济也占相当重要地位，渔猎经济很不发达；贾湖类型主要位于河网密布的平原地区，旱作、稻作农业并重，渔猎经济远较狩猎经济发达，这里发现的距今8000年前水稻遗存[72]以及大量骨制渔猎工具即是其证。

上述四个类型的划分，可以大体上勾勒出裴李岗文化的分布范围，即东到涡河沿岸，西至洛河上游，南越淮河，北抵卫河支流洹河南岸。从前文分期结果来看，其分布地域从早至晚逐步扩大的趋势比较明显。早期遗存集中分布于豫中嵩山周围地区，中、晚期向四周扩展至豫中南部、豫北南部和豫西黄河沿岸地区。早、中期以嵩山周围区域为中心分布区，到晚期中心分布区似已移至豫中南部地区。需要一提的是，裴李岗类型分布区内的嵩山以西地区与嵩山以东、以南地区的文化面貌，从目前发表资料来看也存在一些差别，如前者发现有一定数量的黑陶，后者则少见，前者那种腹饰放射状刻划纹的黑陶圈足碗也不见于后者等。但据此将嵩山以西地区即伊洛河中下游及其支流坞罗河流域地区的裴李岗文化遗存命名为一个新的地域类型[73]，尚嫌证据不足。这一问题只有留待今后材料丰富以后来加以解决。

关于裴李岗文化类型划分以及贾湖一类遗存的性质问题，学术界曾有人提出“中山寨类型”[74]和“贾湖文化”[75]的命名，对此我们想谈谈自己的看法。

中山寨遗址的裴李岗文化遗存与以裴李岗遗址为代表的一类遗存，的确存在一定的差异，如前者出土陶器陶质较硬，有一定数量磨光陶和少量口外饰红衣（形似宽带纹）陶，另外还见有一片绘黑彩菱形纹的彩陶片等。不过，无论是其生产工具种类，还是日用陶器组合都与后者基本一致，表明它们的文化性质是相同的。从我们对裴李岗文化的综合分期来看，二者之间的这种差别应是由于时代不同造成的，而非地域不同所致。因此，所谓“中山寨类型”是不能成立的。

贾湖一类遗存与裴李岗一类遗存的差异已于前述，但这种差异是否能到将二者命名为不同考古学文化的程度，是值得认真研究的。首先二者的陶系、纹饰、器物组合基本相同，这是判定它们属于同一考古学文化的本质所在。其次，在裴李岗一类遗存有成组石器随葬的墓葬中，随葬石斧、石铲、石镰、石锛等生产工具的墓葬，一般都不出石磨盘、石磨棒一类的加工工具，反之亦然，二者共出的情况仅属个别现象[76]；另从石固遗址墓葬人骨的鉴定结果来看，随葬前者的多属男性，而随葬后者的则多属女性。贾湖遗址349座土坑竖穴墓中随葬有石器的墓葬共计42座[77]，随葬石斧、石锛、石铲、石凿、石镰、石钻等生产工具的有28座，其中男性17座占60.72%、女性5座占17.85%、性别不明者6座占21.43%；随葬石磨盘、石磨棒等加工工具的有12座，其中女性8座占66.66%、男性2座占16.67%、性别不明者2座占16.67%；二者共出的只有2座，一座为男性，另一座性别不明[78]。可见贾湖随葬有石器的墓葬同样存在着与裴李岗一类遗存类似的情况。据此，我们认为贾湖一类遗存的文化性质与裴李岗一类遗存相同，均属裴李岗文化范畴。至于它们之间的差异，应是所处地域不同以及自然环境不一样所造成的。因此贾湖一类遗存不宜成为独立的考古学文化——“贾湖文化”，将其作为裴李岗文化的一个地方类型则是比较符合考古实际的。

注　　释

[1] 河洛地区主要是指黄河中游及洛水流域的广大地区，也就是狭义的中原地区，即现今河南省的大部分地区。见拙作《论自然环境对河洛地区史前文化发展的影响》，《中原文物》2004年第4期。

[2] 河北省文物管理处等：《河北武安磁山遗址》，《考古学报》1981年第3期。

[3] 严文明：《黄河流域新石器时代早期文化的新发现》，《考古》1979年第1期。

[4] a. 许顺湛：《论裴李岗文化》，《河南文博通讯》1981年第1期；

b. 唐云明：《略论“磁山”和“裴李岗”的有关问题》，《考古与文物》1981年第1期；

c. 魏京武：《李家村、老官台、裴李岗——关于黄河中游地区新石器时代早期文化的几个问题》，《考古与文物》1981年第4期。

[5] a. 陈旭：《仰韶文化渊源探索》，《郑州大学学报》（哲社版）1978年第4期；

b. 李绍连：《关于磁山、裴李岗文化的几个问题——从莪沟北岗遗址谈起》，《文物》1980年第5期。

[6] 夏鼐：《三十年来的中国考古学》，《考古》1979年第5期。

[7] a. 李友谋、陈旭：《试论裴李岗文化》，《考古》1979年第4期；

b. 安志敏：《裴李岗、磁山和仰韶——试论中原新石器文化渊源及发展》，《考古》1979年第4期。

[8] 20世纪90年代中期，严文明先生对新石器时代的起止时间进行了重新界定：距今12000～9000年属早期，距今9000～7000年属中期，距今7000～5000年属晚期；而传统上认为的距今5000～4000年的新石器时代晚期，则应属新石器时代向青铜时代过渡的铜石并用时代，在考古学上又可称为龙山时代。见其《中国文明起源的探索》，《中原文物》1996年第1期。本文对新石器时代不同时期的划分，即采用严文明先生的观点。

[9] 方孝廉：《裴李岗文化陶器分期和年代分析》，《论仰韶文化》，《中原文物》1986年特刊。

[10] a. 缪雅娟：《沙窝李遗址分析——试论裴李岗文化分期》，《考古》1993年第9期；
b. 张江凯：《裴李岗文化陶器的谱系研究》，《考古与文物》1997年第5期。
[11] a. 开封地区文管会等：《河南新郑裴李岗新石器时代遗址》，《考古》1978年第2期；
b. 开封地区文管会等：《裴李岗遗址一九七八年发掘简报》，《考古》1979年第3期；
c. 中国社会科学院考古研究所河南一队：《1979年裴李岗遗址发掘报告》，《考古学报》1984年第1期。
[12] 河南省文物研究所：《长葛石固遗址发掘报告》，《华夏考古》1987年第1期。
[13] a. 中国社会科学院考古研究所河南一队：《河南郏县水泉新石器时代遗址发掘简报》，《考古》1992年第10期；
b. 中国社会科学院考古研究所河南一队：《河南郏县水泉裴李岗文化遗址》，《考古学报》1995年第1期。
[14] 河南省文物考古研究所：《舞阳贾湖》，科学出版社，1999年。
[15] 河南省博物馆等：《河南密县莪沟北岗新石器时代遗址》，《考古学集刊》第1集，中国社会科学出版社，1981年。
[16] a. 中国社会科学院考古研究所河南一队：《河南新郑沙窝李新石器时代遗址》，《考古》1983年第12期；
b. 同［10］a。
[17] 《1979年裴李岗遗址发掘报告》（《考古学报》1984年第1期）中文字叙述为M80叠压在M89上面，不过查其墓葬分布平面图发现，二者关系却正相反，故依分布图改正。
[18] 郏县文化馆：《河南郏县水泉发现的新石器时代遗址》，《考古》1979年第6期。
[19] 同［10］b。
[20] 郑州市文物考古研究所：《郑州大河村》，科学出版社，2001年。
[21] 中国社会科学院考古研究所河南一队：《河南汝州中山寨遗址》，《考古学报》1991年第1期。
[22] 安阳地区文管会等：《河南淇县花窝遗址试掘》，《考古》1981年第3期。
[23] 河南省文物考古研究所：《辉县孟庄》，中州古籍出版社，2003年。
[24] a. 巩义市文物管理所：《河南巩义市瓦窑嘴新石器时代遗址试掘简报》，《考古》1996年第7期；
b. 巩义市文物保护管理所：《巩义市瓦窑嘴遗址第三次发掘报告》，《中原文物》1997年第1期；
c. 郑州市文物工作队等：《河南巩义市瓦窑嘴新石器时代遗址的发掘》，《考古》1999年第11期。瓦窑嘴遗址虽经过三次发掘，但发掘资料迄今尚未进行统一的系统整理，公布的资料显得较为零乱。本文对瓦窑嘴裴李岗文化遗存的分析，主要依据后两篇较为正式的报告所公布的材料。
[25] a. 开封地区文管会等：《河南巩县铁生沟新石器早期遗址试掘简报》，《文物》1980年第5期；
b. 中国社会科学院考古研究所河南一队：《1984年河南巩县考古调查与试掘》，《考古》1986年第3期。
[26] 洛阳市第二文物工作队等：《洛阳市偃师县高崖遗址发掘报告》，《华夏考古》1996年第4期。
[27] 开封地区文管会等：《河南密县马良沟遗址调查和试掘》，《考古》1981年第3期。
[28] 河南省文物研究所等：《登封王城岗与阳城》，文物出版社，1992年。
[29] a. 中国社会科学院考古研究所河南一队：《河南临汝中山寨遗址试掘》，《考古》1986年第7期；

b. 同［21］。

［30］ 同［20］。

［31］ 除贾湖、班村遗址^{14}C测年数据采自《舞阳贾湖》（河南省文物考古研究所，科学出版社，1999年）一书外，余皆采自《中国考古学中碳十四年代数据集（1965～1991）》（中国社会科学院考古研究所，文物出版社，1991年）。

［32］ 同［14］，第516页。

［33］ 仇士华等：《有关所谓夏文化的碳十四年代测定的初步报告》，《考古》1983年第10期。

［34］ 同［20］。前三期虽然没有^{14}C测年数据，但依据前二期的^{14}C测年为距今（5920±185）年、树轮校正距今（6580±200）年，将前三期的绝对年代估定为距今6800年左右，还是比较可信的。

［35］ 该样品采自T102H18，据报告可知H18开口于耕土层下，打破第2层，时代似不早于裴李岗第四组。参阅《1979年裴李岗遗址发掘报告》，《考古学报》1984年第1期。

［36］ 赵清：《郑州宋庄出土的石磨盘》，《考古》1982年第3期。

［37］ 国家文物局主编：《中国文物地图集河南分册》，中国地图出版社，1991年。以下未注明出处者均见此书，恕不另注。

［38］ 开封地区文物管理委员会：《河南开封地区新石器时代遗址调查简报》，《考古》1979年第3期。

［39］ 中国社科院考古所河南一队：《河南新郑唐户新石器时代遗址试掘简报》，《考古》1984年第3期。

［40］ 同［38］。

［41］ 同［38］。

［42］ 郑州市文物工作队：《河南登封县几处新石器时代遗址的调查》，《考古》1995年第6期。

［43］ 河南省文物研究所：《登封双庙新石器时代早期文化遗存的调查与试掘》，《华夏考古》1989年第4期。

［44］ 廖永民等：《河南巩县水地河新石器遗址调查》，《考古》1990年第11期。

［45］ 同［38］。

［46］ 巩义市文管所：《巩义市坞罗河流域裴李岗文化遗存调查》，《中原文物》1992年第4期。

［47］ 河南省社会科学院河洛文化研究所等：《河南巩义市洛汭地带古代遗址调查》，《考古学集刊》第9辑，科学出版社，1995年。

［48］ 同［38］。

［49］ 赵世纲：《裴李岗文化的几个问题》，《史前研究》1985年第2期。

［50］ 方孝廉：《洛阳市一九八四年古文化遗址调查简报》，《中原文物》1987年第3期。

［51］ 赵春青：《郑洛地区新石器时代聚落的演变》，北京大学出版社，2001年。

［52］ 河南省文物管理局等：《黄河小浪底水库文物考古报告集》，黄河水利出版社，1998年。

［53］ 长葛县文化馆：《长葛县裴李岗文化遗址调查简报》，《中原文物》1982年第1期。

［54］ 临汝县汝瓷博物馆：《临汝县裴李岗文化遗址调查简报》，《中原文物》1985年第4期。

［55］ 中国社会科学院考古研究所河南一队：《河南许昌丁庄遗址试掘》，《考古》1986年第3期。

［56］ 朱帜：《许昌地区的新石器时代早期遗存》，《论仰韶文化》，《中原文物》1986年特刊。

[57]　同［49］。

[58]　杨育彬、袁广阔主编：《20世纪河南考古发现与研究》，中州古籍出版社，1997年。

[59]　韩维龙、秦永军：《周口地区的裴李岗、仰韶和大汶口文化》，《论仰韶文化》，《中原文物》1986年特刊。

[60]　同［56］。

[61]　同［58］。

[62]　张居中：《试论河南省前仰韶时代文化》，《河南文物考古论集》，河南人民出版社，1996年。

[63]　同［59］。

[64]　同［14］，第529页。

[65]　同［62］。

[66]　同［52］。

[67]　樊温泉：《关家遗址发掘获重要成果》，《中国文物报》2000年2月13日。

[68]　河南省文物考古研究所等：《河南灵宝铸鼎塬及其周围考古调查报告》，《华夏考古》1999年第3期。

[69]　河南省文物考古研究所：《黄河小浪底水库考古报告（一）》，第4～94页，中州古籍出版社，1999年。

[70]　同［14］，第529页。

[71]　同［62］。

[72]　孔昭宸等：《河南舞阳县贾湖遗址八千年前水稻遗存的发现及其在环境考古学上的意义》，《考古》1996年第12期。

[73]　同［24］b。

[74]　郑乃武：《略论裴李岗文化类型与仰韶文化的关系》，《中国考古学研究》，文物出版社，1986年。

[75]　同［14］。

[76]　二者共出的情况仅见于裴李岗M1、M38、沙窝李M3、水泉M60、M110五座墓葬。见［11］a、c，［16］a，［13］b。

[77]　同［14］。

[78]　我们统计贾湖遗址随葬有石器的墓葬总数时，凡是仅出石弹丸、石球、砺石、刮削器者均未作统计。此外统计随葬有石器的多人二次合葬的性别时，若是出有石磨盘、石磨棒的墓葬，不论其男女比例如何，均按女性统计；若是出有石斧、石铲、石锛、石凿、石镰、石钻的墓葬，也不论男女比例如何，则均按男性统计。

唐户遗址很可能是少典、黄帝都邑

刘文学
（河南新郑黄帝故里文化研究会）

著名历史学家、夏商周断代工程首席科学家李学勤发表的两篇文章：1993 年，《古史、考古学与炎黄二帝》说：“黄帝的区域比较清楚，大家都知道，传说他都于新郑。黄帝亦称有熊氏，新郑号称为有熊氏，也就是黄帝处居的故址。”1997 年，《在始祖山中华圣地建设促进会成立大会上的讲话》说：“常常有人问我这样一个问题：新郑这个地方的传说究竟有多少可信性？我说，从文献上来看，新郑作为‘有熊氏之墟’和作为‘少典氏之国’这一点是没有任何问题的。在我们国家的历史上，从《史记》和《史记三家注》等书记载来看，应该说，两千年左右的时间里没有人提出任何有力的证据来怀疑这一点。”李教授在这两篇文章中确认新郑是有熊氏之国、少典氏之国，是黄帝的都邑。本文根据史籍记载与考古学文化结合，试图探寻少典氏和黄帝的都邑所在。

一、史载少典氏、黄帝在有熊国的史迹

（一）有熊

1947 年版《辞源》：“有熊，古地名，即今河南新郑县。”1986 年版《汉语大词典》：“有熊，古地名。传说黄帝所建之都，故址在今河南新郑。”

据《竹书纪年》和《史记·周本纪》等记载，新郑从少典时代至商周之际仍称有熊，历 6000 年。

（二）少典氏

（1）少典氏是炎帝、黄帝之父。春秋《国语·晋语四》说：“昔少典娶于有蟜氏，生黄帝、炎帝。”晋皇甫谧《帝王世纪》：“神农氏，姜姓也，母曰任姒，有蟜氏女登，为少典妃，游华阳，有神龙首，感生炎帝。”又说：“黄帝有熊氏，少典之子，姬姓也，母曰附宝。”历代史书多从其说。

（2）少典氏是诸侯国号。唐代林宝《元和姓纂》说：“太昊娶少典氏，其后袭封者以为氏。”由此可知，太昊时已有少典氏。唐代司马贞《史记·索隐》说：“少典者，诸侯国号，非人名也……《秦本纪》云：‘颛顼氏之裔孙曰女修，吞玄鸟之卵而生大

业，大业娶少典氏而生柏翳。'" 颛顼是黄帝孙，大业是黄帝六代孙。由此可知，至舜禹时代，少典氏族仍然存在，是则少典氏上自太昊，下迄夏初历6000多年。

（3）少典在有熊建都。汉代焦延寿《焦氏易林》说："黄帝，有熊国君少典之子。有熊，即今河南新郑是也。"宋代罗泌《路史·国名纪》说："少典，有熊帝之开国，今郑之新郑。"于右任《黄帝功德纪》也说："少典，有熊帝之开国，今郑之新郑。"

（4）少典遗址。新郑市西南具茨山下有少典祠，新郑市区东北有少典陵。

（三）黄帝

（1）黄帝在有熊建都。战国《竹书纪年》说："黄帝轩辕氏，元年帝即位，居有熊。"晋皇甫谧《帝王世纪》："新郑，古有熊国，黄帝之所都。"西晋司马彪《续汉书·郡国志》说："河南尹新郑县，古有熊国，黄帝之所都。"其建都具体地点，一说在今新郑市区一带，北魏郦道元《水经注·洧水》注说："洧水又东经新郑县故城中……皇甫士安《帝王世纪》云：'或言县故有熊氏之墟，黄帝之所都也，郑氏徙居之，故曰新郑矣。'"唐代杜佑《通典·州郡典七》说："新郑，汉旧县，有溱洧二水，祝融之墟，黄帝都于有熊亦在此地。"清乾隆四十一年《新郑县志》说："新郑故城……世传为黄帝城。"一说在新郑县城西南，宋乐史《太平寰宇记》："新郑县西南，旧四乡今二乡，黄帝都于有熊即其地。"

（2）黄帝遗址。史载新郑及周边地区有黄帝与臣属活动遗址及纪念古迹有40多处，大抵在具茨山和新郑市境内的潩水河与溱洧水流域。新郑市有12处黄帝活动遗址：具茨山与潩水河流域有黄帝口、黄帝都、黄帝饮马泉、黄帝避暑宫、黄帝御花园、黄帝登具茨山访大隗、黄帝登洪堤拜黄盖童子、黄帝登崆峒山访广成子、黄帝驯兽台等；新郑市区有轩辕丘、黄帝都、少典坟；新郑市区西北龙湖镇有黄帝西太山会诸侯处。新密市有9处：具茨山一带有云岩宫、力牧台、讲武山、摩旗山、卧龙台、摩旗穴、大仙山、灵岩洞、坔山等。禹州市有2处：崆峒山、逍遥观。周边地区郑州、荥阳、长葛、中牟、尉氏等均无黄帝遗迹的记载。在上述黄帝遗址中，应特别关注黄帝建都地的记载，最早是北魏郦道元《水经注·洧水》、唐代杜佑《通典》和清乾隆《新郑县志》说是在今新郑市区溱洧水流域。其后是宋代乐史《太平寰宇记》说黄帝都在新郑县西南潩水河流域。这与唐代李吉甫《元和郡县志·河南道四》"新郑县，紧，东北至州（禹州）九十里，本有熊氏之墟"相合。

二、考古学文化在有熊国及其周边地区的呈现

（一）裴李岗文化

1. 有熊国范围及其周边地区的考古文化

有熊国范围的裴李岗文化遗址：新郑市6处，其中最大遗址是唐户遗址，位于新郑市区西南10公里的溟水河（古传姬水河）和九龙河环绕的高台地上，面积140多万平方米，含旧石器、裴李岗、仰韶、龙山、新寨、二里头和商周等文化，长达1万年。其中的裴李岗遗址面积30多万平方米，发现房址60多座，占全国裴李岗文化遗址中房址的53%。房址呈分区分组状分布，其中最大一组17座房子，房址最大面积20多平方米，有双间、单间。其特点是在每一组中间有一大房，其他以此大房为中心环围，门道通向中心房子。这里是目前全国裴李岗文化遗址中最大的聚落群遗址。新密市10处，其中最大遗址是老城东北角遗址，面积3.5万平方米。禹州市1处，即乔家门遗址300平方米。长葛市4处，其中最大遗址是石埚遗址，面积7万平方米。

有熊国周边的裴李岗文化遗址：郑州市1处，即岳寨遗址，面积0.2万平方米。荥阳市无。登封市2处，其中最大遗址是向阳遗址，面积8.4万平方米，含裴李岗、仰韶文化遗址，其中裴李岗遗址面积不详。巩义市2处，其中最大遗址是水地河遗址，面积10万平方米，含裴李岗、仰韶、龙山等文化遗址，其中裴李岗遗址面积不详。许昌县2处，其中最大遗址是丁庄遗址，面积4万平方米。舞阳市4处，其中最大遗址是贾湖遗址，5.75万平方米，房址47座。

从上述有熊国新郑、新密、禹州、长葛及其周边地区郑州、荥阳、巩义、登封、许昌、舞阳等遗址看，有熊国的唐户遗址中的裴李岗文化遗址尚属特大型遗址，而且房址密集，建筑层次高，应是中原地区裴李岗文化的核心聚落遗址。

2. 考古学家对少典氏考古学文化的确认

许多考古学家将裴李岗文化与历史上传说的少典氏时代相对应。1992年李友谋、薛文灿在《裴李岗文化》一书中说："新郑县及其周邻地区，在我国的传说历史上，是少典氏生息、繁衍之地。"1992年，马世之《试析炎黄文化的发祥地》说："反映少典历史阶段的考古学文化，为距今七八千年以前的裴李岗文化。"1993年，许顺湛在《新郑县文物志·序》说："距今8000年前后的裴李岗文化遗址，是少典族阶段的遗留。"蔡全法的《炎黄文化定位及其黄帝故都问题商榷》和陕西省地方志编纂委员会编纂的《陕西省志·黄帝陵志》等皆从其说。

（二）仰韶文化

1. 有熊国范围及其周边地区的仰韶文化遗址

有熊国范围的仰韶文化遗址：新郑市有10处，其中最大遗址是唐户遗址，面积140多万平方米，其中的仰韶遗址40多万平方米，出现较高层次的房屋建筑和类似100号“水泥”的地面设施。新密市7处，其中最大遗址是尖城岗遗址，面积6万平方米。禹州市3处，其中最大遗址是谷水河遗址，面积18万平方米，含仰韶、龙山文化，其中的仰韶遗址面积不详。长葛市2处，其中最大遗址是芝芳遗址，面积6万平方米，含仰韶、龙山文化遗存，其中的仰韶遗址面积不详。

有熊国周边地区的仰韶文化遗址：郑州市9处，其中最大遗址是大河村遗址，面积30万平方米。其次是西山遗址20万平方米（按：该项目主持人杨肇清最近发表《略论郑州西山仰韶文化古城的发现及其意义》一文说，西山遗址面积为10万平方米，其中“整个城址的面积为3万平方米”。有专家误将古城面积误写作10万平方米）。荥阳市14处，其中最大遗址是方靳寨遗址，面积约20万平方米。登封市5处，其中最大遗址是颍阳遗址，面积约4.5万平方米。巩义市6处，其中最大遗址是赵城和滩水关遗址，面积约10万平方米。许昌市6处，其中最大遗址是丁庄遗址，面积约3.5万平方米。

综上所述，有熊国范围及其周边地区的仰韶文化遗址最大的是有熊国中心地区的新郑市唐户遗址，面积约40多万平方米，其次是郑州市大河村遗址30多万平方米。由此可知，有熊国范围及其周边地区最大的仰韶文化遗址是唐户遗址中的仰韶文化遗址。唐户遗址含旧石器、裴李岗、仰韶、龙山、新岩、二里头至商周文化，连续上万年，这在全国的考古学文化中实属罕见。由此足以印证历史文献记载少典氏、有熊国自太昊氏一直延续到商周的可信性。

2. 权威考古学家对黄帝文化考古学文化的确认

多数权威考古学家认为黄帝时代的考古学文化是仰韶文化。著名历史学家范文澜《中国通史》说：“（黄帝）这些传说，在仰韶文化遗址中大致有迹象可寻，因之推想仰韶文化当是黄帝族的文化。”著名考古学家严文明《炎黄传说与炎黄文化》说：“有熊一般认为在河南新郑。……炎帝和黄帝活动的地域，但大抵都集中在陕西、河南、河北等地，此即所谓中原地区。这个地区在铜石并用时代早期仍然是仰韶文化的分布领域，只是已发展到了仰韶文化后期。”著名考古学家黄景略《新郑是黄帝文化起源和发展的中心地区》说：“黄帝故里在新郑，在1700多年前的西晋时候已经说得很清楚了，已经很明确了。……裴李岗文化在黄帝文化以前，黄帝在仰韶文化中晚期。”著名史学家李学勤《拥彗集·刘文学〈黄帝故里文献录〉序》：“由此足见，黄帝生于轩辕之丘，所居在新郑，其说渊源有自，凿然可据。新郑位于中原核心，是中国古代文明的发祥地。……特别是有关黄帝的古迹，比比皆是，引人入胜。与黄帝时代大体相当的新郑大河村仰韶文化遗址，内涵十分丰富。”著名史学家戴逸在《关于河洛文化的几个问题——在炎黄文化与河洛文明国际学术研讨会闭幕式上的讲话》中说：“仰韶文化最早是在这里附近的仰韶村发现的。其遗址可以说是星罗棋布，多得不得了。……传说中的黄帝、炎帝肯定也在这个地方活动，因为附近有许多遗迹。新郑是黄帝的出生地，黄陵是黄帝的墓葬。一个在东，一个在西，就是在河洛之东，河洛之西，那么中间是黄帝活动的地区，这是显然的。”在河南以许顺湛先生为代表，绝大多数专家持此观点，个别学者持龙山文化说。

三、史籍与考古学文化结合对少典氏、有熊氏黄帝都邑在有熊国的确认

确认少典氏、黄帝都邑，应采用综合分析的方法，即采用定位法和筛选法，必须在如下几个条件下进行：一是定位，即在地理空间上确定其范围。史书记载，少典氏之国、有熊氏之国在有熊，即今河南新郑一带，这就必须在有熊国范围，甚至向外延伸空间到周边地区去寻找。二是定点，即在史书记载少典、黄帝所建都邑地点去寻找。三是定时，即必须到旧石器文化、裴李岗文化、仰韶文化，甚至龙山文化等一脉相承的文化遗址中寻找，因为史家与考古学家确认，少典是裴李岗文化，黄帝是仰韶文化，而史籍记载少典氏自太昊氏一直到舜禹时代还存在，有熊氏到商周之际还存在。史书的记载，必须与考古学文化相符，寻找才有可能。四是定中心区域，即特级或大型聚落中心。都邑是少典时代、黄帝时代的政治、经济和文化中心，必然有大型的聚落中心。

根据上述原则：其一，要在历史文献所记少典、黄帝在有熊国范围及周边地区寻找少典、黄帝的都邑。统观少典氏和黄帝史迹，在有熊国的分布，主要集中在新郑市境内具茨山东麓以及从具茨山而下的溱水河（即古传姬水河）上游沿岸，这里有黄帝口、黄帝都邑、黄帝饮马泉、黄帝御花园等10多处遗址，是黄帝的创业地、居住地、休闲地。其次集中在具茨山西麓新密市境内和具茨山南麓禹州市境内，这里也有10多处遗址，如云岩宫、力牧台等，从文化内涵看，这里多是军事活动和访道。再次是在新郑市区一带有3处，即轩辕丘、黄帝故都和少典陵等。在有熊国周边地区的长葛市、许昌市、中牟、尉氏、郑州市、荥阳等均无少典、黄帝的史迹。这在具体方位，至少是从历史文献记载的角度排除了少典、黄帝都邑在其他地方的可能性。

其二，文献记载黄帝都邑地点有两个：一个是前述宋代乐史《太平寰宇记》说黄帝都邑在新郑县西南，这个地点与黄帝口在一起，都在具茨山及溱水河沿岸，恰在黄帝史迹密集区中；一个是在新郑市区轩辕丘一带，这里与前者相比，黄帝史迹要少得多。这里目前还没有发现裴李岗、仰韶和龙山等大型遗址，似不可能是少典、黄帝都邑

之地。

其三，从时空观察。一是文献记载有熊国君最早是少典氏，而少典氏自太昊氏时代已经存在。其后，黄帝袭少典氏为有熊国君。宋代张君房《云笈七签》："黄帝，有熊国君少典之次子也。……帝年十五，心虑无所不通，乃受国于有熊，袭封君之地。"宋代罗泌《路史·黄帝》："少典氏没后，轩嗣立，成姬姓……开国于熊。"清代陈逢衡《竹书纪年集证》："少典娶于有蟜氏，是曰女登，生子二人，一为黄帝之先袭少典氏，一为神农是为炎帝……"多数史书皆说黄帝承袭了少典氏之君位。由此可知，作为少典氏、黄帝族在历史上延续了几千年。二是从考古学上观察，在有熊国范围以内的考古学文化上，只有唐户遗址的考古学文化相对应，其他包括新郑境内、新密境内、禹州和长葛境内的考古学文化遗址，都不具备这个条件。郑州地区的郑州市、洛阳市、巩义市、登封市不在有熊范围。这里无论是裴李岗，还是仰韶遗址，都是断代文化，没有延续性，不可能是少典、黄帝都邑。

其四，是聚落中心区，这是最关键的问题。前述裴李岗文化和仰韶文化，在有熊国范围包括周边形成一个聚落中心区，即新郑市唐户遗址聚落中心，140多万平方米，其中仰韶文化遗址40万平方米。而郑州大河村遗址为30万平方米；新密市裴李岗文化遗址最大聚落老城东北角遗址不超过3.5万平方米，仰韶文化遗址最大聚落是尖城岗遗址，面积10万平方米；禹州最大仰韶文化遗址是谷水河遗址，面积18万平方米；长葛最大仰韶文化遗址是芝芳遗址，面积6万平方米；荥阳最大仰韶文化遗址是方靳寨遗址，面积20万平方米；登封最大仰韶文化遗址是颍阳遗址，面积4.5万平方米；巩义最大仰韶文化遗址是赵城遗址，面积10万平方米；许昌县最大仰韶文化遗址是丁庄遗址，面积3.5万平方米。这些遗址基本上都是断代文化。由此看来，在有熊国范围及其周边最大的聚落中心只有新郑的唐户遗址。唐户聚落中心区一是处于文献所记有熊国范围的核心地区，与《太平寰宇记》所记黄帝都邑地点相符；二是与文献所记少典氏、黄帝族上下相承数千年相符合，因此，最有可能是少典氏和黄帝族都邑。

论裴李岗文化的研究与开发
——纪念裴李岗文化发现30周年

赵舒琪
（新郑市文物管理局）

裴李岗文化发现、发掘已经30年了。

30年来，新郑裴李岗遗址作为中国新石器时代早期的典型代表，受到了国内外学术界的高度重视。裴李岗的发现与确立是我国新石器时代考古的重大突破，它填补了新石器时代早期文化的空白，因1977年首先在新郑裴李岗遗址发现，故而被命名为“裴李岗文化”。新郑裴李岗遗址于2001年6月25日被国务院公布为第五批全国重点文物保护单位，并先后被评为“20世纪河南十项重大考古发现”和“中国20世纪100项考古大发现”之一。作为裴李岗文化命名地的文物工作者，深感荣幸和自豪，仅就裴李岗文化的研究与开发，谈一点自己粗浅的看法，以此纪念裴李岗文化发现30周年。

一、裴李岗文化——中国古老文明的曙光

裴李岗文化距今8000～7000年，当时中华民族还处于蛮荒的历史时期，在亚洲大陆东方的嵩山东部，以河南新郑为中心的地区，已进入以原始农业、畜禽饲养业和手工业生产为主，以渔猎业为辅的原始氏族社会。

裴李岗文化是因它最早在河南新郑的裴李岗村发掘并认定而得名，其分布范围，以新郑为中心，北至太行山、南至大别山、东至豫东、西至豫西，在调查中还发现了新郑沙窝李、密县莪沟、长葛石固、舞阳贾湖等110多处同类型的文化遗存。

裴李岗遗址位于河南省新郑市新村镇裴李岗村西岗地上。地理坐标为东经113°30′43″，北纬34°22′43″。遗址面貌为平原和岗地，海拔132米。双洎河自遗址西侧由北向南流过，又经遗址南侧向东流去。遗址高出地面3～4米，高出河床约25米，遗址东西长、南北窄，面积2万多平方米。1977年春被发现，开封地区文管会、新郑县文管会、郑州大学历史系考古专业，中国社科院考古所河南一队分别于1977年3月下旬、1978年4月下旬、1979年4月和9月对裴李岗遗址进行了三次发掘，发掘面积600平方米，发现的遗迹主要有房基、灰坑、窖穴、陶窑、墓葬等。遗物主要有石器、陶器、骨器、蚌器等，许多专家、学者研究认为，裴李岗文化约与我国古文献记载的史前氏族社会中的少典氏族时代相对应。

当时的人们在丘陵和台地上，用耒耜、石斧、石铲进行耕作，种植粟类作物，用石

镰进行收割，用石磨盘、石磨棒加工粟粮，还种植枣树、核桃树等。在木栅栏里和洞穴中饲养猪、狗、牛、羊、鹿、鸡等，用鱼镖、骨镞从事渔猎生产。他们建有许多陶窑，烧制钵、缸、杯、壶、罐、瓮、盆、甑、碗、勺、鼎等。他们烧制的陶猪头、陶羊头和陶人头等艺术品形象逼真。他们已不再是像许多古书以及近现代一些学者所说的那样过着游牧生活。他们在丘岗临河处，住着单间、双开间、三开间或四开间的茅屋。男人们耕田、打猎、捕鱼；女人们加工粮食、饲养畜禽，还带着孩子在家里用鼎之类的陶器在灶上做饭、用陶纺轮和骨针等制作苧麻材质的衣服。除了生产之外，他们还有简单的文化生活，在龟甲、骨器和石器上契刻符号式的原始文字，用以记事，将烧制的陶器工艺品摆放在案头观赏。休息时，男人拿起石片、陶片和着七孔骨笛伴奏，音律相当准确；女人们打扮得花枝招展，发髻梳得高高的，头上插着骨笄，身上佩着骨饰和松绿石等，欢乐地跳舞，庆贺丰收或什么喜事。他们建有公共氏族墓地，小孩子死了就装在瓮里安葬，成年人死了不分男女，一律头南脚北安葬，还根据他们生前的功劳（一说贫富）和性别陪葬生产工具或生活用具等。这就是中原最古老的文明。

裴李岗文化，无论是它的生产力还是文化艺术，在中国远古这块大地上，与同时期河北的磁山文化、陕西的大地湾文化相比，无不处于领先地位，裴李岗文化——中国上万年的文明起源，中国古老文明的曙光从这里开启。

二、裴李岗文化——中华文明的源头

裴李岗时期是一个伟大的时期，也是一个发明创造层出不穷的时代，从而为裴李岗文化增添了许多丰富多彩的文化内涵。因而，裴李岗文化从一定意义上也代表着裴李岗时期的文化创造之精粹，是中华文明的源头，具体来说有以下几个方面：

农业生产。裴李岗时期的人们已开始了原始的农业生产，这从发现的生产工具可以看出。首先是用于砍伐的石斧，用于挖土播种的石铲，用于收割禾种的石镰；其次是发现最多的石磨盘和石磨棒，这些出土的生产工具充分证明了农业生产是当时人们生活的主要来源。

原始手工业生产。石器、陶器制作是当时的原始手工业生产。石磨盘、石磨棒在当时先经过选料和制坯，然后进行打制或琢制，被磨制的十分精细，但种类不多，主要器型有铲、斧、镰、刀、凿、矛、磨盘和磨棒、弹丸、砾石等。陶器有两种，一种是细泥红陶，一种是夹砂红陶，均为手制，陶胎厚薄不均，多为表面，纹饰主要有蓖点纹、蓖纹、指甲纹、划纹、乳钉纹，主要器型有敞口三足钵、小口双耳壶、侈沿罐、小口筒形深腹罐、鼎、钵、平底碗、圈足碗、盘、盆、勺等。

纺织、装饰。这两方面出土的遗物不多，遗址中发现了陶纺轮，证明当时的人们已经会纺线，还有骨针，从而看出当时氏族的人们已经开始纺线穿衣，脱离了野蛮的生活。另外，他们还懂得如何去装饰打扮自己，在遗址中发现的骨笄，绿松石珠，有陶塑的猪头、羊头等都可证明。

建筑业的出现。新郑裴李岗遗址发掘陶窑1座，窑址呈东西向，火道向东，窑膛呈圆形，比较规整，圆底、直径约96厘米，深约52厘米。清理时发现陶窑已遭到严重破坏，窑内堆积有灰土，在窑址附近遗留有丰富的陶片。房屋遗迹：在发掘中发现不少含有草秸和带有植物杆痕迹的烧土块，应是房屋墙壁残块，同时在唐户遗址又发现了许多半穴居的房基。

狩猎、采集和家畜饲养的出现。遗址中发现了少数的弹丸、骨镞是狩猎的反映；发现的枣核、核桃是采集的反映；发现的猪、羊骨骼，陶猪，陶羊，都说明了当时已出现了家畜饲养。

葬俗。当时已有公共墓地，裴李岗氏族公共墓地主要分布在遗址西半部，发掘墓葬114座，墓葬分布密集，有上下两层墓葬叠压打破关系现象。墓葬均为南北向的长方形土坑竖穴墓，墓式为单人仰身直肢，只发现一座双人合葬墓。墓葬大多有随葬品，随葬品多少不一，少者1件，最多者20余件，一般在3~5件。随葬品均为石器、陶器之类的生产工具和生活工具，也有个别的饰品、艺术品，常见的有小口双耳壶，三足壶、三足钵、深腹罐、鼎、石铲、石镰、绿松石、石珠等。

裴李岗文化的先民们在远古时代已肇造了华夏文明，过着定居的生活，这些伟大的创造发明，在新郑及其他地区出土的文物得到印证。裴李岗文化开创了中华文化的先河，创造了波澜壮阔的古代文明和现代文明，使中华民族屹立于世界民族之林，开创了一个又一个辉煌业绩。

三、裴李岗文化的开发、利用——一项功在千秋的伟业

裴李岗文化是一笔珍贵的文化遗产，是一项巨大的、有着特殊历史地位和社会作用的精神财富，如何保护好、开发利用好裴李岗文化，是一项功在当代、利在千秋的民族伟业。它不仅对弘扬民族优秀文化、振奋民族精神，而且对促进地方经济和社会发展都具有重大的现实意义和深远的历史意义。

关于裴李岗文化的开发利用笔者认为应注意以下几点：

（1）裴李岗文化应与黄帝文化、郑韩文化相结合，树立大古都开发观。

新郑有着8000年的裴李岗文化，5000年的黄帝文化，2700年的郑韩文化，具有得天独厚的文化优势，新郑应充分利用和发掘好这一文化资源优势，使其尽快转化为经济优势。笔者认为在开发、利用裴李岗文化方面，要树立大古都开发观，不能仅限于裴李岗文化的开发，要同新郑的黄帝文化、郑韩文化结合起来，丰富新郑古都文化的内涵。

（2）建造遗址性博物馆。

裴李岗遗址，比仰韶文化早1000多年，具存极高的科学、历史和文化价值，当时发掘时选择了一片约600平方米有60多座墓葬集中的地方和一座陶窑作为重点保护区

保留下来，用沙子进行了回填。如能在原发掘地基础上像西安半坡那样建造“裴李岗遗址博物馆”，可揭示中华民族古代发展的历史。

（3）加大宣传力度。

裴李岗文化要与黄帝文化宣传紧紧结合起来，充分利用三月三拜祖大典，形成相互联动效应，推动裴李岗文化的有序宣传、开发、利用。

（4）制定裴李岗遗址保护、开发利用规划。

裴李岗遗址要想保护、开发利用好，必须聘请专家对裴李岗遗址制定科学的规划，确立其保护规划原则和目标以及今后开发、利用的方向，并逐步得以实施。

新郑要以裴李岗文化、黄帝文化、郑韩文化为主线大力开发古都文化，聘请专家进行高层次规划和论证，充分发掘新郑独特的文化资源和区位优势，多方筹措资金，强力开发，把新郑建设成一个集古代文明与现代文化相辉映的文化名城。

浅谈裴李岗遗址的发现与研究

郭宗岭
（新郑市文物管理局）

河南新郑地处黄河中下游，新郑历史悠久、文化灿烂，洧水和溱水之间的原野上，土地肥沃、物产富饶，是中华民族和华夏文明最重要的发源地之一。新郑境内的古文化非常丰富，特别是20世纪70年代裴李岗遗址的发现，填补了中原地区新石器时代早期文化的一段空白，尤其是最近30年，中国新石器时代考古学的发现与研究成果层出不穷，就中原地区的密县、郑州、长葛、巩县、中牟、舞阳、项城等地相继发现了100多处裴李岗类型的古文化遗址，这些古遗址的发现，使从事文博工作的我对这类文化面貌又有了全面深刻的了解，从中也得出几点体会，就教于专家学者批评指正。

裴李岗文化是中原地区新石器时代早期的一种考古学文化，距今有8000年的历史，它具有鲜明的时代特征和独特的文化面貌，因首先发现于河南新郑裴李岗村而得名。其分布范围几乎覆盖了河南省全部，以新郑为中心，北至太行山，南至大别山，东至豫东，西至豫西，其文化内涵和文化面貌以及发展水平也明显高于周围文化。

裴李岗遗址位于新郑市新村镇裴李岗村西的一块岗地上，地理坐标为北纬34°6′～34°39′，东经113°30′～113°54′之间。遗址面貌为平原和岗地，海拔132米，双洎河自遗址西边流过，然后紧靠遗址的南部折向东流，岗地就处在这一河湾上，遗址居岗地中部，高出河床约25米，面积2万多平方米。分布在黄淮平原西部边缘地带的裴李岗文化遗址，多坐落在淮河的黄土岗丘上，黄土地带土质肥沃，而且，当时这里的气候比现在温和，许多资料也证明在全新世中期，黄河流域及华北地区的年平均气温比现在高得多，非常适宜农作物及人们居住。20世纪50年代裴李岗遗址曾有石器和陶器的出土，但限于当时群众认识的不足，甚至把一些文物毁掉了，直到1977年4月，裴李岗村村民送到文化馆的石磨盘和几块料姜石化了的人骨，引起了专家、学者及文物部门的高度重视，并由河南省开封地区文管会、新郑（今为市）文管会和郑州大学考古专业单位作了小规模的发掘，后来由中国社会科学院考古研究所继续进行较大规模的发掘，前后发掘面积共为2700多平方米，共发现灰坑22个，陶窑1座，墓葬114座，出土的遗物有石器、陶器、骨器、装饰品、陶塑艺术品以及动物遗骨、梅核、酸枣核和核桃壳等。从出土和遗物看，裴李岗时期的人们过着以农业为主、渔猎为辅的氏族经济生活，人类已离开洞穴，进入平原，建造房屋，形成相对定居的原始村落。

裴李岗遗址的发掘，堪称全国人民的骄傲，它不仅击碎了中国文化“西来说”的谬论，而且找到了人们寻觅已久的中华文明之源头。同时也为裴李岗文化增添了独树一帜的文化内涵。具体表现在以下几个方面。

1. 原始农业的出现

我国是世界上农业发展最早的国家之一。裴李岗人处于我国典型的母系氏族公社繁荣时期。他们在长期同自然界作斗争的过程中，发明了农业，创造出为农业生产服务的大量农业工具，有砍伐树木、开辟耕地的石斧、石锛，挖掘土地的石铲，收割禾穗的石刀，还有加工粮食的石磨盘、磨棒等。农业生产工具的发明创造，把农业生产由最初的采集农业，推进到种植农业。种植农业出现以后，我们的祖先才开始定居下来，开始营造房屋、建立村落、烧制陶器、饲养家畜。原始农业的出现，农业生产活动，逐步成为人们生活资料的基础。8000年前的裴李岗人已经开始了原始的农业生产，从裴李岗遗址中出土的用于砍伐的石斧，用于播种、耕作的石铲，用于收割作物的石镰，可以看出它们是我国目前发现的最早的农业生产工具，从裴李岗遗址中出土的用于加工粮食的石磨盘、磨棒可以看出，它们是我国发现的最早粮食加工工具，遗址中大量的农业生产工具和粮食加工工具的出现，是当时农业生产的需要，也进一步证明裴李岗文化时期已出现原始农业生产，并且是氏族经济生活的主要来源。

2. 原始的手工业生产

从裴李岗遗址中出土的器物看，裴李岗文化的原始手工业主要以制作石器和烧制陶器为主。陶器和石器的出现也是农业经济和定居生活的需要，更是裴李岗的居民们利用大自然改造大自然的创举，是人类发明史上的重要成果。

陶器的发明，是人类社会发展史上划时代的标志。这是人类最早通过化学变化将一种物质改变成另一种物质的创造性活动，是人为改变天然物的开端。陶器的出现促进了人类定居生活的更加稳定，并加速了生产力的发展。新郑裴李岗遗址出土的陶器有细泥红陶、夹砂红陶两种，均为手制。陶器胎壁厚薄不均，火候较低，质松易碎，多为素面，少数器物表面饰有篦点纹、划纹等，个别器物上还饰有乳钉纹。陶器的种类主要是一些生活用品，有鼎、壶、罐、三足钵等。陶器的出土和陶窑的发现说明当时在发展农业的基础上已出现了原始手工业生产。

裴李岗遗址中不同用途的石器的出土，进一步证明了裴李岗时期已开始了原始的手工业生产，一件件形状各异的磨盘、磨棒，精致光滑的石铲、石镰、石斧、石球等，从选材到加工成型，裴李岗时期的先民们不仅要熟悉造料和制坯技术，而且在磨制技术上也达到了相当的水平。虽然有些石器还保留有原始的打制和琢制痕迹，但有一些石器却琢磨的非常精致，裴李岗人用无穷的智慧，创造发明层出不穷，使原始的农业生产从刀耕火种时代转向锄耕农业时代，从而为裴李岗文化增加了丰富多彩的文化内涵。

3. 原始建筑业的出现

距今8000年前，裴李岗的先民们已经掌握了原始的建筑技术，他们走出洞穴，选择适宜居住的河旁台地构筑房屋，这从裴李岗遗址中出土的房址、陶窑和储藏物品的窖穴等遗址得到了验证。裴李岗遗址中发现陶窑1座，窑址呈东西向，火道向东，窑膛呈圆形，比较规整，圜底，直径约96厘米，深约52厘米，发掘时发现陶窑已遭严重破坏，南壁残留有5个半圆形孔眼，窑壁残存有一层红烧土，底部亦保存有红烧土面。在窑地附近遗留有丰富的陶片。房屋遗址多为半地穴式建筑，形状各异，面积狭小，陶窑和房址虽然形制简陋，结构简单，却不失为最原始的建筑物。

4. 锯齿石镰的出现

裴李岗遗址中出土的农业生产工具种类有很多，锯齿石镰是裴李岗文化典型的农业生产工具之一，它们一般都是通体磨光，制作精致，其形状有弧背平刃和弧背凹刃两种，最大的石镰长17厘米，宽5.5厘米，较小的石镰长8.8厘米，宽5.4厘米，石镰的柄部略向上翘，柄下部有一个缺口和两个缺口，石镰的刃部为细小的锯齿状，形体多样，光滑实用，表现出石器制造者熟练的加工技巧。在农业生产中，先民们用锯齿、石镰来收割作物，采集野果，挖掘植物块根，即省时又省工，锯齿石镰及其他农业工具的出现对研究我国农业起源，以及原始农业的生产状况和发展史具有十分重要的意义。

5. 家畜圈养的出现

新石器时代，由于原始农业的兴起，人类生活从旧石器时代的采集、渔猎转向农业生产。不过在裴李岗遗址中发现了少数的弹丸、骨镞、猪骨、羊骨等，说明裴李岗时期在原始农业生产的基础上出现了猪、羊等家畜饲养。另外在裴李岗遗址中还出土了几件红陶羊面及陶塑猪头，进一步佐证了早期的人类已学会了“物兽以为畜”的方法驯养猪、羊作为民族生活的保障。

6. 原始陶塑艺术的出现

陶塑是与制陶同时发生和发展的，原始先民们在抟泥作陶时，除了实现它的实用功能外，已经从平时对家畜的饲养中悟出了艺术的创作，在对陶土捏制中加入艺术构思，赋予陶器以丰富多彩的原始文化内涵。

出自于裴李岗遗址中的红陶羊面和陶塑猪头，虽然说做工粗糙，造型简单，但是它的外形已是栩栩如生，不管是红陶羊面还是陶塑猪头这些原始艺术品的出现，除形象说明裴李岗时期在原始农业生产的基础上出现了猪、羊等家畜饲养，更重要的是，反映出裴李岗先民的审美意识日趋成熟。这些以原始艺术家之手，精心制作的陶器，不仅实用，而且古朴、生动，令人陶醉。这些裴李岗原始艺术杰作，证明人类早期在蒙昧时代和野蛮时代已经萌发了朴素的审美观点。

7. 裴李岗文化葬俗特点

裴李岗文化时期已经出现公共墓地，其主要分布在裴李岗遗址的西半部，发掘墓葬114座，墓葬分布密集，有上下两层墓葬叠压打破关系，墓圹为长方形土坑，无葬具，葬式为单人仰身直肢葬，只发现一座二人合葬墓，多数墓都有随葬品，少者1件，最多的有20多件，一般在3～5件。随葬品主要有三类，一类是生产工具，一类是粮食加工工具，一类是生活用品。随葬品的组合也有三种形式，一种是单纯陶器随葬，一种是陶器与粮食加工工具相组合，另一种是陶器与农业生产工具相组合，农业生产工具和粮食加工工具是不同时随葬的，极个别的墓葬还随葬有装饰品和艺术品。随葬品以小口双耳壶最常见，其次为三足钵、深腹罐、鼎、石斧、石镰、石铲、石磨盘、磨棒等。装饰品和艺术品出土较少，只有2枚绿松石珠、2件红陶羊面及2件陶塑猪头，裴李岗墓葬的发掘验证了原始氏族的成员死后，不分男女，一律头南脚北埋在氏族公社的公共墓地里，还根据他们生前的功劳（一说贫富）和性别，陪葬生产工具、粮食加工工具或生活用具等，从这些迹象看，可以窥见了当时的社会状况、社会性质、经济状况以及宗教信仰等。

新郑裴李岗遗址的发现与发掘，向人们展示了早在8000年以前我们的祖先就在这块古老而肥美的土地上栉风沐雨，手胼足胝，把中华民族从蛮荒带进文明的门槛，过上了以原始农业、原始手工业为主，以渔猎、养畜、采集为辅的氏族经济生活。裴李岗遗址八九千年的文化积淀，真可谓是源流有宗，衍变有绪，苍茫沉郁，惊心动魄，当文明之火开始点燃之际，中原腹地的新郑一带便成为中华民族凝聚核心，书写了中国历史最早的文明。

参考书目

[1] 李友谋、薛文灿：《裴李岗文化》，中州古籍出版社，1992年。

[2] 薛文灿：《新郑县文物志》，中州古籍出版社，1993年。

[3] 赵子剑主编：《裴李岗》，香港国际出版社，2007年。

[4] 许顺湛：《许顺湛考古论集》，中州古籍出版社，2001年。

[5] 信应君：《黄帝文化与唐户遗址的考古新发现》，《华夏源》2007年第1期。

[6] 《中国陶瓷史》。

[7] 河南博物院编著：《河南古代陶塑艺术》，大象出版社，2005年。

[8] 《古都郑州》，中共郑州市委宣传部印。

略论裴李岗文化“台地农业”

黄富成

（郑州市文物考古研究院）

裴李岗文化的分布以嵩山东麓河流台地及其周边地区为主，距今8000～7000年，属新石器早期偏晚的阶段。聚落环境特征为山前河流台地、低丘或河湖阶地，其聚落生业的典型结构为“台地（低地或阶地）农业”。“台地农业”不仅是全新世大暖期地理气候条件与人类经济活动相互作用与影响的产物，也体现了人类从山地向平原过渡进发的阶段性生业环境特征，其中还蕴涵了早期人类社会为生存而发展起来的各种技术形式及原始社会组织结构，这对探讨中原地区文明肇端前夜的人类聚落形态及原始社会组织结构具有重要意义。

一、裴李岗文化“台地农业”是中原地区山地原始农业的延续和发展

农业的发生、发展与进步是人类社会一种有组织的经济活动，早期的农业活动与人类的栖息环境密切相关。近几十年来世界考古学的新发现证明，无论是西亚、东北非、东南欧，或者是美洲新大陆，农业的发生最早都在山地或高地边缘，而不在河流平原或三角洲地带[1]。裴李岗文化遗址出土的磨制石器（工具）、陶器、碳化谷物，尤其是半地穴式房基的大量出现，显示当时农业的发生与发展已有一定程度。定居、制陶和生产工具制造技术的发展说明农业的发展已脱离了山地农业发展的初始阶段，人类开始走出大山，向着山前台地、丘陵或河湖阶地、低地进发。遍布嵩山及其周边地区的裴李岗文化大多分布在发源于嵩山各条河流及湖泊旁边的高地、台地或阶地上。如裴李岗遗址现处新郑市西北双洎河一河湾高岗上，高出地面3～4米，高出河床约25米[2]；新郑唐户遗址处于溱水河与九龙河两河交汇处的夹角台地上，高出河床7～12米[3]；沙窝李遗址处于十八里河转弯处的最高台地上，高出河床20米左右[4]；密县莪沟北岗遗址处于洧水与绥水交汇处的三角形台地上，高出现河床约70米[5]；长葛石固遗址也是处于石梁河和小洪河的夹角台地上[6]。《中国文物地图集·河南分册》河南裴李岗文化遗址分布图表现出明显的分布规律：即遗址主要分布在发源于嵩山的各主要河流及其支流（主要在嵩山东麓如双洎河、颍河等）的台地、高地上。中原地区这种新石器早期文化遗址分布的地理特点与嵩山地区旧石器文化遗址分布的规律相一致，亦即早期人类的活动以山地为主，后沿山麓河流向外发展，体现了人类的经济活动从山地向低丘、台地及平

原进发的阶段性特征。裴李岗文化台地农业的形成与发展集中表现了中原地区嵩山山地文化及嵩山文化圈[7]形成的地域特色。

现有资料证明，我国原始农业的发展独立起源于东亚大陆，形成了具有独立农业社会文化特色的文明体系。依据民族学材料、古史传说记载，尤其是考古学的新发现，证明了我国原始农业起源于山地[8]。以目前的统计材料看，在以嵩山为中心的山地及浅山丘陵地区，分布有织机洞等旧石器人类遗址百余处[9]，说明在旧石器时代这一地区人类活动频繁，山地农业的发展也很繁荣。原始农业的发展就其耕作技术方式的演变过程可分为刀耕农业（刀耕火种）、锄耕农业（耜耕）、犁耕农业三个发展阶段。但农业的发展（尤其是定居农业）是以土地这一基础物质（环境）资源为基本条件的，它既是人类的栖息地，也是人们的生产物质。就目前公布的考古材料看，我国原始农业的发展过程依其生产地理的环境形态变迁形式可分为山地农业、台地农业（低地、阶地农业）及平原农业三个发展阶段。裴李岗文化以典型的台地农业生业形态体现了它对早期人类山地原始农业的继承和发展。裴李岗文化处于新石器早期偏晚的阶段，其石器以磨制为主，尤以石磨盘、石磨棒、石铲、石斧、石镰、石刀等为特色。虽然目前中原地区反映旧、新石器之间过渡阶段（细石器）的文化遗址，即新石器早期早段的文化遗址并不多见，但这并不阻碍裴李岗台地农业对山地农业继承与发展的承续关系。从栖息地看，从嵩山山地洞穴到山麓河流两岸的高地、台地，分布有一定的规律；从石器技术看，少量的打制细石器及大量的磨制石器并出，如在1978年裴李岗遗址的发掘及2007年唐户遗址发掘中，均出土少量的细石片和许多磨制精美的石器[10]，不仅显示渔猎采集经济与定居农业经济并存，且显示技术上的承袭关系；而半地穴式房基及以鼎、钵、壶、罐等为主的陶器的出现，显示定居农业和定居生活技术已有相当一段时间的发展历程，说明裴李岗台地农业从山地农业发展而来，形成了具有中原地区独立特色的区域经济与文化体系。

山地农业的发展以火耕、打制石器工具及游动采集狩猎等为特点，属旧石器农业。我国古史传说中有“烈山氏”，《左传·昭公二十九年》载晋国太史蔡墨云：“稷，田正也。有烈山氏之子曰柱，为稷，自夏以上祀之。”《国语·鲁语》亦云：“昔烈山氏之有天下也，其子曰柱，能殖百谷百蔬。”对于“烈山”的理解，有学者认为是放火烧山，“柱”则是挖穴点种的尖头木棒，这正是原始刀耕农业互相连接的两个主要工序，因此，关于烈山氏的传说实际上只是原始刀耕农业耕作方式的人格化[11]。“烈山氏”时代实行的是刀耕火种农业形式，属旧石器山地农业。裴李岗台地农业侧重制造工具（磨制石器）、陶器及房屋，是山地农业的延续和发展，是人类从旧石器游猎采集摄取经济向新石器生产经济发展的关键阶段，也是人类从山地走向低地，发展定居技术进而向平原农业发展的重要过渡期，在考古学文化上属新石器早期阶段。台地农业的发展不仅体现了中原地区原始农业独立起源与承续发展的连贯性，而且为平原农业时期人类社会各种文明元素的诞生孕育了基本的土壤动力。但要弄清这些原因，还必须清楚裴李岗台地农业形成的人地关系条件，以及裴李岗台地农业聚落社会的生业结构形态。

二、裴李岗文化“台地农业”形成的环境与气候条件

裴李岗文化“台地农业”的形成与发展是人类经济活动和全新世大暖期气候相互影响与作用的结果。根据对新郑裴李岗、密县莪沟、长葛石固及舞阳贾湖（《舞阳贾湖》称之为“贾湖文化”）等几处裴李岗文化的^{14}C年代测定，距今8000～7000年[12]，其活动时间延续达千年之久。这一时期正处于全球第四纪全新世大暖期中的初始阶段。以施雅风院士为首的课题组把距今8500～3000年作为全新世大暖期的起讫时段。其中距今8500～7200年第一阶段为不稳定的由暖变冷的温度波动期，其间气候特征是温度升降幅度大，冷暖与干湿气候交替。据敦德冰心记录在距今7800年前后及距今7300年前后出现了两次的温度下降，北方地区的暗针叶林一度向平原扩展，黄河流域有三四百年的文化层变稀以至缺失。距今7200～6000年为大暖期中稳定的暖湿阶段，即大暖期的鼎盛阶段；孔昭宸等则以距今8500～7000年间为波动升温期，并根据孢粉等资料分析认为这一阶段华北地区气温高今2～3℃，降水至少多100毫米。而距今7000～6000年间为大暖期中的稳定暖湿阶段，其间华北地区气温高，降水多，河网沼泽密布，华北地区泥炭及古土壤发育[13]，这一鼎盛阶段也正是我国仰韶文化发达与繁荣时期。

距今1万年之际末次冰期结束后，全新世开始。全新世大暖期的到来为裴李岗文化的发展奠定了基本的生业环境条件。由于气温升高，降水较多，人们开始走出山地穴居环境，到山前台地、河湖阶地寻找更宜居的生存环境。裴李岗文化“台地农业”的形成与发展首先是这一时期气候环境选择的结果，因此时期气温高降水多，河湖池沼密布，支冲沟广泛发育，选择河湖旁的台阶高地，既有利于方便用水，又避水患之苦，是较为理想的生存环境。

裴李岗文化台地农业发展的另一基本条件就是定居农业发展所需的基础物质——土壤。嵩山山前河谷盆地、冲积平原及其周边的浅山丘陵地区处于黄土高原的东南边缘，地貌类型较复杂，其土壤来源主要是更新世冰期时的风积黄土。依据环境考古学的研究成果，黄河中下游含褐红色埋藏土的全新世黄土，以发现较早且典型的礼村剖面所在地周原作为黄土高原东南边缘全新世地层名称，命名为周原黄土。其中第三层全新世中期周原黄土为褐红色埋藏土黏质粉砂土，时间距今8000～3000年。其下为全新世早期周原黄土，距今10 000～8000年。依据对褐红色埋藏土的物理化学成分及孢粉、动物骨骼等分析，褐红色埋藏土形成的水热条件较为集中，其形成时期是栎等阔叶树明显增多的时期，是含亚热带植物山毛榉、凤尾蕨、水蕨等和含亚热带动物獐、竹鼠等的时期。通过颗粒分析，证明褐红色埋藏土富集黏粒，成壤作用较强[14]。全新世中期周原黄土褐红色埋藏土地质地层的早期与裴李岗文化层的年代相对应（图一），这也说明裴李岗文化台地农业的发展与此时期黄土成壤的外部环境条件密切相关。

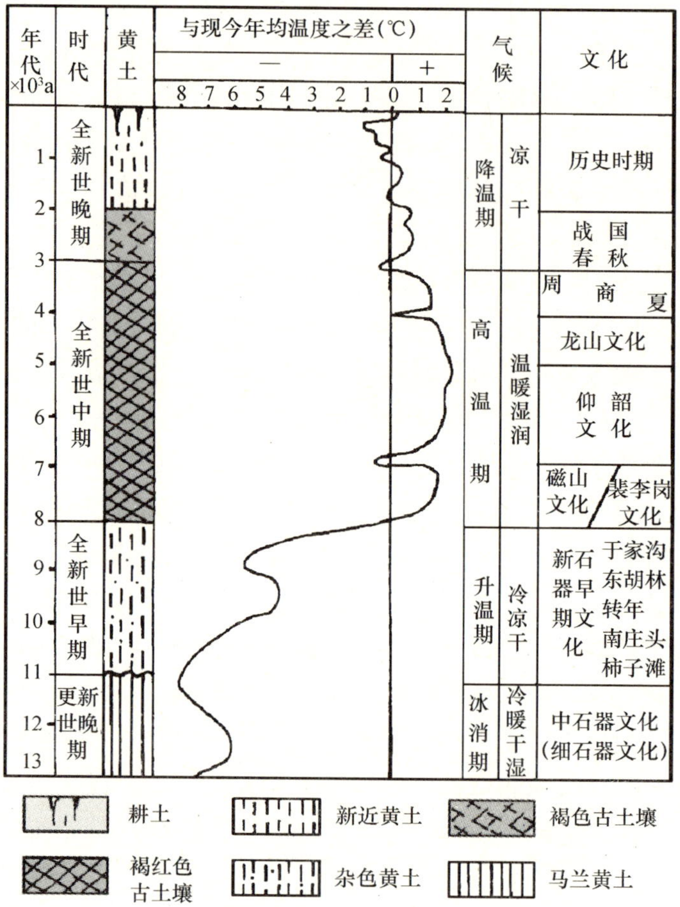

图一　黄土高原东南边缘第四纪晚期地层、气候、文化关系图

（周昆叔：《环境考古》，文物出版社，2007年）

目前已发掘的几处裴李岗文化层，其土层为褐红色黏土或黄褐土，土层坚硬，其下为较为纯净的带斑黄土（杂色黄土）或纯净黄土（马兰黄土），有些黄土中含有较多的姜石颗粒（碳酸钙结核），说明在裴李岗文化层以下的地层中，土壤的微结构较差，成壤程度弱。裴李岗文化层褐红色土壤结构为棱块状，含团粒结构，坚实，有些有钙结核。如贾湖古土壤棱柱状结构，干时较硬，含较多孔洞，具团粒结构，微结构呈厚层状黏粒胶膜[15]。唐户遗址褐红色黏土层土质坚硬，团粒结构紧密，黏性较大[16]。从物理性能上分析，土壤以质地可分为砂土、壤土和黏土三大类。砂土土壤颗粒较粗，土壤疏松，黏结性小，通气较强，蓄水较差，易干旱，流失肥料；壤土质地均匀，通气透水，宜于农业种植；黏土土壤颗粒细质地黏重，结构致密，湿时粘，干时硬，保水保肥能力强，透水透气性能差。土壤结构是评判土壤肥力的重要尺度，有微团粒结构、团粒结构及比团粒结构更大的各种结构。其中团粒结构是腐殖质把矿质土粒互相黏接成0.25～10毫米的小团块，具有泡水不散的水稳定性特点，是土壤中最好的结构。团粒结构的

土壤能够统一协调水和空气之间的矛盾，便于土壤通气透水，有利于肥料的供应与储存，便于植物根系的深扎和呼吸。无结构及结构不良的土壤，土体坚实，通气透水性差，土壤肥力差，不利于植物根系的生长，土壤微生物和土壤动物的活动也受抑制，而这些动物在土壤形成及有机物分解中又起重要作用。以此来看，裴李岗文化褐红色埋藏土属黏土土壤，虽具一定的团粒结构，但由于土质黏重，透水通气性差，不利于水、肥、空气之间的能量交换以及土壤微生物活动，土壤肥力尚在形成中，自肥能力较差，这也符合全新世大暖期初始阶段土壤初步形成时期的特征。然而就是在这土壤初具肥力的形成时期，裴李岗先民们开始从山地移居河谷台地，筑房定居，发展农业生产，开创了中原地区农业文明的先声。

三、裴李岗文化“台地农业”聚落生业结构形态

裴李岗文化台地农业聚落生业的构成主要有三方面：即采集狩猎、家畜饲养和作物种植。从出土工具类型来看，裴李岗文化遗址以石铲、石斧、石镰和磨盘、磨棒为主，如裴李岗遗址1977、1978、1979年三次发掘出土完整磨制石器：石铲69件，石斧22件，石镰23件，磨盘57件，磨棒25件，另有少量石刀、石锤、石矛、石弹丸等打制石器；沙窝李遗址（1982年）出土磨盘磨棒4套，铲29件，斧14件，镰7件，凿6件，小石斧1件，锤1件，磨石6件，石料2件，打制石器11件；密县莪沟遗址出土磨制石器有磨盘、磨棒1套，铲15件，斧8件，镰1件，弹丸22件，砺石11件；打制石器有石核1件，石片1件，长刮削器1件，圆头刮削器1件。裴李岗文化农业生产工具以石铲、石斧和石镰为主，说明农业生产已经脱离了原始的刀耕火种阶段，其表现形态应属耜耕农业的早期阶段，依然残留有原始火耕的迹象。如石斧属砍伐类，有些形制还很大，裴李岗遗址1979年发掘出土的三件石斧体长均在13～15厘米之间[17]，其作用主要是砍伐开荒。从技术制造及施力角度看，石斧更适于作为砍伐及加工工具，作为翻土工具并不合适，说明当时农耕生产仍具火耕特性，山地原始砍伐烧荒的农耕方式仍在延续。石铲（耜）的大量出现说明裴李岗人的农业生产已进入土地大量翻耕的阶段，农业生产在量上有了新的突破。耜耕农业较之刀耕农业最大的变化是土地的利用效率大大提高，原始刀耕由于实行焚而不耕，点（穴）种或撒播，土肥易失，需年年易地种植，撂荒期长，人们的居住地不稳，因而文化层遗迹也较单薄[18]。锄耕农业的出现表明裴李岗人的农业生产有了较大提高，由于实行土壤翻耕，进入熟荒耕作阶段，即通过休耕来恢复土壤肥力，使得定居农业进一步发展，同时为家畜的驯化与饲养提供相应的经济作物饲料及栖息环境。

但以工具类型分析，裴李岗文化台地农业尚缺乏中耕管理的环节。考虑到裴李岗文化层土壤属黏土土壤，土质黏重，土壤仍在进一步发育过程中，肥力欠佳。因此，裴李岗人实行的仍是砍伐烧荒，原始种植农业属粗放经营，没有中耕管理的环节及水、肥施

用技术，属广种薄收。根据裴李岗遗址第二次出土少量的碳化谷物，据分析是粟。粟的野生种属为狗尾草，原产中国，耐干旱与盐碱，根系吸收水分能力较强，而籽芽生长所需水分较少，蒸腾系数小。粟广泛适应于中国北方的土壤气候条件，分布广泛，至裴李岗文化时，野生粟已成功转变为栽培粟。可以想见，裴李岗人虽然农业种植的单位产量较低，但由于粟在中国北方黄土及干旱环境的适应性极强和广泛分布，裴李岗人通过大量的土地开发，种植农业的收获应有一定的量。在沙窝李遗址的第二层同样发现了粟的碳化颗粒[19]，这一共同的农业经济现象在稍晚的河北磁山遗址中也有具体反映，磁山遗址88个窖穴藏有粮食，其粉灰经灰像法鉴定为粟。裴李岗遗址中出土较多的磨盘、磨棒加工工具及以鼎为主要文化形式代表的炊煮器具，也说明种植农业的发展已有一定的程度。当然，磨盘、磨棒也兼具加工带壳类的其他采集产品。

裴李岗人另一重要的经济形态是家畜饲养。在裴李岗遗址中出土了猪、羊头骨及其牙齿，在沙窝李遗址中也出土了猪、鹿的骨骼。尤其是裴李岗遗址第二次发掘出土了陶塑猪、羊头像原始艺术品，充分显示家畜饲养已成为人们日常生活中的普通经济现象。依据陶塑猪头形象分析，裴李岗人饲养的猪已脱离了野猪的原始形态，是一种向现代家猪形态过渡的家养动物，也表明这种野生动物驯化技术经过漫长的过程已达到成熟。野猪与驯化的家猪在体态、习性、结构和生理机能等方面有明显的区别（图二）。野猪因觅食掘果，经常拱土，嘴长而有力，犬齿发达，头部强大伸直，头长与体长比例约为1∶3。现代家猪经过人工长期喂养，头部结构蜕化，明显缩短，犬齿退化，头长与体长之比约为1∶6。裴李岗遗址出土陶塑猪头形象是嘴短，脸廓突出，不见外露犬齿，在向现代家猪方向演进。

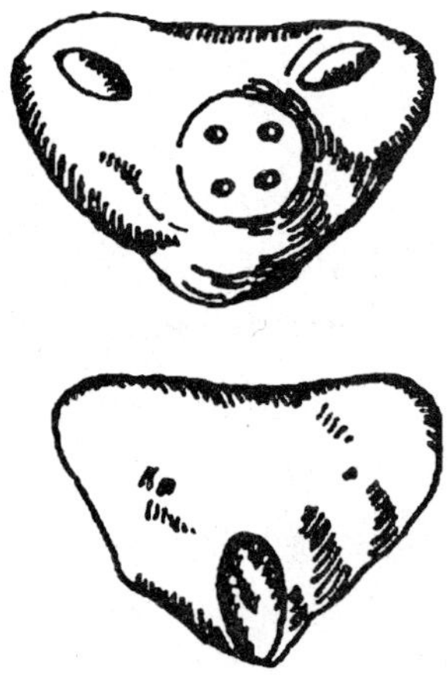

裴李岗遗址出土陶塑猪头

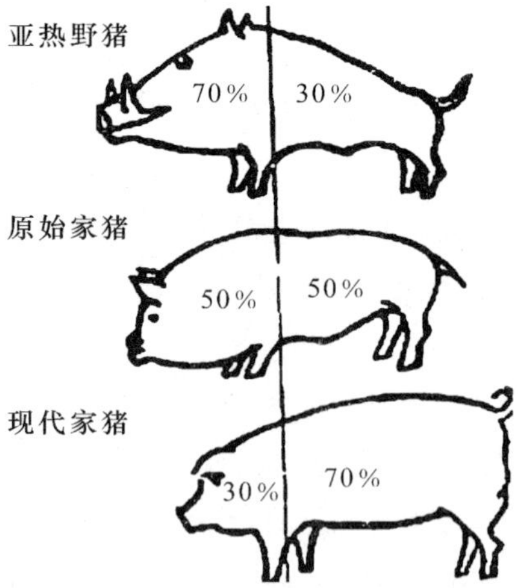

猪的进化演示图

图二　野猪与家猪在体态、习性、结构和生理机能等方面的区别

不过，采集狩猎经济在裴李岗人的生活中仍占一定比例，在裴李岗文化遗址出土遗物中有石刀、石弹丸、石矛、骨镞等工具器物，有鹿、獐、獾等野生动物遗骨，另有梅核、酸枣核、核桃核等果核，说明摄取经济仍占有相当重要地位。如前所述，由于裴李岗文化正处于全新世大暖期的发展阶段，相当于今亚热带气候条件，水热条件充足，古河流与古湖泊发育广泛，支冲沟遍布，野生动植物产品丰硕，这为采集狩猎经济的发展提供了良好的环境。

四、结　　语

农业尤其是定居农业的发展是一种社会基础经济产业，它体现了社会组织的分工和组织结构的经济活动安排。即便是在原始聚落形态社会中，定居农业发展所需的各种种植、饲养、制陶、采集、狩猎及手工服饰等各种技术形式通过随葬品的排列，不仅在一定程度上体现了男女性别分工的经济活动现象，而且初步显现了原始聚落的社会组织结构。根据对裴李岗和莪沟遗址出土的完整人骨墓葬鉴定，发现男性墓葬中普遍葬有陶器和生产工具，不见加工工具，而女性墓葬大多随葬磨盘磨棒等加工工具，这便体现了男女分工的一种经济活动规律。虽然这种经济活动的安排以目前材料看尚不足以判定原始聚落财产的公私属性[20]，但它体现了裴李岗文化台地农业以技术分工所体现的社会组织活动，农业生产活动的社会性与组织性得到体现。总之，裴李岗文化台地农业不仅体现了中原地区原始农业发展的阶段性特征，而且因其形成与发展过程中特殊的历史地理与气候条件形成的聚落形态和生业结构，为裴李岗文化台地农业向周边各地平原农业的发展准备了基本的过渡条件，这充分说明中原地区农业文明的起源、发展与传播是一脉相承的，构成了嵩山及其周边地区相对独立的、具有完整文化谱系的区域文明。

注　　释

［1］ 孔令平：《西亚农耕的起源》，《历史研究》1979年第6期。

［2］ 开封地区文管会、新郑县文管会：《河南新郑裴李岗新石器时代遗址》，《考古》1978年第2期。

［3］ 郑州市文物考古研究院：《2006～2007年度唐户遗址裴李岗文化考古发掘情况报告》，《纪念裴李岗文化发现三十周年暨学术研讨会》会议（2007年9月河南新郑）资料。

［4］ 中国社会科学院考古研究所河南一队：《河南新郑沙窝李新石器时代遗址》，《考古》1983年第12期。

［5］ 河南省博物馆、密县文化馆：《河南密县莪沟北岗新石器时代遗址》，《考古学集刊》第1集，中国社会科学出版社，1981年。

［6］ 河南省文物研究所：《长葛石固遗址发掘报告》，《华夏考古》1987年第1期。

［7］ a. 张松林、张莉：《嵩山与嵩山文化圈》，《黄河科技大学学报》2006年第2期；
b. 韩国河、张松林主编：《中原地区文明化进程学术研讨会文集》，科学出版社，2006年。

[8]　李根蟠、卢勋：《我国原始农业起源于山地考》，《农业考古》1981年第1期。

[9]　同[6]。

[10]　a. 开封地区文管会等：《裴李岗遗址1978年发掘简报》，《考古》1979年第3期；

b. 同[3]。

[11]　李根蟠：《试论我国原始农业的发生和发展》，《中国古代社会经济史论丛》第一辑，山西人民出版社，1980年。

[12]　杨育彬、袁广阔主编：《20世纪河南考古发现与研究》第106页，中州古籍出版社，1997年。

[13]　a. 施雅风等：《中国全新世大暖期气候与环境的基本特征》，具见施雅风主编：《中国全新世大暖期气候与环境》，海洋出版社，1992年；

b. 孔昭宸等：《中国北方全新世大暖期植物群的古气候波动》，具见施雅风主编：《中国全新世大暖期气候与环境》，海洋出版社，1992年。

[14]　周昆叔：《环境考古》第105~107、119页，文物出版社，2007年。

[15]　河南省文物考古研究所：《舞阳贾湖》第819页及彩版四四，科学出版社，1999年。

[16]　同[3]。

[17]　中国社科院考古所河南一队：《1979年裴李岗遗址发掘报告》，《考古》1984年第1期。

[18]　张芳、王思明主编：《中国农业科技史》第34页，中国农业科技出版社，2001年。

[19]　王吉怀：《新郑沙窝李遗址发现碳化粟粒》，《农业考古》1984年第2期。

[20]　就目前公布的材料看，裴李岗文化遗址中公共墓地和聚落间尚缺少有机的联系，经用物品作为纪念品随葬在原始社会是一种普遍现象，裴李岗墓葬中家庭和私有财产的属性未有明显表现。目前，学者们多倾向于它是母系氏族的发达阶段，文具见赵世纲：《关于裴李岗文化若干问题的探讨》，《华夏考古》1987年第2期；许顺湛：《论裴李岗文化》，《河南文博通讯》1980年第1期；杨肇清：《关于裴李岗—磁山文化的定名及其年代问题的探讨》，《华夏考古》1987年第1期；朱延平：《裴李岗文化墓地初探》，《华夏考古》1987年第2期等。

从裴李岗遗址的石器分类谈中原地区原始农业的发展

王惠霞
（新郑市博物馆）

原始农业的产生是人类社会发展的必然。农业是新石器时代产生的标志。在黄河冲积的次生黄土的中原地区非常有利于古代农业的发展。许多资料也证明在距今8000～3000年的全新世中期，中原和华北地区土质肥沃，年平均气温比现在高，宜于农作。因此，裴李岗文化在这里诞生，并开创了原始农业的先河。

裴李岗遗址位于新郑市双洎河转弯处的台地上，它的前面是潺潺流过的洧水，背后是广大的丘陵原，南依始祖山，背靠黄河。难怪裴李岗人选择了这样依山傍水、气候温暖湿润的地方居住。这里对新石器时期定居的先民来说确实是一个理想的地方。裴李岗文化因1977年春在新郑裴李岗遗址发掘而得名。如今裴李岗文化发现已有30年了。30年来，关于裴李岗的考古与研究，可谓硕果累累。现就中原地区在新郑的唐户村、沙窝李，密县莪沟，长葛岗河，临汝中山寨，许昌西集，郏县水泉，巩县铁生沟等地相继发现了140余处裴李岗类型的古文化遗址，各遗址中都出土了数量众多的石农具。在新石器时代，石器是主要的农业生产工具，就裴李岗遗址而言，出土各类石农具多达127件，这些石质原始农具的出土，对研究我国及中原地区的农业发展史起到了至关重要的作用。下面本文从分析石器的功能入手浅谈当时的农业生产状况。

一、裴李岗遗址的石农具分类

原始农业进入一个新的阶段，突出的标志是出现了农业工具，反映了耕作方式有了明显的进步。由于谷物越来越成为人们的主要食物，必然要扩大种植面积以承受日益增多的人口压力。但是天然的适宜种植谷物的土地毕竟有限，必须开辟新的耕地。人们除了用火焚烧地面上的野草杂树之外，还要砍伐荒地上的树木和刨掘树根，平整地面，以便于播种，使庄稼顺利生长。而这些作业仅凭双手是无法完成的，必须依靠工具来进行。于是就出现了用来砍伐的石斧、石锛，用来修正土地的石铲，以及用于收割的石镰、石刀，用于谷物脱壳的石磨盘、石磨棒等农业工具。宋兆麟先生曾根据用途不同的农具分为九类：砍伐农具、翻地农具、碎土农具、播种农具、中耕农具、水利农具、收割农具、加工农具及贮藏农具；当然这些农具并非都是石器，如储藏农具。在日本属于农具的石器分为代采具、工掘具、除草具、收获具、调理具几类；相比而言，宋先生分得更为细致和全面。下面将按照这种分类对裴李岗遗址出土的石器进行分类介绍与分析。

（一）砍伐农具

裴李岗时期的石质工具都是选用石头中最为坚硬的玄武石、花岗石等制作而成。其制作过程，一般是先打制后磨光，有的前后按柄使用。石斧是原始农业时代各文化遗址发现最多、最普遍的农具，原始农业遗址中几乎都有石斧的出土，特别是中、早期的遗址。由此证明石斧是原始农业最重要的工具。同时也说明"刀耕火种"和"火燎杖耕"的生产方式曾在我国原始农业中普遍存在，就是先将选定的一种树木砍倒晒干，俟草木灰冷却后即行播种，然后坐等收获。既然要将妨碍耕种的树木砍倒，砍伐农具必不可少。在裴李岗遗址中出土石斧，多用青灰色石灰岩制成，可分为大、中、小三型。一种是断面作椭圆形，顶小且平，刃作弧形，一般长7～10厘米；还有一种较多的小石斧，呈梯形，长3～4厘米，一般为平刃；另外一种是舌刃石斧；这些石斧均使用痕迹明显。另外裴李岗遗址还出土有石凿，均为长条形，刃部有明显使用痕迹，石凿和石斧的形体有许多相似之处，只是凿多比斧窄。

有人对石斧进行综合分析，认为石斧的分布与形体有一定关系，椭圆形石斧多分布在黄河中游地区，其次为东北和华北一些地区，扁平石斧主要分布于黄河下游及长江下游等一些地区。椭圆形石斧多用于砍伐林木，营造耕地，农具的性质比较显著。扁平石斧主要用于生活用品的加工，斧是一种脱胎于旧石器时代的砍砸器，发明于新石器时代早期的工具，它伴随人们上万年之久，迎来了人类文明的曙光。

（二）翻地农具

石铲是一种中耕工具，裴李岗遗址出土数量较多，有长条形扁体石铲和有肩石铲两种。长条形石铲，体有长有短，铲面有宽有窄，有的上窄下宽，有的两侧近于平直，有的腰略内凹，刃有弧刃、长刃。其中最典型的是两端刃和舌状石铲。两端刃石铲，呈椭圆形长条体，腰略内凹，两端磨刃，形状颇似鞋底。在裴李岗遗址最为常见而在其他遗址极为少见。舌状石铲，有双肩，柄部窄小，刃部宽，呈舌状，在接近刃部的地方加工有双肩，多弧刃。这种石铲只有在裴李岗和新密市的莪沟遗址中有发现。其中鞋底形石铲是裴李岗文化中最代表性典型器物之一。

石锄仅在巩县铁生沟遗址中有出土，其他遗址未见有出土。器形剖面呈长方形，顶部稍窄，刃部稍宽，体较长，厚而重，平刃。刃部表面有清晰的垂直线条擦痕，是使用后形成的痕迹。

（三）收割农具

春种秋收，守时而作。经过辛苦劳动的裴李岗人迎来了一个金色的秋天，在收获的日子里，人们用石刀收割自己的果实。到了裴李岗时期，便出现了安柄的石镰。据说锯的产生和功能是人类在采集活动中不小心身体被带齿的植物叶或柄划破，受到启发而发明锯齿石镰。这种石镰也是裴李岗文化的一种典型器物，均通体磨光，制作精致，其开头有弧背平刃和弧背凹刃两种，最大的石镰长 17 厘米，宽 5.5 厘米，比较小的石镰长 8.8 厘米，宽 5.4 厘米。石镰的柄部略向上翘，柄下部有一缺口或两个缺口，石镰的刃部为细小的面性锯齿状，形体多样，光滑实用，这些石镰无论造型还是制造技术，都具有相当水平。在农业生产中，先民们用锯齿、石镰来收割作物，采集野果，挖掘植物块根，既省时又省工，锯齿石镰及其他农业工具的出现对研究我国农业起源，以及原始农业的生产状况和发展史具有十分重要的意义。

（四）加工农具

裴李岗文化遗址分布较广，在这些遗址中，以新郑裴李岗遗址出土的 40 多种石磨盘最具特色。这些石磨盘均系用砂岩琢磨而成，磨盘形制有三种，一种是长体圆头、圆尾、四足；一种是尖头无足或四足；另外还有一种是一端尖、一端平齐、无足。圆头，圆尾，四足磨盘是用一块较厚的长体砂岩石板加工而成，形状前端稍宽，后端稍窄，两端圆弧，两侧边有的平直，有的腰部略内收，呈鞋底形，底部皆琢有四个对称的圆柱短足，前后两端各有两个。盘面有的近平，有的中部下凹，使用磨损的凹痕非常明显。盘体有长短、大小之分，大的长 0.6～0.7 米，短的 0.3 米左右。这种圆头、圆尾、四足的石磨盘出土的数量最多，因此这种磨盘是裴李岗文化最有特色的石器之一。尖头磨盘是前端尖，后端平，底部无足，其中较长的长 0.9 米，宽 0.31 米，厚 0.35 米。但是在其他地方也有四足的。与石磨盘配套的器物是石磨棒，形状均作圆柱状，两端稍细，中部稍粗，有的可能是使用时间较长中部已磨损变细。磨盘与磨棒往往是在一起出土。

裴李岗人用这样的工具加工粮食，使用的时候将谷物放在石磨盘上，手执石磨棒，这样可以将谷物去皮或碾碎，它虽然简陋，可以说是今日农村石磨、石碾以及现代机磨的鼻祖。它与古书说的“断木为杵、掘地为臼”的加工方法明显地进了一大步。

（五）其他

在农业生产的基础上，已出现了家畜饲养。不但发现有猪、狗、牛、鸡的骨骼，还出土了陶塑的猪头、羊面。狩猎和采集等项生产活动也依然存在，遗址中发现的石球、石弹丸、骨镞、鱼镖以及枣核、核桃等，就是狩猎和采集经济的反映。宋兆麟先生以西藏珞巴族为例，以为飞索、弓箭、矛等狩猎工具也可用作看护工具，裴李岗遗址也出土有石球、石弹丸，骨镞等狩猎具，可以推断它们也是看护农具。但用作狩猎更多一些。

裴李岗文化遗址中出土的生产农具配套成龙，从砍伐林木、清理场地和加工木器用的石斧，松土或翻土用的石铲，收割用的石镰，到加工谷物用的石磨盘、石磨棒，可以说在农业生产全过程中所需要的工具，一应俱全。反映出了裴李岗人对农业生产的重视。

二、裴李岗遗址及中原地区新石器时代的农业

我国距今8500～3000年之间进入了全新世大暖期，当然中原地区也进入了全新世大暖期，处于高温暖湿环境中的中原地区，既有类似今天长江流域的暖湿气候，又有适于原始农耕的北方黄土母质形成的棕褐色沃土。分布在黄淮平原西部边缘地带的裴李岗文化遗址，就多座落在淮河的黄土岗丘上，而且黄土地带土质肥沃，非常适宜农作物及人们居住。另外，从出土的石斧、石铲、石刀、石镰、石磨盘、石磨棒等一整套农业工具及炭化的粟、黍、稻（籽粒或壳）来看，属于人工栽培的粮食作物，此外，还有猪、狗、牛、羊等家畜的骨骼及陶塑猪头，羊面，说明这时的原始农业已经脱离了火耕阶段。农业进入了一个新阶段，突出的标志是农业工具，反映了耕作方式有了明显的进步。

对于原始农业的发展历程，有研究者将其分为刀耕、耜耕（锄耕）及犁耕三个阶段，也有研究者划分为点耕、锄耕、犁耕三个阶段；因为新石器时代使用石斧等工具砍伐树木，所以有学者称原始农业的最初阶段为“斧耕阶段”，实际上他们都是将所使用的农具作为划分阶段的标准。无论是刀耕、斧耕、点耕，还是刀耕火种，其耕作方式大致相同。裴李岗遗址出土的石器有砍伐农具（石斧、石凿）、翻地农具（石铲）、收割农具（石镰、石刀）、加工农具（石磨盘、石磨棒）。这些农具说明裴李岗文化的农业生产，已进入锄耕农业阶段，属于耕作农业。同时，也标志着我国中原地区的农业种植，早在七八千年前就已经脱离了最原始的生产方式，进入了锄耕农业阶段。

锄耕农业是原始农业中比较进步的生产方式，它是在以火燎荒开辟动农地之后，还要把土地翻松，然后再进行播种。要将土地翻松，靠木棒之类的工具，劳动效力自然不高，于是，促使人们进行农业生产工具的改革，选择石料加工制作出体薄面宽的石铲，作翻土、松土的工具以提高劳动效力，经过翻松的土地，土质松，有利于农作物的生长，使农业产量获得提高，所以锄耕农业在原始农业的耕作方法上具有先进性。

由于裴李岗文化的农业种植已有一定的基础，因此，中原地区的人们主要生产活动就是农业生产，这从裴李岗文化墓葬中随葬的劳动工具就可以充分说明，在裴李岗文化墓葬中，凡随葬有劳动工具的墓，都有农业工具，或是斧、石铲、石镰或石磨盘、磨

棒，随葬手工业工具和渔猎工具很少，且石农具通体磨光，制作得更加精致、实用，提高了劳动效率。这种现象就十分清楚地表明当时的农业已成为一项主要生产活动。

农业的产生是以粮食作物的栽培为标志。考古发掘中出土的农作物标本，说明黄河流域的先民至少在七八千年以前已经种植粟、黍、稷等旱作谷物。裴李岗文化以新郑为中心，几乎覆盖了中原地区的全部，考古发现和研究结果表明，在裴李岗文化遗址，新郑沙窝李遗址均发现了粟和的遗存，说明裴李岗文化时期的主要粮食作物是粟。沙窝李遗址在第二文化层里存地表 0.5 米深处，发现一片比较密集的粟的炭化颗粒，面积 0.8～1.5平方米。这个起源于我国黄河流域的农作物，一直是北方人的主要粮食，因为它具有其他农作物所不能比拟的优点，耐干旱、成熟期短、收获量大，且久藏不坏，我国从裴李岗时期开始七八千年以来就有五谷尽藏，以粟为主的储粮备蓄的习俗。裴李岗人从开垦荒地，点穴下种到收获加工，已经形成了一整套农业生产工序。

据历史传说记载，黄河流域是我国农业的发源地，这个地区早在神农氏之时就已经发明了农业。《白虎通义》中说道："古之人皆食禽兽肉，至于神农，人民众多，禽兽不足，于是神农因天之时，分地之利，教民耕种。"《礼含文嘉》也说神农"始作耜耕，教民耕种，其德浓厚如神，故称神农化"等传说，大体是说黄河流域在神农时代，开始制作耒耜之类的农业耕工具并推广应用，使之获得利益。还有七八千年前的裴李岗文化诸氏族部落，就大多生活在靠近各个河流的岗丘上，这一带第四纪黄土广泛覆盖着肥沃，深厚的黄土，气温也非常适合农业种植。今天在中原地区发现七八千年前的原始农业，说明这一历史传说记载，与历史事实基本上相符合。因此，七八千年前农业的发明，使中华民族和世界其他民族共同创造了灿烂的古代文明。

丰富的考古资料与文献证明，中原地区的新石器时代早期农业发展已达到了一定规模，而且伴随着农耕的发展而逐步兴旺起来。裴李岗人已过着定居的农业生活，种粟，养畜，并从事采猎，从而为中原地区原始农业经济的起源、形成及发展奠定了物质基础。

参考书目

[1]　宋兆麟：《我国的原始农具》，《农业考古》1986 年第 1 期。

[2]　李友谋、薛文灿：《裴李岗文化》，中州古籍出版社，1992 年。

[3]　中国社会科学院考古研究所河南一队：《河南新郑沙窝李新石器时代遗址》，《考古》1983 年第 12 期。

[4]　李友谋：《中国原始社会史述》，中州古籍出版社，1986 年。

[5]　薛文灿：《新郑县文物志》，中州古籍出版社，1993 年。

[6]　赵子剑：《裴李岗文化》，香港国际出版社，2007 年。

[7]　许顺湛：《许顺湛考古论集》，中州古籍出版社，2001 年。

[8]　朱士光主编：《黄帝故里故都历代文献汇典》，中国文联出版社，2005 年。

试析新郑裴李岗文化

王　君　李景英

（新郑市博物馆）

转眼间，裴李岗文化的发现已经30年了。30年来，许多专家和学者从不同侧面对裴李岗文化进行了有价值的探索和研究，也进一步确立了裴李岗文化在中国历史上的地位。裴李岗文化首先在河南新郑的裴李岗遗址发现而得名，我作为土生土长在新郑的文物工作者，在深感荣幸和自豪的同时，结合自己库房工作的经历，也想就新郑的裴李岗文化遗址的发现、发掘情况，谈一点自己粗浅的认识。

一、新郑裴李岗文化遗址所处的地理环境

每一种古老文化的形成，都与它所处的地理位置和环境有密切的关系。在远古时期，人类征服大自然和利用大自然的能力较低，所以对自然环境的依赖性很强。新郑地处北纬34°16′～34°39′，东经113°～113°54′，海拔均在190～210米之间，属温带大陆性气候，四季分明，雨量充足，处于我国的农耕区域。从具茨山上俯瞰，会清楚地发现，新郑地区北距黄河不远，从新郑向北，为大平原向丘陵过渡地区；从新郑向南为山区，新郑处在浅山丘陵地域，地势属高台地；洧水、溱水和十八里河穿流其中，还有独立的具茨山这道天然屏障，既可以据险而守，又可以预防洪水、猛兽，这对生存能力较弱的先民们来说，的确是他们繁衍生息的首选之地，而裴李岗遗址正处在这样的地理环境中。

二、新郑裴李岗文化遗址的发现与发掘

裴李岗遗址位于河南省新郑市新村镇裴李岗村西北岗地上，双洎河由此向南在遗址的西边流过，然后紧靠遗址的南部折流向东，在这里形成一个河湾，裴李岗遗址就在河湾中部的岗地上，遗址高出地面3～4米，高出河床约25米，遗址由西北向东南狭长，东西较窄，面积约2万多平方米。1977年4月被发现，开封地区文管会、新郑县文管会、郑州大学历史系考古专业和中国社会科学院考古研究所河南一分队分别于1977年4月上旬、1978年4月下旬、1979年4月和9月先后对裴李岗遗址进行了三次发掘，共发掘面积2615平方米，发现有墓葬、陶窑、灰坑、房址等遗迹，遗物主要有陶器、石器、骨器，还有猪、羊和其他小动物遗骨，此外，还出土有梅核、酸枣核、核桃壳等果

核、果壳。

唐户遗址位于新郑观音寺镇唐户村南部和西部溟水河和九龙河汇流处的夹角台地上，东、南、西三面环水，地势北高南低，高出河床12～15米，历代相传称该地南端为“黄帝口”。遗址北面紧邻唐户村，向南伸展到溟水寨北寨。1975年平整土地时发现，面积经2003年5月中华文明探源预研究课题组调查核定为54万平方米。文化遗存堆积丰富，包含有裴李岗文化、仰韶文化、龙山文化及二里头文化、殷商、西周、东周等不同文化遗存，是一处多时代文化聚落群址，享有地下博物馆的美称。2006年6～12月郑州市文物考古研究院配合南水北调工程，对唐户遗址再次进行全面勘探，惊人地发现其面积竟达100多万平方米，其中仅单纯裴李岗文化遗存面积30万平方米，这也是我国目前发现最大的一处裴李岗文化时期的聚落遗址，文化层堆积深厚，一般在0.8～1.8米之间。2006年6月开始对干渠占压部分进行抢救性发掘，共发掘面积4000多平方米，发现裴李岗时期的房址40余座，墓葬、陶窑、灰坑等文化遗迹，同时出土了大量的陶器、石器、骨器等精美遗物。

沙窝李遗址是新郑第三处裴李岗文化遗址。沙窝李遗址位于新郑城北约35公里的沙窝李村西北，十八里河转弯处东岸的高台上，遗址高出河床约20米，面积约1万平方米，1972年发现，1982年春由中国社会科学院考古研究所河南一队正式发掘，发现的主要遗址有灰坑、墓葬等，出土了大量陶器、石器、猪鹿遗骨以及核桃、枣的碳化果核等。

三、裴李岗文化内涵丰富多彩

裴李岗文化时期是一个创造物质文明和精神文明的灿烂时代。具体有以下几个方面：

1. 原始农业生产的出现

我国是世界上农业发展最早的国家之一。

裴李岗人处于我国典型的母系氏族公社繁荣时期，他们在长期地同自然界作斗争的过程中，发明了农业，创造出为农业生产服务的大量农业生产工具，从新郑的裴李岗文化遗址出土的用于砍伐的石斧，用于松土、耕作的石铲，用于收割作物的石镰，可以看出它们是我国目前发现最早的农业生产工具；在沙窝李遗址的第二层中，粟米面积1～1.5平方米，中部粟米密集，经灰像分析是粟米无疑。再从遗址中出土的石磨盘、磨棒可以看出，它们是我国发现最早的粮食加工工具；精美的农业生产工具和粮食加工工具的发现与出土，充分证明了8000年前的裴李岗人从开垦荒地，点穴下种到收获加工，已形成了一整套农业生产工序，也进一步说明当时经济生活主要来源于原始农业生产。8000年前原始农业的发明，中华民族和世界其他民族共同创造了灿烂的古代文明。

2. 原始手工业的出现

裴李岗文化的原始手工业以制作石器和烧制陶器为主。遗址中丰富多彩的陶器和石器的出现，是原始农业经济和定居生活的需要，也是裴李岗人征服大自然、利用大自然的伟大创举，在人类生活史上开辟了新纪元。

陶器的发明与农业经济是分不开的，一般是先有农业，然后才出现陶器，这些创造发明，应当归功于妇女。因为在性别分工的基础上，妇女是家里的主人，必然首先从事这些活动，也就成了发明的创造者。新郑裴李岗文化遗址中出土的陶器以泥质红陶居多，有些陶器在生产中能够按照不同的用途加入适当羼和料。它们均为手制（大件用泥条盘筑法，小件用手捏），陶器胎壁厚薄不均，火候较低，质松易碎，多为素面，少数器物表面饰有篦点纹、坑点纹、指甲纹、划纹等，个别器物上还饰有乳钉纹。陶器的种类主要是一些生活用器，有三足钵、圜底钵、小口双耳壶、圈足壶、鼎、三足罐、甑、圈足碗、小陶勺等。陶器的出土和陶窑的发现，说明当时已出现了原始手工业生产。

裴李岗文化遗址中一件件不同用途的石器的出土，进一步佐证了裴李岗时期已开始了原始的手工业生产。一件件形状各异的石磨盘、磨棒，精致光滑的石铲、石镰、石斧、石球等，从选材到成型，裴李岗时期的先民们不仅要熟悉选料和制坯技术，而且还应有较高的琢磨和雕刻工艺，裴李岗人用超人的智慧，使农业生产告别了刀耕火种时代，进入锄耕时代，这是划时代的农业技术革命。

3. 渔猎、养畜、采集是氏族经济生活的辅助

新石器时代，由于原始农业的兴起，人类生产活动已从旧石器时代的采集、渔猎转向农业生产。不过在裴李岗文化遗址中发现了少数弹丸、骨镞、猪骨、羊骨等，说明裴李岗人在从事农业生产之余，也进行渔猎生产，把平时打来的猎物，剩余的在洞穴、大棚栏里养起来，作为生活的辅助；遗址中还出土了不少枣、核桃的炭化果核，证明采集在当时的经济生活中也起到一定的辅助作用。

4. 原始陶塑艺术的出现

陶塑与制陶同时发生和发展的，原始先民在抟泥作陶时，除实现它的实用功能外，已经从日常生活对大自然的观察和发现中，悟出了艺术创造的真谛，在对陶土捏制中加入艺术构想，赋予陶器以丰富的原始文化内涵。

出自于裴李岗遗址中的两件红陶羊面，虽然说形体较小，仅长7.5厘米、宽6厘米，塑造也简单，但它外在形象已是形神兼备，整体作不规则的三角形，正中央一条中轴线突起作为鼻子，由轴线展开的两边作为面颊，质朴简洁。出土的另一件红陶羊面则采用不同的表现手法，重点不再是刻画羊的面部，而是突出长而粗壮的羊角，尽管所表

现的部位不同，但是都能抓住羊的基本特征。在裴李岗遗址中不仅出土有红陶羊面，而且还有陶塑猪头，短嘴，张口，捏制虽然简单，但是猪的形象已经跃然而出。不管是陶塑猪头还是红陶羊面，除了能形象地说明当时的家畜饲养情况外，还有一个重要方面，就是裴李岗时期的先民们已经有了审美意识，塑造出的家畜形象，虽然作品粗糙，造型简单，但却不失为最原始的雕塑艺术品。

5. 定居生活的出现

距今8000年前，裴李岗的先民们已经掌握了原始的建筑技术，彻底脱离了茹毛饮血、穴居野处的生活状态。从新郑的各个裴李岗文化遗址看，发现了许许多多裴李岗时期的房址，这些“半地穴”式房子，大小不同，形状各异，它们分布密集，有的还有二次扩建的痕迹，如果没有定居生活，这样的聚落遗址是不会形成的；再从遗址中文化堆积看，有的厚度超过1米，也是定居生活的见证之一；特别是裴李岗遗址在第三次发掘中发现有12座窖穴，有圆形、椭圆形和圆角长方形三种。这是我国目前发现最早的地下粮仓。更进一步证明了裴李岗的先民们在远古时期已肇造了华夏文明，走出洞穴，选择适宜居住的河旁台地，过上了定居生活。

6. 裴李岗文化的葬式、葬俗

裴李岗文化时期已出现了公共墓地。其主要分布在裴李岗遗址的西半部。墓葬分布密集，多为长方形土坑，无葬具，葬式为单人仰身直肢葬，只发现一座二人合葬墓，多数墓都有随葬品，随葬品多少不一，少者1件，最多者20余件，一般在3~5件，主要有石器、陶器之类的生产工具和生活用具，个别墓葬有装饰品，以小口双耳壶最常见，其次为三足钵、石铲、石镰、石磨盘、磨棒等，装饰品出土的较少，只有2枚绿松石珠。裴李岗遗址墓葬的发掘，验证了原始氏族公社的成员死后，不分男女，不分贵贱，一律头南脚北埋在氏族公共墓地里。也进一步窥见了原始氏族公社的社会状况、社会性质、经济状况以及宗教信仰等。

四、新郑裴李岗文化遗址，中华远古文明的见证

裴李岗文化距今8000~7000年，因首先发现于河南新郑的裴李岗村而得名，它不仅文化内涵独具风格，而且是中原地区各类新石器时代文化中时代较早的一种文化。当时中华民族还处于蛮荒的历史时期，在中原地区的新郑一带，我们的祖先就在这块神奇的土地上生息繁衍，并以超人的智慧和勇敢开拓这块土地，使中华民族率先步入文明的门槛。从这个意义上说，裴李岗文化的发现不仅填补了我国新石器时代早期文化的一段空白，又见证了新郑是中华远古文明的最早发祥地，是华夏文明之根。因而裴李岗遗址被评为20世纪河南十项重大考古发现之一和中国20世纪100项考古大发现之一，2001

年6月25日被国务院公布为第五批全国重点文物保护单位。

参 考 书 目

[1] 李友谋、薛文灿：《裴李岗文化》，中州古籍出版社，1992年。

[2] 薛文灿：《新郑县文物志》，中州古籍出版社，1993年。

[3] 赵子剑：《裴李岗文化》，香港国际出版社，2007年。

[4] 许顺湛：《许顺湛考古论集》，中州古籍出版社，2001年。

[5] 信应君、靳宝琴：《黄帝文化与唐户遗址的考古新发现》，《华夏源》2007年第1期。

[6] 冯先铭、安志敏等：《中国陶瓷史》，文物出版社，1982年。

[7] 河南博物院编著：《河南古代陶塑艺术》，大象出版社，2005年。

[8] 《古都郑州》，中共郑州市委宣传部印，2004年。

[9] 中华炎黄文化研究会、中国古都学会、新郑市历史文化研究会编：《黄帝故里故都历代文献汇典》，中国文联出版社，2005年。

[10] 中国社会科学院考古研究所河南一队：《河南新郑沙窝李新石器时代遗址》，《考古》1983年第12期。

新闻聚焦

河南新郑举行纪念裴李岗文化发现30周年研讨会

记者：张俊梅　　通讯员：刘　涛

（中国文物报）

1977年，距今8000年的新石器时代早期文化代表——裴李岗文化在河南新郑揭开面纱，成为填补空白的重大考古发现。9月20日，来自中国社科院、中科院、北京大学的安家瑶、周昆叔、赵朝洪等50多位专家汇聚新郑，纪念裴李岗文化遗址发现30周年，并就促进文物保护开发利用进行学术研讨。河南省文物局局长陈爱兰、郑州市文化局局长齐岸青和河南省文物考古学会会长杨焕成出席了会议。

新郑是中华文明的发源地之一，文化底蕴极其深厚，享有“地下博物馆”之称。据专家介绍，1977年，考古工作者在该市新村镇裴李岗村进行了首次发掘，出土了大量石器、陶器、谷器、谷粟及墓葬、穴居，发现距今约8000年的新石器时代早期文化代表——裴李岗文化。1982年春，考古工作者对该市的裴李岗、唐户和沙窝李进行了5次较大规模发掘，发掘面积3550多平方米，清理墓葬146座、灰坑44个、陶窑1座，获磨制石器212件、陶器299件。裴李岗文化遗址的发现填补了我国新石器时代仰韶文化之前的一段空白，证明了早在8000年前，中原地区就已经进入原始农业文明，为研究我国农业、陶器制作、纺织业和建筑业的起源与发展提供了重要的实物例证，被国内考古界誉为划时代的考古发现。裴李岗文化遗址因此被评为“中国20世纪100项考古大发现”之一。

此次研讨会上，专家们围绕裴李岗文化的价值、文物保护和应用等问题进行了深入探讨。专家和学者一致认为裴李岗文化的发现具有划时代的意义，在研究古代建筑、农业文明以及断代研究等多层次，多领域具有举足轻重的作用。同时，对新郑市在文物的科学保护与合理利用方面所做的工作给予了充分肯定。

研讨会期间，与会专家、学者参观了唐户遗址发掘工地。郑州市文物考古研究院院长张松林就唐户遗址发掘情况进行了详细的介绍。唐户遗址因位于新郑市观音寺镇唐户村而得名。在唐户遗址共发现裴李岗文化遗存面积30万平方米，是国内一处面积最大的裴李岗文化时期聚落遗址，文化堆积丰富。由于南水北调总干渠穿唐户遗址而过，为保证南水北调工程顺利实施，保护地下文物免遭建设性破坏，根据南水北调文物保护办公室的统一部署，郑州市文物考古研究院于2006年6月负责主持实施唐户遗址的考古发掘工作。目前，发掘面积7000平方米，发现裴李岗文化遗存面积5000平方米。发现裴李岗文化时期房址54座，灰坑186个，墓葬2座，排水沟3条，壕沟1条。专家们一致认为，过去发现的裴李岗文化时期的遗迹都以墓葬为主，极少发现有房址，而唐户遗址一次就发现大面积的居住基址，这在全国尚属首次。专家们还就唐户遗址的发掘、保护工作提出了指导性的意见。

唐户遗址是研究中华文明起源的重要环节之一，鉴于唐户遗址裴李岗文化的性质独特，与会的20多位专家还联名倡议："基于科学的发展观，从唐户遗址考古的长期性和考古资料的完整性考虑，呼吁南水北调总干渠避开这一重要遗址50～100米，保护这份祖先留下的珍贵文化遗产。"

数十位考古学家聚焦新郑

——纪念裴李岗文化发现30周年

记者：陈　茁　　通讯员：刘　涛

（河南日报）

9月20日，来自中国社科院、中国科学院、北京大学以及当年参与裴李岗文化考古发掘的数十位省内知名考古学家聚集新郑，纪念裴李岗遗址发现30周年。

新郑是中华文明的发源地之一，文化底蕴极其深厚。1977年，文物考古工作者在该市新村镇裴李岗村，首次发现和发掘出距今约8000年的新石器时代早期文化代表——裴李岗文化。这一文化遗址的发现填补了我国新石器时代仰韶文化之前的一段空白。裴李岗遗址的发现，有力证明了早在8000年前，中原地区就已经进入原始农业文明，为研究我国农业、陶器制作、纺织业和建筑的起源与发展提供了重要的实物例证，彻底击碎了“中国文化西来说”，被国内考古界誉为划朝代的考古大发现。

研讨会上，专家们一致认为，新郑裴李岗文化在中华文明进程中具有非常重要的地位，截至目前，在河南全境已经发现有140多处裴李岗文化遗址。其中只有很少一部分进行了考古发掘，尚有许多鲜为人知的秘密埋藏在地下，需要考古工作者进一步发掘整理。新郑市对这一重要文化遗址给予了很好的保护，希望今后能一如既往的保护好遗址，为考古学进一步揭开中华文明起源之谜提供保障。

新郑唐户遗址又有考古新发现
——发现迄今为止国内面积最大的裴李岗文化时期聚落

记者：陈　茁
（河南日报）

距今8000年前的房子，你见过吗？经过一年多的考古发掘，我省考古工作者在新郑唐户遗址发现了国内迄今为止面积最大的裴李岗文化时期聚落遗址。9月20日上午，国内数十位知名考古专家在唐户遗址进行实地考察后指出，唐户遗址的发掘对研究裴李岗文化时期的社会组织结构和家庭形态等具有重要价值，对深入研究裴李岗文化的性质、分期及聚落形态具有重要意义。

一、规模最大的裴李岗文化时期聚落

唐户遗址位于新郑市观音寺镇唐户村西南部，面积为140平方米，是一处多时代聚落群址，2006年被列入第六批全国重点文物保护单位。由于南水北调中线工程总干渠将穿越遗址西部，从去年4月，郑州市文物考古研究院开始对这一地区进行重新调查和抢救性发掘。经过调查，共发现裴李岗文化遗存面积30万平方米，是迄今为止国内面积最大的一处裴李岗文化时期聚落遗址。随后，考古人员又对总干渠占压的遗址进行了发掘，截至目前，共发掘面积7000平方米，其中裴李岗文化遗存5000平方米，发现裴李岗时期房址四组共60多座，灰坑230多个，排水沟2条，壕沟1条，并出土了大量的石器、陶器等文物。

记者在现场看到，在一处朝阳的山坡上，有规律地分布着三排大大小小的半地穴式房屋基址，在房基之间，还依地势修建了一条排水沟。据该项目考古负责人信应君介绍，这些房屋最小的不足5平方米，最大的一间则超过20平方米，房子虽然以单间为主，但也有少部分为双间，这说明当时已经开始具备了家庭形态。在房址里，还发现了大量的石磨盘、石铲、石凿、石镰等石质生产工具和大量的生活陶器。其中石凿、石镰等制作精细，刃部锋利，说明当时生产力发展已经达到一定水平。

二、意义重大应予保护

经过实地考察，中国文物学会副会长、中国社会科学院考古所研究员安家瑶，中国国家博物馆研究员安家瑗，北京大学教授赵朝洪、宋豫秦，中国科学院教授周昆叔和省文物研究所的专家们一致认为，过去发现的裴李岗文化时期的遗迹都以墓葬为主，极少发现有房址。而唐户遗址一次就发现大面积的居住基址，这在全国是首次。这些房址布局合理，具有明显的规律性，且房址面积差异明显，为研究新石器时代早期裴李岗文化时期的聚落形态、房屋建筑方式等增添了新的实物资料，对深入研究唐户遗址、裴李岗文化的性质、分期也具有重要意义。

鉴于唐户遗址裴李岗文化的性质独特，是研究中华文明起源的重要环节之一，安家瑶等20位专家还联名写下倡议书，呼吁南水北调总干渠避开这一重要遗址，让祖先留下的珍贵遗产得以好好保存。

洗尽铅华三十年　考古专家聚新郑
——纪念裴李岗文化发现30周年暨学术研讨会昨举行

记者：党贺喜　　通讯员：张温良

（郑州日报）

30年前，古老的郑韩大地引爆了中外考古史上的一声巨响——在新郑市新村镇裴李岗村发掘了距今约8000年的新石器时代早期文化文物。作为中国20世纪百项考古大发现和全国重点文物保护单位，以裴李岗命名的裴李岗遗址承载着光荣的梦想，永远载入中国文物考古学的史册。昨日，来自中国社会科学院、中国科学院、北京大学等国内外知名度考古专家，省、市文物部门负责人与新郑社会各界齐聚新郑，隆重纪念裴李岗文化发现30周年，并就促进文物保护开发利用进行深入的学术研讨。

裴李岗文化是我国新石器时代早期的考古学文化，也是中华民族文明起步文化。1977年，文物考古工作者在该市新村镇裴李岗村，首次发现和发掘出距今约8000年的新石器时代早期文化代表——裴李岗文化，出土了大量的石器、陶器、谷器和谷粟及墓葬、穴居。随后又在中原地区相继发掘出同一时期的唐户、沙窝李等文化遗址，这一文化遗址的发现填补了我国仰韶文化之前的一段空白，有力地证明了早在8000年前，中原地区就已经进入了原始农业文明，为研究我国农业、陶器制作、纺织业和建筑业的起源与发展提供了重要的实物例证。

据专家介绍，自1977年至1982年春，考古工作者先后对该市的裴李岗、唐户和沙窝里遗址进行发掘，其中对裴李岗和沙窝李进行了五次较大规模发掘，发掘面积3550多平方米，清理墓葬146座、灰坑44个、陶窖1座，获磨制石器212件、陶器299件。石器主要是农业生产工具斧、铲、镰、刀、凿、锤、磨盘和磨棒等；陶器主要是生活用具鼎、罐、钵、盆、碗、盘、勺等。其他还有房基、窑穴、骨器和动植物残存等。唐户遗址因位于新郑市观音寺镇唐户村而得名，是一处多时代的聚落群址，文化堆积丰富。市文物考古研究院于2006年负责主持实施唐户遗址的考古发掘工作，目前已发掘面积7000平方米，发现裴李岗文化时期房址54座，灰坑186个，墓葬2座，沟3条，壕沟1条，取得了丰硕的发掘成果。从裴李岗遗址出土的文物内涵分析，考古学家认为我国的农业革命最早在这里发生，裴李岗居民已进入锄耕农业阶段，处于以原始农业、手工业为主，以家庭饲养和渔猎业为辅的母系氏族社会。较之于同时期河北武安的磁山文化和陕西华阴的老官台文化，处于领先地位。

此次研讨会围绕纪念、研究、弘扬这一主题，众专家深入探讨，相互交流，纷纷发言，就促进文物的保护、开发和利用发表了真知灼见。研讨会期间，专家学者们还参观了唐户遗址的发掘工地，并就发掘工作提出了指导性意见。

其他新闻媒体报道裴李岗文化情况

1972 年 2 月 29 日，《河南日报》刊登《我省出土的历史文物介绍》一文。其中，选登有新郑县裴李岗村出土的石磨盘、石磨棒近 20 件。

1979 年 1 月 10 日《光明日报》刊登《河南省发现一处新石器时代早期文化遗址》一文，报道了新郑县裴李岗遗址。

1979 年，《河南画报》第 5 期刊登了《考古新发现——裴李岗遗址》。

1980 年 4 月 6 日，新华社郑州电：《河南发现八千年的历史遗址》，反映裴李岗遗址的重大收获，指出该遗址是中原地区迄今发现的新时期时代最早的一处。

1983 年 6 月 22 日，《参考消息》刊登"中国在意大利威尼斯举办古代文物展"，新郑县裴李岗遗址出土的部分石器和陶器在展览中展出。

1995 年 4 月，《新郑历史文物陈列》展在博物馆展出，裴李岗文化时期出土文物的第二部分展出，展文物近 40 余件（套）。

河南电视台 2007 年 8 月 12 日《河南新闻联播》简讯报道河南新郑发现迄今为止我国最大的裴李岗文化遗址。

新郑电视台 2007 年 8 月 27 日《聚焦发展》。

中央电视台《探索与发现》。

附　　录

安志敏1978年5月3日~5月19日河南考察日记

1978年5月3日　星期三

与郑乃武同志一起乘137次火车于12：22离京，2：48抵达新郑。

张忠发（新郑县委副书记科教办主任文管会主任）、刘国宝（宣传部副部长）、赵国增（文教局副局长）、薛文灿（文管会）等来车站迎接，用汽车接到县第二招待所。

1978年5月4日　星期四

开封地区文管会崔耕同志由工地赶回，谈了工地的情况，据说已经发现的二十余座墓葬，都在现场保护等待我们去参观。将代购《考古》二期六十本交给崔耕。

午前在招待所休息。

午后刘部长、赵局长、崔耕、薛文灿同志在一起座谈裴李岗遗址发现的重要意义。

开封地区文化局杨局长专程由开封来新郑会见。县委宋书记、连书记、张书记等一齐来会见，并共用晚餐。

1978年5月5日　星期五

午前地区杨局长、县委宋书记、张书记、刘部长、赵局长等一起去裴李岗遗址参观。

裴李岗在新郑县城西北约20里，农村的土路勉强行驶汽车，在路间爬上翻下，行驶起来比较吃力。

先在发掘队的驻地休息，并看了标本，陶器与去年发掘的基本相同，泥质陶为素面，粗红陶有少量篦纹，少见篦纹、篦点纹，但明确为篦状物压成，有的几乎成为方格纹。也发现几片泥质灰陶，当为偶然的产物。还发现极少的陶豆、猪头塑像、羊头（?）塑像，不仅为难得的艺术品，也象征着家畜的存在。还发现几片小燧石片、石英石片，虽无加工痕迹，但人工打制痕迹明确，暗示可能有细石器的存在，是值得注意的线索。三足钵中有底部带密集的漏洞，不知用途如何？遗址在裴李岗村近旁（可能村下即压着遗址），为一黄土岗，土岗顶在修水渠时发现，大体划分渠东，为居住区，渠西为墓葬区。

居住区正在发掘，文化层仅米余，颜色较淡，作灰褐色，含陶片很少，与磁山遗址有类似之处，发现一椭圆形浅窖穴，长约2米，宽米余，深约0.2米。穴壁有烧熘痕迹，估计是一座窑址，可能是半地穴式的露天遗址。

墓葬区挖了23座墓，排列密集，并有打破关系，头皆向南，仰卧伸直，但骨架保存的极差，头部置一壶或锛，身旁有磨盘、磨棒或石镰、石铲。据说磨盘、磨棒与镰铲无共存现象，可能象征性别。可惜人骨保存太差，不能作为佐证。脚底置倒置的三足钵（三四个堆放在一起）。墓群中有两座墓形制较大，三足钵多达四五堆，可能象征着墓主的身份不同，也是很值得注意的现象之一。

最后回到室内，由郑大李友谋同志介绍了遗址的发现情况。午后回地区与杨局长、刘部长、赵局长等一起参观了县文化馆的古物标本，有裴李岗、唐户仰韶（性质与庙底沟类似，完整素陶很多，这个遗址清理时已遭到破坏）。唐户西周墓，其他时代的遗物也很多。郑韩故城遗址出土的铁门枢尤值得注意。由于没有地方，很多标本放在地上堆满了尘土，由于搬动而丧失记录者也不少，甚属可惜。看来文化馆急需增加房屋，添置展览室和陈列室是有必要的。

傍晚杨局长、县委刘部长和我们一起交换了意见。我们强调这个遗址的重要性，需要继续发掘。地方表示限于人力、物力，裴李岗的发掘无法继续下去，欢迎我们参加，只要领导上交任务，保证做好支援工作。要我到省里和付牟同志再谈一下。

1978年5月6日　星期六

午前与崔耕、薛文灿、李友谋等同志一同去裴李岗为了了解遗址与河道的关系，先向下到双洎河道向西绕行，这里都是马兰黄土的堆积，下层可能为红色土。在黄土中过去曾出现过化石。由南向西绕河道变宽达七八百米。裴李岗的西岸可能为旧的河道，即裴李岗遗址原来也位于河流的近旁，而不像今天距离这样远。

接着又看了遗址的范围，从感觉上渠西的墓葬区所剩无几，发掘的探方也比较零乱，即使有墓葬，再挖的效果似不甚大。渠东的居住区范围较大，这里只挖了几个探方，收获似相当有希望，据说也发现过墓葬，这一带尚可为，总之，地层比较单纯，发掘起来可能较容易一些。

中午在队里用餐，午后为学员讲了《裴李岗、磁山和仰韶》。

晚上看京剧电影《野猪林》。

1978年5月7日　星期日

午前由县委岳部长（原任观音寺公社书记——唐户遗址所在公社）与崔、薛、李陪同去唐户调查。

唐户遗址在新郑县城西南约数里，为沂水河及一条小河的汇流处。1975年群众平岗发现大规模的仰韶遗址，曾报河南省博物馆，停了一年未做处理。1976年由县文管会抢救发现了大批墓葬，陶器即此地而出，由于岗底被削平，建筑的红烧土块遍地皆是，拾有鼎足、彩陶片等，仰韶的遗址相当庞大。向前到两河交流的三角地带则为龙山遗址，采有篮纹、方格纹（陶片）及穿孔石斧等，为典型的河南龙山文化，暴露有灰坑、灰层，破坏的不多。由于修水坝破坏了小河对面的遗址。裴李岗遗址则在三角地带的西北部。过去发现过石磨盘，据削土暴露的灰层中确有裴李岗式陶片，老乡交来典型的石铲，可证明它的存在。这里可能与仰韶交错，可以证明仰韶与裴李岗的相对关系，值得注意。这个遗址很值得发掘，因为它可以提供地层上的证据。

午后再度由岳部长陪同登上郑韩故城，参观了李阁志墓地的窖穴遗址（已建房保存），又看了河南省博物馆新郑站在“梳妆台”的发掘工作。这里为城保存的唯一方形高台，但挖掘的很凌乱，最后看了仓城炼铁炉遗址，尽管遗址很好，挖了一点就扔在那里未免可惜。

岳部长、刘副部长陪同用晚餐，餐后向他们告别。晚上看许昌豫剧团演出的“人欢马叫”。

夜间雷阵雨，雨势很大，下了一夜，旱情可以基本解除。

1978 年 5 月 8 日　星期一

早饭后离新郑，行前文教局赵局长来送行，崔、薛等同志陪我们乘面包车去密县，行到超化，翻上高坡到早龙岗。河南省博物馆正在发掘。这里高出河床 71 米，南为洧水，北为绥水，西至超化公社，汇流成为双洎河。早龙岗遗址南北距河各二华里，西至汇流处五华里，估计由于河道变迁，并切深河谷所致。

这个遗址系去年平整土地时发现，河南省博物馆来配合，今年继续发掘 5 米 ×5 米探方，共 103 个，墓葬去年发现 34 座墓，今年编号到 53 号。去年发掘灰坑 12 号，今年编到 34 号。今年发现半地穴式圆形房子六座，直径 2 ~ 3 米，有台阶门道，柱洞 3 ~ 6 个，有烧火的灶址。房屋简单粗糙，上面多为后代扰层所破坏。墓葬共有六座墓出土磨盘、磨棒，也不与铲、镰共存。头向、随葬品的位置均与裴李岗相同。由于遗址的中心被平地破坏，目前发掘系东南边缘，以致半数的探方空荡无物。大体说来房子排列成一线，墓葬在北部，排列密集，窑址尚有问题不能解决，灰层陶片稀少，灰坑内陶片稍多。

然后一同到莪沟住地看，印象如下：

陶片中粗陶中纹饰占比例稍多，均为篦点纹富于变化，除弧线篦点外，也有几片弧纹，但不够清晰。打制石片多系碎块，痕迹不甚清楚，据说去年发掘的有典型的打制石器（细石器?）在省馆，应注意观察。

中午到密县第一招待所，午后薛文灿及汽车回新郑。

密县文化馆魏殿臣同志介绍了遗址情况：

1. 裴李岗文化

（1）城关东北角，发现八个石磨盘，今残有两个。

（2）城关东关发现过三个石铲。

（3）曲梁张湾大队（县东五十里）发现石铲（按：据实物观察与裴李岗者不同，未可肯定）。

（4）青石河发现石磨盘，标本在省博。

（5）刘砦王嘴大队发现石铲。

2. 仰韶文化及其他

（1）马鞍河有墓葬（据标本有白衣彩陶、带状方格纹等）。

（2）惠沟—仰韶文化。

（3）古惠国城址：仰韶、西周、汉。

（4）曲梁公社曲梁大队，龙山、早商、商代，遗址达两公里。

（5）刘砦公社刘砦大队，龙山（早、晚），长达三公里、灰层厚2米余。

（6）曲梁五户庙大队，商代面积很大，未调查。

午后到城关东关和东北角调查，由于扰土过厚，未有收获。这一带地方即使有遗存，也不会太多，恐无发掘的价值。

然后到县文化馆看标本，并做了记录。

1978年5月9日　星期二

午前与崔耕、县文化馆郑、魏同志乘汽车东行调查。

（1）台岗遗址（力牧台）位于新寨公社，相传为轩辕在此讲武，看来是个夯土台，面积很大，中心有高起的土台，内夹红烧土块甚多，似为建筑遗址，经火焚毁后修改，从夯土台上发现绳纹瓦片、素面瓦当以及米字纹空心砖，当系战国时代的建筑遗址。

（2）新寨公社新寨大队，位于双洎河畔的台地上，遗址绵延二三公里，灰层厚达2米以上，颜色深灰，主要为河南龙山文化遗物，有方格、篮纹、绳纹等，扁平石斧坯很多，有的钻孔痕迹系管钻所钻。我采集到一块钻心和细石器（长刮器——很精致）准备带回作为参考标本。这里扁三角形足鼎似为早商遗物。据说这里还有早商遗物，但我们没有遇到。

（3）新寨公社王嘴大队第三生产队（王嘴庄马坟地）1975年整地时发现石铲一件，1977年县文管在此采集石铲一件。遗址两侧有小河（吴河、北河）合流流入双洎河。台地高出河床20余米，未见到灰层，采有零星的泥陶与粗陶，手捻即碎，确系裴李岗文化无疑，是值得注意的地点，如果试掘一下，可能会更清楚一些。午后继续调查。

（4）城关公社青石河，“文革”前发现石磨盘与磨棒，标本在河南省博。由于没有找到发现人，发现地点不详未能调查。

（5）打虎亭汉墓——已发掘的画像石墓与壁画墓保的很好，省里准备为旅游开放，已计划修路和建休息室，看来有此必要。

（6）城关马鞍河，仰韶文化遗址面积较大，断崖上有墓葬的痕迹，采集的彩陶有白衣及带状方格纹，似代表不同的时期。红烧土块很丰富。当有建筑遗址，在一个灰坑的底部有明显的草泥土痕迹。

晚上县委薛书记来陪餐。

1978年5月10日 星期三

早饭后由崔耕同志及密县文化馆周、魏同志陪同乘汽车离开密县。文化局李局长来招待所送行。

进登封后先到告城，参观了观星台和河南省博工作站、八方遗址出土的龙山、早商器物，也看了战国阳城址出土的陶器文字和冶铁有关遗物。

由安金槐同志陪同参观八方遗址，这里即所谓发现夏代城址的所在（龙山城?）。这里据说有龙山（稍早）、龙山晚，二里头一至四期，二里岗一至二期等遗存，城址很小，长宽各仅百米。看到东墙剖面，为上宽下窄的基槽。此墙已不存在，据发掘一段转角，夯土墙作坡形，令人可疑。城内有夯土台，但破坏得很厉害，打破关系复杂发掘的难度很大。遗址面积很大，据说主要为二里头文化。给我的感觉是目前工作虽集中在城址方面，但不是集中发掘，而是随意选点，有零乱的现象。虽然说夯土墙的时代明确，有龙山层的叠压，关系尚不能肯定，因为夯土内所含龙山陶片，只能说是建城时打破龙山层，至于夯土上所压的龙山晚期陶片，看来区别不大，因此这里是否是龙山城址还值得怀疑。另外，这个遗址时代现象都十分复杂，发掘起来必将长期地陷下去。同时过早地肯定为夏代遗址必将招致被动。

双庙沟在水和小河的汇流处，在小河崖上露出上水石，其下有厚30~40厘米的灰层，质坚硬，但陶片极小，这次未能找到。有人认为是冲积形成，不甚像，可能是水位升高后，将树叶变成上水石。这个遗址的范围很小，省博曾在路上挖过一个探方，沿路登上较高的地方，露出灰层，采集一片白衣彩陶，当为仰韶晚期。可能是这里的水位上升，以致后来的遗址反而搬到较高的地点，这是一个新的规律。

中午到登封县招待所。

午后到少林寺，距登封三十里。沿途山景很美。1928年少林寺的大殿被军阀石友三所焚毁，后也当有明清建筑及壁画，修复起来需要很多的经费。这里唐代以来的碑刻甚多。著名的有李世民的亲笔碑，日籍憎邵元碑等均在此，俨然一座小碑林，然后到寺西的塔林参观，这里有唐、宋、元、明等和尚墓二百余座，用砖石制成，形式不一，有碑碣，是值得参观的。从目前的情况看，少林寺已遭严重破坏，但稍加修缮，还是可以对外开放的。

晚上县委书记陪餐。由登封保管所张中和所长、巩熙同志陪同看登封豫剧团演出的“十五贯”。

1978年5月11日 星期四

午前由县保管所巩熙同志陪同参观下列古迹：

(1) 嵩山寺塔，北魏正光三年（公元520年）建十三层十二面砖塔，保存基本完整。上几层塔檐已剥落，塔身部位有裂痕，据说为我国最古的砖塔，为全国重点文物保护单位，其年代早于济南的四门塔。

（2）嵩阳书院，院内有古柏，据云为汉代所植。院内有若干明代碑碣。门前有“大唐嵩阳观纪圣德感应碑”天宝二年李林甫撰文，碑制高大，字迹完好，碑檐略有剥落。

（3）中岳庙规模庞大，现存房三百余间，保存大致完好，神像“文革”之间被拆除，建筑等待修缮，如能用之于陈列，当甚理想。登封文管所设此，有附近出土的少量的古物，如石器、汉陶、魏俑、唐瓷等，其中唐庄出土的石磨盘、磨棒很值得注意，当属裴李岗文化。

（4）太空阙在中岳庙前二百米处，双阙对峙，现建筑保存，不利参观和照相，保存基本完好，与东岳庙的一对石翁都属于东汉遗物。

中午县科教办李主任陪同用午餐。

午后去唐庄遗址调查，在唐庄河北的台上，仰韶遗物很丰富，灰层厚达二米，多为白衣彩陶，面积五六万平方米。由于没找到石磨盘的发掘地点，它的遗存没有找到，只要知道地点是可以进一步探索的。这个遗址很值得重视。

1978年5月12日　星期五

午前8：30与崔耕同志一起乘长途公共汽车由登封出发，11：30抵达郑州即到郑州文化局，见到付月华同志谈到今秋发掘安阳小南海和明年准备发掘新郑裴李岗遗址，他们表示支持。由谭振声、尤汉青同志接待，被安排在郑州西郊中原旅社，距市中心较远，甚不方便。

连日劳累，疲乏至极，午后在旅社休息。

1978年5月13日　星期六

午前河南省博安金槐来用汽车接去看省博。路上先到省中医院参观商代夯土台基遗址，今天发掘距地表3米余。有成排的转折，柱洞内有石础，础间隔米余，似属回廊的遗址。这里位于所谓“商城”东北角内，当属宫殿址的一部分，附近夯土甚多，但今多被房屋压住。五十年代失去机会，相当可惜。夯土台基埋得如此之深，而城墙竟高出地面十余公尺，诚属可疑。

到省博遇到四川大学考古专业的师生在参观，被邀后天上午在郑大做报告，盛情难却，只好答应。参观莪沟遗址印象如下：

（1）陶器基本与裴李岗一致，有壶、钵、三足钵、三足壶、假圈足器等。

（2）粗陶纹饰的比例稍多，都是篦纹（有的类似方格纹）或并排条纹。复原了两件大口深腹罐，一件篦点纹，另一件条纹，与辽西一带的器物极为为类似，可见其关系密切。

(3) 有少量类似细石器的遗存，两件石核和几件无使用痕迹的石片。

(4) 石器也与裴李岗一致，除两面刃石铲外，有不少带肩石铲，有精致的小型斧、锛（有一件为陶制磨光）。

从整个性质看与裴李岗一致，年代可能稍晚。

午后由安金槐同志陪同到文物队旧址参观了淅川下王冈遗址发掘的器物，这里灰层厚达四米，延长时间很长，在标本架上大体按时代排列，可归纳如下：

(1) 仰韶层，未见彩陶，似与后冈相接近。

(2) 仰韶层，彩陶纹饰由三角形过渡到涡纹，似属半坡向庙底沟的过渡阶段。细高的彩陶器座和豆等又似属大溪文化，如不是地层有问题，则可能两者呈现着混合的状态。

(3) 屈家岭层，个别器物可能具有龙山早期的特点。

(4) 湖北龙山层，除地方特点外，尚有蛋壳陶，高颈罐、双耳罐、鬶、盉等似具有山东、河南、陕西诸龙山文化的特点，可能说明接触混合问题。

(5) 早商层。

(6) 西周层。

这里的器物很重要，对说明黄河、长江流域文化的融合交流关系颇有意义。

1978年5月14日　星期日

晨郑州大学考古专业张文彬（北大考古专业六三届毕业生）来联系明日去郑州大学做报告的事宜。

九时由郑州市博物馆李昌韬同志陪同去大河村遗址参观，甘肃省博张学正同志等一起前往。

大河村遗址近30万平方米，1972年发掘的仰韶居址已建房保护，开辟陈列室，保存得很好。由于地下水过高，遗址上遍长青苔，恐将影响遗址的保存，遗址分为六期（报告已送学报）

Ⅰ期（仰韶）　白底彩陶约与庙底沟相当。

Ⅱ期（仰韶）　白底彩陶约与庙底沟相当。

Ⅲ（仰韶）　白底彩陶盛行，出现带状方格纹。

Ⅳ（仰韶）　带状方格纹，纹饰退化。

Ⅴ 龙山早　带状方格纹彩陶残存，相当于庙底沟的Ⅱ期。

Ⅵ 龙山晚　方格纹、绳纹 河南龙山。

午后到劳动公园参观了郑州市博物馆。

1978年5月15日　星期一

午前到郑大做《裴李岗、磁山和仰韶》的报告。郑大历史系、川大考古专业，山大考古专业教师、河南省博、郑州市博、甘肃省博张学正同志等共百余人参加。李友谋同志由新郑赶回。

中午郑大招待用午餐，由李友谋、张文彬和川大林老师陪同，餐后送到车站。由于62次误点三个多小时，三点上车，六点到安阳，地区文管会孙德轩同志来车站迎接，被安置在地区第一招待所。

晚上地区文化局邓局长来访。

1978年5月16日 星期二

午前由孙德轩同志陪同乘汽车先到小屯工作站。杨宝成同志在工作站，中山大学商志馥领同学一人在安阳实习，另一同学未到安阳。

看了工作站的陈列室，感觉摆得很不理想，也比较乱，前面是殷代器物，后面是商、仰韶、隋杂陈，又没有说明，器物排得很挤，实在不成样子，这样怎么能接待外宾?

随后由杨宝成同志陪同去武官南地看正在发掘的成排祭祀坑，葬以牛马，规模很大，也有就地保护的必要。

午后到地区文管会看了汤阴发掘的龙山遗物，很丰富，陶器都是典型的。河南龙山有五片细石器，为长方形的周边刮削器，加工很精致，另外还发现一大石磨盘，不知是龙山遗物，还是早期的遗存。总之，是值得我们注意的。晚上看濮阳大平调剧团演出的《轩门斩子》。

1978年5月17日 星期三

午前地区文化局王局长、孙德轩、县文教局郭局长、孙世杰一起去小南海。工作站王金龙、张振邦同志也一起去了。由于水站的公路在修，绕到鹤壁公路，经龙泉公社。

首先到天喜公社革委会招待所休息片刻，由公社刘书记当向导去小南海，由于拦坝小南海的水位升高，风景颇为优美。路旁的北齐小石窟因采石形成孤立，影响保护，当即阻止。

小南海的变化不大，爬进去不能站立，面积为4米×5米，顶部虽破裂，没有继续下塌，估计不会有塌顶的危险。计划先挖一方，再看内部的情况，首先要将洞口清出，初步打算如图所绘。勘察小南海以后，继续看了水库大坝，然后回公社用午餐。

休息后到洹河峡谷口部的黄土台地查看了一下，发现有青瓷窑址，疑是元代遗物。

晚上，地区文管会孙德轩、县文教局郭局长、孙世杰来招待所谈关于小南海的发掘、保护问题。郭局长提出希望所里给县革委会一封信，以引起重视。孙德轩同志要我们给地区革委会一封规划劳力的信。

1978年5月18日 星期四

午前由地区文化局邓局长、孙德轩同志陪同去汤阴白营遗址。

这个遗址已发掘过两次，由我所方酉生等同志协助进行了发掘，揭露了大批龙山白灰面房子遗址，排列密集，保存得较好，实行了大面积的揭露。

这次发掘是在上两次发掘的基础上，继续向下发掘。找了我所下放的实习员梅鹏华作为临时工来主持工作，并有各县的学员和民工等四十余人。这次系在上次大探方的基础上，又分为四个，重新编地层号（已挖去近2米，下面还有4米多）未免显得前后不衔接。这次是保留了隔梁，将房子挖下，剖面是比较清楚的，但平面有些不济，未免显出前次以平面为主，这次以剖面为主。在发掘人员、方法和处理遗迹的连续性上问题较大。

这个遗址作高出地面台形，显然由于连续堆积以致地形升高（这一带为平原，凡高台处往往有遗址）房子往往在一个基础上叠压达七八层之多。圆形，草泥土墙（有平地起墙和挖墙之争，看来以前者为主，不排除都有存在，至少解决了过去白灰面无墙的问题）。墙外往往有草泥土铺地面，以致与墙的关系不太好分，加上房子、灰坑的叠压打破关系，就显得更为复杂了。

遗物基本上属于河南龙山文化，但有少量鬼脸式鼎足和蛋壳陶与典型龙山文化相似。尽管堆积较厚，器物变化不大，可能相距的时间不久。发现的细石器有镞和刮削器等，但未见石片，可能出于遗漏。草泥中往往有草秆遗迹，有一块很像麦穗，准备带回请人鉴定。

中午在公社招待所用午餐。

午后归途到县城参观了岳庙，这里系岳飞故里，明请以来的碑刻不少，有乾隆的御笔。值得注意的是有数处越南人的题诗碑。岳家族人旧藏，明清时代的岳飞画像，今归文化馆，临有摹本，得以展现。关于庙中岳飞诗词的石刻以及前后出师表的石刻，手笔不一，当非原迹，猜为后人所附会。

路过羑里，传为周文王演易之所，旧有文庙，今为中学所在，庙底高出地面，直径两三百米。在两面断崖上露出成层的白灰面和灰坑痕迹，遗物均系龙山的，我捡得三片细石器的石片，还有一块未经加工的火石砾石，足证这类细石器石片在河南龙山遗址中可能比较普遍，只是发掘未被注意而已。这个遗址整个被学校压住，已无平整土地之类的事情或可保存下去。

地区宣传部董部长、文化局王局长、邓局长来会见并共进晚餐。晚上看地区豫剧团演出的《穆桂英下山》。

1978年5月19日　星期五

午前孙德轩同志到车站送行。我们乘10：09分第2次列车返京，车中拥挤异常，车到邯郸才找到座位。午后五时抵达北京。

新郑唐户遗址发现裴李岗文化大面积居址

张松林　信应君　胡亚毅
（郑州市文物考古研究院）

目前已揭露裴李岗文化遗存4000平方米，发现裴李岗文化时期房址47座、灰坑166个、沟3条、壕沟1条，居住基址内排水系统1条、墓葬1座，对研究新石器时代早期房屋建筑方式及裴李岗文化时期聚落形态具有重大学术价值。

唐户遗址位于河南省新郑市观音寺镇唐户村西部和南部，溟水河与九龙河两河交汇处的夹角台地上。该遗址发现于20世纪70年代，是第六批全国重点文物保护单位。遗址面积100余万平方米，文化遗存堆积丰富，包含有裴李岗文化、仰韶文化、龙山文化、二里头文化及商、周文化，是一处多时代的聚落群址。其中仅单纯裴李岗文化遗存面积20万平方米，如果包括被仰韶文化等叠压的区域，有可能超过30万平方米，这也是我国目前发现最大的一处裴李岗文化时期的聚落遗址（图一）。

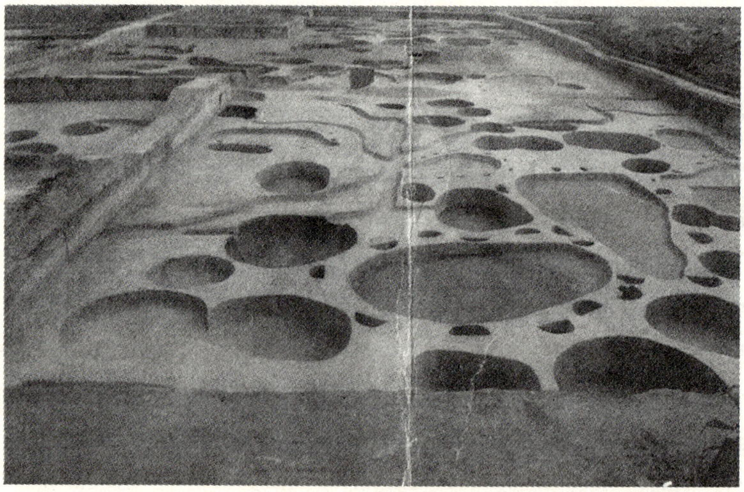

图一　发掘现场

为配合南水北调中线干渠工程建设，郑州市文物考古研究院在新郑市文物局的配合下，于2006年6月开始对干渠占压部分进行了抢救性发掘。发掘区按象限分为4个区域，2006年发掘工作主要在Ⅱ、Ⅲ区进行，2007年主要在Ⅳ区进行。截至2007年5月底，已发掘面积4000多平方米。发现裴李岗文化时期的房址47座，灰坑166个，沟3条，居住基址内排水系统1条，壕沟1条，墓葬1座，出土了一批重要文物遗物。

从清理来看，发掘区地层堆积简单，Ⅱ区裴李岗文化层为汉代文化层所叠压，Ⅲ区裴李岗文化层为宋代文化层直接叠压，Ⅳ区裴李岗文化层则被明清文化层叠压。裴李岗文化层堆积较厚，一般在0.8～1.8米，最厚处可达3米以上。

已清理裴李岗文化时期房址47座，均为半地穴式，平面有椭圆形、圆形、圆角长方形和不规则形。门向有西南向、南向、东南向几种，大多朝向地势较低的一面。房子以单间式为主，共44座，双间式3座。房内居住面积和墙壁均经过处理。有6座房内发现有用灶迹象，灶设在房屋中间或门道一侧。这批房址按结构形式大致可分为3种类型：

第一类：斜坡式门道单间式，共42座。包括单、双门道两种形制。单门道的40座，以07ZXTF26为例，平面椭圆形，门道位于西南侧，坑壁斜弧收，圜底。房外有柱洞14个，并在其东、西两侧各发现1个近圆形小坑，应与房屋建筑有关。双门道的2座，以07ZXTF22为代表，平面近圆形，门道位于南部稍偏西处，两门道相隔约0.5米。坑壁斜收，底部较平坦。房内东北部有一椭圆形坑，径长0.65～0.82米，其内包含有大量草木灰、炭粒及烧土块，可能为灶坑遗存；中部有一圆形坑，直径0.36米，应为房屋内部的承重柱洞。

第二类：阶梯式门道单间式：共2座。以06ZXTF21为代表，平面近圆形，门道位于东南部，平面呈不规则长方形，坑壁斜弧收，圜底，底部居住面由纯净黄土铺垫而成。房外发现柱洞8个（图二）。坑内填土堆积分四层，出土遗物较为丰富，包含有较多的炭粒、烧土块、陶片以及石器等（图三）。

第三类：斜坡式门道双间式，3座，均系二次扩建形成。以06ZXTF3为代表，由门道、东室、西室三部分组成。门道西南向，房屋分东、西两间。东间平面呈椭圆形，坑壁斜弧收，圜底；西间平面近圆形，坑壁竖直，平底。东、西房屋之间以过道相通。从发掘来看，该房子经过两次建造；第一次，为始建时期，包括门道、东间房屋及其下层居住面，该居住面上发现大块红烧土块和经过焙烧的长条状红烧土台，应为灶的残存遗迹；第二次，为扩建时期，包括东间房屋上层居住面、过道及西间房屋。

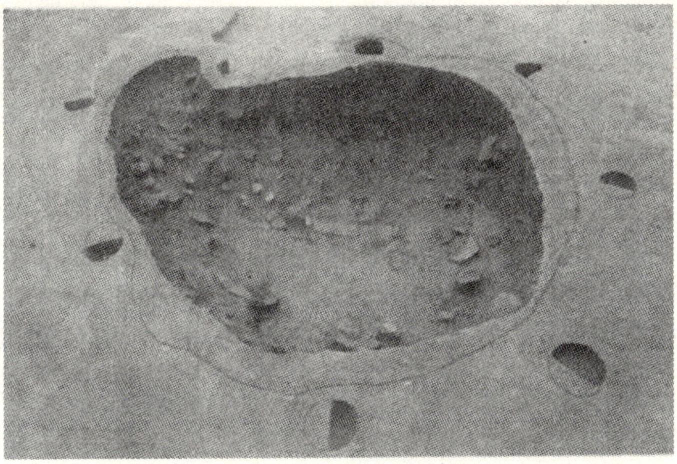

图二　06ZXTF21 北—南

图三 06ZXTF21 出土的部分陶器

此外，在第Ⅳ发掘区的西南部 T0315、T0415、T0316、T0416 探方内，发现居住基址内的排水系统1条，编号为07ZXTG11，其形制如下：在 T0315 内，有两条支流依地势从西北向东南延伸，T0415 内，一条支流由东北向西南伸展，最后这三条支流在 T0315 探方东南部汇流在一起，而后向西南进入到 T0316 探方内。已揭露部分长 22.5 米，宽 0.2～0.9 米，深 0.15～0.2 米，沟为斜直壁，下部内收，底近平。G11 被 H119、H122 打破，同时打破 H152 和 H194。该排水系统的发现，说明当时人们已经懂得利用自然地势来建造排水设施，反映了较为先进的建筑理念。

已清理裴李岗文化时期灰坑166座，按坑口形状可分为椭圆形、圆形、圆角长方形及不规则形四种，坑壁以斜弧壁为主，平底较多，个别为圜底。在这些灰坑中，可以明确用途的有26座，为窖藏遗迹。这批窖藏集中分布在房址附近，平面呈圆形或圆角方形，直径在1.2～2.6米之间，深0.7～1.3米。以07ZXTH92为例，开口于③层下，打破④层及生土，并打破 H97 和 H98。平面呈椭圆形，方向90度。径长1.7～2.1米，壁近直，平底，底距坑口深1.2～1.3米。坑内填土共分4层，其中第④层土色黑灰，包含有较多炭粒和烧土颗粒，出土有较为丰富的陶片，可分辨器形有鼎、罐、壶、钵等。

壕沟：1条。位于Ⅲ区的东北部，经勘探和发掘初步确认该沟呈东南—西北向，已知长度300余米，沟宽10～20米，深2～4米。呈环状与九龙河相接，沟内堆积青灰色黏土。壕沟内侧分布有房址、灰坑等文化遗迹。

出土遗物以石器和陶器为主，石器主要为生产工具，分为打制石器和磨制石器两类。打制石器石质有石英砂岩、石英等，多为石核和石片，器形有砍砸器、刮削器和尖状器；磨制石器有石磨盘、石磨棒、石斧、石镰、石刀等。生活用具主要为陶器，以泥质和夹砂陶为多；陶色以红色为主，多不纯正，另有褐色，灰黑色，灰陶数量较少，火候略高。器类有鼎、罐、壶、钵、碗、甑、豆等。纹饰多素面，少量夹砂陶的器表施有划纹、篦点纹、戳刺纹等。典型器有侈口深腹鼎、罐形鼎、小口深腹平底罐、大口斜壁深腹罐、小口双耳壶，三足钵及圈足碗等。

发掘表明，现阶段唐户遗址裴李岗文化时期的居住基址可分为四组相对独立的单元，中间被生土隔离。第一组：位于第Ⅲ发掘区的西北部，发现F1、F2两座房址。因其紧邻九龙河，推测其西部遗迹可能被河道冲刷破坏。第二组：位于第Ⅲ发掘区的东北部，和第Ⅱ区发掘区的东南部相连，略呈带状环绕分布在上述壕沟的内侧。该组房屋建立在坡状地貌上，可能是为了便于排水。本组房址共计12座。第三组：位于第Ⅱ发掘区的东南部及西部，共计6座，包括F6～F7，F15～F18。值得注意的是，本区房址面积已经出现较大差别，如F16面积不到5平方米，而F7面积达到20平方米。另外在Ⅱ区发现人工修筑的沟1条，编号为06ZXTG10，已发掘区域沟长21.6米，宽0.75～1.1米，深0.5～0.6米，该沟打破F6、F7及F18。由此看来，当时可能已经具备了一定的社会组织，生产力水平达到了一定的高度。第四组：位于第Ⅲ发掘区的东南部和第Ⅳ发掘区的西南部，目前已发现房址27座（F21～F47）、灰坑120个。房址分布较有规律，从北向南大致分为三排。门多朝向西南，个别门朝向东南的房子被门朝向西南的房子打破。房屋外围分布有较密集的灰坑和窖藏遗迹，并出现多组迹象互相打破。新发现有双门道和阶梯式门道的房址，并且出现房址两侧各自分布1个灰坑，形成一个独立单位的布局特征。房址形制结构的新变化以及按照一定规律成排分布的特点，说明此组房屋在建造技术及布局形态上更加成熟，此区当为裴李岗文化聚落的核心区域。

从目前对于新石器时代早期裴李岗文化居址的研究来看，在150多处裴李岗文化遗址中，除舞阳贾湖外，只有新密市莪沟遗址发现房址6座，其他均为零星考古发现，而此次唐户遗址新发现的裴李岗文化时期的房址，不仅数量多，而且分为四个区，布局具有明显的规律性，这对于进一步研究裴李岗文化时期聚落布局具有重大学术意义；尤其是围绕在Ⅲ区房址周围壕沟的发现，开仰韶时代封闭式内向型环壕聚落的源头，为早期聚落考古研究增添了新的材料。南水北调作为跨世纪民心工程，渠道占压遗址区的面积甚大，随着今后抢救性考古发掘工作的深入开展，一定还会有更重要的考古发现。

河南新郑市唐户遗址裴李岗文化遗存发掘简报

河南省文物管理局南水北调文物保护办公室
郑州市文物考古研究院

一、遗址概况及发掘经过

唐户遗址位于河南省新郑市观音寺镇唐户村的西部和南部，地处溴水河与九龙河两河汇流处的夹角台地上，东北距新郑市约13.5公里，北距观音寺镇约1.5公里（图一）。遗址北起唐户村北，东达溴水河东岸，西临九龙河西岸，南至溴水寨南，历代相传该地为“黄帝口”。遗址东、西、南三面环水，地势北高南低，台地高出河床7～12米，海拔123～126米。

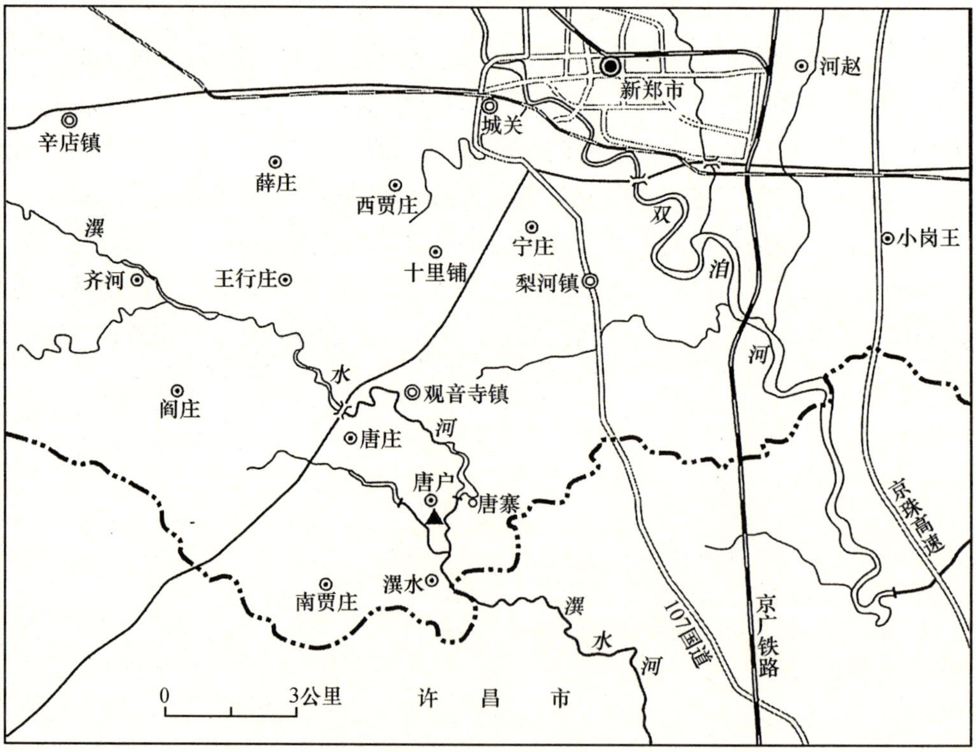

图一　遗址位置图

唐户遗址是第六批全国重点文物保护单位，遗址面积140余万平方米，是一处跨时代的聚落群遗址。其文化堆积丰富，包含有裴李岗文化、仰韶文化、龙山文化、二里头文化及商、周时期遗存。其中单纯的裴李岗文化遗存的分布面积达20万平方米，如果包括被仰韶文化等叠压的区域，其面积有可能超过30万平方米。南水北调中线干渠西南—东北向从遗址西部穿过，占压遗址面积约8万平方米。

2006年6月，经上级主管部门批准，郑州市文物考古研究院开始对渠道占压的唐户遗址进行部分发掘。采用象限布方法，将发掘区分为4个区域，即Ⅰ至Ⅳ区。发掘区统一布方，采用年度加地点、区号和探方号的方式对探方进行编号，采用年度加地点和遗迹序号的方式对遗迹进行编号。探方面积为10米×10米。2006年的发掘工作主要在Ⅱ、Ⅲ区进行，Ⅱ区发掘探方14个，Ⅲ区发掘探方31个，发掘面积共4380平方米，其中裴李岗文化遗存面积为2580平方米（图二）。发现裴李岗文化时期的房址22座，灰坑33个，墓葬1座，壕沟1条，沟2条，出土了一批重要的文化遗物。现将2006年的发掘情况简报如下（为了便于叙述，下文省略了探方、遗迹和遗物编号前的“2006ZXT”）。

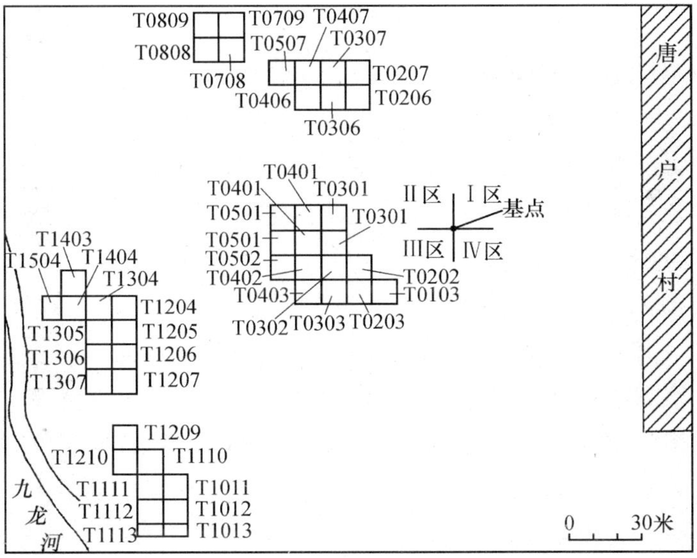

图二 Ⅱ、Ⅲ区探方分布平面图

二、地 层 堆 积

遗址原为高低起伏的岗地，由于20世纪70年代平整土地，原来的地貌已被改变，局部地区文化层被严重破坏。从清理情况看，发掘区地层堆积简单，Ⅱ区的裴李岗文化层被汉代文化层叠压，Ⅲ区的裴李岗文化层直接被宋代文化层叠压。裴李岗文化层堆积较厚，厚度一般在0.8～1.8米之间。现以Ⅱ T0206、T0306北壁剖面，Ⅲ T0203、

T0303、T0403 北壁剖面，ⅢT1011、T1012、T1013 西壁剖面为例介绍如下。

（一）Ⅱ区的地层堆积

本区的地层堆积除西部九龙河东岸局部垫起外，基本未遭破坏，保存较为完好。其地层堆积状况（图三）如下。

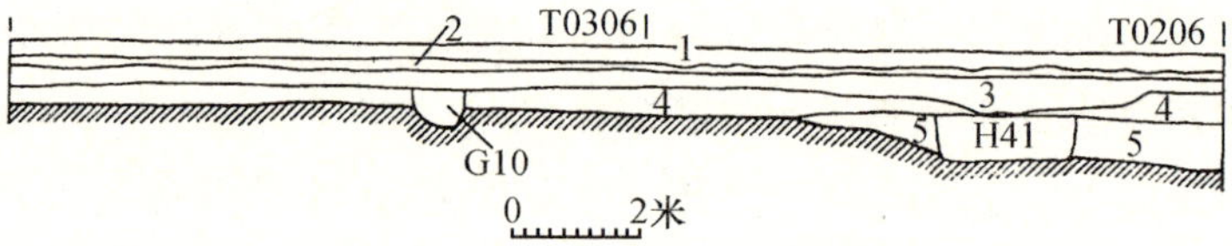

图三　ⅡT0206、T0306 北壁剖面图

1. 灰黄色耕土　2. 棕黄色土　3. 黄褐色土　4. 灰褐色土　5. 黑褐色土

第 1 层：灰黄色耕土，土质较松软，内含植物秸秆及现代砖、瓦碎块等。厚0. 2 ~ 0. 3 米。

第 2 层：棕黄色土，土质略硬，结构疏松，内含植物根系及陶瓷片、砖瓦碎块等，为近代扰土层。深0. 2 ~0. 4、厚0. 1 ~0. 15 米。该层分布于整个Ⅱ区。

第 3 层：黄褐色土，土质略硬，结构稍紧密。深0. 35 ~1、厚0. 2 ~0. 6 米。出土较多筒瓦、板瓦残片及泥质灰陶片等，为汉代堆积层。该层分布于整个Ⅱ区。该层下叠压 G10，其年代为裴李岗文化时期。

第 4 层：灰褐色土，土质黏硬，结构紧密，内含炭粒、烧土粒等。深 0. 6 ~ 1. 2、厚0. 1 ~0. 55 米。出土少量泥质和夹砂红陶片，为裴李岗文化层。该层分布于整个Ⅱ区。H41 开口于该层下，年代为裴李岗文化时期。

第 5 层：黑褐色土，土质坚硬，黏性较大，内含极少量的炭屑和烧土粒。深 1. 1 ~ 1. 9、厚0. 1 ~0. 8 米。基本未见有遗物出土。该层分布于Ⅱ区局部地势较低洼处。

第 5 层下为生土，浅黄色，土质纯净，内含细粉沙，该层分布于整个发掘区。

（二）Ⅲ区的地层堆积

本区因平整土地，东、西部地层差异较大。东部因取土使文化层遭到严重破坏，有些地方耕土层下即为生土；西部河岸坡地多经垫起，与东部地面大体水平。Ⅲ区地面比Ⅱ区地面低 1 米左右。

东部地层堆积以ⅢT0203、T0303、T0403 北壁剖面（图四）为例说明。

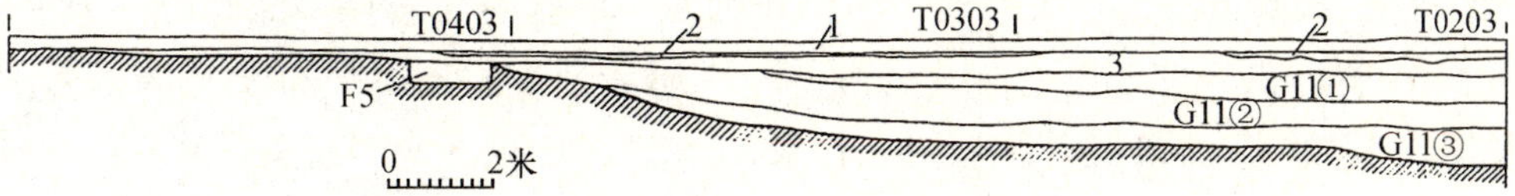

图四　ⅢT0203、T0303、T0403北壁剖面图
1. 灰黄色耕土　2. 棕黄色土　3. 褐红色黏土

第1层：灰黄色耕土，土质松软，内含现代砖块、塑料制品及农作物根系等。厚0.2~0.3米。该层下有些区域直接为生土。

第2层：棕黄色土，土质略硬，结构疏松，内含炭粒、烧土粒及砖瓦碎块、陶瓷片等，为近代扰土层。深0.25~0.65、厚0~0.4米。该层分布于Ⅲ区东部局部。

第3层：褐红色黏土，土质较硬，呈团粒结构，内含炭粒、烧土粒等。深0.25~0.8、厚0.2~0.5米。出土泥质和夹砂的红陶片，泥质灰陶片等。该层与Ⅲ区西部的第6层相当，为裴李岗文化层。F5、G11开口于该层下。F5的年代为裴李岗文化时期；G11为自然沟，其年代相当于裴李岗文化时期。

第3层下为生土，黄色，土质纯净，内含细粉沙。该层分布于整个发掘区。

西部地层堆积以ⅢT1011、T1012、T1013西壁剖面（图五）为例说明。

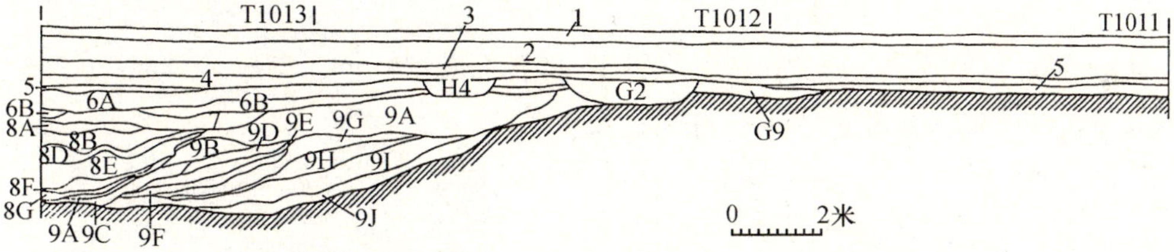

图五　ⅢT1011、T1012、T1013西壁剖面图
1. 灰黄色耕土　2. 黄褐色土　3. 浅灰色土　4. 浅褐色土　5. 红褐色土　6A. 褐红色黏土　6B. 褐红色黏土　7. 锈黄色粉沙土　8A. 灰白色土　8B. 灰白色土　8C. 灰白色土　8D. 灰白色土　8E. 青灰色土　8F. 粉白色土　8G. 灰白色土　9A. 青灰色土　9B. 灰白色土　9C. 浅青灰色土　9D. 灰白色土　9E. 浅灰色土　9F. 灰白色沙土　9G. 灰白色土　9H. 灰白色土　9I. 青灰色土　9J. 青灰色土

第1层：灰黄色耕土，土质较松软。内含植物根系、散碎的秸秆及砖瓦残块等。厚0.15~0.3米。

第2层：黄褐色土，杂有红褐色黏土块，土质较疏松。内含早期红陶片、瓷片及现代砖、瓦块等，为平整土地时的垫土层。深0.15~0.86、厚0.1~0.63米。该层分布于Ⅲ区西部。

第3层：浅灰色土，土质较软，结构细腻，内含炭粒、陶瓷残片、砖瓦碎块等，为近现代扰土层。深0.7~1.1、厚0.1~0.35米。该层分布于Ⅲ区西部。

第4层：浅褐色土，土质略硬，结构较细腻，内含料姜石粒。深0.88～1.85、厚0.12～0.45米。出土有灰陶片、青瓷片等，为明清地层。该层分布于Ⅲ区西部。G2、H4等开口于该层下。G2的年代较晚，为宋代；H4的年代为裴李岗文化时期。

第5层：红褐色土，土质稍硬、略黏，结构较紧密。内含炭粒、烧土粒。深1.05～2、厚0～0.35米。出土有少量泥质灰陶片、青釉瓷片等，为宋代地层。该层在Ⅲ区西部断续分布。G9开口于此层下，被G2打破，年代为裴李岗文化时期。

第6层：褐红色黏土层，可分为2个小层。

第6A层：褐红色黏土，土质较硬，呈团粒结构，夹杂炭粒及黄粉色土块等。深1.15～2.08、厚0～0.65米。出土有较为丰富的泥质和夹砂红陶片、石器残块等，为裴李岗文化层。该小层在Ⅲ区西部和西南部断续分布。

第6B层：较第6A层颜色稍深，土质坚硬，团粒结构紧密，黏性较大。深1.15～2.2、厚0～0.42米。出土有少量泥质和夹砂红陶片、泥质灰陶片等，为裴李岗文化层。该小层分布于Ⅲ区西南部。

第7层：锈黄色粉沙土，土质较纯净，结构细腻，含大量水锈斑，与发掘区内的生土相似，应是冲积的生土淤积而成。深1.78～2.25、厚0～0.35米。无遗物出土。该层分布于Ⅲ区西南部。

第8层：冲积淤积层，混杂有粗沙层。分布于Ⅲ区西南部地势低洼处。可分为7个小层。

第8A层：灰白色土，土质较软，结构松散，夹杂粗沙粒、炭粒等。深2～2.5、厚0～0.3米。出土有少量泥质和夹砂红陶片等。

第8B层：灰白色土，略泛青，土质略硬，结构紧密。内含炭粒。深2.25～2.85、厚0～0.5米。出土有少量泥质和夹砂红陶片等。

第8C层：灰白色土，土质结构松散，局部含大量粗沙，夹杂褐色水锈斑块、炭粒、料礓石粒等。深2.25～3.2、厚0～0.6米。出土有泥质和夹砂红陶片、石块、兽骨等。该层主要分布在探方东南部，西壁不见该层。

第8D层：灰白色土，土质略硬，结构紧密，夹杂波纹状细沙带、水锈斑点、炭粒等。深2.35～3.3、厚0～0.3米。无遗物出土。

第8E层：青灰色土，土质较硬且黏，结构紧密，夹杂褐色土块、水锈斑块、炭粒等。深2.25～3.65、厚0～0.65米。无遗物出土。

第8F层：粉白色土，土质稍硬，黏性较大，结构细腻，内含炭粒、兽骨等。深3.1～3.75、厚0～0.35米。

第8G层：灰白色土，土质疏松，结构松散，含沙量较大，内含褐红色及黑灰色土块、水锈斑块等。深2.85～3.8、厚0～0.3米。出土有少量红陶片。

根据地层内出土的遗物分析，第8层的年代相当于裴李岗文化时期。

第9层：冲积层，分布于Ⅲ区西南部地势低洼处。可分为10个小层。

第9A层：青灰色土，土质黏硬，结构紧密，内含炭粒、烧土粒、水锈斑点等。深1.6～2.55、厚0～0.75米。出土有数量较多的泥质和夹砂红褐陶片、少量的泥质灰陶片、石料、石片、碎骨片等。

第9B层：灰白色土，土色较深，土质较软，结构略疏松，内含较多粗沙粒、料姜石粒、黑褐色土块等。深2.4～3.15、厚0～0.5米。出土有少量泥质和夹砂红陶片、石块等。

第9C层：浅青灰色土，土质细腻，内含细沙、炭粒、水锈斑点等。深2.95～4、厚0～0.25米。出土有少量夹砂红褐陶片、泥质红陶片等。

第9D层：灰白色土，土质结构紧密，内含炭粒、料姜石粒等。深2.4～3.25、厚0～0.23米。出土有少量泥质和夹砂红陶片、螺壳等。

第9E层：浅灰色土，局部土色略黑，土质较硬，结构粗糙，含较多料姜石粒。深2.07～3.75、厚0～0.32米。出土有较多的泥质和夹砂红陶片、少量的泥质灰陶片、石料、螺壳、蚌壳、碎骨残片等。

第9F层：灰白色沙土，局部为黄褐色粉沙土，土质较硬，结构松散。深2.5～3.8、厚0～0.2米。无遗物出土。

第9G层：灰白色土，土质松软，结构较紧密，内含炭粒、细黄沙淤积带等。深2.75～3.75、厚0～0.35米。出土有少量泥质和夹砂红陶片。

第9H层：灰白色土，局部略泛青，土质较松软，结构紧密，内含细沙、水锈斑点等。深3.25～3.5、厚0～0.1米。无遗物出土。

第9I层：青灰色土，土质较黏硬，结构紧密，内含褐黄色细沙层和白色细沙层、植物朽痕等。深2.13～3.75、厚0～0.5米。无遗物出土。

第9J层：青灰色土，土质黏硬，结构紧密，且较纯净。深3.58～4.1、厚0～0.3米。无遗物出土。

根据地层内出土的遗物分析，第9层的年代相当于裴李岗文化时期。

第9层下为生土，粉白色，土质纯净、黏硬，内含大量料姜石块。

由于发掘区地层破坏严重，各区地层堆积情况有所差异。经分析推断，Ⅱ区第4层应与Ⅲ区东北部的第3层、Ⅲ区西部的第6层相当，年代稍晚。Ⅱ区第5层应与Ⅲ区西部的第8、9层及Ⅲ区东北部的G11内的堆积相当，其年代较早。

三、遗　　迹

（一）房址

2006年的发掘共发现房址22座，按其分布地域可分成4个相对独立的单元，中间被生土隔离。第一单元房址位于Ⅲ区的西部，共2座（F1、F2）。因其紧邻九龙河，推测其西部遗迹可能被河道冲刷破坏。第二单元房址位于Ⅱ区的西部，共3座（F15～17）。第三单元房址位于Ⅱ区的东南部，共3座（F6、F7、F18）。第四单元房址位于Ⅲ区的东北部，与Ⅱ区的东南部相连，略呈带状环绕在G11内侧的阶地上，包括F3～F5、F8～14、F19～F20；此外，原编号为灰坑的H31、H55经分析后确定为房址，重新编号为F57、F58，则第四单元房址共14座（图六）。

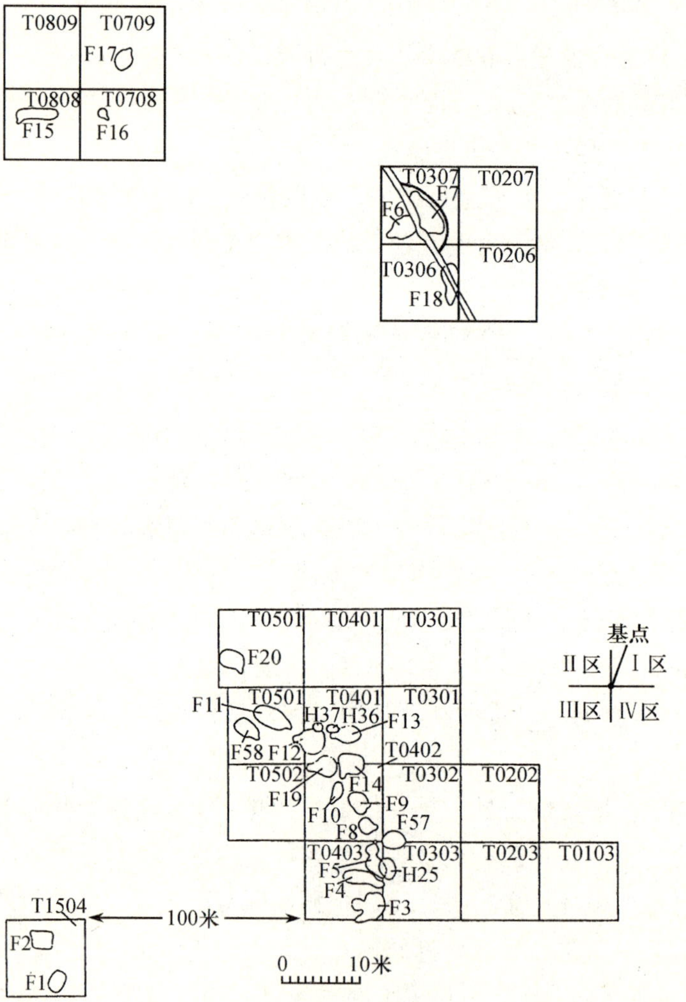

图六　Ⅱ、Ⅲ区房址分布图

房址总体保存较差，为斜坡门道半地穴式。平面呈圆形、椭圆形、圆角长方形和不规则形。可分为单间式和双间式两种，以单间式为主，共19座；双间式3座，系二次扩建而成。屋内的居住面和墙壁均经处理，其中3座房址内有用灶痕迹，灶多分布在房屋中间或门道一侧。房址周围分布有圆形或椭圆形的柱洞。

1. 单间式房址

共19座，其中椭圆形的9座、圆角长方形的6座、不规则形的4座。

（1）椭圆形房址　共9座，包括F6、F7、F11、F13、F16、F17、F19、F20、F57。下面以F7为例进行介绍。

F7　位于ⅡT0307内。开口于第3层下，打破第4层和生土，西部被G10打破。平面呈不规则椭圆形，口部长径6、短径3米，周壁斜直，底部略有倾斜，深0.15～0.45米。门向西北，方向339度。门道长1、宽0.8～1.5米。房址外围发现7个柱洞，平面均呈圆形，直径0.2～0.26、深0.12～0.18米。柱洞内的填土呈灰褐色，土质较黏硬。房内的填土呈黑褐色，黏性较大，内含红烧土粒、炭粒等。房址外东部和北部被一条长约10、宽0.1～0.12、深0.05～0.08米的小沟环绕，小沟西端被G10打破，南端依地势消失，推测该小沟应为F7的排水沟（图七）。

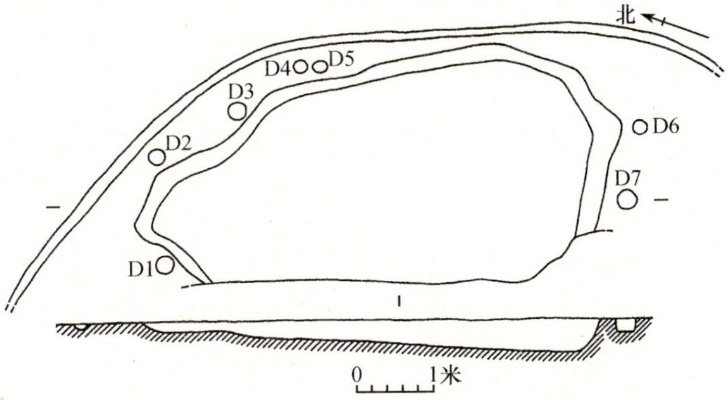

图七　F7平、剖面图

（2）圆角长方形房址　6座，包括F1、F2、F4、F10、F14、F15。下面以F2为例进行介绍。

F2　位于ⅢT1504内。开口于第6A层下，打破第6B层和生土。西南部被M14打破。房址平面近长方形，长2.9～3、宽2.3～2.46、深0.3～0.32米。门道位置不明。房内居住面较硬，东南部有一亚腰形的红烧土硬面，东西残长1.6、南北宽0.3～0.56米，应为灶的残存遗迹。房址外围发现7个柱洞，平面呈圆形或椭圆形，直径0.19～0.36、深0.08～0.14米。柱洞内的填土呈灰褐色，土质较黏硬。房内的填土呈灰褐色，土质较硬，结构较紧密。内含炭粒、红烧土粒等，出土有少量泥质和夹砂红陶片，可辨器型有折沿罐、三足钵、壶等（图八）。

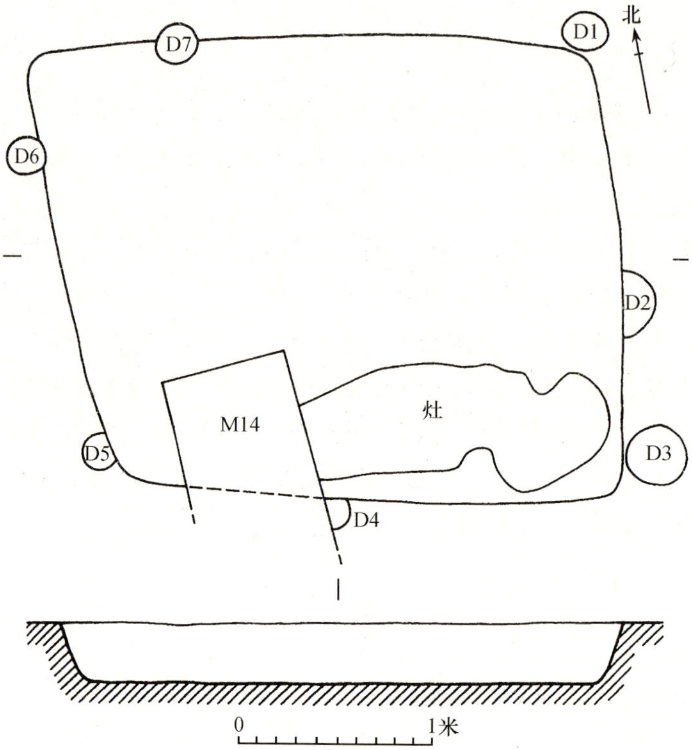

图八　F2平、剖面图

（3）不规则形房址　4座，包括F8、F9、F12、F58。下面以F12为例进行介绍。

F12　位于ⅢT0401西南部和T0501东南部。开口于第3层下，打破G11第1层及生土。房址平面呈不规则椭圆形，东西长3.38、南北宽1.5～3.36、深0.3米，周壁规整，斜内收，底近平，居住面由黄灰色沙土铺垫而成。门向西，方向270度。门道东西长0.94、南北宽0.64～1.24、深0.13～0.3米。门道南、北两侧各有1个圆形柱洞。房址外围发现10个柱洞，平面均呈圆形，直径0.13～0.35、深0.05～0.1米。柱洞内的填土呈黑灰色，土质较硬。房内的填土呈黑褐色，土质较黏硬、内含炭粒、烧土粒等，出土有少量泥质红陶片、夹砂红褐陶片、泥质灰陶片等，可辨器型有罐、钵等（图九）。

2. 双间式房址

共3座，包括F3、F5、F18。下面以F3为例进行介绍。

F3　位于ⅢT0403东南部，T0303西南部原编号H20应为房址的一部分。开口于第3层下，打破G11的第1层及生土。由门道、东室、西室三部分组成。门向西南，方向238度。门道长1.56、宽1.14米。东室平面近椭圆形，口部长径3.7、短径2.58、深0.18～0.5米，周壁斜弧收，底略呈袋状。室内东北部有一长约2、宽0.6米的黄褐土台面。西室平面呈圆形，直径1.64、深0.27米，周壁竖直，底近平。东、西二室间以长0.66米、宽0.16米的过道相通。东室居住面分上、下两层。上层居住面深0.33~0.4、厚0.05~0.08米，为纯黄土铺垫而成。居住面东北部近屋壁处发现有较多红烧土块，但用灶的迹象不明显，此层居住面略低于西室居住面。下层居住面深0.52~0.54米，面较平坦，南半部发现有大块的红烧土块和经过焙烧的长条状红烧土台，应为灶的残存遗迹。

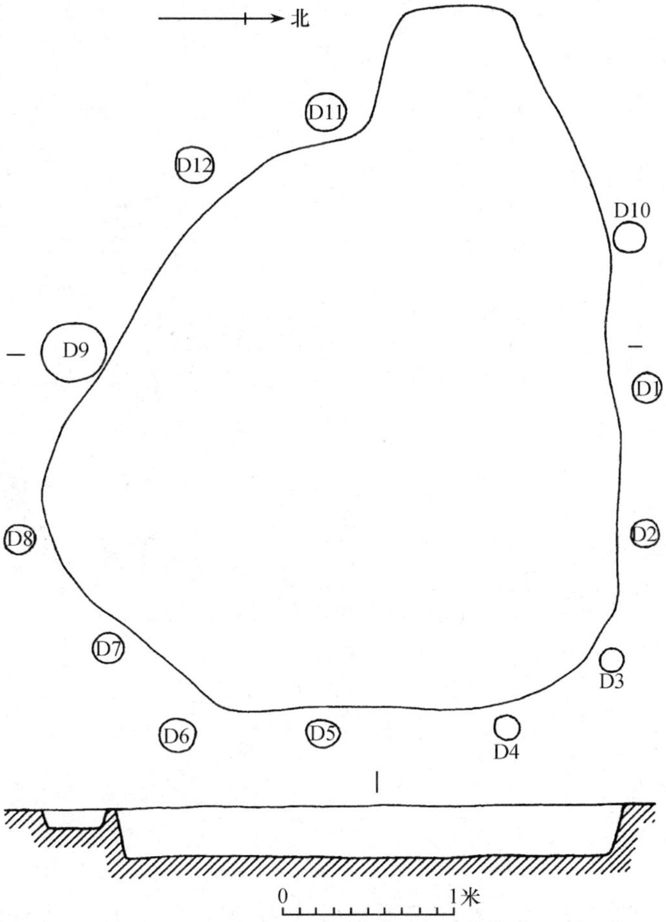

图九　F12平、剖面图

房址外围发现14个柱洞，其中D4、D5属门道，D1~D3、D6~D8属东室，D9~D14属西室。柱洞距屋壁0.24~0.4米，平面呈圆形或近圆形，直径0.13~0.24、深0.05~0.12米。除D13为圜底外，其余均为平底或近平底。房内的填土可分为两层。

第1层：黑褐色土，土质黏硬，结构较紧密，呈块状。东北部发现有较多草木灰、炭粒和红烧土颗粒。厚0.33~0.4米。出土较多夹砂和泥质红陶片，以夹砂红褐陶为主，红陶次之，可辨器型有鼎、壶、三足钵、罐等。该层在东室和西室均有分布。

第2层：灰褐色土，土质黏硬，呈块状，夹杂少量黄粉色土的斑点及炭粒、细白丝状物等。厚0.12~0.18米。出土有泥质和夹砂红陶片、红褐陶片，可辨器型有罐、钵、碗等。该层仅分布于东室下层（图一〇）。

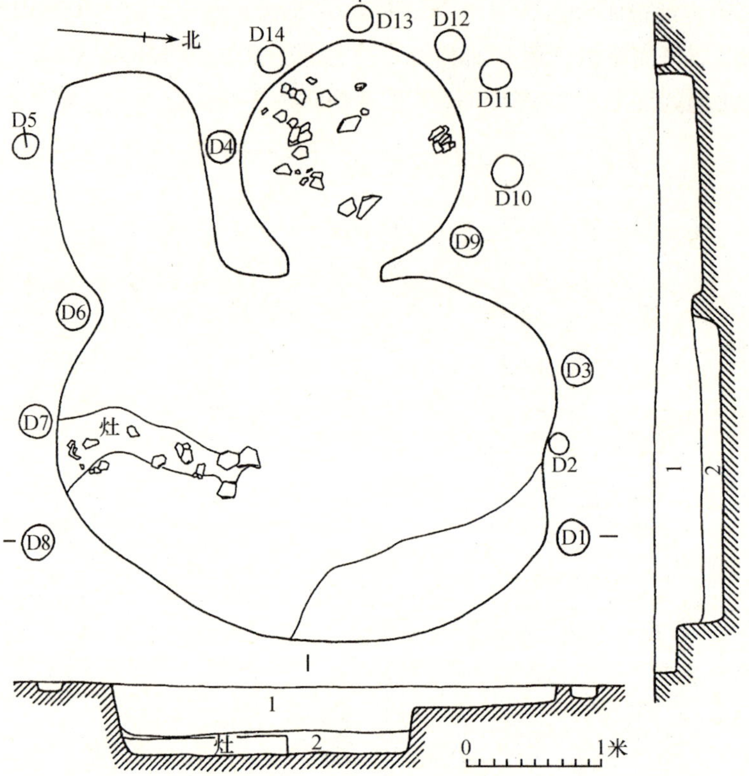

图一〇　F3平、剖面图

1. 黑褐色土　2. 灰褐色土

（二）灰坑

共33个，分布较为密集。按坑口形状可分为椭圆形、圆形、圆角长方形三种。坑壁有直壁、斜壁和弧壁三种，以斜壁和弧壁居多。坑底有平底、圜底和不规则形底，以平底居多。

1. 椭圆形灰坑

共21个。下面以H9、H29为例进行介绍。

H9　位于ⅢT1012西南部。开口于第5层下，打破第6层。斜弧壁，圜底近平。口径1.52~1.76、坑深约0.3米。坑口距地表1.06~1.19米。坑内填土呈深灰色，土质较黏硬，内含炭粒、烧土粒等。出土有泥质和夹砂红陶片，可辨器型有罐、钵、壶等，还有石饼、石料及碎骨片。

H29　位于ⅢT1012西南部，向南延伸至ⅢT1013内。开口于第6A层下，打破第6B层及第9A层。近直壁，平底。口径1.24～1.9、坑深0.9米。坑口距地表1.35～1.4米。坑内填土呈青灰色，局部泛黄褐色，土质略黏硬，内含炭粒、烧土粒、水锈斑块等。坑内出土陶片较为丰富，以夹砂红褐陶为主，泥质红陶次之，也有少量泥质灰陶，可辨器型有鼎、罐、壶、钵、碗等，还有石刀、石片及碎骨片等（图一一）。

2. 圆形灰坑

共7个。下面以H26、H28为例进行介绍。

H26　位于ⅢT0303东南部，开口于第3层下，打破G11第1、2层及生土。斜直壁内收，近平底。口径1.6～1.65、坑深0.9米、坑口距地表0.25～0.35米。坑内填土呈黑灰色，土质较黏硬。出土遗物以夹砂红褐陶片为主，泥质红陶片次之，也有少量灰褐陶片，可辨器型有罐、钵、壶、碗等，还有1件残石镰（图一二）。

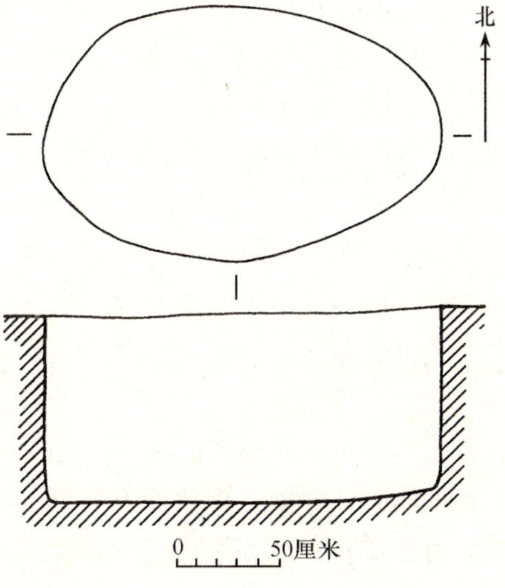

图一一　H29平、剖面图

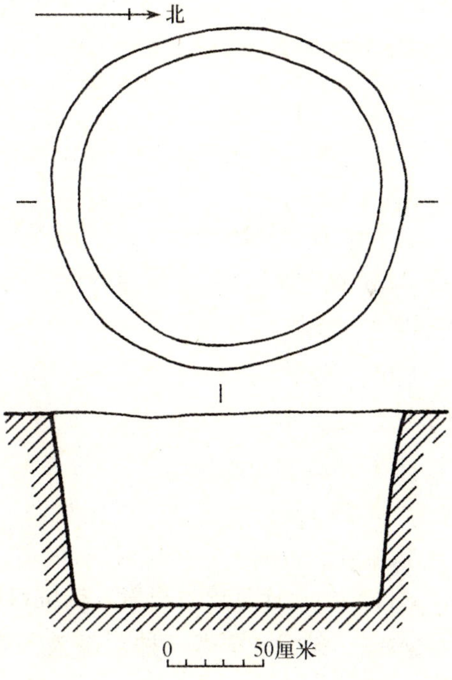

图一二　H26平、剖面图

H28　位于ⅢT0203西部。开口于第3层下，打破G11第1层及生土，西部被H27打破。斜弧壁内收，近平底。口径2.05～2.1、底径1.8～1.9、坑深0.5米，坑口距地表0.65米。坑内填土呈黑褐色，土质较黏硬，内含炭粒、烧土粒等。出土有泥质红陶片、泥质灰陶片、夹砂红褐陶片等，可辨器型有三足钵、敞口罐等。

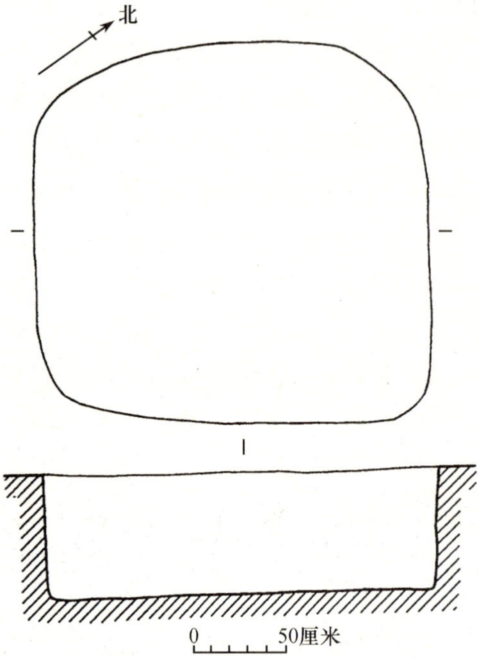

图一三　H25平、剖面图

3. 圆角方形或圆角长方形灰坑

共5座。下面以H25为例进行介绍。

H25　位于ⅢT0303西部。开口于第3层下，打破G11第1、2层及生土。平面近方形，竖直壁，近平底。南北长2.1、东西宽1.95、坑深约0.65米，坑口距地表0.35～0.4米。坑内填土呈黑灰色，土质疏松。出土陶片以夹砂陶为主，泥质陶次之；陶色以红褐陶为主，还有少量灰褐陶；可辨器型有钵、碗、鼎、罐等（图一三）。

（三）沟

共发现3条。

G9　位于ⅢT1011和T1012内。开口于第5层下，打破生土。平面呈不规则状，沟壁为斜坡状，底凹凸不平。长约17.5、宽1.65～5.15、深0.5～0.65米。沟口距地表1.17～1.35米。G9为自然冲沟，沟内填土呈青灰色，土质较硬，内含料礓石粒、田螺壳等，出土1件打制石器。

G10　位于ⅡT0206、T0306、T0307内。开口于第3层下，打破F6、F7及F18。平面呈长条形，沟壁斜直内收，平底。已发掘区域内的沟长29.6、宽0.75～1.1、深0.5～0.6米，沟口距地表0.6～0.65米。沟内填土分为2层。

第1层：灰褐色土，土质较黏硬。深0.4～0.45米。

第2层：黄褐色土，土质略硬，深0.1～0.15米。出土1件泥质红陶片。

G11　位于Ⅲ区的东北部。经勘探和发掘，初步确认该沟呈东南-西北向，已知长度300余米，沟宽20～40、深2～4米。G11向西呈环状与九龙河相接，初步推断其可能为壕沟。沟内侧（西南）坡地分布有房址、灰坑等文化遗迹。沟上部被褐红色埋藏土叠压。沟内堆积可分为3层。

第1层：浅褐色土，土质较硬，内含炭粒、烧土粒。深0.7～1.15、厚0.3～0.4米。出土有少量的泥质和夹砂红陶片、石块等。

第2层：深灰色沙质黏土，土质较硬，结构紧密，黏性较大，内含炭粒、烧土粒。深1.05～2.35、厚0.7～1.3米。出土有较多的泥质红陶片，还有夹砂红褐陶片及石料等。

第3层：浅灰色土，土质较软，结构稍紧密。深1.8～2.65、厚0.1～0.4米。无遗物出土。

(四)墓葬

据当地村民讲，发掘区地势原来较高，平整土地时曾挖出过石磨盘、石磨棒，而这两样器物在新郑裴李岗遗址墓地中曾作为随葬品大量出现，这为我们寻找其墓地提供了线索。发掘时，我们曾清理出一些长方形土坑，分布较有规律，可能是平整土地时被破坏的墓葬。目前可以确认为裴李岗文化时期的墓葬仅1座（M16），位于ⅢT0402西南部、T0502东南部。M16为长方形竖穴土坑墓，开口于第3层下，打破生土。墓壁近直，口略大于底。墓口长2.2、宽0.75、墓深0.32～0.4米。墓内填土呈灰褐色，土质稍硬。墓内发现1具人骨，保存较差，头向西北，面朝西南，仰身直肢，右手弯曲置于腹上。随葬陶壶1件，仅存壶底，放在右趾骨下（图一四）。

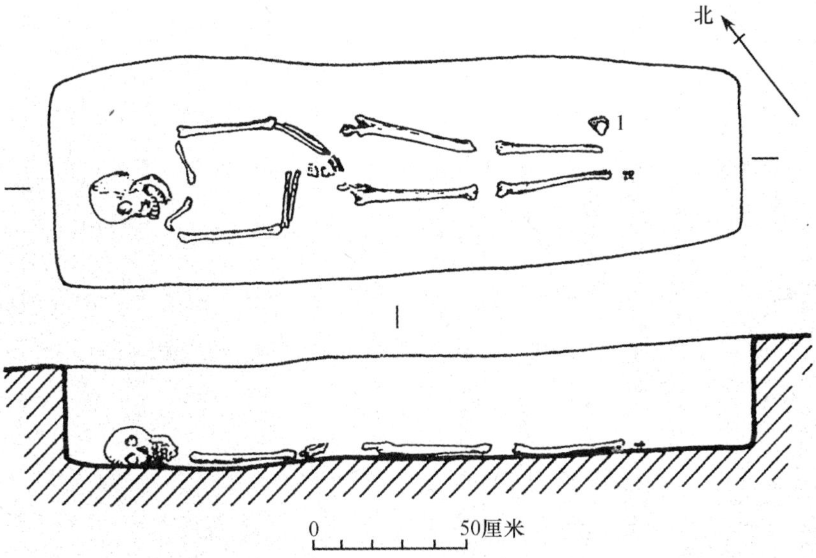

图一四　M16平、剖面图
1. 陶壶

四、遗　　物

出土遗物主要为石器、陶器，还有动物骨骼等。所出遗物均为残器，特别是陶器均为残片，能复原的较少。按其用途可分为生产工具、生活用具、装饰品等类。

(一)石器

多为生产工具，器形包括磨盘、磨棒、铲、镰、刀、斧、凿等。另外，还发现有较多石器残片和石料。

铲　4件。磨制。器身扁平。ⅢT1112⑥A∶2，青灰色角闪石。圆弧形，一端残，双面弧刃。刃部有明显的使用痕迹。残长6.9、宽7.5、厚1.8厘米（图一五，1）。G11②∶1，褐色粗砂质岩。两侧边呈弧形，中部有一对钻圆形穿孔。残长5.2、残宽6.5、厚2厘米（图一五，7）。

镰　3件。磨制。锯齿刃。H26∶14，褐灰色细砂质岩。长条形，两端均残，弧背，双面弧刃。齿刃不太明显，可能是长期使用磨损所致。残长7.2、中部宽1.9、厚0.7厘米（图一五，15）。H29∶5，青灰色石灰岩。残存柄部一角，直背。器表磨制光滑，器中部有一道浅槽状磨损痕。残长6.5、宽4.7、厚0.8厘米（图一五，10）。

刀　1件（H29∶2）。青灰色石灰岩。磨制。平面呈半月形，弧背，双面弧刃。刃部磨损较甚。残长6.6、宽5.4、厚0.9厘米（图一五，6）。

凿　1件（ⅢT1112⑥A∶22）。深灰色石灰岩。器形较小，器表磨制光滑，制作精细。平面呈梯形，上窄下宽，双面直刃，刃部锋利。顶部有磨损痕。长2.8、刃宽2.8、厚0.8厘米（图一五，5）。

锥　1件（ⅢT1113⑧A∶2）。灰色细砂质岩。磨制。扁体，上宽下窄，尖部残。顶端有磨损痕。残长5.8厘米（图一五，13）。

坠　1件（ⅢT1013⑨E∶9）。深灰色云母石。呈长方形，扁平薄体，上端两侧有两个对称的小缺口，以便系绳使用。残长1.8、宽1.1、厚0.25厘米（图一五，9）。

石饼　2件。H9∶1，浅灰色石英砂岩。琢制。呈圆形，一面较平，另一面微凸。直径8.5、厚2.2厘米（图一五，2）。ⅢT1013⑨A∶19，灰白色石英砂岩。略经打磨。呈圆形，一面内凹，另一面微上弧，中心处较平直。直径8.8～9.5、厚1.6厘米（图一五，3）。

砍砸器　3件。依刃部的差异，可分为两型。

A型　2件。单刃。H10∶1，红色砂质岩。在锤击石片的背面修出微弧形的刃口，其余部位打截成厚边。长6、宽6.3、厚2.5厘米（图一五，16）。

B型　1件（ⅢT1012⑨A∶8）。双刃。褐红色砂质岩。在石片的两端修理出刃口，一端为弧刃，另一端为直刃，余部打制成厚边。长9.5、宽10.3、厚5.2厘米（图一五，12）。

砺石　5件。依形制不同，可分为两型。

A型　3件。平面近长方形，面较平。ⅢT1012⑨A∶3，黄绿色砂质岩。一面有明显微凹的弧形磨痕，另一面较平，未见磨痕。残长11、宽6、厚1.8～2.1厘米（图一五，14）。

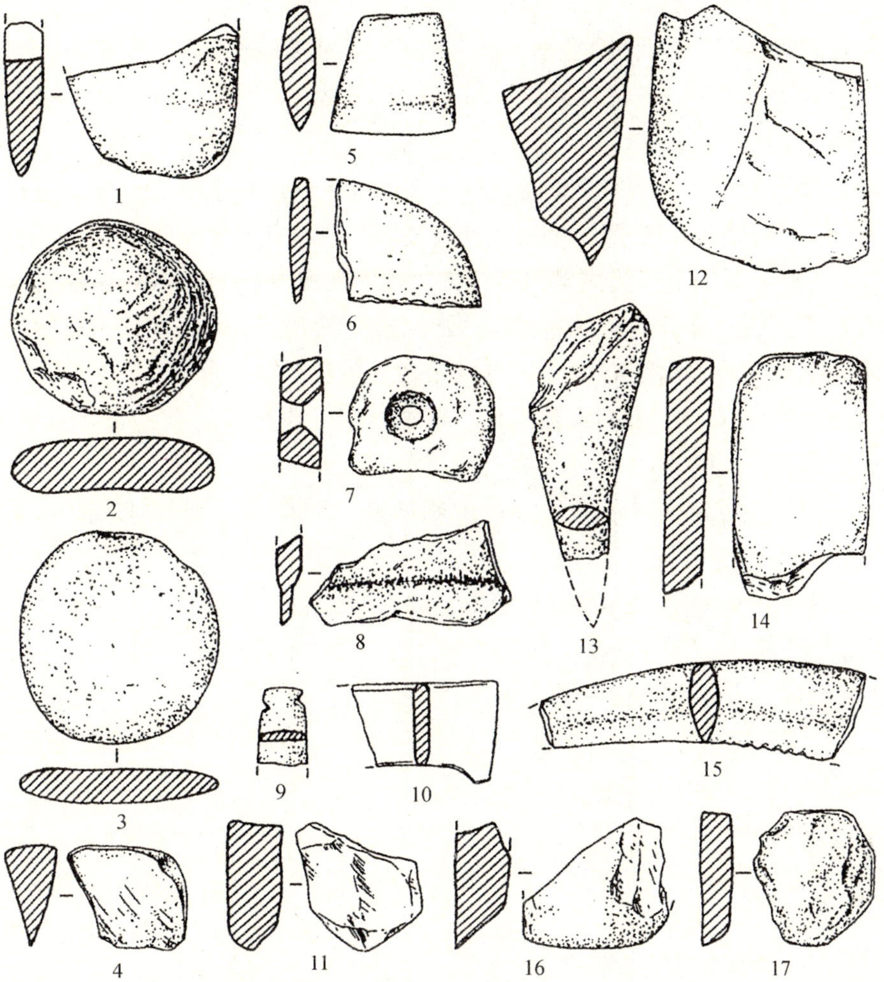

图一五 石器

1、7. 铲（ⅢT1112⑥A：2、G11②：1） 2、3. 石饼（H9：1、ⅢT1013⑨A：19） 4. 石片（ⅢT1012⑨E：13） 5. 凿（ⅢT1112⑥A：22） 6. 刀（H29：2） 8. B型砺石（ⅢT1113⑨A：1） 9. 坠（ⅢT1013⑨E：9） 10、15. 镰（H29：5、H26：14） 11、17. 石料（ⅢT1013⑨E：2、H10：4） 12. B型砍砸器（ⅢT1012⑨A：8） 13. 锥（ⅢT1113⑧A：2） 14. A型砺石（ⅢT1012⑨A：3） 16. A型砍砸器（H10：1） （5、9、11、13、15. 1/2，余均1/4）

B型 2件。平面呈不规则形，面不平整。ⅢT1113⑨A：1，褐红色砂质岩。两面均不平整，一面有磨损痕。残长9、宽4.8、厚0.6～1.2厘米（图一五，8）。

除上述器型中较为明确的石器外，还清理出大量的石片和石料。质地有石英岩、石英砂岩、石灰岩等。

石片 ⅢT1012⑨E：13，红色石英砂岩。近方形，以一侧自然锐边为刃口。有使用痕。长5.2、宽4.6、厚2.3厘米（图一五，4）。

石料　ⅢT1013⑨E∶2，白色石英岩。呈不规则形。长2.9、宽2.9、厚1.3厘米（图一五，11）。H10∶4，灰色砂质岩。呈不规则圆形，扁平体。直径5.5～6、厚1.5厘米（图一五，17）。

另外，在20世纪70年代平整土地时，在遗址区内还曾采集到磨盘、磨棒、斧等裴李岗文化遗物，现存新郑市博物馆，此处略述。

磨盘　5件。其中采集的完整器有2件，此次发掘出土的残器有3件。均用灰黄色砂岩琢磨而成。器身窄长，前后两端均呈圆弧形，盘面中间因长期使用已明显下凹。采∶1，器身较窄长，腰部两侧略内收，有四个较短的柱状足。长73、宽30.5、高3.6厘米（图一六，2）。采∶2，平面呈鞋底状，前宽后窄，柱状足较高。长50.5、宽28、高6.5厘米（图一六，1）。

磨棒　3件。均为圆柱形。采∶3，中间微鼓，两端略呈圆弧状。直径4、长25.5厘米。

斧　1件（采∶10）。顶部稍残，刃部呈圆弧形，器体中部略厚，断面近椭圆形。长8.4、宽4.1厘米。

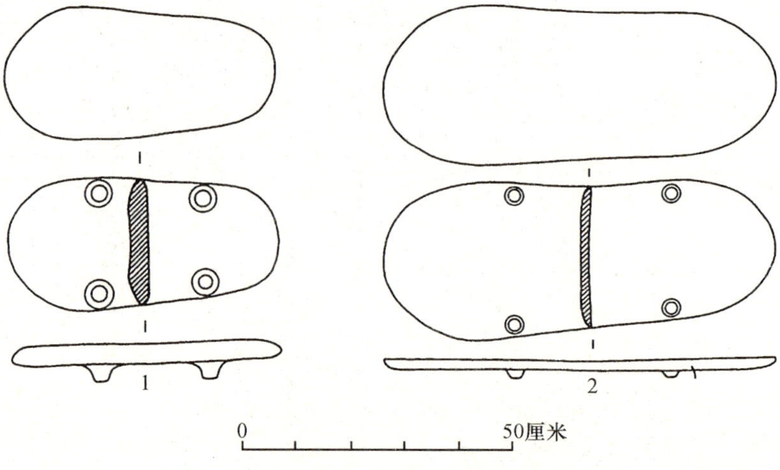

图一六　采集的石磨盘

1. 采∶2　2. 采∶1

（二）陶器

多为生活用器，由于烧制火候太低，陶片破碎较甚，有些几乎呈粉末状，无法复原。陶器均为手制，质地较疏松，可分为泥质陶和夹砂陶等，夹砂陶中多不同程度地掺有蚌料，另有一少部分掺入云母片。陶色以红陶为主，红褐陶次之，还有少量褐陶和极少量的灰陶。器表大部分为素面，部分磨光，施有陶衣，有些器物内壁也被磨光。纹饰有篦点纹、划纹、绳纹、乳钉纹等。器型有鼎、壶、碗、钵、盘、罐、甑、缸等。

鼎　11件。均为砂质夹蚌陶，以红褐色为主，还有少量灰褐陶。依口、腹形态的差异，可分为三型。

A型　4件。侈口，折沿。ⅢT1013⑨A:26，仅存沿部。器表呈红褐色，有灰斑，内壁呈黑灰色。沿微外折，尖圆唇。口径22、残高8厘米（图一七，15）。F3:10，器表呈灰褐色，内壁呈黑灰色。尖圆唇，沿外折较甚。口径27、残高12.6厘米（图一七，1）。

B型　4件。侈口，卷沿。H29:3，器表呈红褐色，内壁呈黑色。尖圆唇。残高6厘米（图一七，5）。ⅢT1113⑨H:3，器表呈红褐色，有烧炱痕。圆唇，腹部饰乳钉。残高5厘米（图一七，16）。

C型　3件。直腹。ⅢT1013⑥A:1，器表呈红褐色，内壁呈黑灰色。上部残，圜底近平。三圆锥状足略外撇。磨光。残高10厘米（图一七，14）。

鼎足　出土较多，多为夹砂陶，部分夹蚌或云母石。陶色以红色为主，红褐、褐色次之，均为素面。依形态不同，可分为两型。

A型　足呈圆锥状，锥体较大。依高矮、精细不同。可分为两式。

Ⅰ式：器体稍矮、较粗，足根部近圆。ⅢT0203④:3，夹砂褐陶。残高5厘米（图一七，10）。

Ⅱ式：器体较高、较细，足根部呈圆形。ⅢT1013⑨A:35，夹砂夹蚌红陶。器体稍弯。残高11.5厘米（图一七，8）。

B型　足略呈圆柱状。依粗细不同，可分为二式。

Ⅰ式：器体较高，足较粗，足根部呈圆形。ⅢT1013⑨A:34，夹砂褐陶。下部残。残高6.3厘米（图一七，12）。

Ⅱ式：足较细，足根部呈圆形或椭圆形。ⅢT1013⑨A:40，夹砂红褐陶。残高9厘米（图一七，9）。

壶　均为泥质陶，以红陶为主，还有少量棕红陶和灰陶。多为器物口沿、腹片和器底，有些矮小的锥状足可能是壶足。依肩部形态的差异，可分为三型。

A型　溜肩。均为泥质红陶。ⅢT1112⑥A:3，口径10、残高7.2厘米（图一八，14）。ⅢT1112⑥A:6，口沿残片。残高5.5厘米（图一八，12）。

B型　广肩。多为泥质红陶，少量为泥质灰陶，有磨光痕迹。侈口，尖圆唇或圆唇，高领。ⅢT1013⑨A:8，泥质灰陶，外施红衣，大多脱落。口径8、残高4厘米（图一八，19）。ⅢT1113⑨H:4，仅存口部。口径10、残高3.2厘米（图一八，13）。

C型　斜肩。尖圆唇或圆唇。ⅢT1013⑨E:13，灰胎褐红陶。口径6.1、残高5.6厘米（图一八，16）。

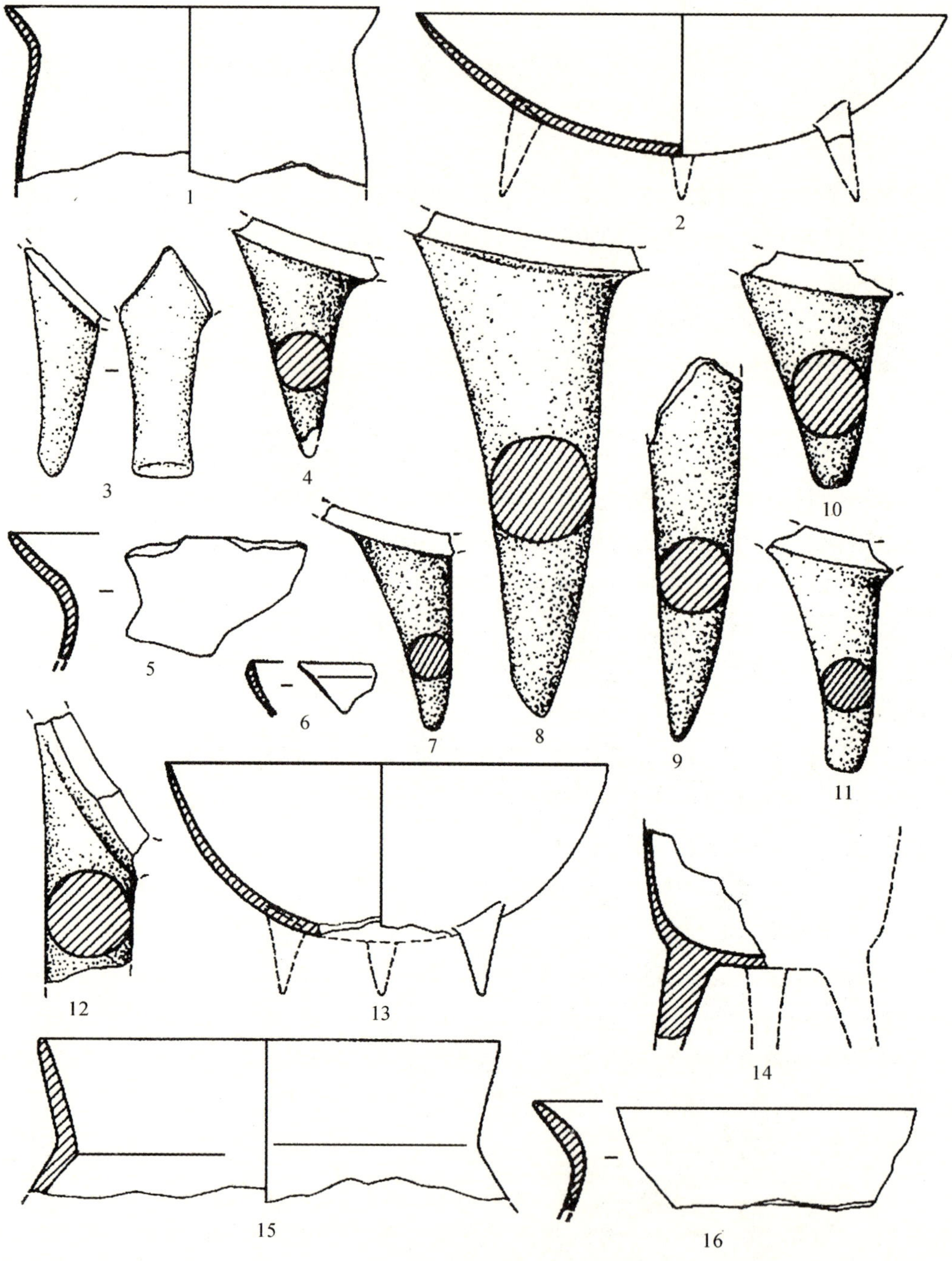

图一七　陶器

1、15. A型鼎（F3∶10、ⅢT1013⑨A∶26）　2. A型Ⅱ式钵（ⅢT1113⑧A∶1）　3. B型钵足（ⅢT1012⑥A∶1）
4. A型Ⅱ式钵足（ⅢT1112⑥A∶8）　5、16. B型鼎（H29∶3、ⅢT1113⑨H∶3）　6. B型钵（ⅢT1013⑨A∶42）
7. A型Ⅰ式钵足（ⅢT1013⑨A∶7）　8. A型Ⅱ式鼎足（ⅢT1013⑨A∶35）　9. B型Ⅱ式鼎足（ⅢT1013⑨A∶40）
10. A型Ⅰ式鼎足（ⅢT0203④∶3）　11. A型Ⅲ式钵足（ⅢT1013⑨A∶36）　12. B型Ⅰ式鼎足（ⅢT1013⑨A∶34）
13. A型Ⅰ式钵（ⅢT1112⑥A∶1）　14. C型鼎（ⅢT1013⑥A∶1）

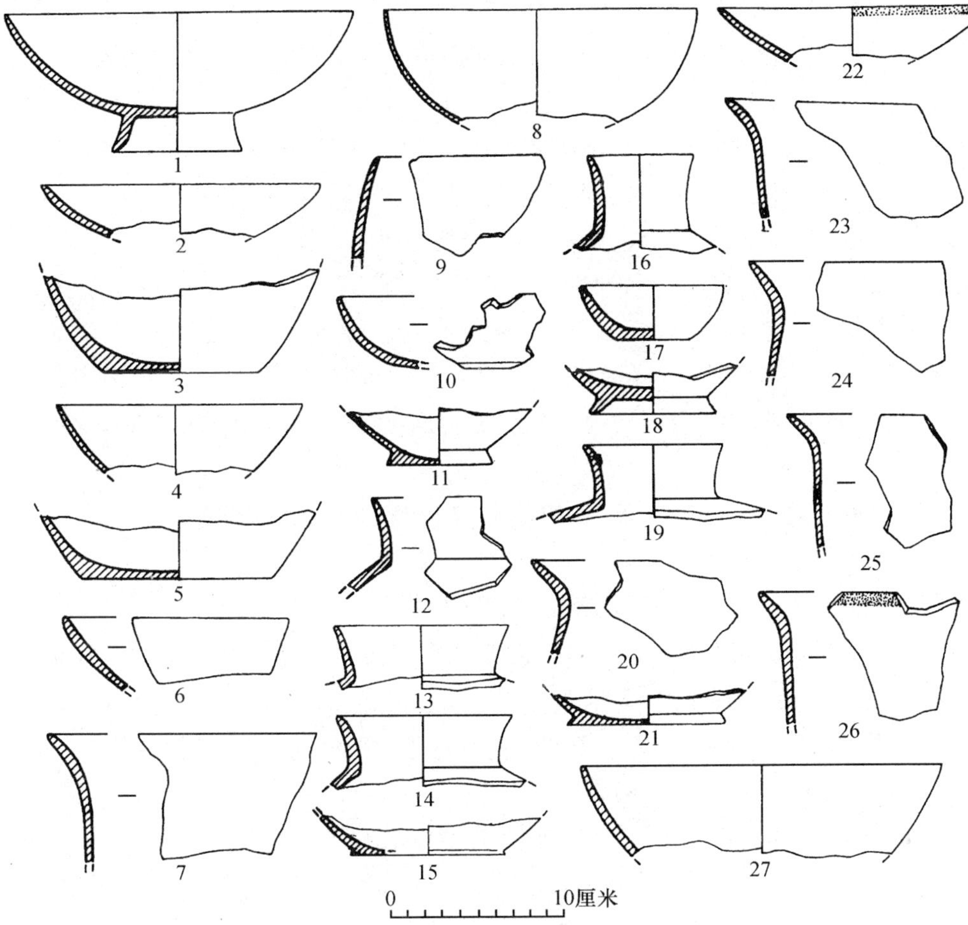

图一八　陶器

1. D型Ⅰ式碗（H25:1）　2. B型Ⅰ式盘（H25:3）　3. B型罐底（H26:12）　4. B型Ⅱ式碗（H8:1）　5. C型罐底（ⅢT1013⑨A:12）　6. B型Ⅱ式盘（H29:4）　7、23. B型Ⅰ式罐（H26:14、H29:5）　8. A型Ⅱ式碗（H26:13）　9. A型罐（F3:6）　10. A型盘（ⅢT1013⑨A:1）　11. C型Ⅰ式碗（ⅢT1013⑨A:9）　12、14. A型壶（ⅢT1112⑥A:6、ⅢT1112⑥A:3）　13、19. B型壶（ⅢT1113⑨H:4、ⅢT1013⑨A:8）　15. C型Ⅱ式碗（ⅢT1013⑨A:41）　16. C型壶（ⅢT1013⑨E:13）　17. A型Ⅰ式碗（H26:1）　18. D型Ⅱ式碗（ⅢT1112⑥A:7）　20、24. C型罐（ⅢT1013⑨A:15、ⅢT1113⑨H:12）　21. A型罐底（F3:9）　22. B型Ⅰ式碗（ⅢT1113⑨H:7）　25、26. B型Ⅱ式罐（F3:7、ⅢT1113⑨A:2）　27. A型Ⅲ式碗（ⅢT1013⑨A:2）

碗　分泥质和夹砂陶两种，以红陶为主，还有少量灰陶。能复原的很少，多为口沿、腹片及器底。依腹、底的变化，分为四型。

A型　弧腹。均为泥质陶。依口、腹的变化，可分为三式。

Ⅰ式：近直口，浅弧腹。H26:1，泥质灰陶。平底。口径8.2、底径4.2、高3.2厘米（图一八，17）。

Ⅱ式：微敛口，弧腹，腹较深。H26:13，泥质红陶。薄胎，器表磨光。口径18、残高6.8厘米（图一八，8）。

Ⅲ式：敞口，圆唇。ⅢT1013⑨A:2，泥质灰陶。斜弧壁，下部残。磨光。口径21、残高5.5厘米（图一八，27）。

B型　斜腹。依腹的深浅，可分为两式。

Ⅰ式：腹较浅。敞口，尖唇。ⅢT1113⑨H:7，泥质红陶，内壁呈灰色。下部残。磨光，口沿下涂有一周灰色条带。口径16、残高3厘米（图一八，22）。

Ⅱ式：腹较深。敞口，尖唇。H8:1，泥质灰陶。下部残。口径14、残高4厘米（图一八，4）。

C型　假圈足。多为碗底。依假圈足高矮不同，可分为两式。

Ⅰ式：假圈足较高，外撇。均为泥质红陶。ⅢT1013⑨A:9，下腹斜直。底径6、残高3.2厘米（图一八，11）。

Ⅱ式：假圈足较矮，外撇。ⅢT1013⑨A:41，泥质红陶，内壁呈灰色。弧腹。底径8.8、残高2.2厘米（图一八，15）。

D型　圈足。依圈足高矮不同，可分为两式。

Ⅰ式：圈足较高，微外撇。H25:1，泥质红陶，器表施红衣。口微敛，弧腹，高圈足。口径20、圈足径7.2、高8.2厘米（图一八，1）。

Ⅱ式：圈足较矮，外撇较甚。ⅢT1112⑥A:7，泥质红陶，内壁呈灰色。圈足径7.3、残高2.8厘米（图一八，18）。

钵　数量较多，但能复原者较少。多为器物口沿和腹部残片。依口沿形态的差异，可分为两型。

A型　敞口。均为泥质红陶，表面施红衣，多磨光。依腹部深浅的差异，可分为二式。

Ⅰ式：弧腹较深。圜底。ⅢT1112⑥A:1，尖唇，圜底近平，锥状足较直。有磨光痕迹。口径21、高10.8厘米（图一七，13）。

Ⅱ式：浅弧腹。圜底。ⅢT1113⑧A:1，尖唇，三足残，略外撇。口径25、残高6.4厘米（图一七，2）。

B型　敛口。器形较小。ⅢT1013⑨A:42，细砂质褐灰陶，内壁呈黑色。弧肩，斜腹内收，下部残。口部有一周黑灰色条带纹。残高2.5厘米（图一七，6）。

钵足　数量较多，以泥质红陶为主，还有较多的灰胎红衣陶。依足部形态的差异，可分为两型。

A型　圆形锥状足。均为素面。依具体形态的差异，可分为三式。

Ⅰ式：足较高，锥状足下端略向外撇，横剖面近圆形。ⅢT1013⑨A:7，泥质红陶。残高4.7厘米（图一七，7）。

Ⅱ式：足较高，锥状足较直，足端较锐。ⅢT1112⑥A:8，泥质红陶。残高5厘米（图一七，4）。

Ⅲ式：足瘦高，较直。ⅢT1013⑨A:36，泥质红陶。磨光。残高9厘米（图一七，11）。

B型 鸭嘴形扁状足。ⅢT1012⑥A:1，泥质红陶。残高5.3厘米（图一七，3）。

罐 出土陶片数量较多，皆不能复原。多为砂质掺蚌，还有一部分是砂质掺云母，以及少量的泥质陶。依口、腹形态的差异，可分为三型。

A型 敛口。F3:6，泥质灰胎红衣陶。口较小，无沿，腹外鼓。残高7、厚0.6厘米（图一八，9）。

B型 侈口。筒状深腹。多为夹砂掺蚌褐红陶，个别为夹砂红陶或夹蚌红陶。均为素面。依具体形态的差异，可分为二式。

Ⅰ式：筒状深直腹或微鼓腹。H26:14，夹砂掺蚌褐红陶，砂粒较大，裸露在外。残高7.5厘米（图一八，7）。H29:5，夹砂掺蚌褐红陶，内壁上有黑灰色斑块。圆唇，下部残。残高7厘米（图一八，23）。

Ⅱ式：口沿外侈较甚，接近卷沿，深直腹。ⅢT1113⑨A:2，夹砂红陶，掺少量蚌末。尖圆唇，下部残。残高7.8厘米（图一八，26）。F3:7，夹砂褐灰陶，掺有蚌料。尖圆唇。残高8厘米（图一八，25）。

C型 卷沿外翻，腹外鼓。ⅢT1013⑨A:15，夹砂掺蚌红陶。下部残。残高6厘米（图一八，20）。ⅢT1113⑨H:12，夹砂红陶。下部残。残高7厘米（图一八，24）。

罐底 分泥质陶和夹砂陶两种，以夹砂和夹砂掺蚌红褐陶为主。依底部形态的差异，可分为三型。

A型 假圈足。F3:9，泥质灰胎红衣陶。器表红衣均已脱落。底径9、残高2厘米（图一八，21）。

B型 平底微内凹。H26:12，夹砂红陶，掺少量蚌末，内壁呈黑灰色。下腹弧形内收。底径9、残高6厘米（图一八，3）。

C型 平底。ⅢT1013⑨A:12，砂质褐红陶，掺少量蚌末，内壁呈黑灰色。下腹斜内收。底径11、残高4厘米（图一八，5）。

盘 均残。依腹部形态的差异，可分为两型。

A型 弧腹，略浅。ⅢT1013⑨A:1，泥质磨光黑灰陶。形体较小。直口微敛，圆唇，圜底近平。残高4.4厘米（图一八，10）。

B型 斜弧腹。敞口。依腹部深浅不同，可分为两式。

Ⅰ式：腹较浅。H25:3，棕灰陶，内壁和胎呈灰色。尖圆唇，下部残。口径16、残高3厘米（图一八，2）。

Ⅱ式：腹较Ⅰ式深。H29:4，泥质红陶。圆唇。有磨光痕。残高4.2厘米（图一八，6）。

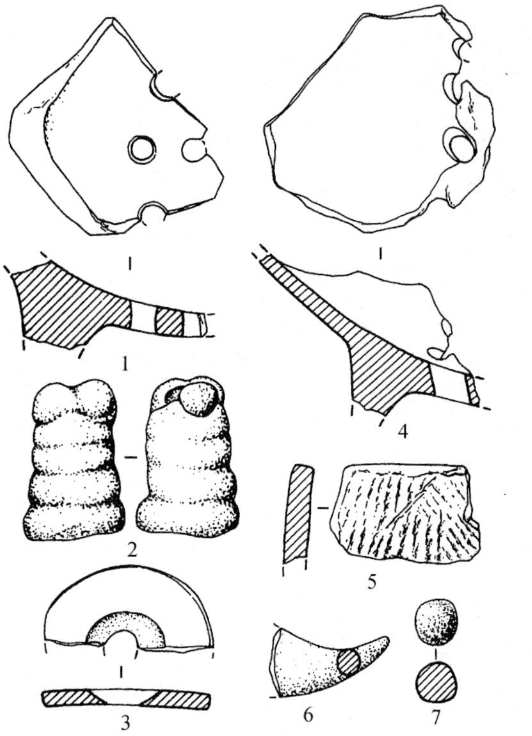

图一九　陶器

1、4. 甑（ⅢT1013⑨A:30、ⅢT1012⑨A:1）　2. 饰件（ⅢT1013⑨A:28）　3. 纺轮（ⅢT1012⑨A:15）　5. 缸（ⅢT1112⑥A:12）　6. 角把（ⅢT1013⑨A:29）　7. 弹丸（ⅢT1012⑨A:11）　（5. 1/4，余均1/2）

甑　分泥质陶和夹砂陶两种。均为甑底，无可复原者。ⅢT1013⑨A:30，夹砂褐红陶。圜底，底部有数个小圆形箅孔，下附圆锥状足，足残。残高2.3厘米（图一九，1）。F19:1，泥质红陶。底部有数个圆形小箅孔。器表有磨光痕迹。残高2.8厘米。ⅢT1012⑨A:1，泥质灰胎红衣陶。底部有数个圆形箅孔，下附圆锥状足。残高4厘米（图一九，4）。

缸　均为残片。ⅢT1112⑥A:12，夹砂掺蚌红陶。微敛口，方唇，斜直腹，下部残。腹壁较厚，器表饰绳纹。残高4厘米（图一九，5）。

纺轮　1件（ⅢT1012⑨A:15）。残。夹砂掺蚌褐红陶。圆饼状，一面较平，另一面微内凹，直壁，中部有一圆穿孔。直径4.4、厚0.4厘米（图一九，3）。

弹丸　1件（ⅢT1012⑨A:11）。泥质褐黄陶。圆形。直径1厘米（图一九，7）。

角把　1件（ⅢT1013⑨A:29）。泥质红陶。为装饰品。残长3.1厘米（图一九，6）。

饰件　1件（ⅢT1013⑨A:28）。夹砂灰红陶。圆筒形，中部有一穿孔。手制，泥条盘筑，有明显制作痕迹，做工粗糙。直径2.3～2.7、残高4.2厘米（图一九，2）。

五、结　　语

唐户遗址地处平原西部边缘地带，地势较高，由西北向东南呈缓坡状倾斜。其西南约3公里处为陉山，属低山丘陵区向山前洪积平原的过渡地带。从已发掘的地层堆积状况来看，晚更新世至全新世早期，本区有较大面积的浅平洼地和湖洼地，湖相沉积发育良好，是早期先民的理想生活场所。

（一）唐户遗址裴李岗文化遗存的相对年代

由于裴李岗文化时期制陶工艺水平较为原始，陶器烧成温度较低，唐户遗址出土的陶片均较残碎，能复原者极少。但从地层堆积来看，在Ⅲ T1012、T1112、T1013、T1113 内，发现了早于褐红色埋藏土的第 8、9 层，即冲积淤积层，这两层堆积内出土有大量泥质和夹砂红陶片。同样，在Ⅲ区东北部的探方内，发现了早于褐红色埋藏土的壕沟内的堆积层，即 G11 内的堆积，出土有较丰富的红陶片和红褐陶片。相似的情况在Ⅱ区也有出现。这些冲积淤积层中陶片的发现，从层位角度证明了唐户遗址裴李岗文化时期的堆积至少可分为早、晚两期。早期地层包括Ⅱ区的第 5 层、Ⅲ区东北部 G11 内的堆积层、Ⅲ区西部的第 8、9 层。晚期地层包括Ⅱ区的第 4 层、Ⅲ区东北部的第 3 层及Ⅲ区西部的第 6 层。

因地层的扰动，房址残留遗迹基本接近底部，层位叠压关系如下。Ⅱ区开口于第 3 层下、打破第 4 层的房址有 F6、F7、F18；开口于第 4 层下、打破第 5 层及生土的房址有 F15 ~ F17。Ⅲ区西部开口于第 5 层下、打破第 6 层的房址有 F1、F2；东部开口于第 3 层下、打破 G11 及生土的房址有 F3 ~ 5、F8 ~ 14、F19、F20、F57、F58。

根据地层叠压关系，我们初步认为这 22 座房址可分为早、晚两期，早期房址共 17 座，包括 F3 ~ F5、F8 ~ F14、F15 ~ F17、F19、F20、F57、F58。晚期房址共 5 座，包括 F1、F2、F6、F7、F18。

从器物类型对比来看，唐户遗址出土的 A 型双耳陶壶（ⅢT1112⑥A∶3）、深腹三足陶钵（ⅢT1112⑥A∶1）、浅腹三足陶钵（ⅢT1112⑧A∶1）、石磨盘（采∶1），与新郑裴李岗遗址下层墓地出土的Ⅴ式双耳陶壶（M111∶1）、Ⅵ式陶钵（M38∶12）、Ⅴ式陶钵（M38∶11）、Ⅱ式石磨盘（M95∶1）形制相似，进而推测唐户遗址此类遗物的年代与新郑裴李岗遗址下层墓地的年代相当。唐户遗址出土的圈足陶碗（H25∶1）、平底陶碗（H26∶1）、石镰（H26∶14）等遗物，与裴李岗遗址上层墓地出土的Ⅳ式陶钵（M56∶4）、Ⅰ式陶碗（M36∶2）、Ⅴ式石镰（M74∶5）形制相似，其年代当与新郑裴李岗遗址上层墓地的年代相当[1]。因而总体上看，唐户遗址裴李岗文化遗存大致可分为如上早、晚两期。

（二）唐户遗址裴李岗文化遗存的独特性

郑州地区已发现裴李岗文化遗址百余处。这些遗址一般分布在北纬 34°以北地区，主要在颍河、双洎河及其支流沿岸分布，包括新郑裴李岗[2]、唐户[3]、沙窝李[4]、西土桥，密县莪沟[5]、马良沟[6]，登封王城岗[7]、东岗岭，巩县铁生沟[8]、水地河[9]、坞罗西坡[10]、赵城、东山原、北营，中牟业王，长葛石固[11]等。从已发现的裴李岗文化遗存看，它们多分布在山前洪积扇或浅山区的河旁台地上，聚落面积较小，大部分在1万平方米左右，很少有超过2万平方米的。文化层堆积一般很薄，土色呈红褐色，包含物很少。与其他遗址相比，唐户遗址裴李岗文化遗存具有以下几个特征。

（1）聚落规模大。唐户遗址裴李岗文化遗存面积达30万平方米，这是我国目前发现的面积最大的裴李岗文化时期的聚落遗址。

（2）文化层堆积较厚，为褐红色埋藏土。一般厚0.8～1.8米，最厚处达3米以上。

（3）发现了大面积的居住址。根据地层叠压关系推断，这些房址具有反复建造的特征，说明当时居住环境相对稳定，房屋布局具有明显的规律，这对研究裴李岗文化时期的社会组织结构和家庭形态等具有重要价值。

唐户遗址裴李岗文化遗存的独特性，是郑州地区其他裴李岗文化遗存所不具备的。从壕沟的情况及已发掘部分的迹象来看，该遗址居住区范围相当大，还应有更多房基存在。随着考古工作的不断深入，将大大丰富裴李岗文化遗存的内涵，对深入研究裴李岗文化的性质、分期及聚落形态具有重要意义，同时也为深入研究早期房屋建筑方式增添了新资料。

附记：此次发掘的领队为张松林，参加发掘的有信应君、胡亚毅、闫付海、张自强、王广才、梁艳娟，参加资料整理工作的有信应君、陈桂香、郭献军、闫付海，本文插图由焦建涛绘制，照片由信应君拍摄。

执笔者　张松林　信应君

胡亚毅　闫付海

注　释

[1]　a. 开封地区文管会等：《河南新郑裴李岗新石器时代遗址》，《考古》1978年第2期；

b. 中国社会科学院考古研究所河南一队：《1979年裴李岗遗址发掘简报》，《考古》1982年第4期；

c. 中国社会科学院考古研究所河南一队：《1979年裴李岗遗址发掘报告》，《考古学报》1984年第1期。

[2]　同［1］。

[3]　中国社会科学院考古研究所河南一队：《河南新郑唐户新石器时代遗址试掘简报》，《考古》1984年第3期。

[4]　中国社会科学院考古研究所河南一队：《河南新郑沙窝李新石器时代遗址》，《考古》1983年第12期。

[5]　河南省博物馆等：《河南密县莪沟北岗新石器时代遗址》，《考古学集刊》第1集，中国社会科学出版社，1981年。

[6]　开封地区文管会等：《河南密县马良沟遗址调查和试掘》，《考古》1981年第3期。

[7] 河南省文物研究所等:《登封王城岗与阳城》,文物出版社,1992年。
[8] 开封地区文管会等:《河南巩县铁生沟新石器早期遗址试掘简报》,《文物》1980年第5期。
[9] 廖永民、王保仁:《河南巩县水地河新石器遗址调查》,《考古》1990年第11期。
[10] 巩义文管所:《巩义市坞罗河流域裴李岗文化遗存调查》,《中原文物》1992年第4期。
[11] 河南省文物研究所:《长葛石固遗址发掘报告》,《华夏考古》1987年第1期。

(原载于《考古》2008年第5期)

河南省新郑市唐户遗址裴李岗文化遗存2007年发掘简报

郑州市文物考古研究院
河南省文物管理局南水北调文物保护办公室

一、遗址概况及发掘经过

唐户遗址位于河南省新郑市观音寺镇唐户村西部和南部，东北距新郑市约13.5公里，北距观音寺镇约1.5公里。地处溴水河与九龙河两河汇流处的夹角台地上，溴水河从遗址东部自北向南、九龙河从遗址西部自西北向东南环绕流过，在遗址南部约1公里处交汇后继续南流。遗址南北长约1860米，东西宽300～860米，面积达140余万平方米，是第六批全国重点文物保护单位。遗址为河旁台地，东、西、南三面环水，地势北高南低，台地高出河床7～12米，海拔高度123～126米。（图一）。

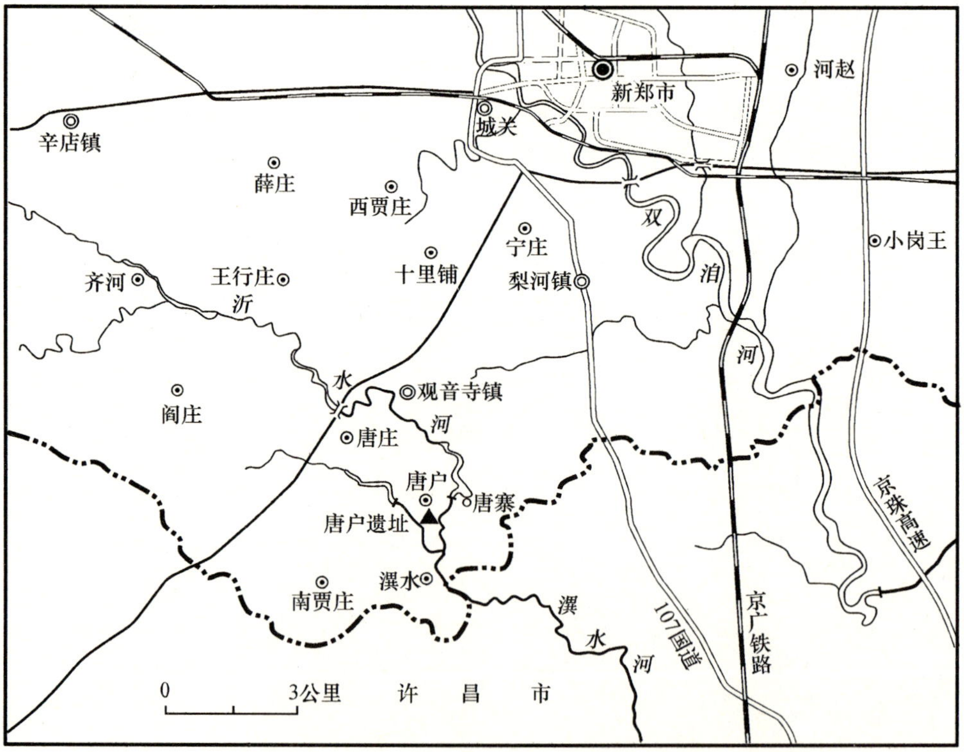

图一　遗址位置图

唐户遗址原为高低起伏的岗地，当地人称为“南岗”。历代相传称该地为“黄帝口”。由于20世纪70年代经过大规模的土地平整活动，文化堆积遭到严重破坏，地势起伏变化不大。为配合平整土地工作，原开封地区文物管理委员会、郑州大学、中国社会科学院考古研究所等单位对唐户遗址进行过调查和发掘，确认该遗址是一处跨时代的聚落群址，文化堆积丰富，包含有裴李岗文化、仰韶文化、龙山文化、二里头文化及商、周文化[1]。

2006年6月起，郑州市文物考古研究院受河南省文物管理局南水北调文物保护管理办公室的委托，对渠道占压唐户遗址部分进行发掘，发现了裴李岗文化时期的聚落居址[2]。为进一步确定唐户遗址裴李岗文化的聚落形态，在2006年考古发掘的基础上，2007年继续对该遗址进行发掘。发掘工作仍采用2006年的象限布方法，在划分的4个区域即Ⅰ至Ⅳ区内统一布方，采用年度加地点、区号和探方号的方式对探方进行编号，同时亦采用年度加地点和遗迹序号的方式对遗迹进行编号，探方面积为10米×10米。发掘工作主要在Ⅳ区进行，另外为寻找遗迹分布规律，在Ⅱ、Ⅲ区也有零星发掘。Ⅱ区发掘探方3个、Ⅲ区发掘探方7个、Ⅳ区发掘探方32个（图二）。另外Ⅱ区

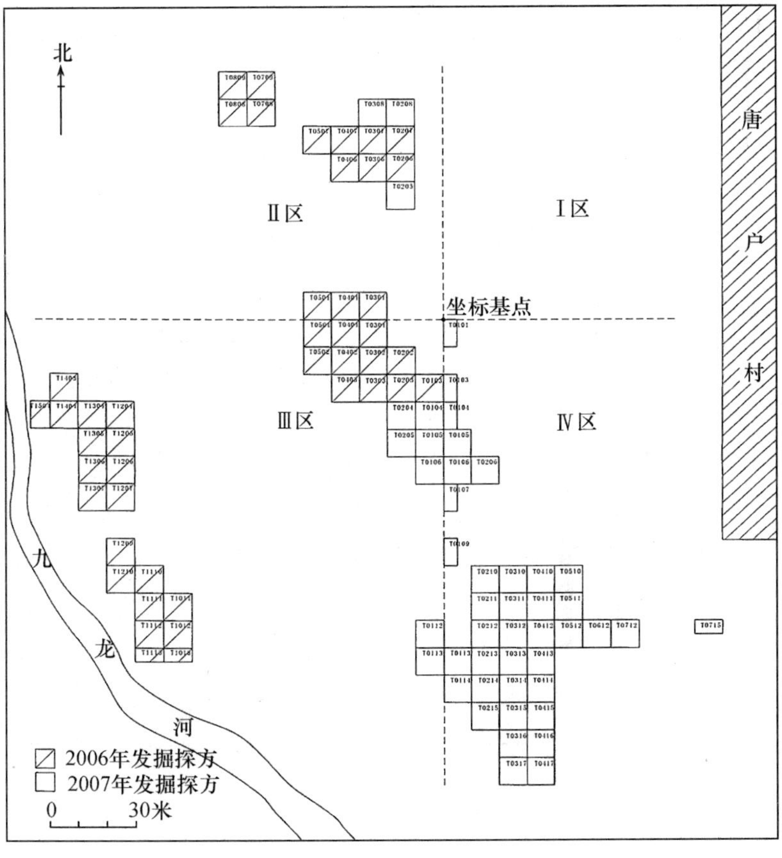

图二　探方分布平面图

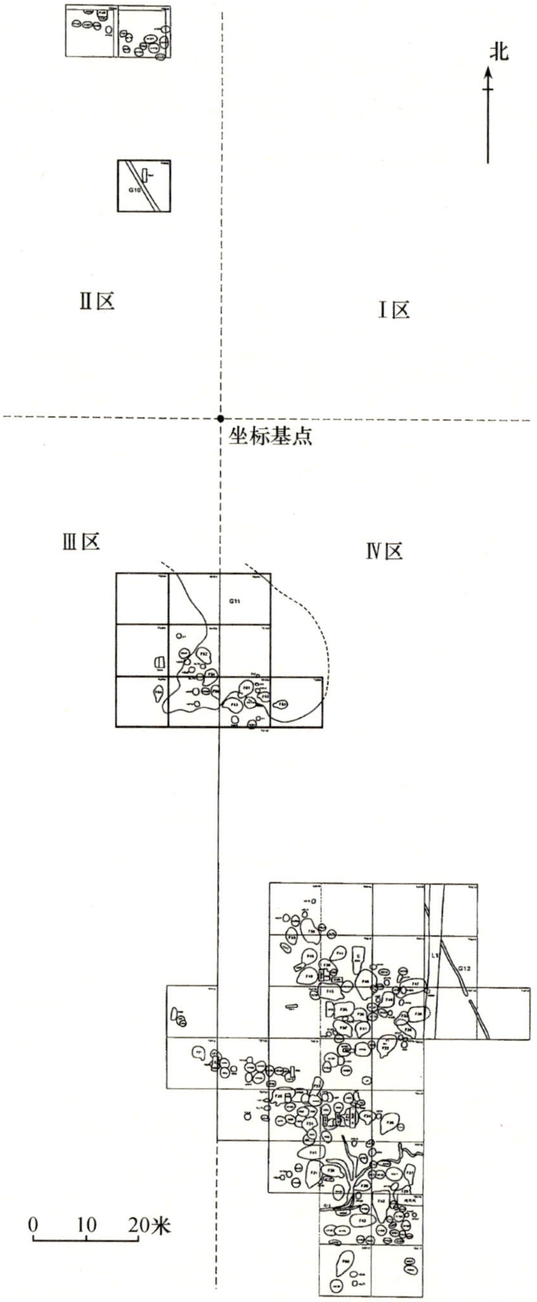

图三　2007 年度遗迹分布总平面图

2006ZXT0507 主要发掘工作在 2007 年进行，其遗迹归于该年度，Ⅱ区、Ⅲ区跨年度发掘的遗迹也归于 2007 年度。同时，为寻找聚落布局特征，我们在Ⅳ区发掘 2 米×10 米探沟 5 个。2007 年度共计发掘面积 4300 平方米，发现各类遗迹近 240 个（图三）。其中裴李岗文化时期房址 41 座，灰坑 169 个，墓葬 1 座，灰沟 2 条；龙山文化灰坑 2 个，汉代灰坑 4 个、墓葬 1 座、道路 1 条，宋代灰坑 2 个、墓葬 8 座、水井 1 眼，清墓 7 座。出土了一批重要的文化遗迹和遗物，发掘成果丰硕。现将 2007 年度裴李岗文化遗存的发掘情况简报如下（为了便于叙述，下文省略了探方、遗迹和遗物编号前“2007ZXT”）。

二、地层堆积

本次发掘主要在Ⅲ区的东部和Ⅳ区进行，Ⅱ区发掘面积较少。地层堆积厚薄不均。Ⅲ区东部为平整土地时的取土区，地势低平，文化层较薄，地层堆积简单。Ⅳ区则位于北高南低的缓坡之上，地层堆积也随地势自北向南渐深。文化堆积较为单一，主要是裴李岗文化，北部多被汉代文化层叠压，南部汉代文化层缺失，直接为明清文化层叠压。遗址内文化堆积一般为 4 层，4 层下即为生土层，Ⅳ区南部发掘区域除 T0317、T0416、T0417 三个探方四层堆积进行发掘外，其他探方由于要保留遗迹，四层堆积基本上未进行清理。Ⅱ区、Ⅲ区地层堆积与 2006 年发掘基本相同。现以Ⅳ区 T0312、T0313、T0314、T0315 东壁地层剖面（图四）、Ⅳ区 T0105、T0106 东壁地层剖面（图五）为例介绍如下。

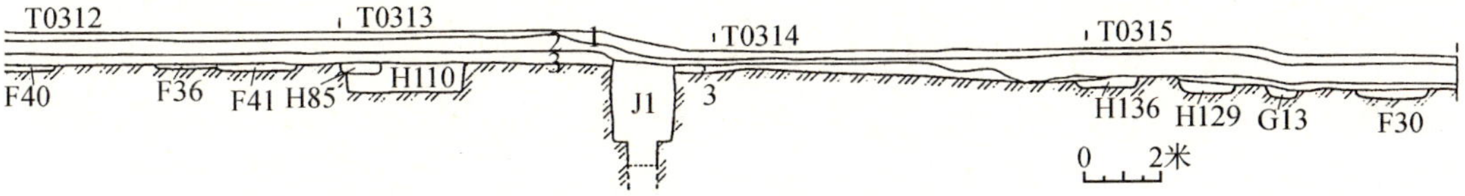

图四 ⅣT0312、T0313、T0314、T0315东壁剖面图

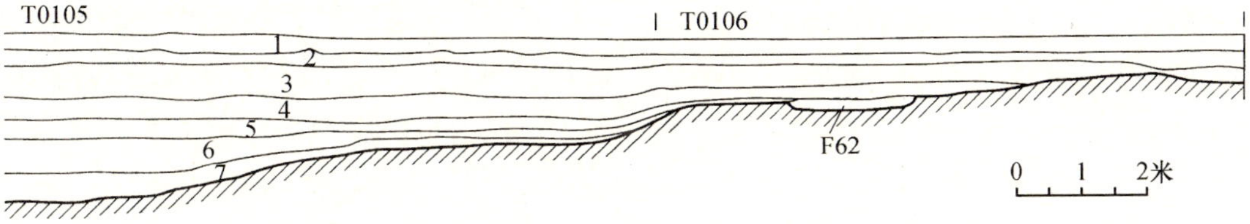

图五 ⅣT0105、T0106东壁剖面图

1. ⅣT0312、T0313、T0314、T0315东壁地层

第1层：灰黄色耕土，土质较软，结构疏松，厚0.2～0.35米。含大量的植物根系、炭粒、石块、砖块、瓷片、塑料制品等。

第2层：棕黄色土，土质略硬，结构疏松，含炭粒、白灰渣、细黄粉沙等，深0.2～0.65米、厚0.1～0.35米。出土有陶片、瓷片、石块等。为明清文化层，该层分布整个Ⅳ区。J1开口于该层下。

第3层：红褐色土，土质较硬，结构稍紧密，含炭粒、烧土颗粒等，深0.45～1.1米、厚0.25～0.55米。该层部分区域有缺失。出土有陶片、石块等，陶片可辨器形有钵、鼎、罐、壶等，为裴李岗文化层。叠压于此层下的遗迹有F30、F36、F41、F46、H85、H110、H129、H136、G13等，年代均为裴李岗文化时期。

第4层：红褐色土，土质黏硬、结构紧密，含炭粒、烧土颗粒等，出土有陶片、石块等，该层发掘区均有分布。由于叠压于第3层下的裴李岗文化时期遗迹打破此层，该层未进行清理。

第4层下为生土，黄色土，土质纯净，含细粉沙，该层覆盖整个发掘区。

2. T0105、T0106东壁地层

第1层：灰黄色耕土，土质较软，结构疏松，深0.2～0.35米，含炉渣、植物根系及塑料制品等。

第2层：浅黄色土，土质较软，结构疏松，含炭粒、白灰渣、细黄粉沙等，深0.2～0.65米、厚0.1～0.35米。出土有近现代陶瓷片、石块等。该层为明清文化层。

第3层：浅褐色土，土质较硬，结构稍紧密，含炭粒、烧土颗粒等，深0.45～1.1

米、厚0.25～0.55米。为汉代文化层。该层分布于整个Ⅳ区。

第4层：红褐色土，土质稍黏硬，结构紧密，含炭粒、烧土颗粒等，深0.85～1.3米、厚0～0.4米。出土有陶片、石块、料疆颗粒等，为裴李岗文化层。该层整个Ⅳ区基本均有分布。灰坑H219、H223及房基F53、F61、F62等叠压于此层下。北部该层下为G11内堆积，南部该层下直接为浅黄褐色生土。

G11内堆积分为三小层：第1层：灰褐色土，土质较硬，结构紧密，含炭粒、烧土颗粒等，出土有陶片、石块等，深1～1.5米，最厚处约0.4米，在T0105内出有石磨盘和石磨棒一套。本层向南渐薄，在T0106内缺失。第2层：深褐色土，土质较硬较黏，结构紧密，含炭粒、烧土颗粒等，出土有陶片、石块等，深1.15～2.1米、厚0.1～0.55米。该层向南渐缺失。第3层：青灰色土，土质较硬、结构紧密，含炭粒、烧土颗粒等，出土有陶片、石块、料姜颗粒等，深1.4～2.6米、厚0～0.45米。该层自东北部向南渐薄至缺失。

三、文化遗迹

1. 房址

2007年度共发掘房址41座，主要集中于Ⅲ区东北部及Ⅳ区西南部。皆为半地穴式建筑，保存有地下部分，地面以上的建筑结构被破坏。平面形状有椭圆形、圆形、圆角长方形和不规则形。皆有门道，方向不一，突出于房屋主体，多为缓坡状下行，发现有双门道房址。用灶痕迹发现3处，位于房间门道一侧或房址外围。屋内居住面和墙壁均经处理，踩踏面多较平坦，部分中间略低。填土内含少量碎陶片及石块。房址周围分布有圆形或椭圆形柱洞，门道两侧分布较对称的一组柱洞。部分房址两侧基本对称分布一个灰坑。整体来看，核心聚落区分布在遗址的东南部，东部以G12为界，内收围成较为完整的聚落，其功能分区已有所体现，并以房址、灰坑组合体现出向心式格局。加上2006年发掘的22座房址，唐户遗址发现的裴李岗文化时期房址总数达到63座。

（1）椭圆形房址

共21座，包括F22、F23、F25、F26、F28、F31、F32、F34、F39、F40、F43、F44、F46、F49、F50、F52、F53、F56、F59、F61、F63。下面以F22、F26为例进行介绍。

F22　位于ⅣT0412西南部和T0413西北部。叠压于第3层下，打破第4层和生土。房址平面近椭圆形，口部长径3.5、短径3.1、深0.2～0.58米。周壁规整斜收，底部由门道向室内渐深，略呈缓坡状。门道位于南部稍偏西处，有两个门道，二者相隔约0.5米，方向207度。西侧门道长约1.55、宽约0.5～1.35米；东侧门道长0.6、宽0.5米。房内东北部有一椭圆形坑，径长0.65～0.82米，其内包含有大量草木灰、炭粒及烧土块，可能是灶坑遗存；中部有一圆形坑，直径0.36米，应为房屋内部的承重柱洞。房址外围发现柱洞15个，平面近圆形，直径0.18～0.24、深0.18～0.2米。柱洞内的填土呈红褐色，土质稍黏硬。房内填土堆积分3层。

第1层：灰褐色土，土质较硬。厚0.08～0.15米，出土有夹砂和泥质红陶片，可辨器型有罐、钵等，伴出有石块等。

第2层：黑褐色土，土质较黏硬，厚0～0.26米。内含较多炭粒、烧土块、石块、陶片等遗物，陶片以夹砂红褐陶为主，少量泥质红陶，可辨器型有罐、钵，鼎等。

第3层：褐色土，土质稍松软，厚0～0.15米，包含有少量炭屑，夹砂红褐陶片和泥质红陶片等，可辨器型有钵形鼎，罐等（图六）。

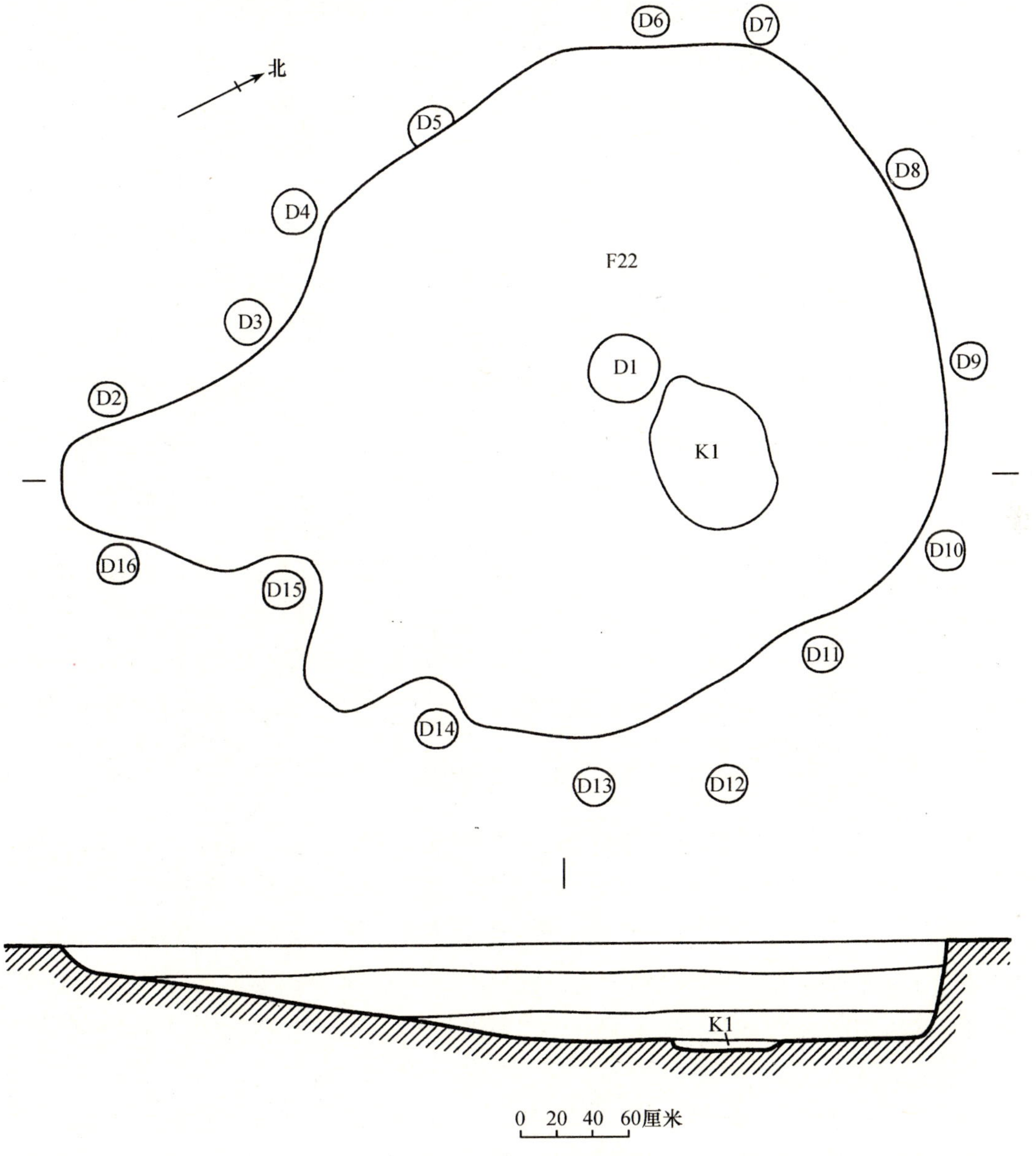

图六　F22平、剖面图

F26　位于ⅣT0414西南部，叠压于第3层下，打破4层和生土。平面略呈椭圆形，口部长径4米，短径2.88米，斜弧壁，下部内收，呈不规则状圜底。室内地面有一层踩踏面，质地较硬，四周略高，中间稍低，残深0.1～0.3米。房内填土呈灰褐色，土质较硬，结构较紧，含烧土颗粒及炭粒等，发现较多夹砂和泥质红陶片，并有少量灰陶及橙黄陶片，可辨器形有罐形鼎、罐、钵等。另有较多石屑及少量半加工石块。门向西南，方向218度。门道斜坡状，缓坡状下行，长1.05、宽0.6～1.7米。房址外围发现柱洞14个，平面近圆形，直径0.2～0.3、深0.1～0.15米，斜弧壁，填土呈灰褐色，土质较硬。F26两侧有灰坑H111、H112对称分布，形制相似，当是附属同组建筑遗迹。推测该房址很有可能是当时的石器作坊，两侧灰坑可能用作器物储藏室（图七）

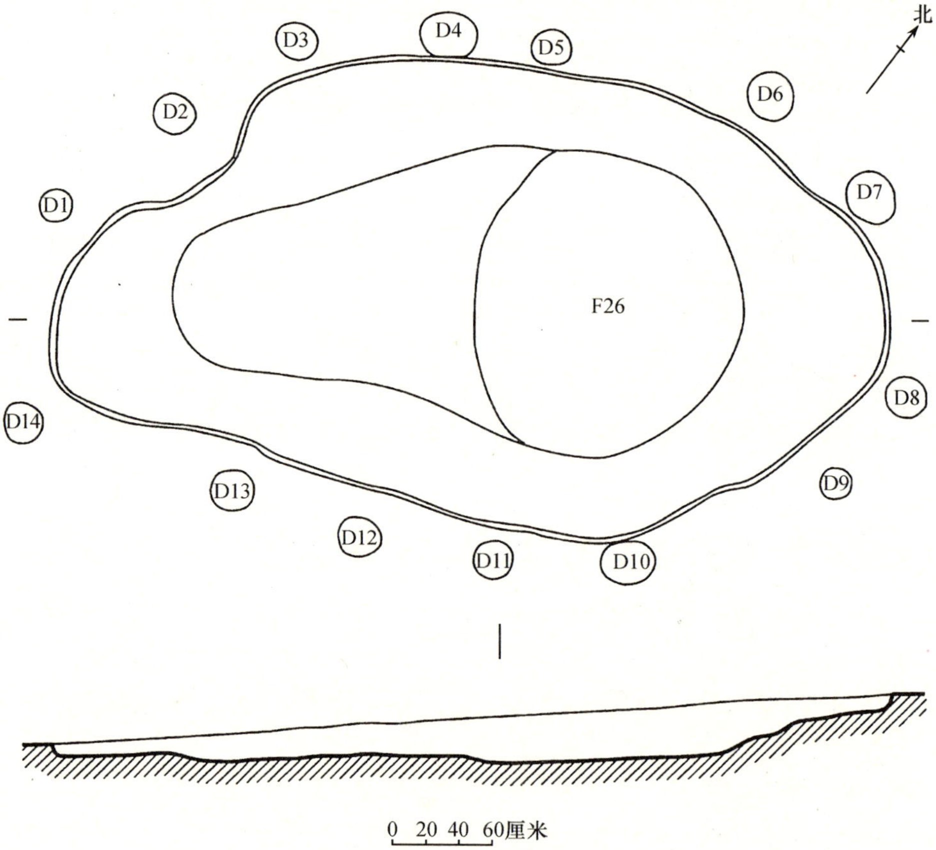

图七　F26平、剖面图

（2）圆角长方形房址

共10座，包括F27、F29、F33、F35、F37、F38、F42、F47、F51、F60。下面以F42为例进行介绍。

F42　位于T0416的西北角，延伸至T0415的西南。叠压于第3层下，打破第4层及生土。房址主体平面呈圆角长方形，北宽南窄，半地穴式，斜弧壁，近平底。南北长

3.7、宽3.6、深0.25米。门道位于南部，方向182度。南北长2.6、北宽2.4、南宽0.4、深0.1~0.2米，为斜坡状下行。外围有柱洞8个，为近圆形或椭圆形，大小不等，直径0.35~0.8、深0.15~0.3米。室内堆积为灰褐色，含炭粒、烧土颗粒及植物根茎等，出土有较少的陶片、石块等。F42周边有4座房子围拢，东南部分布大量的灰坑，西北部有G13环绕而过，房址地位似较特殊（图八）。

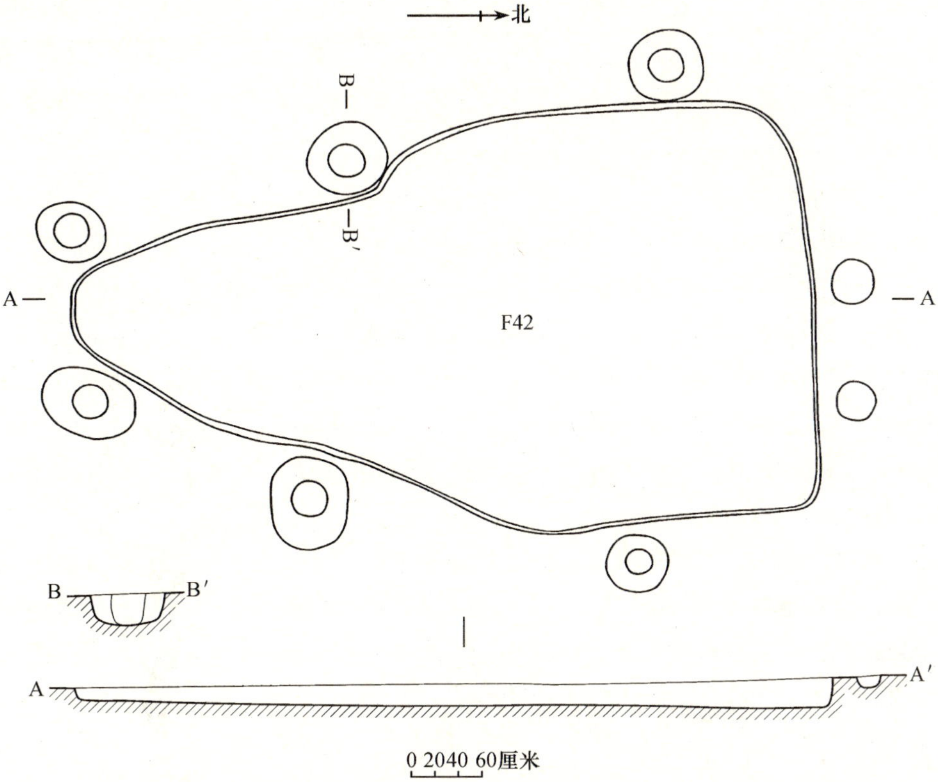

图八 F42平、剖面图

（3）圆形房址

4座，包括F21、F41、F48、F62。下面以F21为例进行介绍。

F21 位于Ⅲ区T0113东北部，叠压于第2层下，打破第3层和生土。平面近圆形，口径约2.2、深0.2~0.6米。坑壁斜弧收，圜底。底部居住面由纯净黄土铺垫而成。门道位于东南部，呈阶梯式，方向185度。门道长1.82、宽0.34~1.04米。房址外围发现柱洞8个，平面呈圆形或近圆形，大小不等，最大者直径0.25米，小者直径0.15、深0.08~0.44米。柱洞内填土呈灰褐色，较黏硬，个别柱洞内填有烧土块。房内堆积分4层。

第1层：灰褐色土，土质略黏硬，含有炭粒、植物根系等。厚约0~0.16米。出土有夹砂和泥质红陶片，石器，动物牙齿等遗物。陶器以夹砂红褐陶为主，泥质红陶次之，可辨器型有罐、钵等。

第2层：褐色土，土质较黏硬，结构紧密，厚约0.08～0.22米。包含有较多的炭粒、烧土颗粒和烧土块、草木灰等。出土少量夹砂红褐陶片及泥质红陶片。

第3层：黄灰色土，土质黏硬，结构紧密，含有草木灰，厚约0.04～0.4米。出土较少残碎红陶片。

第4层：黑灰色土，土质黏硬，结构紧密，成块状。土层内含有大量草木灰、炭粒，烧土块等，厚0.1～0.52米。出土遗物较为丰富，以陶器为主，另有石器、动物牙齿等。陶器以夹砂红褐陶为主，泥质红陶次之，见有泥质灰陶。可辨器型有鼎、罐、钵、壶、豆等（图九）。

（4）不规则形房址

6座，包括F24、F30、F36、F45、F54、F55。下面以F55为例进行介绍。

F55 位于ⅣT0210东南部和T0211东北部。叠压于第3层下，打破4层和生土。平面形状为不规则形，由门道、房间主体、灶和柱洞四部分组成。口部长径约5、短径3.1、底部长径4.8、短径2.3～2.8、残深约0.1～0.38米。斜弧壁，室内有一层踩踏面，四周略高，中间稍低。室内填土呈灰褐色，结构较紧密，含少量烧土块、炭粒和陶片、砾石片等，并出有一残石凿。门向东南，方向135度。门道突出于东南部，近半圆，缓坡状下行，长1、宽0.3～1.6、深0.08～0.3米。室内门道东侧有一灶，高于室内地面，整体保存较差，北部为圆角梯形的红烧土台，长约0.35、宽约0.25～0.45、残高0.05米，另有小范围的红褐色烧结面和散碎烧土块。灶内填土呈黑褐色，夹杂较多炭粒。房址外围分布柱洞12个，均为圆形，直径0.4～0.47、深0.2～0.28米。柱洞直壁略内收，底稍平，内填土呈灰褐色，土质较黏硬（图一〇）。

2. 灰坑

2007年度发现裴李岗文化灰坑162个，加上2006年跨年度发掘的灰坑7个，本年度共发掘灰坑169个。另发掘龙山灰坑2个（H68、H73），汉代灰坑4个（H66、H67、H75、H76），宋代灰坑1个（H78），共清理各类灰坑176个。本文只介绍裴李岗文化时期灰坑。

灰坑多分布在房基的周围。按其平面形状，可分为椭圆形（116个）、圆形（47个）、长方形（3个）及不规则形（3个）。坑壁有直壁、斜壁、弧壁之分，以斜、弧壁为主。多为平底，另有少数圜底及不规则形底。坑口直径和坑的深度多在1米左右，最大的直径为2.6米，最深的1.3米。出土遗物有石器、陶器等，陶器多为泥质红陶和夹砂红褐陶片，可辨器型有鼎、罐、壶、钵等。

H92 位于ⅣT0214探方的东北部，开口于第3层下，打破同层下H97和H98，并打破第4层及生土。平面呈椭圆形，壁近直，下部稍外弧，平底。径长1.7～2.1、

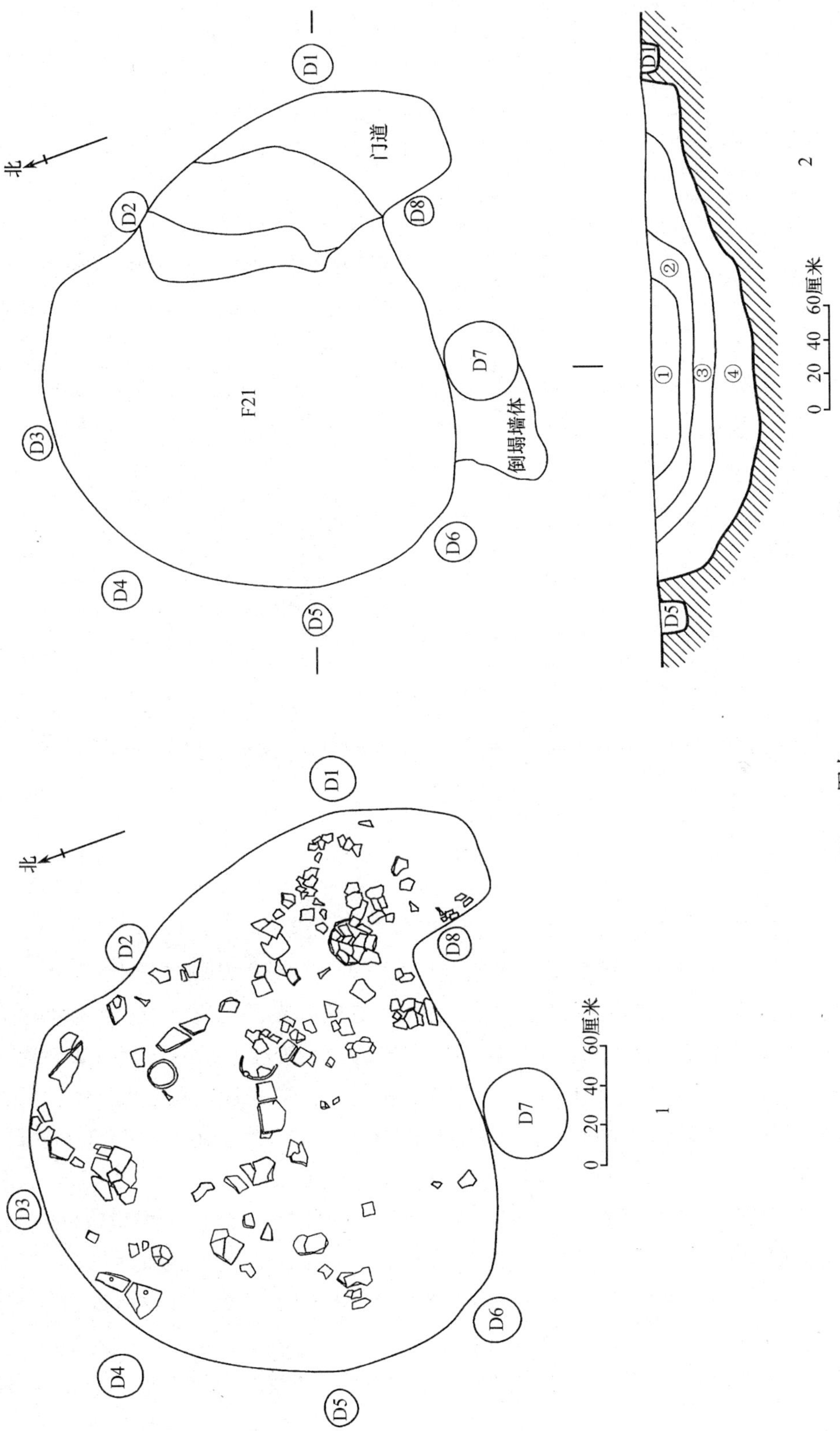

图九
1. F21④层平面图 2. F21 平、剖面图

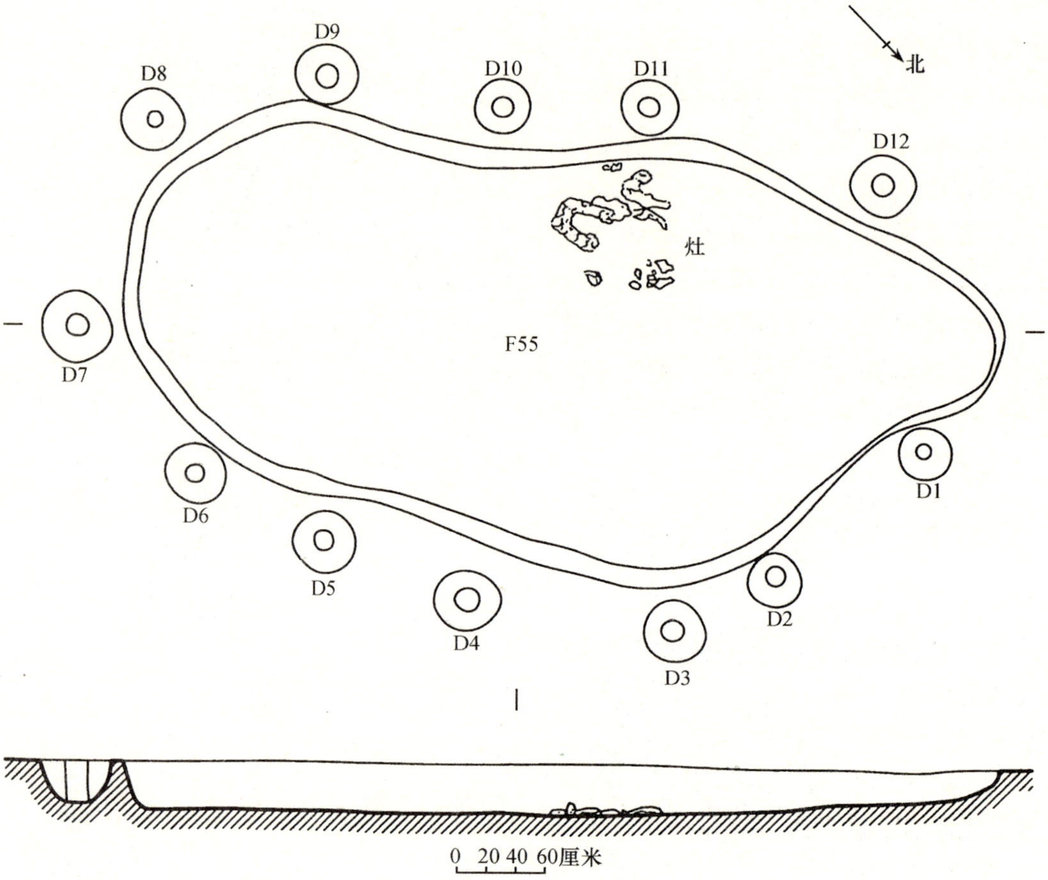

图一〇 F55平、剖面图

底径1.5~1.9、深1.2~1.3米。坑内填土堆积共4层。第1层：黄褐色土，土质略硬，结构紧密，厚0.2~0.3米。第2层：褐色土，土质较软，结构疏松，厚0.1~0.38米。包含有较多的炭粒和少量的烧土颗粒，出土有泥质红陶、夹砂红陶、磨光红褐陶陶片，可辨认器形有壶、罐等。第3层：黄褐色土，土质略硬，较纯净，厚0.15~0.2米。第4层：黑褐色土，土质较软，厚0.05~0.5米。包含有较多的炭屑和少量的烧土颗粒，出土有较多泥质红陶及夹砂红陶陶片，可辨器形有钵、壶、鼎、罐等。并有少量石块，有砾石、石饼等（图一一）。

H50　位于ⅣT0113中部偏东，开口于第2层下，打破第3层，平面呈圆形，直壁。底近平。口径1.18、深0.35米。坑内填土仅一层，土色深褐，质地较硬，结构稍疏松，含木炭粒、烧土颗粒，出土部分泥质红陶及褐色夹砂陶片，可辨器型有钵、罐、鼎等。

H198　位于ⅣT0215中部偏南，开口于第3层下，打破4层及生土。平面近圆形，斜直壁，寰底稍平。口径约2米、坑深0.42米。坑内填土堆积可分为3层。第1层：

深褐色土，土质较软，厚0～0.15米，含有较多的炭屑和少量的烧土颗粒，出土有丰富的泥质红陶和夹砂红陶，可辨器形有鼎、钵、壶、罐等。第2层：灰褐色土，土质略硬，厚0.08～0.25米，较纯净，未见文化遗物。第3层：深褐色土，土质较软，厚0.15～0.2米，含有较多的炭屑和少量的烧土颗粒，出土有丰富的陶片，陶片有泥质红陶和夹砂红陶，均为素面，可辨器形有鼎、壶、钵、罐等（图一二）。

H147　位于ⅣT0412的中南部，开口于第3层下，打破第4层及生土。平面近长方形，斜弧壁，下部内收，底略平。坑口长1、宽0.62、坑深0.3米。坑内填土灰褐色，土质略硬，结构稍紧，含少量炭粒及烧土颗粒，坑内出土有泥质红陶和夹砂红褐陶，因陶片残碎器型无法辨认（图一三）。

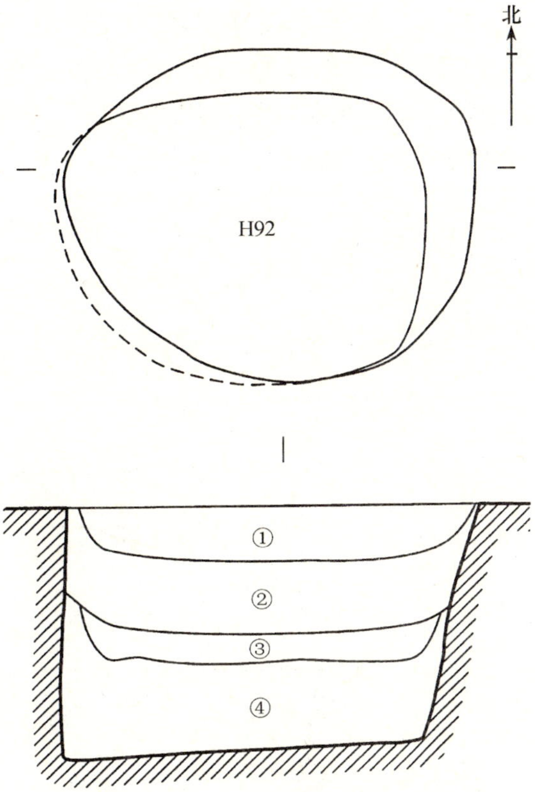

图一一　H92平、剖面图

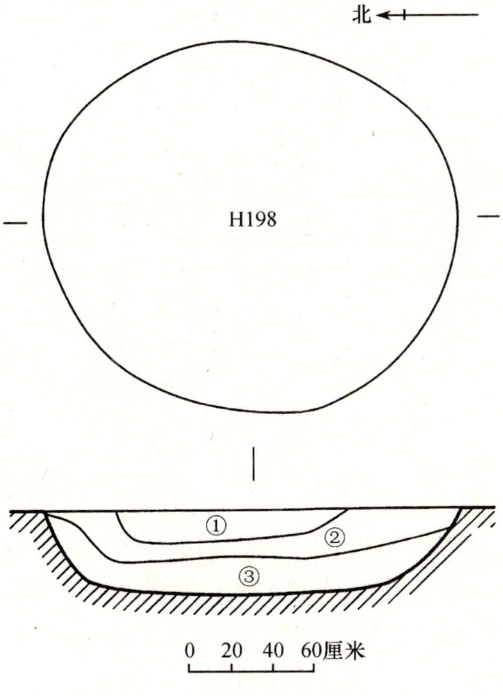

图一二　H198平、剖面图

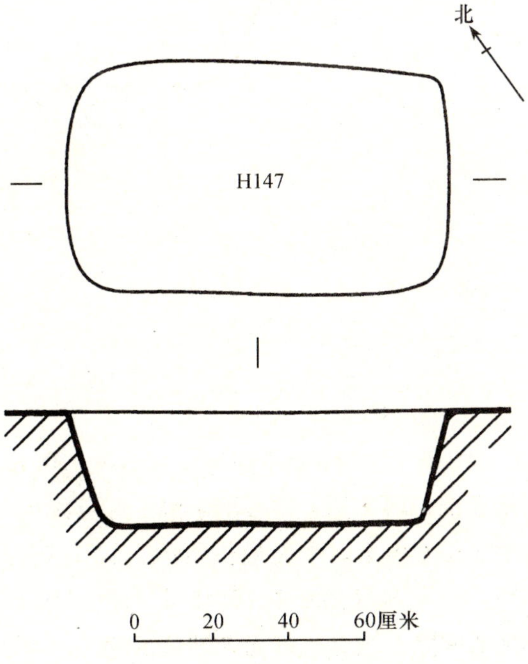

图一三　H147平、剖面图

H207　位于ⅣT0211西北部，叠压于第3层下，打破第4层和生土。平面呈不规则形，斜弧壁，坑壁下部内收，口大底小，底近平。坑口长2.2、宽1.1～1.26、坑深1.18米，填土呈灰褐色，土质略较硬，结构稍紧密，内含炭粒烧土颗粒等，出土少量残碎泥质红陶和黑陶片（图一四）。

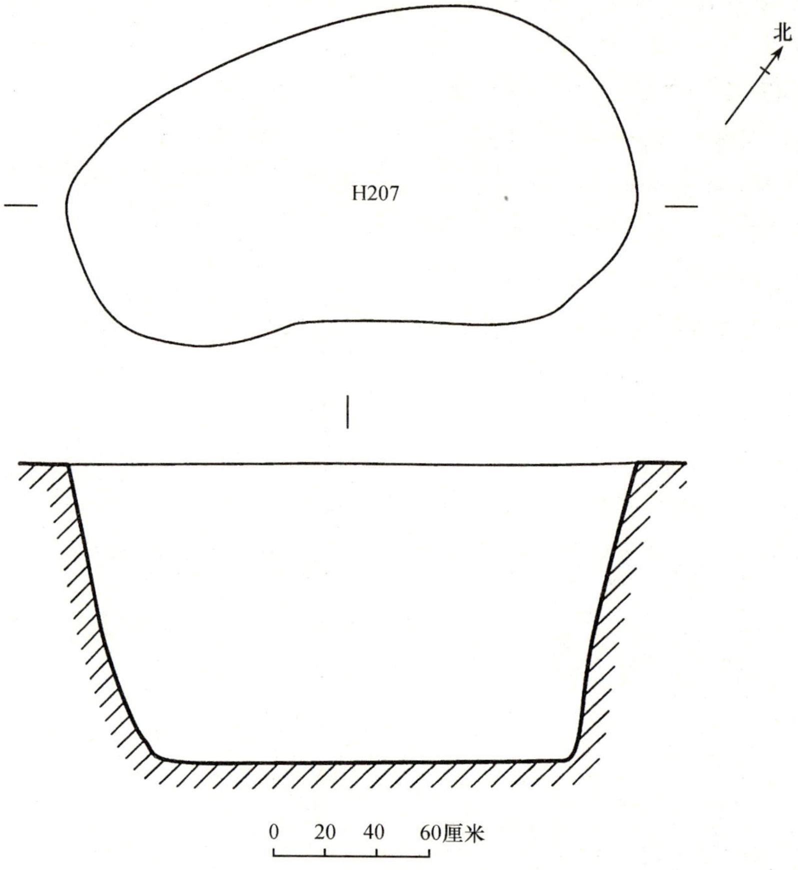

图一四　H207平、剖面图

3. 灰沟

2条，G12与G13。

G12　位于Ⅳ区T0410、T0510、T0511、T0512、T0612内、西北—东南向，略呈弧状环绕在居住基址的外围东侧，并分别向西北、东南方向延伸。叠压于第3层下，打破第4层及生土。平面呈长条形，斜弧壁，下部内收，底近平，稍圜。目前揭露长度约35米、沟残宽约0.3～0.45米、残深0.4～0.5米。在T0512东北部，有一处宽约0.8米的间隔，当是居址出入外部的通道（图一五）。

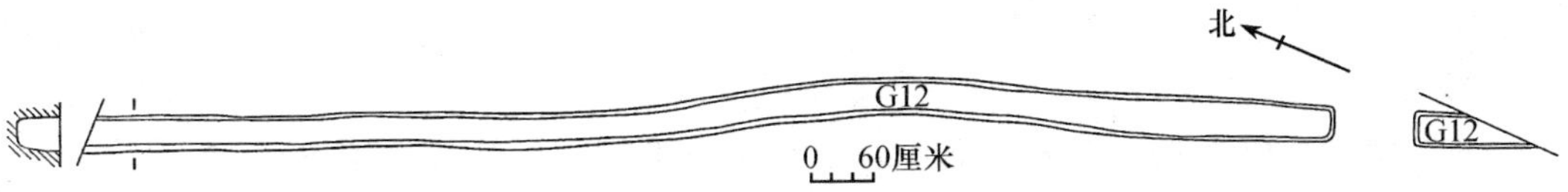

图一五 G12平、剖面图

G13 位于第Ⅳ发掘区的西南部T0314、T0315、T0316、T0415、T0216探方内，在T0315内，有两条支流由依地势西北向东南延伸，T0415内，一条支流由东北向西南伸展，在T0315东南部汇流在一起，向西南流入T0316内。G13叠压于第3层下，打破第4层及生土，被H119、H122、H125打破，同时又打破H152和H194。斜直壁，下部内收，底近平，填土共一层堆积，土色灰褐，土质略较硬，结构稍疏松，含炭粒、烧土颗粒及植物根系等，出土有较少的陶片及石块。暴露长22.5、口宽0.2～0.9、沟深0.15～0.2米（图一六）。

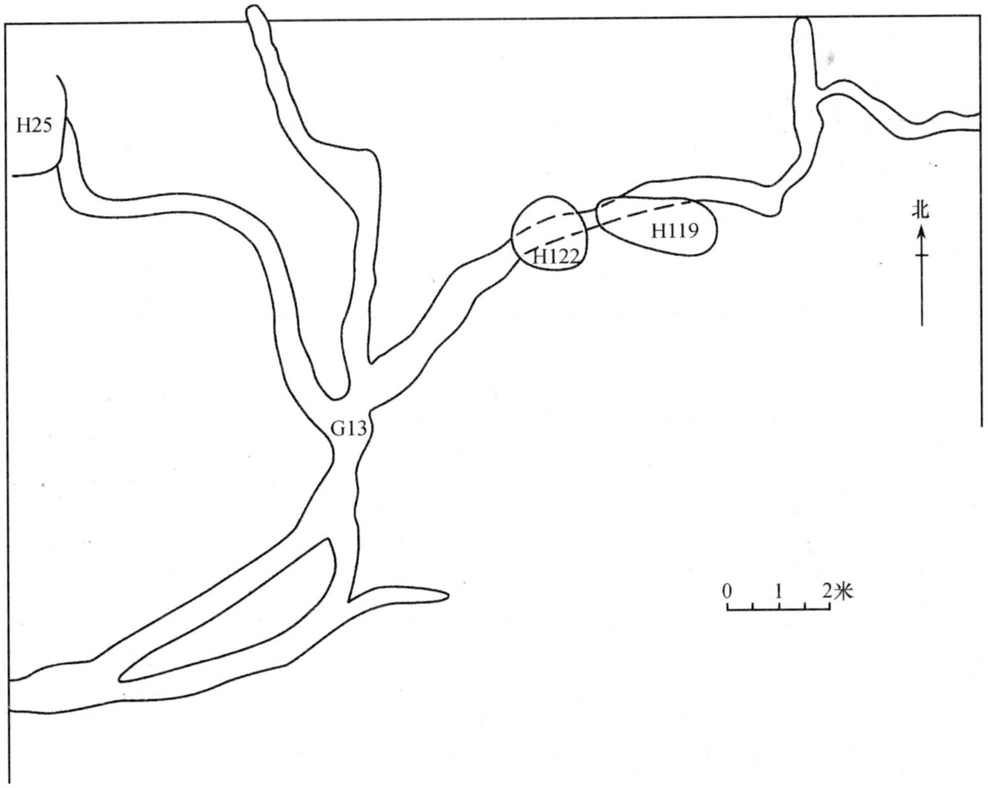

图一六 G13平面图

4. 墓葬

仅见M43一座，位于Ⅳ区T0212北部。长方形竖穴土坑墓，叠压于第3层下，打破生土。东西向，方向88度。墓壁斜直，底略小于口。墓口长2.3、宽0.55～0.6、深0.6米。墓内填土为褐红色花土，墓中发现人骨架1具，保存较差，头向东，仰身直肢。无随葬品（图一七）。

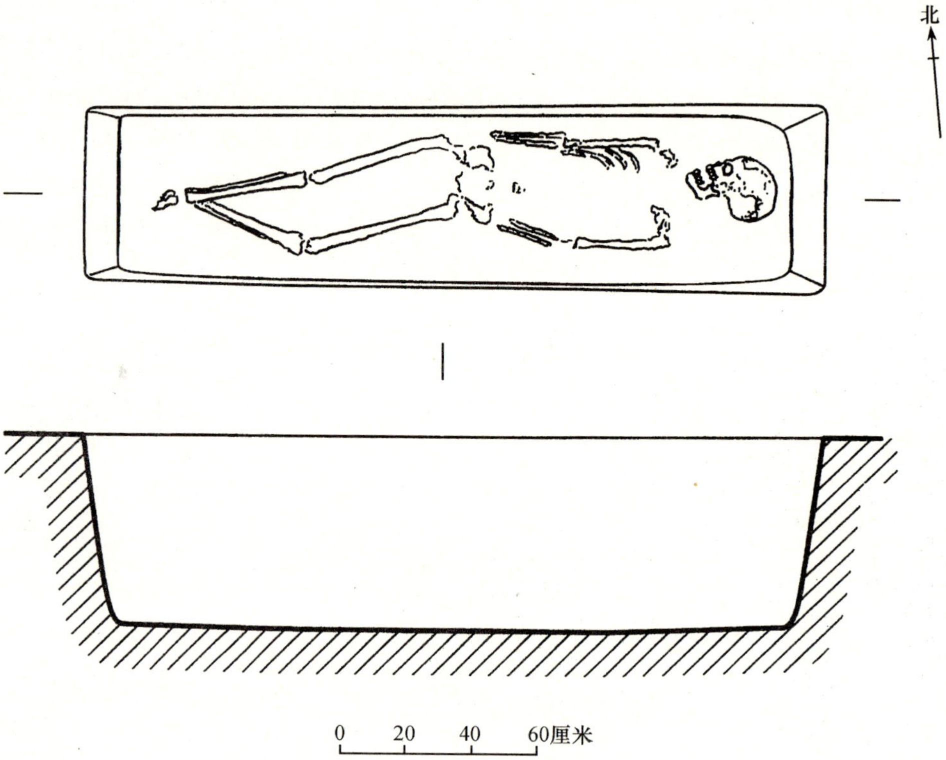

图一七　M43平、剖面图

四、遗　　物

出土遗物主要有陶器、石器、动物骨骼等。所出遗物均为残器，特别是陶器均为残片，能复原的较少。按其用途分生活用具，生产工具等。

1. 陶器

多为生活用具，出土于房址、灰坑或地层内。由于火候太低，陶片破碎较甚，有些几乎成粉末状，可复原者极少。陶器均为手制，质较疏松，分泥质和夹砂等几种，夹砂陶中多掺有不同程度的蚌料，少部分掺入云母片。陶色以红陶为主，次为红褐陶，少量褐陶、灰陶，发现有黑陶陶片。器表大部分素面，部分磨光，施有陶衣，有些器物内壁亦被磨光。纹饰有篦点纹、划纹、绳纹、乳钉纹等。器型有鼎、壶、钵、碗、罐、盆、甑、纺轮等。

陶鼎　质地分为泥质陶、砂质夹蚌陶，陶色以红褐为主，少量灰陶。根据口部和腹部的形态分为钵形鼎、罐形鼎和盆形鼎三型。

A型　钵形鼎，该型数量较多，共复原10件，均泥质陶。根据口部和腹部形态分为四个亚型。

Aa型　敞口微弧腹钵形鼎。根据腹部的深浅可分为三式。

Ⅰ式：2件。深腹，圆锥形足，足根部外撇。标本F56:2，泥质陶，略呈浅黄色。口径21.4、高7.6厘米（图一八，1）。

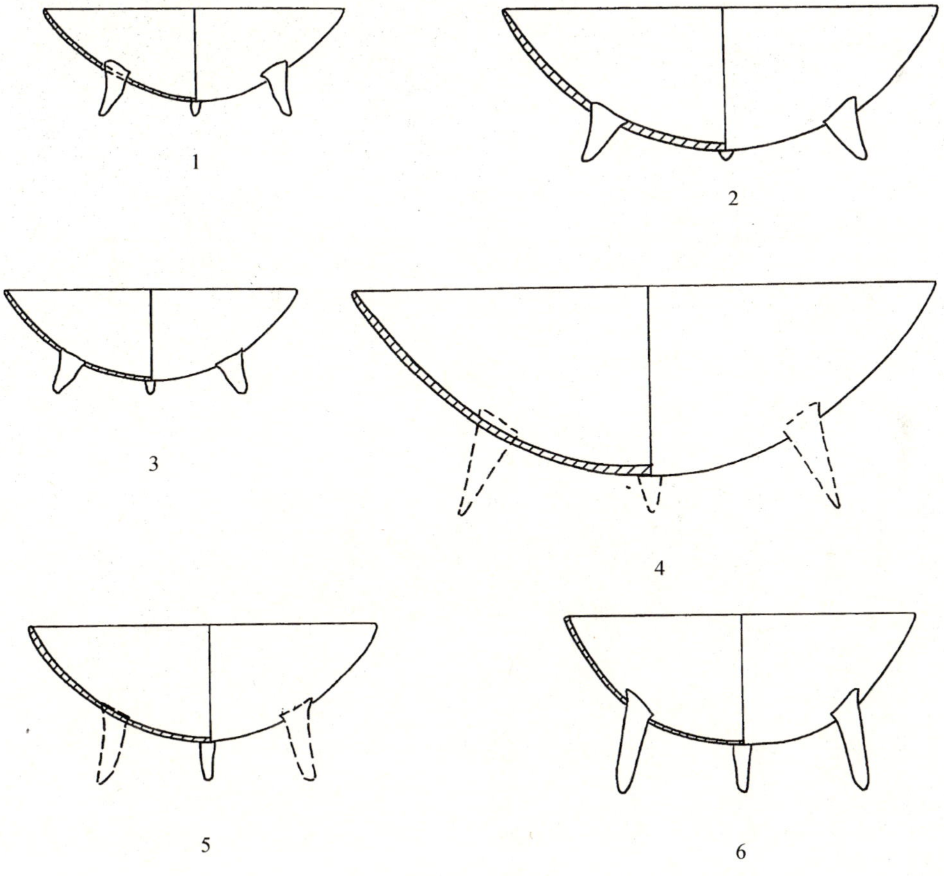

图一八　陶器

1. Aa型Ⅰ钵形鼎（F56:2）　2. Aa型Ⅱ钵形鼎（F21:9）　3. Aa型Ⅱ钵形鼎（H80:8）
4. Aa型Ⅲ钵形鼎（F21:1）　5. Ab型Ⅰ钵形鼎（F24:4）　6. Ab型Ⅱ钵形鼎（F21:3）

Ⅱ式：2件。腹较Ⅰ式浅，圆锥形足。标本F21∶9，泥质红陶。口径21、高7.4厘米（图一八，2）标本H80∶8，泥质灰陶。口径21、高7.5厘米（图一八，3）。

Ⅲ式：2件。腹部较浅，圆锥形足，足根外撇，较细。标本F21∶1，泥质红陶。口径28、残高9.2厘米（图一八，4，图版7）。

Ab型　敞口弧腹钵形鼎。根据腹、足变化可分两式。

Ⅰ式：1件。腹较深，足较长，足根外撇。标本F24∶4，泥质红陶。口径25、高11.3厘米（图一八，5）。

Ⅱ式：1件。腹略浅，足细长外撇。标本F21∶3，泥质红陶。口径25.5、高12.8厘米（图一八，6）。

Ac型　直口弧腹钵形鼎。1件。标本F21∶5，夹砂、夹蚌陶，深腹，圜底，锥状足。口径16、残高8.2厘米（图一九，1）。

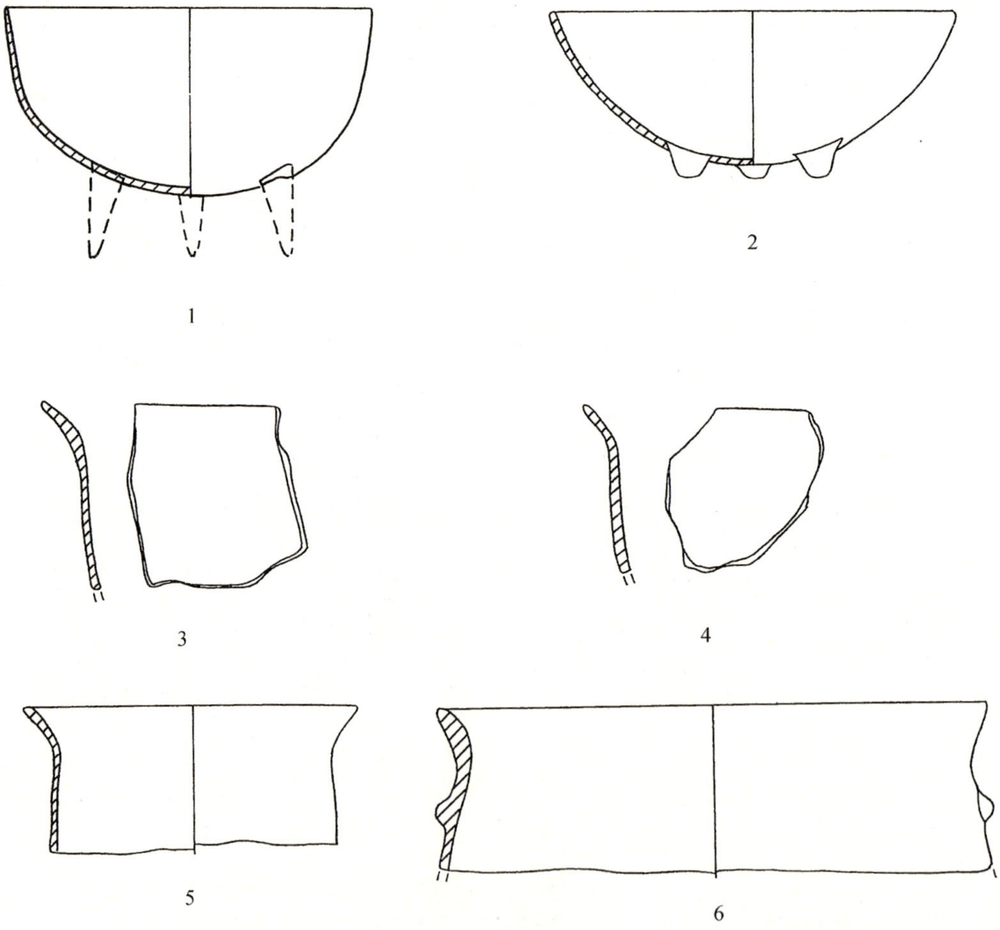

图一九　陶器

1. Ac型鼎（F21∶5）　2. Ad型鼎（H92∶10）　3. B型Ⅰ式鼎（H80∶3）
4. B型Ⅱ式鼎（H92∶1）　5. Ca型Ⅰ式鼎（H50∶1）　6. Ca型Ⅱ式鼎（H113∶1）

Ad型　敛口弧腹钵形鼎。1件。标本H92∶10，泥质红陶，内壁呈淡青色。腹部较深，三矮足。口径17.6、高7.2厘米（图一九，2）。

B型　盆形鼎多为口沿及腹片，无可复原者。均为砂质夹蚌陶，以红褐陶为主，少量灰褐陶。根据口、腹的变化可分为两式。

Ⅰ式：侈口，腹壁较斜直。标本H80∶3，腹近直，器表红褐色，内壁呈黑灰色。残高8厘米（图一九，3）。

Ⅱ式：口沿外侈明显，腹略外鼓。标本H92∶1，器表略呈淡黄色，残高10.6厘米（图一九，4）。

C型　罐形鼎，多为口、腹残片，无可复原者。均为砂质夹蚌陶，陶色以红褐为主，部分灰陶。根据口、腹部的变化可以分为两个亚型。

Ca型　侈口，折沿。分两式。

Ⅰ式：腹部近直，较深。标本F50∶1，器表红褐，内壁呈黑灰色。口径22、残高9.4厘米（图一九，5）。

Ⅱ式：腹部略鼓。标本H113∶1，外壁呈棕红色，内壁呈黑灰色，上腹壁饰乳钉。口径24、残高7.2厘米（图一九，6）。

Cb型　侈口，卷沿。分三式。

Ⅰ式：颈部内收，深腹。标本F21∶17，陶色红褐，腹近直。残高9厘米（图二〇，1）。

Ⅱ式：颈部呈反弧内收，腹略鼓。标本H50∶2，外壁呈红褐色，内壁呈黑灰色。口径18、残高7.2厘米（图二〇，2）。

Ⅲ式：腹部外鼓。标本H90∶2，器表红褐，内壁黑灰。残高4厘米（图二〇，3）。标本H94∶2，器表红褐，内壁黑灰。残高6.6厘米（图二〇，4）。

鼎足　较多，分为夹砂和泥质陶，夹砂陶部分夹蚌或夹云母。陶色以红色为主，红褐、褐色次之，均素面。

砂质陶　可分为三型。

A型　柱状足。形制粗壮。分两式。

Ⅰ式：器体稍矮，足根部呈圆形。标本H72∶11，夹砂夹蚌红褐陶，器体稍弯。残高8.3厘米（图二〇，5）。

Ⅱ式：器体细高。标本ⅣT0313③∶3，夹砂红褐陶。高9.5厘米（图二〇，6）。

B型　扁凿状足。分三式。

Ⅰ式：器体短粗，断面扁平。标本ⅣT0315③∶1，砂质夹蚌陶。高4.6厘米（图二一，1）。标本F61∶8，砂质红褐陶，高5.7厘米（图二一，2）。

Ⅱ式：器体细长近直，断面呈梯形。标本F51∶1，夹砂红褐陶。高10厘米（图二一，3）。

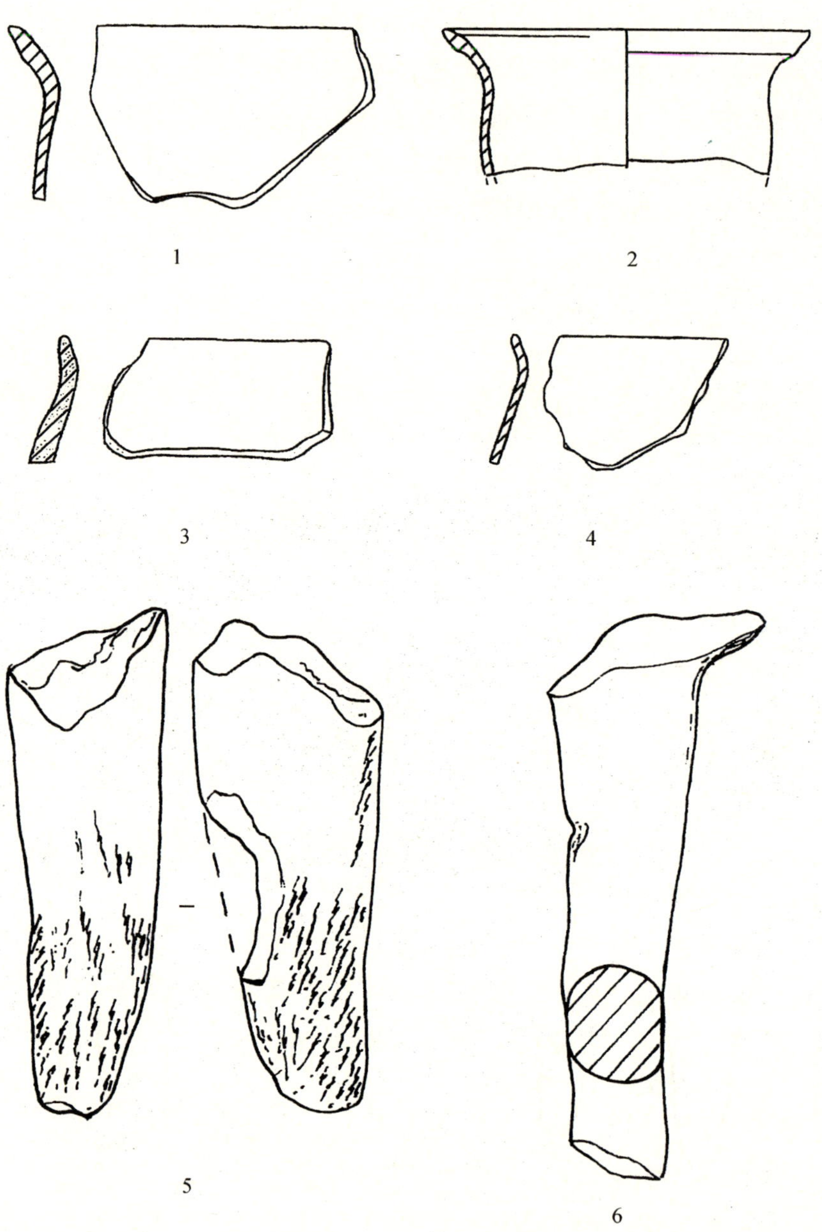

图二〇　陶器

1. Cb 型Ⅰ式鼎（F21∶17）　2. Cb 型Ⅱ式鼎（H50∶2）　3. Cb 型Ⅲ式鼎（H90∶2）
4. Cb 型Ⅲ式鼎（H94∶2）　5. A 型Ⅰ式鼎足（H72∶11）　6. A 型Ⅱ式鼎足（ⅣT0313④∶3）

Ⅲ式：器体细长稍弯曲。标本 F61∶9，夹砂红褐陶。高 8 厘米（图二一，4）。

C 型　扁三角形足。分两式。

Ⅰ式：粗矮，根部呈扁圆形。标本 F39∶17，夹砂红褐陶。残高 5 厘米（图二一，5）。

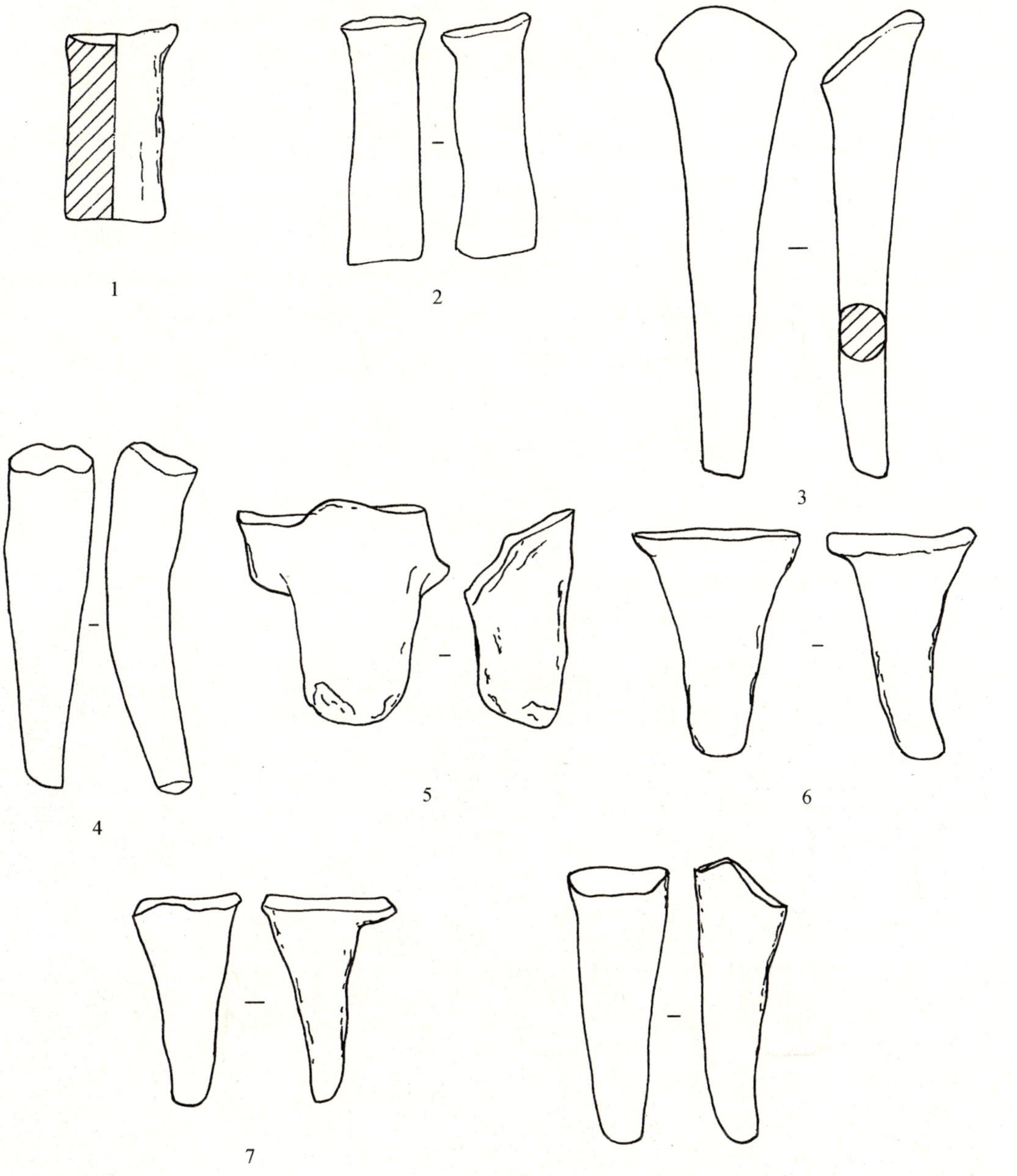

图二一 陶器

1. B型Ⅰ式鼎足（ⅣT0315③:1） 2. B型Ⅰ式鼎足（F61:8） 3. B型Ⅱ式鼎足（F51:1） 4. B型Ⅲ式鼎足（F61:9） 5. C型Ⅰ式鼎足（F39:17） 6. C型Ⅱ式鼎足（ⅣT0314③:10） 7. D型Ⅰ式鼎足（F52:16） 8. D型Ⅱ式鼎足（H99:5）

Ⅱ式：器体较Ⅰ式细长。标本ⅣT0314③:10，夹砂红褐陶，足下部略弯曲。高5.2厘米（图二一，6）。

D型　圆形锥状足。分两式。

Ⅰ式：器体稍矮，足根部呈圆形。标本F52∶16，砂质红褐陶。高5厘米（图二一，7）。

Ⅱ式：器体细长，根部近圆，稍弯曲。标本H99∶5，砂质红褐陶。残高6.3厘米（图二一，8）。

泥质陶，数量较多，以红陶为主，另有相当数量的红衣灰胎陶。少量灰陶。多为钵形鼎足，可分为两型。

A型　圆形锥状足，皆素面。分三式。

Ⅰ式：足较高，锥状足下端略向外撇，横剖面近圆形。标本F51∶7，残高5.4厘米（图二二，1）。

Ⅱ式：足较高，锥状足较直，足端较锐。标本F52∶13，残高4.8厘米（图二二，2）。

Ⅲ式：锥状足瘦高、较直。标本F52∶12，残高6.4厘米（图二二，3）。

B型　柱状足。分两式。

Ⅰ式：足较高，近直。标本F21∶23，横剖面近圆形，附有器底残片。通高6.6厘米（图二二，4）。标本F39∶20，横剖面近圆形，残高5.4厘米（图二二，5）。

Ⅱ式：足较Ⅰ式矮粗。标本F52∶17，高3.5厘米（图二二，6）。

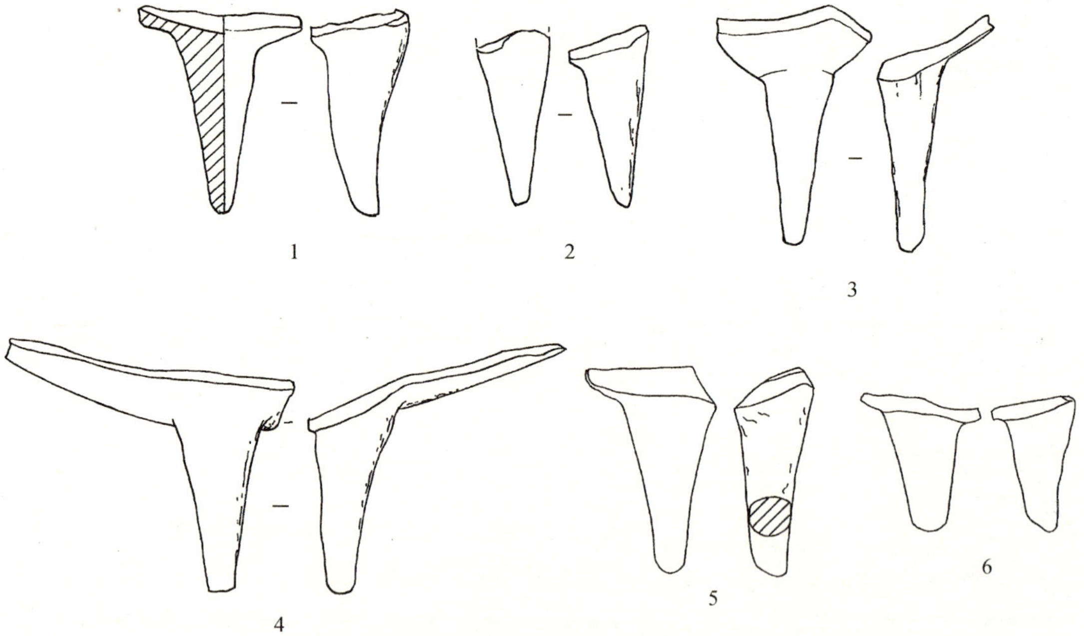

图二二　陶器

1. A型Ⅰ式钵形鼎足（F51∶7）　2. A型Ⅱ式钵形鼎足（F52∶13）　3. A型Ⅲ式钵形鼎足（F52∶12）　4. B型Ⅰ式钵形鼎足（F21∶23）　5. B型Ⅰ式钵形鼎足（F39∶20）　6. B型Ⅱ式钵形鼎足（F52∶17）

陶罐　出土陶片数量较多，仅复原1件（F21∶7），多为砂质夹蚌，另有一部分夹云母，还有少量的泥质陶。部分罐形鼎口、腹片难以严格区分，多归为罐类。依口、腹的不同，分三型。

A型　大口深腹罐，根据器身的变化分两式。

Ⅰ式：口微敞，深直腹。标本F22∶4，残高6厘米（图二三，1）。

Ⅱ式：敞口，腹壁斜直。标本F21∶16，残高10.6厘米（图二三，2）。标本ⅣT0104④∶1，腹饰乳钉。残高4厘米（图二三，3）。

B型　侈口罐。依器身变化分三式。

Ⅰ式：筒状深直腹。标本H50∶5，夹砂掺蚌褐红陶，残高9.6厘米（图二三，4）。

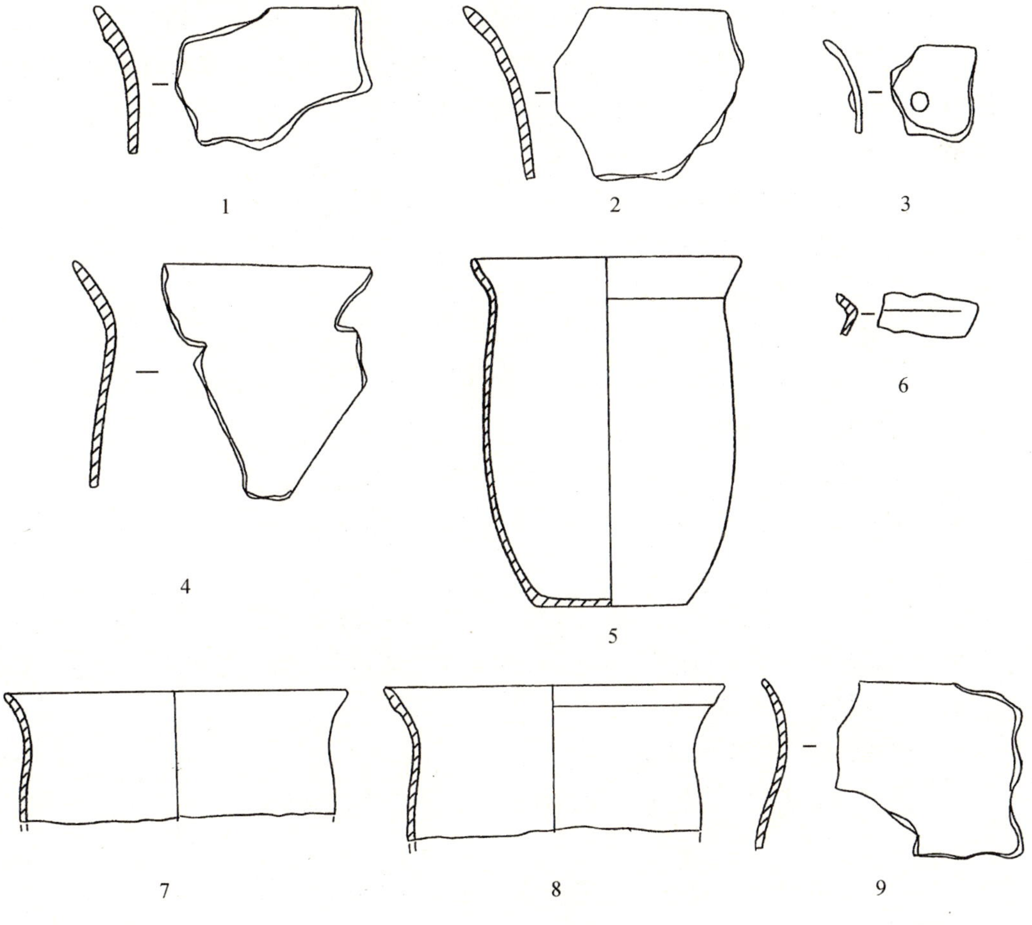

图二三　陶器

1. A型Ⅰ式罐（F22∶4）　2. A型Ⅱ式罐（F21∶16）　3. A型Ⅱ式罐（ⅣT0104④∶1）　4. B型Ⅰ式罐（H50∶5）　5. B型Ⅱ式罐（F21∶7）　6. B型Ⅲ式罐（ⅣT0106④∶4）　7. C型Ⅰ式罐（F21∶14）　8. C型Ⅰ式罐（F21∶18）　9. C型Ⅱ式罐（F21∶19）

Ⅱ式：深腹微鼓。标本F21:7，夹砂红陶，掺少量蚌沫。口径11、高14.5厘米（图二三，5）。

Ⅲ式：折沿较甚，腹外鼓。标本ⅣT0106④:4，仅口沿残片，残高2.7厘米（图二三，6）

C型　卷沿罐，卷沿外翻，腹外鼓。根据器身的变化分为两式。

Ⅰ式：颈部内弧，腹微鼓。标本F21:14，口径21、残高8.2厘米（图二三，7）。标本F21:18，内壁呈黑灰色。口径21、残高9.5厘米（图二三，8）。

Ⅱ式：颈部反弧内收，腹外鼓。标本F21:19，残高10.6厘米（图二三，9）。

罐底　夹砂和夹砂掺蚌红褐陶为主，均残。根据其底部特征，分为两型。

A型　平底微内凹。标本F21:15，砂质红褐陶，掺少量蚌沫。器表素面，内壁呈黑灰色。上部残，下腹部弧形内收。底径6.2、残高4.5厘米（图二四，1）。

B型　平底。数量较多，标本H94:3，砂质褐红陶，掺少量蚌沫。内壁呈黑灰色，器表素面。上部残，下腹斜内收。底径8、残高4.5厘米（图二四，2）。

陶壶　均为泥质陶，陶色以红色为主，另为少量棕红色和灰色陶。数量较多，多为器物口沿、腹片和器底，有些矮小的锥状足，可能是壶足。几无可复原者。根据口、颈的变化可分两型。

A型　长颈壶。可分为三式。

Ⅰ式：侈口，颈略内折。标本F21:6，泥质红陶，鼓腹，双半月形立耳附于肩部。口径7.5、残高18厘米（图二四，3）。

Ⅱ式：侈口，颈较直。标本H72:8，泥质红陶，口径10厘米（图二四，4）。

Ⅲ式：喇叭形口，弧颈。标本H80:1，泥质陶，略呈淡黄色。口径9厘米（图二四，5）。

B型　矮颈壶。标本F61:3，泥质红陶，侈口，颈内折，广肩。（图二四，6）。

陶碗　均泥质陶，陶色以红陶为主，少量灰陶，无可复原者，多为口沿、腹片及器底。根据腹、底的变化分为二型。

A型　弧腹，据口、腹的变化分为三式。

Ⅰ式，近直口，弧腹较深。标本H104:1，泥质红陶，薄胎，素面。残高6.3厘米（图二四，7）。

Ⅱ式，口微敛，弧腹，腹较Ⅰ式浅。标本H72:9，红陶，内壁淡青。口径13厘米（图二四，8）。

Ⅲ式，敞口，圆唇。H198:1，泥质红陶，斜弧壁，下部残，素面。口径24、残高7.5厘米（图二四，9）。

B型　斜腹，据腹的深浅，分为三式。

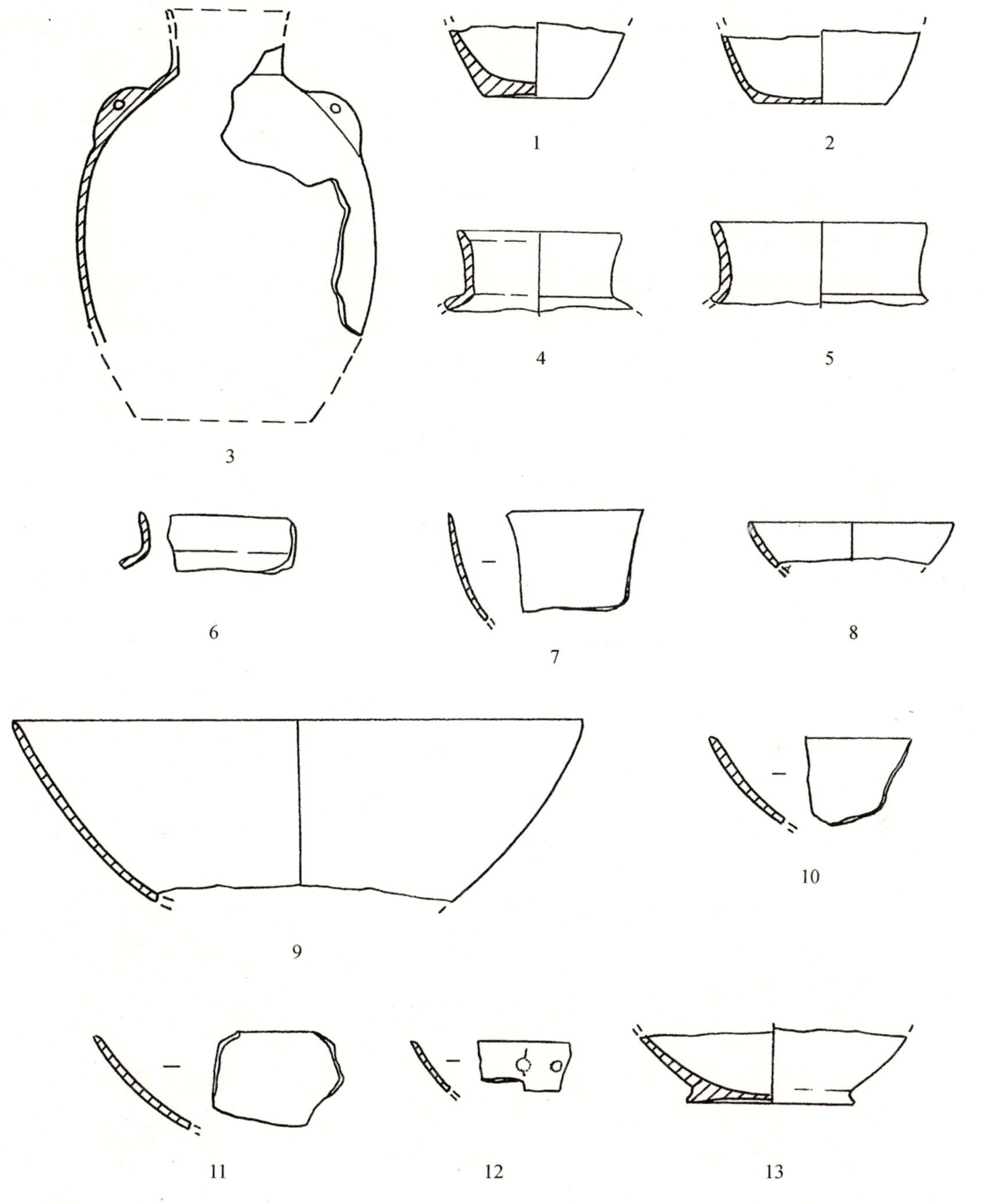

图二四 陶器

1. A型罐底（F21:15） 2. B型罐底（H94:3） 3. A型Ⅰ式陶壶（F21:6） 4. A型Ⅱ式壶（H72:8） 5. A型Ⅲ式壶（H80:1） 6. B型壶（F61:3） 7. A型Ⅰ式碗（H104:1） 8. A型Ⅱ式碗（H72:9） 9. A型Ⅲ式陶碗（H198:1） 10. B型Ⅰ式碗（F34:5） 11. B型Ⅱ式碗（H212:1） 12. B型Ⅲ式碗（H92:12） 13. C型碗（F41:1）

Ⅰ式：敞口，尖唇，腹较深。标本F34∶5，红陶，残高3.6厘米（图二四，10）。

Ⅱ式：敞口，尖唇，腹较Ⅰ式浅。标本H212∶1，红陶，器表施红陶衣。残高4厘米（图二四，11）。

Ⅲ式：浅腹。标本H92∶12，泥质灰陶，口下部有两圆形钻孔。残高3厘米（图二四，12）。

C型　假圈足碗，多为碗底。均为泥质红陶，标本F41∶1，下腹斜直。底径6、残高3.2厘米（图二四，13）。

盆　多为口、腹残片。标本H221∶2，泥质红陶，敞口，斜折沿，弧腹。（图二五，1）。

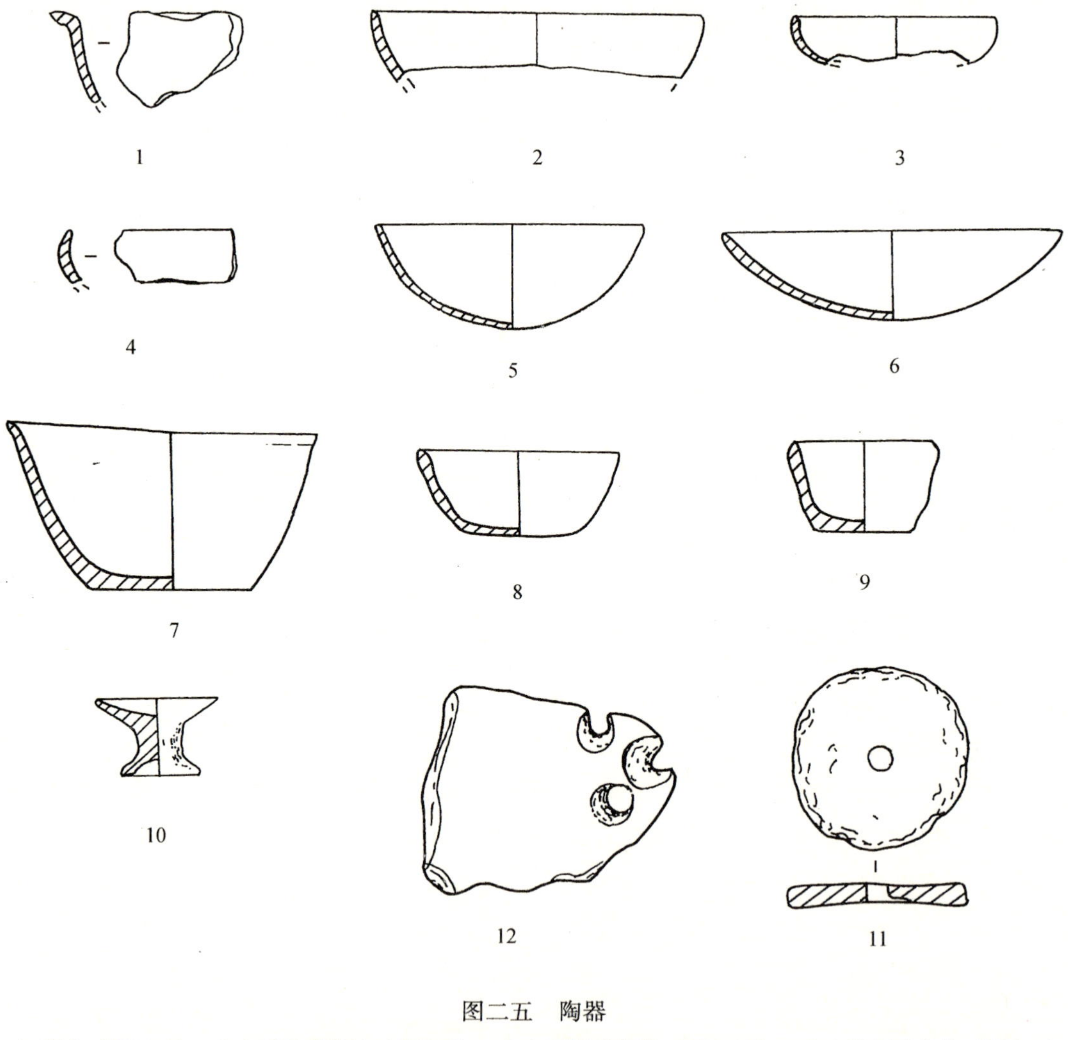

图二五　陶器

1. 陶盆（H221∶2）　2. A型Ⅰ式陶钵（H80∶5）　3. A型Ⅱ式陶钵（F21∶13）　4. A型Ⅲ式陶钵（F55∶4）　5. BaⅠ钵（H104∶2）　6. BaⅡ式钵（F34∶6）　7. Bb型Ⅰ式陶钵（F21∶10）　8. BbⅡ陶钵（H87∶2）　9. BbⅡ陶钵（H104∶3）　10. 陶豆（F21∶11）　11. 陶甑残片（ⅣT0413④∶2）　12. 陶纺轮（F39∶1）

陶钵 根据口部的形态分为敛口钵和敞口钵两型。

A型 敛口钵，均为口沿残片，底部形态不明。根据形体大小和腹的深浅可分为三式。

Ⅰ式：形体较大，腹较浅。标本H80∶5，泥质磨光黑灰陶，口微敛，弧腹。底部残。口径19厘米（图二五，2）。

Ⅱ式：形体较Ⅰ式小。标本F21∶13，夹砂红褐陶，腹部较弧，底残。口径12厘米（图二五，3）。

Ⅲ式：形体较小。标本F55∶4，泥质红陶，口内敛较甚，弧腹。残高3厘米（图二五，4）。

B型 敞口钵，以其底部的不同又可分为圜底钵和平底钵两亚型。

Ba型 圜底钵。根据腹的深浅可分为两式。

Ⅰ式：腹较深。标本H104∶2，泥质灰陶，弧壁。口径10.2、高4厘米（图二五，5）

Ⅱ式：腹较浅。标本F34∶6，泥质红陶，内壁淡青，尖唇，斜弧壁。口径14、高3.2厘米（图二五，6）。

Bb型 平底钵。根据其形体大小和腹的深浅可分为两式。

Ⅰ式：器形较大。标本F21∶10，夹砂、蚌褐红陶，斜直壁，内壁呈黑灰色。口径11.7、底6.5、高5.8~6.6厘米（图二五，7）。

Ⅱ式：器形较小。标本H87∶2，泥质红陶，内壁青灰。圆唇，斜弧壁，口径7.7、底4、高3.2厘米（图二五，8）。标本H104∶3，泥质灰陶，尖唇。壁斜直。口径5.9、底3.6、高3.5厘米（图二五，9）。

陶豆 4件，均夹砂红褐陶。标本F21∶11，浅盘，盘壁较厚，喇叭形足，豆柄实心。口径4.7、底径2.8、高3厘米（图二五，10）。

陶甑 分泥质、夹砂两种。无可复原者，均为残甑底部。标本ⅣT0413③∶2，泥质红陶，器表素面，有磨光痕迹。底部有小圆形箅孔3个。（图二五，11）。

陶纺轮 1件，标本F39∶1，夹砂、蚌褐红陶，素面，圆饼状，中部有一圆穿孔。系用陶片加工而成。直径3.5、厚0.4厘米（图二五，12，图版10）。

2. *石器*

多为生产工具，器形包括磨盘、磨棒、铲、镰、刀、凿等。另外，还发现有较多石器残片和石料。出土于地层、房址和灰坑内。有打制石器和磨制石器两类。打制石器多为石核和石片，器型有砍砸器、刮削器和尖状器；磨制石器有石磨盘、石磨棒、石铲、石镰、石刀等。

磨盘 除1件较完整外，余均为残器，共出土残块48件。均用灰黄色砂岩打磨而成。标本ⅣT0105G11∶1，椭圆形，前后两端近圆弧状，边有打击痕，平底无足。通体长18.6、宽10.8、厚3.8厘米（图二六，1）。标本ⅣT0113③:1，弧状，仅余磨盘一端残块，磨制。残长12.3、宽4.5、厚3厘米（图二六，2）。

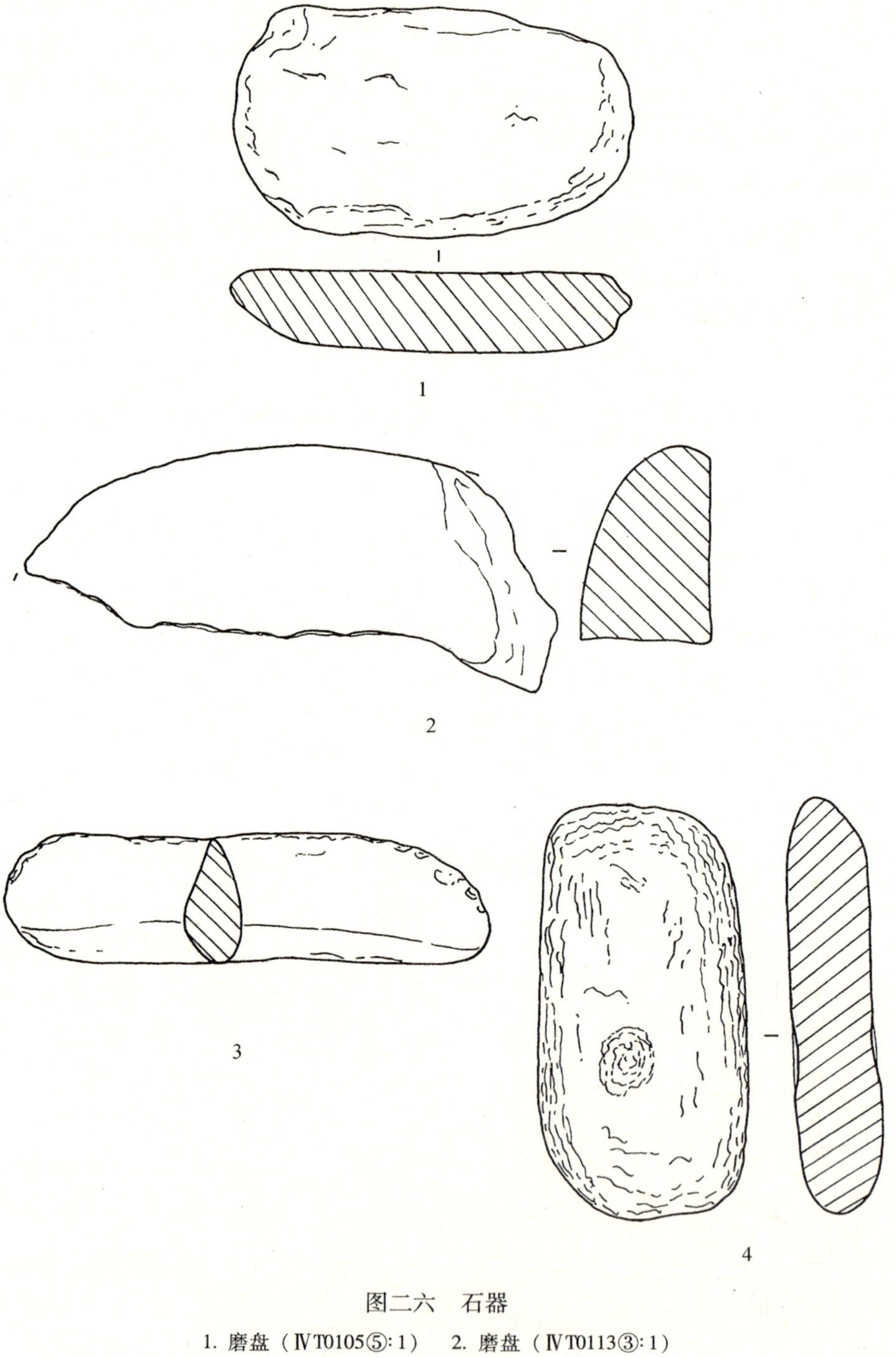

图二六　石器

1. 磨盘（ⅣT0105⑤:1）　2. 磨盘（ⅣT0113③:1）

3. 磨棒（ⅣT0105⑤:2）　4. 铲（H86:1）

磨棒　7件。圆柱形或扁长条形。标本ⅣT0105G11∶2，近圆柱形，与该地层内磨盘共出。长11.5、径2.8厘米（图二六，3）。

铲　7件，均残。磨制。器身扁平。标本H77∶1，青灰色角闪石，圆弧形，一端残。尖圆刃，刃部有明显使用痕迹。残长11.3、宽10.2、厚1.2厘米（图二七，1）。标本H86∶1，褐色粗砂质岩，两端均为圆弧形，侧边呈弧形，两侧有对称圆形钻孔。长19.5、残宽9.5、厚3.9厘米（图二六，4）标本ⅣT0416④∶1，青灰色角闪石，圆弧刃，刃部有一缺口，一端残。残长9.4、宽7.6、厚1.2厘米（图二七，2）。

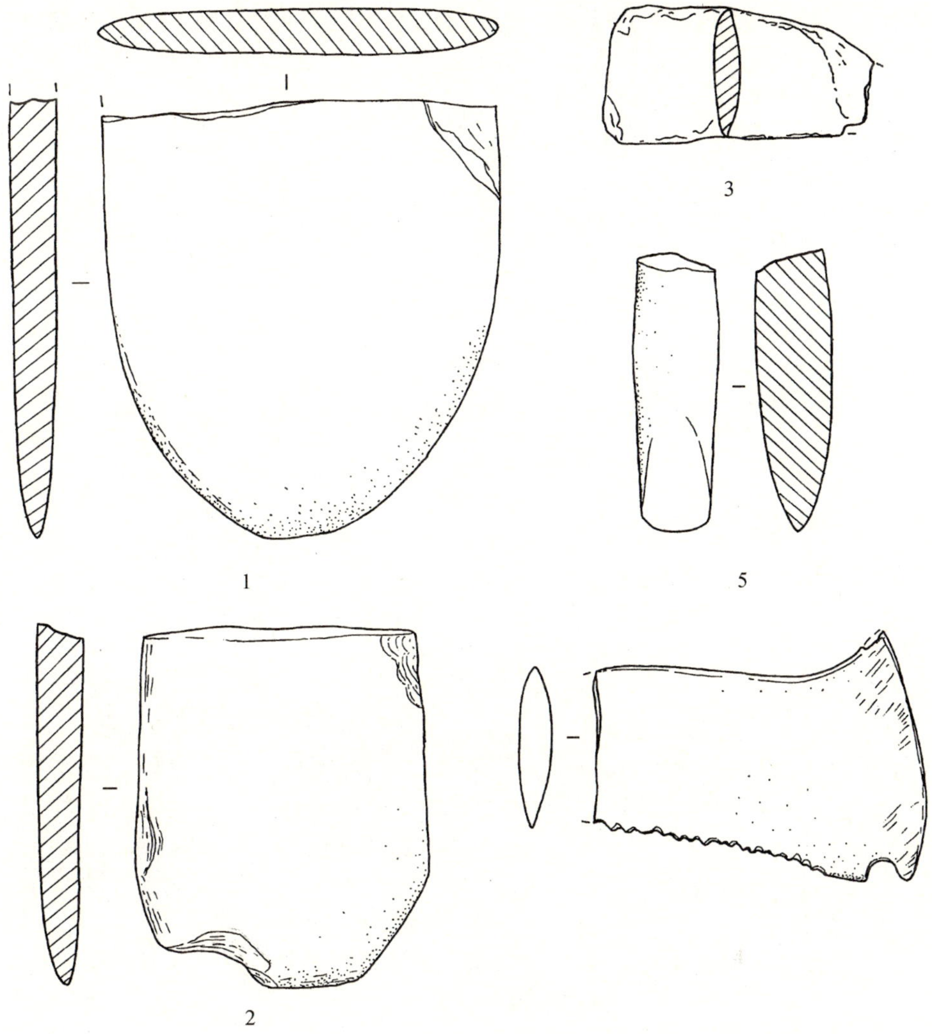

图二七　石器

1. 铲（H77∶1）　2. 铲（ⅣT0416④∶1）　3. 刀（ⅣT0212③∶1）
4. 镰（H96∶1）　5. 凿（ⅣT0511②∶1）

镰　1 件。残。磨制，锯齿刃。H96∶1，褐灰色细砂质岩。长条形，弧背，弧刃，刃部锯齿较细密整齐，尖部残。柄部上角凸起，下角有一缺口。残长 8.6、中部宽 4.5、厚 0.8 厘米（图二七，3）。

刀　1 件。标本ⅣT0212③∶1，青灰色石灰岩，磨制。平面呈半月形，弧背，双面弧刃，刃部磨损较甚。顶端残。残长 13.8、宽 7.2、厚 1.3 厘米（图二七，4）。

凿　2 件。标ⅣT0511③：1，乳白色石灰岩，器表磨制光滑，上端呈扁圆柱形，尖扁圆刃。一面有红褐浸痕。上部稍残。残长 7.2、宽 2.2 厘米（图二七，5）。标本ⅣT0416④∶5，平面呈梯形，上宽下窄，双面直刃，刃部锋利。残长 3、刃宽 2.1 厘米（图二八，1）。

图二八　石器

1. 凿（ⅣT0416④∶5）　2. 石核（F39∶2）　3. 杵（ⅣT0212③∶2）
4. 石饼（F22∶5）　5. 石饼（ⅣT0414④∶1）　6. 尖状器（F21∶12）

细石器石核　1件。标本F39∶2，质料燧石，楔形，暗红色。长2.7、顶宽2.5厘米。（图二八，2）。

杵　1件。标本ⅣT0212③∶2，青灰色细砂质岩，磨制。柱状，上部残，下端呈圆锥状。残长9.7厘米（图二八，3）。

饼　4件。标本F22∶5，浅灰色石英砂岩，琢制，圆形。直径6.2～6.7、厚1.4厘米（图二八，4）。标本ⅣT0414③∶1，灰白色石英砂岩，经打磨，近圆形，直径7.5～9、厚1～1.4厘米。（图二八，5）。

尖状器　2件。标本F21∶12，红色砂质岩。在锤击石片的背面修出微尖状刃口。长6、宽7.2、厚1.9厘米（图二八，6）。

五、结　　语

唐户遗址经过2006年，2007年两次发掘，使我们对这个遗址裴李岗文化的面貌及聚落布局形态有了进一步的认识。整个发掘区裴李岗文化层除少数几处被历史时期的墓葬打破外，没有发现仰韶、龙山文化等文化系列叠压或打破裴李岗文化遗存的情况，这对于唐户遗址裴李岗文化的研究具有重要作用。从整个遗址裴李岗文化遗存的分布特征看，聚落中心区位于发掘区Ⅲ区的东北部和Ⅳ区的西南部，该时期众多的灰坑和房址也多集中分布在这两个区域。

1. 唐户遗址裴李岗文化的分期

唐户遗址发现裴李岗文化时期的墓葬仅2座，无随葬物品出土，因此不能依据墓葬的器物组合进行分期。该遗址发现数量最多的遗迹现象是灰坑和房址。虽然灰坑和房址内出土的陶器大多为残碎陶片，能复原者极少，但仍能发现其器物组合主要为鼎、罐、壶、钵等。

从器物类型对比，唐户遗址出土的Aa型Ⅰ式（M56∶2）、Ab型Ⅰ式（F24∶4）、Ac型（F21∶5）钵形鼎分别与新郑裴李岗遗址下层墓地出土的Ⅴ式三足钵（M38∶11）[3]、Ⅰ式三足器（M27）[4]、Ⅵ式三足钵（M38∶12）[5]相类似；AaⅡ式（F21∶9）、AbⅡ式（F21∶3）与新郑裴李岗遗址上层墓地出土的Ⅴ式（M92∶1）[6]、Ⅰ式（M76∶4）[7]相似；Ⅰ式（F56∶1）和Ⅱ式（H92∶1）盆形鼎分别与新郑裴李岗遗址Ⅱ式陶鼎（M5∶4）[8]、乳钉纹鼎（M56∶2）[9]相类似。CaⅡ式罐形鼎与新郑裴李岗遗址Ⅰ式鼎（M14）[10]形制相似。

A型Ⅰ式、Ⅱ式、Ⅲ陶壶分别与新郑裴李岗遗址上层墓地出土的Ⅷ式（M59∶2）[11]、Ⅲ式（M74∶1）[12]、Ⅳ式（M83∶1）[13]双耳壶相类似；A型Ⅰ式罐、B型Ⅰ式罐、C型Ⅰ式罐分别与新郑裴李岗遗址墓地出土的陶罐（M7∶2）[14]、Ⅲ式深腹罐（M38∶7）[15]、Ⅴ式深腹罐（M88∶5）[16]相似。B型Ⅱ式（F21∶7）、C型Ⅱ式（F21∶19）分别与新郑沙窝李遗址Ⅱ式罐（M16∶4）[17]、新郑裴李岗遗址墓地Ⅳ式深腹罐（M54∶3）[18]形制相似。

新郑裴李岗遗址墓地发掘者分为上、下两层，根据叠压关系及陶器的演变规律，将裴李岗遗址的年代分为早、晚两期。早期出土遗物与下层墓地相对应，晚期出土遗物与上层墓地相对应[19]。新郑沙窝李遗址也分为上下两层，发掘者认为其年代稍晚于裴李岗，其下层与裴李岗遗址上层相当[20]。从唐户遗址出土陶器与裴李岗、沙窝李等遗址出土陶器类比分析，唐户遗址的年代亦可分为早晚两期。

从地层堆积来看，Ⅲ区部分区域因平整土地地层被扰乱，裴李岗文化遗迹直接叠压于耕土层或第2层下，Ⅱ区及Ⅳ区北部发现的裴李岗文化遗迹基本叠压于第3层（汉代文化层）下，打破第4层（裴李岗文化层）及生土，Ⅳ区南部汉代文化层缺失，裴李岗文化层则直接被明清文化层所叠压。发现有同层位下遗迹互相打破的现象，遗迹（灰坑、房址、沟）之间虽然存在着叠压、打破关系，但在有分期意义的层位关系中比例很小。发掘区Ⅲ区东北部、Ⅳ区西北部第4层下叠压有房址和灰坑等遗迹，并叠压G11堆积，其时代相应较早。而叠压于3层下的遗迹和第4层堆积，时代相应稍晚。因此，基本可以确认唐户遗址裴李岗文化时期的堆积至少可分为早、晚两期。

第一期，地层堆积包括G11内堆积和叠压于第4层下的遗迹。第二期，包括南部第3层和叠压于第3层下的遗迹及北部第4层堆积。依据遗迹间的叠压打破关系，第二期又可分为早、晚两段。我们将第3层和叠压于第3层下，打破同层下的其他遗迹及相互间没有叠压打破关系的遗迹作为二期晚段遗存，地层第4层及被第3层下的遗迹打破的遗迹定为二期早段遗存。

2. 发掘收获

唐户遗址文化堆积丰富，是一处跨时代的聚落群址，从20世纪70年代发现至今，一直为研究者所重视。通过2006年、2007年连续两年的考古调查和发掘，使我们对唐户遗址的认识更进一步。

① 裴李岗文化发现后，经过在河南省范围内的调查，目前已发现裴李岗文化遗址160余处。这类遗址多分布在山前洪积扇区或浅山区的河旁阶地上，聚落面积均较小[21]。唐户遗址经调查、勘探，确认裴李岗文化遗存面积达30万平方米，是迄今为止我国发现的面积最大的裴李岗文化遗址，属于裴李岗文化聚落群的一级聚落遗址。

② 唐户遗址发现裴李岗文化时期房址63座，是我国目前发现的裴李岗文化时期房址最多的一处遗址。从平面布局分析，第Ⅳ区房址基本呈西北—东南向布局，分为南、北两组。北边一组共有房址18座，以面积最大、方向呈南北向的F46为中心，其外围的F39、F40、F45、F47、F50等5座房址门向基本朝向F46，此外，F35、F36、F37、F38、F41门向基本向南，呈环状分布于F46的前方，具有内向凝聚式布局和前排防卫

的性质。南面一组共有房址16座，该组房址以门向朝南的F42面积最大，周围的F24、F26、F27、F29、F34、F43等房址的门向朝向F42，也具有以F42为中心内向布局特征。我们知道西安半坡、临潼姜寨等仰韶文化遗址聚落布局为典型的内向凝聚式布局，聚落以广场为中心，房址分布在广场周边，门向均朝向广场，这种布局方式和唐户遗址裴李岗文化时期的房址布局有相似之处，所以我们认为，唐户遗址裴李岗文化聚落中出现的内向凝聚式布局为仰韶时代半坡、姜寨等遗址的内向凝聚式布局找到了源头。

在Ⅲ区东北部和Ⅳ区西北部共有房址21座，主要分布于Ⅲ区东北部壕沟（G11）内侧阶地上。经勘探和发掘初步认定该沟呈东南—西北向，向西呈环状与九龙河相接，为一条自然壕沟。跨发掘区Ⅱ、Ⅲ、Ⅳ区，已知长度300余米，宽约10~20米，最宽处达40米，深约2~4米，该组房址在选址方面有意识将居住基址定在沟旁阶地上，房屋依沟的自然走向布局，一方面便于生活用水、排水及废弃物的处置，另一方面也起到了防御野兽侵扰的屏障作用（图二九）。

③ G13由三条支流由依地势由北向南延伸，汇流后向西南地势低洼处流出，虽然与灰坑之间存在打破现象，但其流经区域均从房址外围穿过，推测应为居住基址内的排水系统。排水沟的发现，表明当时的人们已充分考虑到人地关系，懂得利用自然地势来建造排水设施，保持居住区的干爽。反映了当时人们先进的建筑构思。

④ 在F26、F39等房屋中发现有加工石器的迹象，这些房址地面均不平整，在地面上发现有呈扇面分布的碎小石片，特别是F39内发现的一件细石器石核，具有明显的打击痕迹，说明这些房屋不仅具备居住功能，而且已经作为生产工具的加工场所。同时从石制生产工具种类的分化，可以看出农业生产工具专业化倾向增强，如舌形石铲用来翻地，石镰或石刀用来收割，石磨盘、石磨棒用来碾磨粮食等。这些足以证明当时农业生产技术水平已达到一定的高度。

⑤ 从目前对唐户遗址的调查看，在遗址东部的溍水河东岸、南部九龙河河岸断崖地层内，发现旧石器及古脊椎动物化石地点4处[22]。特别是溍水河东岸旧石器地点，是一处大型石器加工场所，出土有丰富的石制品，主要有石英石片、石核、刮削器、砍砸器等。这4处旧石器地点的发现，说明至少在晚更新世，这里就有了人类活动的踪迹。唐户遗址旧石器地点及裴李岗文化层石核、石片等遗物的发现，为进一步探讨旧石器时代晚期向新石器时代早期文化的过渡提供了新材料。

唐户遗址裴李岗文化时期大面积居住基址的发现进一步丰富了郑州地区裴李岗文化的内涵，对深入研究新石器时代早期裴李岗文化的聚落形态，房屋建筑方式、家庭、社会组织及裴李岗文化的性质、分期等具有非常重大的学术价值

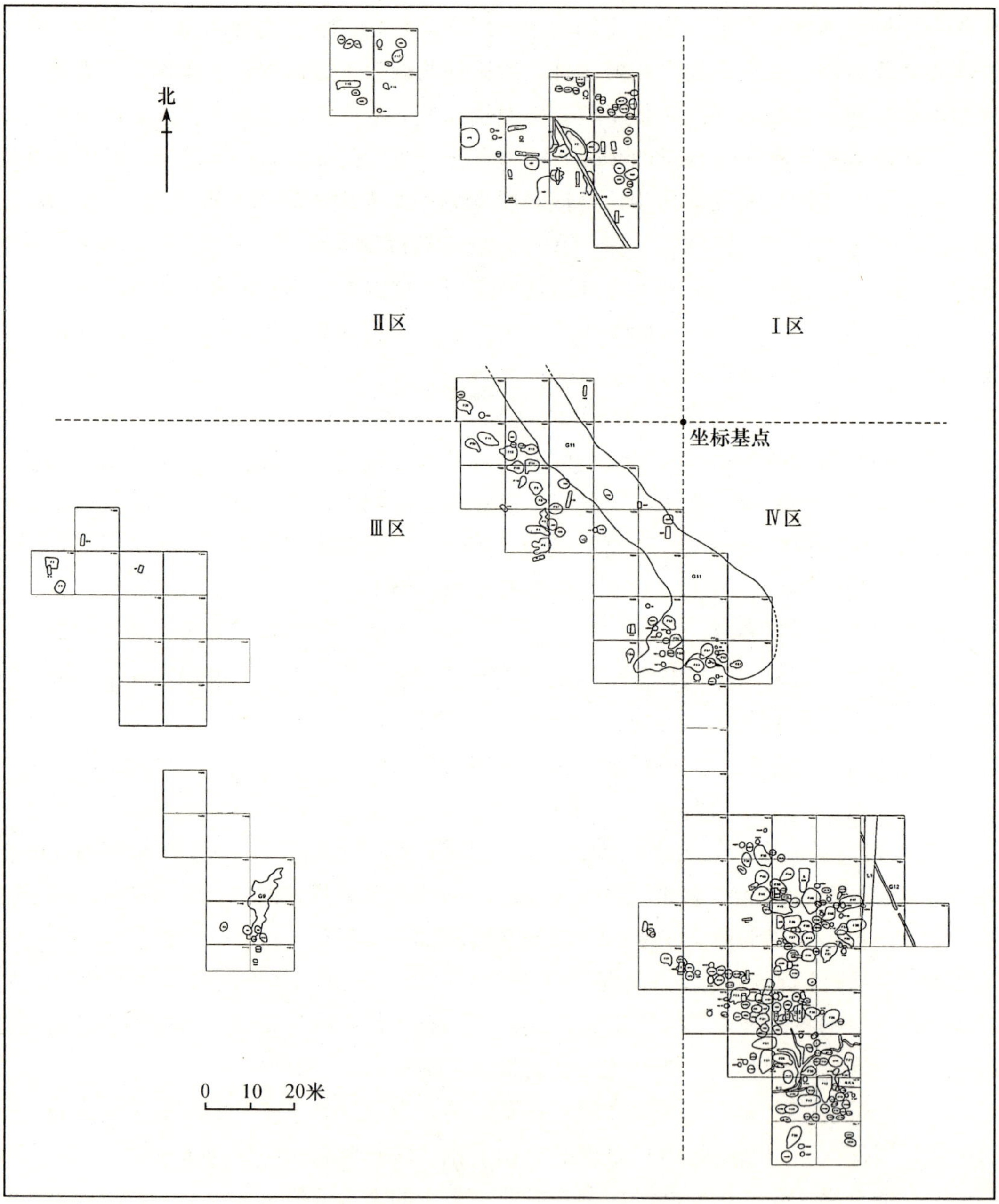

图二九　2006～2007年发掘遗迹总平面图

附记：发掘期间，国家文物局、河南省文物管理局、河南省南水北调文物保护管理办公室的领导，以及有关专家学者多次亲临发掘现场考察，对唐户遗址的发掘、保护和研究等工作提出许多指导性建议。新郑市人民政府、新郑市文物局、当地镇、村政府也对发掘工作给予了大力支持和帮助，在此表示衷心感谢。本次发掘领队为张松林，参加发掘的人员有信应君、胡亚毅、张永清、刘青彬、闫付海、付晓静、廖晖、王广才、刘红庆、刘乃会，刘景岩、梁艳娟。中国科学技术大学科技史与科技考古系张居中教授及其博士和硕士研究生，吉林大学考古专业本科生李锋、代玉彪、郑均夫等。整理人员为信应君、张永清、刘青彬等。本文线图由李扬，焦建涛绘制，照片由信应君、蔡强拍摄。

执笔者　信应君　胡亚毅
张永清　刘青彬

注　释

[1]　a. 中国社会科学院考古研究所河南一队：《河南新郑唐户新石器时代遗址试掘简报》，《考古》1984年第3期；
b.《河南省新郑县唐户两周墓葬发掘简报》，《文物资料丛刊》第2辑，文物出版社，1978年；
c. 河南省文物考古研究所，新郑市文物事业管理局：《新郑唐户新石器时代遗址调查》，《中原文物》2005年第5期。

[2]　a. 张松林、信应君、胡亚毅：《新郑唐户遗址发现裴李岗文化大面积居址》，《中国文物报》2007年7月13日第5版；
b. 河南省文物管理局南水北调文物保护办公室，郑州市文物考古研究院：《河南新郑市唐户遗址裴李岗文化遗存发掘简报》，《考古》2008年第5期。

[3]　中国社会科学院考古所河南一队：《1979年裴李岗遗址发掘报告》，《考古》1984年第1期。

[4]　开封地区文物管理委员会、新郑县文物管理委员会、郑州大学历史系考古专业：《裴李岗遗址一九七八年发掘简报》，《考古》1979年第3期。

[5]　同［3］。

[6]　同［3］。

[7]　同［3］。

[8]　开封地区文管会、新郑县文管会：《河南新郑裴李岗新石器时代遗址》，《考古》，1978年第2期。

[9]　同［3］。

[10]　同［4］。

[11]　同［3］。

[12]　同［3］。

[13]　同［3］。

[14]　同［8］。

[15]　同 [3]。
[16]　同 [3]。
[17]　中国社会科学院考古研究所河南一队：《河南新郑沙窝李新石器时代遗址》，《考古》1983 年第 12 期。
[18]　同 [3]。
[19]　中国社会科学院考古研究所河南一队：《1979 年裴李岗遗址发掘简报》，《考古》1982 年第 4 期；中国社会科学院考古所河南一队：《1979 年裴李岗遗址发掘报告》，《考古》1984 年第 1 期。
[20]　同 [17]。
[21]　郑州市文物考古研究院调查资料。
[22]　同 [21]。

（原载于《考古》2010 年第 5 期）

保护全国重点文物保护单位
——唐户遗址倡议书

唐户遗址位于郑州市新郑观音寺镇唐户村周围，东临溟水，西南依九龙河，面积达140多万平方米，2006年被国务院公布为第六批全国重点文物保护单位。

唐户遗址遗留有丰富的旧石器时代文化、新石器时代的裴李岗文化、仰韶文化、河南龙山文化、新砦期文化及二里头文化和商周文化等遗存，这是目前全国规模最大、遗存最丰富、延续时间最长的重要的特大型聚落遗址。2005年，国家南水北调中线工程规划从唐户遗址西部穿过，渠道占用区南北长1000米，东西宽80～100米，渠道两侧各设绿化带50米。为保护渠道占压区域珍贵的历史文化遗产，2006年，郑州文物考古研究院报上级文物主管部门批准，对唐户遗址进行保护性发掘。目前已发掘面积7000平方米，出土半地穴房基60余座，窖穴或灰坑200多个，环壕两条，出土一大批裴李岗文化时期的珍贵文物。其中仅目前发掘出土的房基数量，即比裴李岗遗址发现30年以来所有考古发掘中所见房基的总数还要多。这些房基共分4组，每组都有一个大房子，围绕大房子周围建小房子，其中第四组房基周围布满网状的排水沟，这些在全国裴李岗文化遗址考古中为首次发现。

裴李岗文化时期处于中国新石器时代早期阶段，对中国早期北方农业起源、房屋构筑与布局、家庭组织及其社会结构、社会性质和中国早期文明的形成等领域具有极为重要的学术意义，尤其对中国与世界同时期考古对比研究具有独特的价值。唐户遗址发现这么多8000年的房址，是考古学中极难遇到的重大考古发现，根据文物的不可再生性及随着社会发展，社会综合经济实力提高，保护好唐户遗址的裴李岗文化房基群，已成当前最为紧迫的任务。唐户裴李岗文化遗存是唐户遗址延续几千年聚落遗存的一部分，唐户遗址对于认识中国上古社会有典型的价值。作为唐户遗址组成部分的裴李岗文化遗存，是中国古文化链条中不可缺少的环节。如果破坏了，那么其损失难以弥补，其憾事不应发生，因此我们强烈呼吁对唐户遗址进行保护，以避免再次发生像濮阳西水坡贝塑大墓等遗恨终生的事。

鉴于南水北调中线干渠工程基本上全部采用挖沟的特点，一旦南水北调中线工程动工，唐户遗址发现的房基将会彻底毁灭。基于党中央提出的科学发展观，我们从唐户遗址考古的长期性和考古资料的完整性，我们呼吁立即采取保护措施，并建议南水北调中线工程唐户遗址渠道路径向西移50～100米，以保护和弘扬祖国优秀历史文化遗产。

专家签名	职称	工作单位
安家瑶	研究员	中国社会科学院考古研究所
赵朝洪	教授	北京大学考古文博学院
宋豫秦	教授	北京大学环境科学学院
栾丰实	教授	山东大学东方考古研究中心
安家瑗	研究员	中国国家博物馆
周昆叔	教授	中国科学院地质与地球物理研究所
杨焕成	研究员	省文物考古学会
郝本性	研究员	省文物考古研究所
张家泰	研究员	省古代建筑保护研究所
李绍连	研究员	河南省社会科学院
杨肇清	研究员	河南省文物考古研究所
郑杰祥	研究员	河南省社会科学院
李友谋	教授	郑州大学历史学院
曹桂岑	研究员	河南省文物考古研究所
赵世纲	研究员	河南省文物考古研究
[illegible]		郑州市文化局
张松林	研究员	郑州市文物考古研究院
廖永民	研究员	郑州市文物考古研究院